Hans Herbert von Arnim

DAS EUROPA-KOMPLOTT

Wie EU-Funktionäre
unsere Demokratie verscherbeln

Carl Hanser Verlag

1 2 3 4 5   10 09 08 07 06

ISBN-10: 3-446-20726-0
ISBN-13: 978-3-446-20726-4
Alle Rechte vorbehalten
© Carl Hanser Verlag München Wien 2006
Satz: Filmsatz Schröter, München
Druck und Bindung: Ebner & Spiegel, Ulm
Printed in Germany

INHALT

B. SELBSTBEDIENUNG AUF EUROPÄISCH: PARTEIEN UND IHRE HILFSTRUPPEN

157

C. EUROPABEAMTE IM
SCHLARAFFENLAND
181

D. EUROPÄISCHE GROSSVERDIENER:
WER KONTROLLIERT DIE
KONTROLLEURE?

195

E. DIE ALS-OB-VOLKSVERTRETER

229

F. REFORMVERSUCHE ZUM SCHLECHTEREN: DAS EUROPÄISCHE ABGEORDNETENSTATUT

309

G. DER POLITISCH-PUBLIZISTISCHE KAMPF
UM DAS ABGEORDNETENSTATUT
335

SCHLUSS

ANMERKUNGEN

REGISTER

VORWORT

Die Idee, dieses Buch zu schreiben, kam mir bei Studien im Forschungsinstitut der Hochschule Speyer über die »Selbstversorgung« Brüsseler Politiker. Dazu gehören:

- der seit Jahren andauernde »legalisierte Spesenbetrug«, mit dem sich Europaabgeordnete riesige steuerfreie Zweiteinkommen erschleichen,
- groteske Doppelversorgungen,
- ein völlig inakzeptables europäisches Diätengesetz, das kurz vor der Europawahl 2004 aufgrund meiner Analysen scheiterte, dann aber im Sommer 2005 doch noch zustande kam,
- ein Parteiengesetz, das europäischen Pseudoparteien Subventionen verschafft, die alle vernünftigen Maßstäbe sprengen,
- überzogene finanzielle Privilegien, die europäische Beamte und Kommissare in schöner Eintracht mit ihren Richtern und Rechnungshofmitgliedern genießen, und
- die scheinbar grenzenlose Aufblähung sämtlicher Organe der EU: vom Parlament bis zu den Gerichten.

Die Auswüchse, mit denen sich ein großer Teil dieses Buches beschäftigt, sind derart krass, dass sich die Frage aufdrängt, wie es dazu eigentlich kommen konnte. Warum konnten die Verantwortlichen selbst massivste Kritik unbeeindruckt aussitzen? Warum glaubten sie, Kritiker ungestraft verleumden zu können? Organisation und Entscheidungsverfahren der EU gerieten so fast zwangsläufig in den Fokus. Ihre Analyse macht einen weiteren Teil des Buches aus. Dabei geht es nicht um eine Gesamtdarstellung der EU, sondern um exemplarische Teilbereiche. Die Untersuchung ergibt: Die europäische Politikfinanzierung und die Aufblähung der Pfründen, die alle für die Bürger geltenden Grundsätze auf den Kopf stellen, sind nur der sichtbare Ausdruck eines Demokratie- und Kontrolldefizits, das kennzeichnend ist für die Europäische Union insgesamt. Nirgendwo sonst kommen die extreme Bürgerferne der EU und der Expansionsdrang ihrer Organe derart unverblümt zum Vorschein wie in den Regeln, die die politische Klasse sich in eigener Sache gegeben hat. Abhilfe kann nur eine grundlegende Neuordnung schaffen, die demokratische Mindeststandards wie politische Gleichheit und Gewaltenteilung einhält und eine »Regierung durch und für Bürger« ermöglicht. Die Behebung der Demokratiemängel in der EU ist vielleicht nicht alles, aber ohne sie ist alles nichts.

Speyer, im Dezember 2005   Hans Herbert von Arnim

EINFÜHRUNG

Das Scheitern der EU-Verfassung nach dem französischen Non und dem niederländischen Nee im Jahre 2005 bedeutet wie jede Krise auch eine Chance, die Chance nämlich, unvoreingenommen Bilanz zu ziehen. Die Ergebnisse der Abstimmungen hatten gewiss viele Gründe. Klar aber ist, dass die große Mehrheit der Bürger – und hier sprachen die Franzosen und Niederländer auch für ihre Mitbürger in anderen EU-Ländern – gegen den anscheinend unaufhaltsam dahinrasenden Erweiterungszug revoltierten. 1992 bestand Europa noch aus zwölf Mitgliedstaaten, seit dem 1. Mai 2004 sind es 25, bald sollen es 27, ja schließlich 30 und noch mehr werden. Neben den vielen Problemen, die dieses rasche Anwachsen mit sich bringt, und den tief sitzenden Ängsten, die es bei den Menschen auslöst, stellt sich die Frage, wie ein solches Europa eigentlich noch zu steuern sei? Voraussetzung für die Erweiterung sind institutionelle Reformen, die der Verfassungsvertrag, zumindest zum Teil, bringen sollte. Das war allgemeine Überzeugung. Aus diesem Grund wollte man nach dem kläglichen Ergebnis von Nizza eine europäische Verfassung schaffen.

Nach ihrem Scheitern ist nun die Vorbedingung für die Erweiterungen entfallen. Schon aus diesem Grund ist ein Innehalten das erste Gebot, das aus den Volksabstimmungen folgt. Das ließe sich auch durchaus bewerkstelligen, selbst in Bezug auf Bulgarien und Rumänien. Die Kommission und der Rat müssen nur die Bedingungen ernst nehmen, die für den Beitritt gelten. Doch darauf verzichteten sie bereits bei dem Beitritt der Zehn im Jahre 2004. Die Bürger fühlen sich über den Tisch gezogen und haben den Glauben an die Unvoreingenommenheit der EU-Organe verloren. Hier zeigt sich exemplarisch das Zentralproblem der EU, das sie das Vertrauen der Bürger gekostet hat: Sinn, Ziel und Grenzen dieses wunderbaren und zugleich monströsen Projekts Europa sind nur noch hinter Nebelschwaden zu erahnen. Klare Konturen fehlen. Das hält die Europamaschinerie aber nicht auf, ja es scheint sie gerade im Gegenteil zu veranlassen, immer

weiter und immer schneller zu laufen, auch wenn die Richtung immer
weniger überzeugt. Bewegung wird zum Selbstzweck. Innehalten erscheint den Akteuren bereits als Rückschritt. Das erinnert an Mark
Twains Bemerkung über eine Gruppe von Menschen, die sich im Ur-
wald verirrt hatten: »Als sie die Richtung verloren hatten, verdoppel-
ten sie die Geschwindigkeit.«

So gewinnt der Bürger den Eindruck eines Aktionismus, der vor
allem bezweckt, von den vielen Mängeln und Fehlentwicklungen der
EU abzulenken: der Überbürokratisierung, der Verschleuderung von
Milliarden für eine unsinnige Agrarpolitik und eine zweifelhafte Strukturpolitik, dem Sumpf von Betrug und Korruption, gegen deren Aufdeckung sich der Brüsseler Korpsgeist mit allen Mitteln zur Wehr setzt.
Vor allem aber steht die EU für die Aufweichung überkommener Prinzipien, die Grundanforderungen an alle öffentliche Gewalt markieren:
Das viel beschriebene Demokratiedefizit der EU sehen wir heute in
einem neuen Licht. Hinzu kommt die Erosion der Rechtsstaatlichkeit,
wie sie sich etwa im europäischen Haftbefehl zeigt, den das Bundesverfassungsgericht entschärfen musste. Die Beeinträchtigung jener Prinzipien schien noch nicht wirklich gravierend, solange Europa sich im
Aufbau befand, keine großen Kompetenzen besaß und zudem in den
Mitgliedstaaten Vollbeschäftigung und Wirtschaftswachstum herrsch-
ten, so dass selbst zweifelhafte europäische Lasten tragbar erschienen.
Doch diese Zeiten sind Geschichte. Heute betreffen die Auswirkungen europäischer Verordnungen und Richtlinien Unternehmen und
Bürger immer und überall. Die Lasten drücken immer mehr, vor allem natürlich die sogenannten Nettozahler, zu denen Deutschland
gehört. Umso mehr fällt ins Gewicht, dass die Mängel nicht durch entsprechende Vorteile aufgewogen werden. Deutlich wird das etwa beim
Fehlen einer effektiven gemeinsamen Außenpolitik der EU, wie sich
besonders eklatant erst im Kosovo-Konflikt, dann in der Irak-Krise
zeigte. Vielmehr verstärkt sich der Eindruck, es ginge den europäischen
Akteuren vor allem um ihre eigenen Interessen an Macht, Posten und
Geld. Die Besetzung der europäischen Pfründen und die Versorgung
von europäischen Amtsträgern, Abgeordneten und Beamten, einschließlich der Finanzierung von Parteien und Fraktionen, erteilt hier
regelmäßigen Anschauungsunterricht.

Das Nein bei den Volksabstimmungen und das anschließende Desaster beim Brüsseler Gipfel vom Juni 2005 haben mit einem Schlag für jedermann deutlich gemacht, dass etwas faul ist in der Europäischen Union. Europa ist in schlechter Verfassung. Das Kernproblem besteht darin: In der europäischen Politik hat bisher eine kleine Zahl von Politikern über die Köpfe der Bürger hinweg entschieden. Die Bürger aber haben ein untrügliches Gespür dafür, dass die politische Klasse dabei zuallererst an ihre eigenen Belange denkt und nicht an die Interessen, Wünsche und Ängste der Menschen. Die Durchsetzung der Eigeninteressen wird durch die für Europa typische mangelnde öffentliche Kontrolle erleichtert. Ob die für einen zusammenwachsenden ganzen Kontinent erforderliche europäische Identität in den Herzen der Menschen vorhanden ist oder ob das zarte Identitätspflänzchen nicht gerade durch überstürzte Erweiterungen mit Völkern ganz unterschiedlicher geschichtlicher, politischer und kultureller Erfahrungen, durch Überregulierung und die Selbstbedienung aus EU-Töpfen aufs Höchste gefährdet wird, dieser Grundfrage ist die europäische Elite bisher ausgewichen. Über der fortschreitenden Erweiterung nach außen und Vertiefung nach innen wurde das erforderliche demokratische Pendant sträflich vernachlässigt: die Erweiterung um die *Menschen* und die Vertiefung in den Köpfen und Herzen der *Bürger* Europas.

Die europäische Idee ist zwar nach wie vor bestechend. Doch hat die Sicherung des Friedens nach dem Zusammenbruch des Kommunismus und dem Ende der politischen, wirtschaftlichen und ideologischen Spaltung Europas in den Augen der Menschen an Dringlichkeit verloren. Der Beginn der europäischen Einigung war auch eine Antwort auf den Ost-West-Konflikt und bezog daraus einen guten Teil ihrer Legitimation. Natürlich stellt Frieden auch heute noch ein hohes Gut dar. Aber es ist nicht mehr klar, warum man dazu ein immer größeres und bürokratischeres Europa braucht. Auch die andere große Verheißung, mehr Wohlstand, bringt man – angesichts der Massenarbeitslosigkeit – schwerlich in einen positiven Zusammenhang mit Europa, zumal dafür ohnehin die nationale Politik die Hauptverantwortung trägt. Alle diese Ziele sind zweifellos wichtig. Doch erscheinen eben dafür viele Pläne und Aktionen der europäischen Organe völlig überflüssig.

Die heutigen Probleme der Europäischen Union kann man letztlich nur vor dem Hintergrund ihrer Entwicklungsgeschichte verstehen. An der Wiege der Europäischen Gemeinschaften stand die Vorstellung

Pate, das Ziel der europäischen Einigung sei unbestritten gut, weil es Frieden, Wohlstand und erfolgreiches Sichbehaupten gegenüber dem kommunistischen Imperialismus versprach. Ein vereinigtes Europa bildete ein politisches Axiom, einen nicht mehr in Frage zu stellenden übergeordneten Lehrsatz, der, dem politischen Streit entzogen, keines Beweises mehr bedarf – auch keiner demokratischen Legitimation. Bei diesem Ausgangsverständnis kam es offenbar nur auf die möglichst wirksame Entfaltung und Durchführung jenes Axioms an. Das wiederum schien eine vornehmlich technokratische Aufgabe zu sein, zu deren Durchführung Expertengremien benötigt wurden, die unabhängig und nur der europäischen Idee verpflichtet sein sollten: die Europäische Kommission und der Europäische Gerichtshof (und später die Europäische Zentralbank). Ideologisch untermauert wurde dieser Ansatz durch bestimmte wissenschaftliche Theorien, nach denen das geistig-kulturelle Zusammenwachsen der Menschen zu einer wirklichen Gemeinschaft, die Entstehung eines europäischen Wir-Gefühls und einer europäischen Identität, sich als Folge des gemeinsamen wirtschaftlichen Marktes und der Nationen übergreifenden Aktivitäten europäischer Organe quasi von selbst einstellen würde.[1]

Ein Parlament erschien ebenso überflüssig wie ein Volk. Das Parlament wurde als eher störend empfunden, weil man befürchtete, es würde nationalen Belangen und Gruppeninteressen zu großen Einfluss verschaffen, also das Ziel beeinträchtigen, dessentwegen die Kommission ja gerade als unabhängiges Expertengremium installiert worden war. Dementsprechend war das Europäische Parlament, das im EWG-Vertrag von 1957 noch als bloße »Versammlung« bezeichnet worden war, bis 1979 gar kein von den Bürgern gewähltes Parlament und hatte praktisch keine Entscheidungsbefugnisse. Die scheinbar völlige Unangefochtenheit der europäischen Einigungsidee rückte den einen Fundamentalsatz der Demokratie, das Regieren *für* das Volk, fast zwangsläufig derart in den Vordergrund, dass die beiden anderen Fundamentalsätze, das Regieren *des* Volkes *durch* das Volk, im Dunkel des Hintergrundes praktisch verschwanden. Es kam scheinbar nur auf die erwünschten politischen Resultate an. Ob das Volk daran mitgewirkt hatte, ja ob ein europäisches Volk überhaupt existiert, erschien nebensächlich.

So war es auch nur konsequent, dass man die eigentliche Regierungsmacht – neben der Kommission – am besten in der Hand des Rates, eines allein aus den Regierungen der Mitgliedstaaten bestehenden Gremiums, aufgehoben sah. Europa wurde also anfangs ganz gezielt rein gouvernemental organisiert.

Das Volk kam genauso wenig vor wie bei Friedrich dem Großen oder irgendeinem anderen Monarchen des aufgeklärten Absolutismus. Friedrichs Ausspruch »Ich bin der erste Diener meines Staates«, den etwa auch Otto von Bismarck unterschrieben hätte, passt in vollem Umfang auch auf die Kommission, die nach ihrem Selbstverständnis, ganz analog, als erste Dienerin Europas fungiert, unabhängig und nur dem Wohl der Europäischen Union verpflichtet. Und der Bundesrat Bismarcks, in dem die monarchischen Regierungen saßen, ohne deren Zustimmung kein Reichsgesetz verabschiedet werden konnte, besitzt durchaus eine gewisse Ähnlichkeit mit dem Europäischen Rat, nur dass dieser noch mächtiger ist, weil er zusätzlich auch noch Regierungsfunktionen wahrnimmt, ihm kein gleichwertiges Parlament gegenüber steht und er sich nicht gegenüber einem europäischen Volk verantworten muss.

Hinter diesem Ausblenden des Volkes als eines politischen Akteurs stand ein paternalistisches Grundverständnis, das anfangs die Bundesrepublik Deutschland genauso beherrschte wie das Frankreich der V. Republik, also die beiden wichtigsten Gründerstaaten der Europäischen Gemeinschaften. Die Väter des Grundgesetzes meinten, der bundesrepublikanische Staat müsste geradezu vor dem deutschen Volk geschützt werden – man erinnere sich an das berühmt-berüchtigte Wort von Theodor Heuss im Parlamentarischen Rat: »cave canem«, womit er das Volk meinte –, weil man ihm die Schuld an der Machtergreifung Hitlers in die Schuhe schob. In Wahrheit waren es die politischen Parteien gewesen, die am 23. März 1933 im Reichstag das Ermächtigungsgesetz mit großer Mehrheit beschlossen hatten und damit Hitler »ganz legal« an die Macht brachten. In ähnliche Richtung gingen die Vorstellungen de Gaulles und seiner Mitstreiter, der Inspiratoren der Verfassung der V. Republik von 1958, die ausgesprochen gouvernemental konstruiert ist. Bei diesem Ausgangsverhältnis meinte man bei der Konzeption Europas ebenfalls, man könne das Volk außen vor lassen, zumal die Befugnisse der Europäischen Gemeinschaften und ihrer Organe zunächst ja auch ziemlich begrenzt waren.

Dem Verzicht auf ein europäisches Volk und eine europäische Identität konnte in den Augen der Europamacher sogar noch eine positive Seite abgewonnen werden. Identität impliziert stets auch die Gefahr der Ausgrenzung von Nichtidentischem. Der Mangel an Identität erleichtert es, alle und jeden in die Gemeinschaft aufzunehmen. Die technokratische Ausgestaltung schien es der EU zu ermöglichen, sich unbegrenzt zu erweitern – nach innen wie nach außen.

Auch als dem Europäischen Parlament allmählich neue, zusätzliche Befugnisse gegeben wurden, blieb das europäische Gemeinschaftsgefühl, das sich durch den staatenübergreifenden gemeinsamen Markt und die 1979 eingeführten sogenannten Direktwahlen entwickeln sollte, unterbelichtet. Die Aufwertung des Parlaments erfolgte zwar im Namen des Demokratieprinzips. Doch unterschlug man dabei, wie wenig das Parlament eigentlich für eine demokratische Europapolitik legitimiert ist: Das Parlament wird nach inzwischen 25 von Staat zu Staat höchst unterschiedlichen Wahlsystemen gewählt, und das Stimmengewicht der Bürger zeichnet sich durch extreme Ungleichheit aus. Jeder Luxemburger hat praktisch elfmal so viele Stimmen wie ein Deutscher und kann auch die Auswahl der Abgeordneten mitbestimmen, die ihn im Europäischen Parlament repräsentieren sollen, während deutsche Wähler nur die eine oder andere Partei ankreuzen und damit nur die Zahl ihrer Mandate mitbestimmen können, nicht aber die Personen, auf die sie entfallen. In dieser institutionellen Weichenstellung wurzelt eine fundamentale europäische Fehlentwicklung: das Missverhältnis zwischen der transnationalen Konzeption und Funktion des Europäischen Parlaments einerseits und seiner nationalen Legitimation andererseits. Angesichts der rein national organisierten Wahlen werden auch die Wahlkämpfe von nationalen Themen dominiert. Europäische Fragen kommen beinahe nie zur Sprache. Dementsprechend gering ist auch die Legitimation des Parlaments für die ihm eigentlich obliegende Europapolitik. Der Charakter der Wahlen als eurodemokratischer Integrationsakt, den sie eigentlich haben sollten, wird durch das Wahlsystem selbst unterminiert. So konnten sich weder wirkliche Europaparteien noch eine europaweite Öffentlichkeit entwickeln.

Erst die niederschmetternden Abstimmungen in Frankreich und den Niederlanden über den Verfassungsvertrag im Jahre 2005 haben dem überkommenen Ausgangsverständnis einen Schuss vor den Bug gesetzt, indem sie unübersehbar signalisierten, dass die ganze bisherige Konzeption brüchig geworden war. Die vernachlässigten und ausgeblendeten Völker, über deren Köpfe hinweg man bisher Europa konstruiert hatte, meldeten sich unüberhörbar zu Wort.

In Wahrheit hatte das ungebremste europäische Weiter-so schon vorher an Gewissheit verloren. Bloß schenkte man dem anschwellenden Strom der Indizien nicht die gehörige Beachtung: Die Unterstützung für die europäische Integration bricht seit Ende der achtziger Jahre ein, auch wenn die Kommission versucht, mit methodisch zweifelhaften Umfragen ein geschöntes Bild zu zeichnen. Die Beteiligung an den Wahlen zum Europäischen Parlament geht seit Jahrzehnten zurück und erreichte 2004 ein historisches Tief. Europagegner haben starke Stimmengewinne zu verzeichnen. Begünstigt wurde der Übergang zu einem selbstbewusst-kritischeren Verständnis auch durch den Wandel der politisch-wirtschaftlichen Großwetterlage: Nach dem Wegfall des Ost-West-Gegensatzes war die Legitimation des »europäischen Monsters« vermehrt in Frage gestellt worden. Das gilt umso mehr, als viele behaupten, Europa sei für die vorherrschende Arbeitslosigkeit und das nachlassende Wirtschaftswachstum mit verantwortlich, was insofern nicht ganz falsch ist, als der Anspruch des Lissaboner Gipfeltreffens vom März 2000, Europa zum wettbewerbsfähigsten Wirtschaftsraum der Welt zu machen, bisher kaum mehr als eine Fata Morgana geblieben ist.

Das Entstehen einer selbstbewusst-kritischen Haltung beruht letztlich auf dem gleichen Effekt, der auch innerstaatlich etwa in Deutschland zu beobachten ist und dazu geführt hat, dass wir die Schwachstellen unserer eigenen Demokratie mit größerer Klarheit erkennen und ihr deshalb kritischer gegenüberstehen. Nur sind die Schwachstellen der Europäischen Union noch sehr viel größer.

Europa ist von Anfang an ein Geschöpf der Eliten. Sie waren es auch, die mit ihrer allezeit zur Schau gestellten Europaeuphorie, zumindest in Deutschland, lange jede Kritik an Europa als politisch inkorrekt unterdrückt haben. Das gilt nicht nur für die politische Klasse und die Wirtschaft, sondern auch für die Wissenschaft, vor allem für die Politikwissenschaft und die Europarechts-Wissenschaft. Es gilt darüber hinaus in starkem Maße auch für die Journalisten in Brüssel und Straßburg, also diejenigen, die die veröffentliche Meinung über Europa weitgehend prägen. Das Zusammenwirken der Eliten beim Abblocken von Kritik an Europa zeigte sich beispielhaft auch vor der Volksabstimmung in Frankreich: Die Regierung, das Gros der Parteien in der Nationalversammlung, die Wirtschaft, alle landesweiten Medien und hochrangige Politiker anderer Mitgliedstaaten warben für ein »Oui« – trotz allem am Ende vergeblich. Und nun plötzlich entdeckten auch die Politiker, zumindest für einige Zeit, die Bürger wieder, allen voran Tony Blair in seiner Antrittsrede als Ratspräsident vor dem Europäischen Parlament am 1. Juli 2005:

»Es ist an der Zeit zu erkennen, dass Europa seine Stärke, seine Relevanz, seinen Idealismus und damit auch seinen Rückhalt in der Bevölkerung nur wieder gewinnt, wenn es sich verändert. *Und wie immer sind die Bürger den Politikern voraus.*«

A.

DIE EUROPÄISCHE PSEUDODEMOKRATIE

I.

Tatort Europa

Dieses Buch ist dazu bestimmt, eine öffentliche Diskussion über den Sinn und den Unsinn der Europäischen Union (EU) zu entfachen. Nicht nur in Deutschland, sondern europaweit. Die EU ist – bei Lichte besehen – ein höchst dürftig legitimierter Apparat, der sich immer mehr verselbständigt und, wie aus einer unangreifbaren Festung heraus, in die einzelnen Staaten hineinregiert. Der Apparat wird zunehmend zum Selbstzweck. Wie durch hochgezogene Zugbrücken vor wirksamer Kontrolle geschützt, entsteht allmählich ein Netzwerk aus Politikern, Beamten, Verbandsfunktionären, Journalisten und Wirtschaftsbossen. Die ohnehin seit langem bestehenden gravierenden Probleme der EU werden durch eine Reihe von Entwicklungen aktualisiert und verschärft, für die die folgenden Themen exemplarisch stehen:

- Die Ablehnung der europäischen Verfassung durch die Bürger Frankreichs und der Niederlande und die Aussetzung der Referenden in Großbritannien und anderen Ländern waren Paukenschläge, die überdeutlich gemacht haben, wie sehr die politische Klasse es bisher versäumt hat, ein tragfestes geistiges Fundament Europas in den Köpfen der Menschen zu schaffen.
- Die »Osterweiterung« der Europäischen Union um zehn neue Mitglieder, denen in absehbarer Zeit Rumänien und Bulgarien und schließlich auch die Türkei folgen sollen.
- Die Terroranschläge von New York und Washington hatten erhebliche Auswirkungen auf das Thema innere Sicherheit und da-

mit auch auf die Beurteilung der EU und ihrer Erweiterung. Die Anschläge von Madrid und London haben das Thema weiter unterstrichen.

- Die Überversorgung sämtlicher europäischer Amtsträger und Funktionäre.
- Die grotesken Missbräuche bei der Spesenabrechnung der Mitglieder des Europäischen Parlaments, die anstehende Angleichung ihrer Gehälter auf hohem Niveau und die kürzlich eingeführte Subventionierung »europäischer politischer Parteien« aus dem EU-Haushalt.
- Die Aufblähung des Parlaments, der Kommission und anderer Organe der EU zu ungebührlicher Übergröße, die ihre Arbeitsfähigkeit beeinträchtigt.
- Die überproportionale Vertretung der Bürger kleiner Staaten in den EU-Organen, die diesen ein Gewicht gibt, das in keinem Verhältnis zu ihrer geringen Bevölkerungszahl steht.
- Die Milliarden verschlingende europäische Agrar- und Subventionspolitik.
- Die Undurchschaubarkeit der europäischen Willensbildung und die mangelnde Zurechenbarkeit europäischer Politik, die geradezu die Unverantwortlichkeit organisiert.

Repräsentative Demokratie definieren wir (mit Abraham Lincolns klassischer Definition) als Regierung *des* Volkes *durch* das Volk und *für* das Volk. »Für« das Volk heißt: Politik in seinem Interesse, also orientiert am gemeinen Wohl; »durch« das Volk bedeutet: echte Partizipation, also Einfluss der Bürger auf die Politik; Regierung »*des*« Volkes setzt voraus, dass überhaupt ein Volk oder eine ähnliche durch ein solidarisches Wir-Gefühl zusammengehaltene Gemeinschaft vorhanden ist. Diesen Grundsätzen ist alle öffentliche Gewalt in den einzelnen europäischen Staaten verpflichtet. Und auch Europa[1] als Ganzes wird nicht müde, die Prinzipien Demokratie und Gemeinwohl für sich selbst zu beanspruchen. Tatsächlich haben die Verhältnisse dort – an diesen Maßstäben gemessen – einen absoluten Tiefstand erreicht. Von einem europäischen Volk kann ohnehin nicht die Rede sein. Gewiss, die Lage mag auch auf nationaler Ebene oft nicht gerade begeistern. Auf europäischer Ebene aber ist sie noch sehr viel negativer zu beurteilen. Doch eine unvoreingenommene Evaluation ist lange unterblieben. Europapolitik droht zum Selbstzweck zu werden. In Europa geben drei große Gruppen von Funktionären den Ton an; sie teilen die politische Macht und die Herrschaft unter sich auf:

- die politische Elite und die politische Klasse,
- die Bürokraten und
- die Manager von Großunternehmen und die Lobbyisten von Interessenverbänden.

Die Macht der politischen Elite: Europa ist von Regierungen für Regierungen geschaffen. Die nationalen Regierungen waren es, die die europäischen Verträge ausgehandelt und über Erweiterungen entschieden haben. Ihre Ratifizierung durch die Parlamente der Mitgliedstaaten war häufig reine Formsache. (Anders war es, wo das Volk unmittelbar zu entscheiden hatte, wie beispielsweise in Dänemark, Frankreich, Irland und den Niederlanden.) Die Regierungslastigkeit setzt sich in der täglichen Politik fort: Der Rat als zentrales Organ der politischen Willensbildung besteht aus den Regierungen der Mitgliedstaaten. Er ist – aller Gewaltenteilung zum Trotz – ein staatstheoretisches Monstrum: wichtigster Gesetzgeber und Regierung in einem. Das Parlament kann zwar bei verschiedenen Themen mitentscheiden, ist aber gerade in besonders wichtigen Bereichen wie der Agrarordnung davon ausgeschlossen.

Die Kommission besitzt das Initiativmonopol für die wichtigsten Bereiche der Europapolitik. Fünfundzwanzig »Kommissare« (darunter ein deutscher) bereiten die »Verordnungen«, »Richtlinien« und »Rahmenbeschlüsse« vor, die dann vom Rat verabschiedet werden. Das Volk wird dabei nicht gefragt, es hat keinen Einfluss auf die Zusammensetzung der Kommission, es hat keine Kontrollmöglichkeit. Diesem Verfahren verdanken inzwischen fast 80 Prozent aller in Deutschland geltenden Regelungen im Bereich der Wirtschaft und 50 Prozent der übrigen Gesetze ihre Existenz. Dabei handelt es sich um wichtige Regelungen, welche die Verbraucher, das Arbeitsleben, die Wirtschaft, inzwischen auch die Bildung und Kultur, ja die Menschen auf fast allen Gebieten unmittelbar betreffen, ohne dass sie die Chance haben, ein Wörtchen mitzureden.

Die Europäische Zentralbank trifft die wichtigen geldpolitischen
Entscheidungen. Die Kommission und die Zentralbank sind – wie der
Europäische Gerichtshof – unabhängig und weisungsfrei gegenüber
allen Organen der Gemeinschaft, erst recht gegenüber dem Bürger
selbst. In der starken Position der Kommissare, der Europäischen Zentralbank und der ihnen unterstellten europäischen Verwaltungen zeigt
sich das enorme Gewicht der Europabürokratie. Dies wird noch dadurch verstärkt, dass auch der »integrationsfreudige« Gerichtshof dazu
neigt, ihre Position zu stützen.

Der Einfluss von Verbänden und Großwirtschaft ist in Europa noch
sehr viel größer als in den einzelnen Mitgliedstaaten. Er findet seinen Ausdruck in der gewaltigen Massierung von Lobbyeinrichtungen
besonders in Brüssel, in den umfangreichen Regulierungen zugunsten der Wirtschaft und nicht zuletzt darin, dass der Europahaushalt
im wesentlichen ein Subventionshaushalt ist. Der Agrarhaushalt verschlingt rund 40 Prozent der europäischen Gesamtausgaben. Dabei
handelt es sich um den größten Wahnsinn seit dem Turmbau zu Babel
(wie der britische *Economist* die europäische Agrarordnung einmal genannt hat). Auch aus dem sogenannten Strukturfonds, dem sogenannten Kohäsionsfonds und aus anderen europäischen Töpfen werden
hohe Subventionen gezahlt, deren Berechtigung Zweifel weckt und
die ihre Existenz fast ausschließlich ihren einflussreichen politischen
Wortführern (Lobbyverbände und nationale Regierungen) verdanken. Allgemeininteressen werden dabei häufig von Partikularinteressen untergepflügt. Mit Gemeinwohl hat das dann nicht mehr viel zu
tun. Wem die Europäisierung vornehmlich zugute kommt, ersieht man
aus den treibenden Kräften: Die andauernde Vertiefung und Erweiterung Europas wird nicht nur von Teilen der Politik und den europäischen Behörden vorangetrieben, sondern vor allem von Wirtschaft und
Großbanken; sie nehmen die Globalisierung auch zum Anlass für Me-
gafusionen, die hauptsächlich der Macht(- und Einkommens-)steige-
rung ihrer Manager dienen, wie man zum Beispiel an den Fusionen
Daimler/Chrysler und Deutsche Bank/Bankers Trust sieht. Je größer das Unternehmen, desto gewichtiger auch seine Verhandlungs-
macht gegenüber den Regierungen; desto leichter kann es sich durch
Verlagerungen des Firmensitzes oder von Unternehmensteilen auch
der Politik nationaler Regierungen entziehen. Als im Jahre 1992

60 renommierte Ökonomen in einem »Manifest« davor warnten, das Pferd am Schwanz aufzuzäumen und die Währungsunion ohne gemeinsame Wirtschafts- und Finanzpolitik einzuführen, organisierten die Großbanken ein Gegenmanifest von Wissenschaftlern und Bankfachleuten, das die Wirkung der Kritiker zumindest optisch neutralisieren sollte.

Die Funktionäre des Machtdreiecks aus Politik, Bürokratie und Wirtschaft sind eine Interessensymbiose auf Gegenseitigkeit eingegangen und verketten sich immer mehr zu einem eingebunkerten Machtkartell. Kehrseite ihrer demokratiefeindlichen Dominanz ist die völlige Machtlosigkeit der Bürger. Diese Entmachtung zeigt sich bereits auf der Ebene von Verfassungsgebung und Verfassungsänderungen:

– Die Bürger – zumindest in Deutschland – sind vor den großen Weichenstellungen, die die Verfassungsstruktur von Grund auf gewandelt haben, überhaupt nicht gefragt worden, weder bei Einführung der Europäischen Gemeinschaften noch bei der Europäischen Union und der Währungsunion, noch bei den sonstigen Verfassungsänderungen von Amsterdam und Nizza. Auch die anstehende Osterweiterung Europas wurde über die Köpfe der Bürger hinweg entschieden. Dasselbe Verfahren verfolgte man bei der Einsetzung eines Konvents durch die Regierungskonferenz von Laeken. Aus Arroganz ignoriert man die Bürger, statt sie unvoreingenommen aufzuklären und auf ihrer Zustimmung eine stabilere (und weniger unbedachte) Gemeinschaft zu bauen – bis man schließlich 2005 die Quittung erhielt: durch das Nein Frankreichs und der Niederlande zum europäischen Verfassungsvertrag.

Die Entmachtung setzt sich innerhalb der Verfassung fort:

– in der mangelnden politischen Verantwortlichkeit des Rates, der sich in seiner Brüsseler Funktion keinen Wahlen stellen muss,
– in der völligen Unabhängigkeit der Kommission, der Europäischen Zentralbank und des Europäischen Gerichtshofs vom Bürgerwillen – sowohl hinsichtlich des Inhalts ihrer Entscheidungen als auch hinsichtlich der Bestellung ihrer Mitglieder, die in einem nicht gerade qualitätsförderlichen Kungelverfahren ins Amt kommen, das häufig

als Endlager für gescheiterte Politgrößen dient (Beispiele: Martin
Bangemann, Edith Cresson, Manuel Marín),

– in der demokratiewidrigen Organisation des Europäischen Parlaments, das mit wirklichen Parlamenten nur den Namen gemeinsam
hat, fern der Heimat agiert und in der politischen Berichterstattung
meist nur am Rande vorkommt (im öffentlichen Bewusstsein von
der nationalen Politik überlagert),

– im Fehlen europäischer Zeitungen und Rundfunkanstalten, wirk-
licher europäischer politischer Parteien, kurz: im Fehlen einer europäischen Öffentlichkeit,

– in der starren Listenwahl zumindest der deutschen Europaabgeordneten, die dem Wähler jeden Einfluss auf die personelle Zusammensetzung des Europäischen Parlaments nimmt, den Parteien
jedoch erlaubt, abgehalfterte Politiker, die man zu Hause nicht mehr
gebrauchen kann, in Europa zu »entsorgen« (Beipiele: Werner Langen, Jo Leinen, Hartmut Nassauer, Cem Özdemir, Angelika Beer,
Alfred Gomolka, Sahra Wagenknecht),

– in dem Konstrukt von »europäischen politischen Parteien«, die in
Wahrheit gar keine Parteien sind, sondern abgehobene Kunstprodukte: Sie zählen weder Bürger zu ihren Mitgliedern noch stellen
sie Kandidaten für Parlamente auf, die sie bei Wahlen der Öffentlichkeit präsentieren. Sie werden aus einem einzigen Grund zu
»Parteien« erklärt: damit sie mit Steuergeldern gefördert werden,

– im krassen Öffentlichkeitsdefizit: Die – nicht öffentlichen – Verhandlungen des Rats finden sozusagen im luftleeren Raum statt.
Zudem sind die meisten Entscheidungen des Rats und der Kommission in unübersichtliche Vorgremien ausgelagert, was die Abschottung und die Undurchsichtigkeit der Entscheidungsfindung
der europäischen Organe auf die Spitze treibt. Europa findet hinter
verschlossenen Türen statt. Das einzige Organ, das öffentlich verhandelt, ist das Europäische Scheinparlament; seine Befugnisse sind
aber ohnehin beschränkt.

So stehen wir vor einem eigentlich nicht mehr für möglich gehaltenen Rückfall in vordemokratische Zeiten: Die Menschen sind heute
in Europa vom Ideal der Demokratie und des Gemeinwohls genauso
weit entfernt wie einst im Heiligen Römischen Reich deutscher Na-

tion. Nicht einmal das (von Karl Popper formulierte) demokratische Minimum ist gesichert: Die Bürger können ihre europäische »Regierung« nicht abwählen, mag diese auch noch so sehr versagt haben. Ja, sie können gar nicht erkennen, wer für welche Entscheidung eigentlich die Verantwortung trägt.

Der Ausschluss der Bürger von der Mitwirkung an der Europapolitik, ihre Degradierung zum reinen Objekt der Entscheidung anderer, wird damit gerechtfertigt, nur so lasse sich die nötige Handlungsfähigkeit erreichen. In Wahrheit ist die politische Handlungsfähigkeit nirgendwo so gering wie auf europäischer Ebene: Die Entscheidungen des Rats setzen – rechtlich oder faktisch – häufig Einstimmigkeit voraus, was ihr Zustandekommen erschwert oder hohe Kosten verursacht (Herauskaufen der Zustimmung einzelner Länder durch ihre gezielte Subventionierung oder andere Begünstigung). Die Leidtragenden sind meist die kleinen Steuerzahler und die Konsumenten, die mittelständischen Unternehmer und die Kleinaktionäre. Aber auch die rationale Stimmigkeit des ganzen Konzepts steht in Frage. Und wenn gehandelt wird, erscheinen die Aktionen oft eher von nationalen Eigeninteressen getragen als, wie behauptet, vom Wohl Europas. Die Bürokratie produziert oft ganz unsinnige Regelungen. Die mangelnde Handlungsfähigkeit wird in der Außenpolitik besonders sichtbar.

Die Gründe für diese Fehlentwicklungen liegen letztlich in der mangelnden Angepasstheit der EU an die gewandelten Herausforderungen. Die enorme Zunahme der Aufgaben und Kompetenzen der EU und die Erweiterung von sechs auf 25 und mehr Mitgliedstaaten, kurz die Vertiefung und Erweiterung, hätten eigentlich eine grundlegend andere Struktur und Organisation der EU und ganz neue Verfahren nötig gemacht. Doch dazu fehlte die politische Kraft. Stattdessen wurde das Bestehende immer nur fortgeschrieben. Es wurde nur angebaut und der Bau damit völlig verbaut, statt ihn – entsprechend den gewandelten Verhältnissen – ganz neu zu konstruieren. Vor der Osterweiterung hatte man das auch erkannt und die Konferenz von Nizza für entsprechende Reformen einberufen. Als Nizza scheiterte, versuchte man es ersatzweise mit der Verfassung. Aber auch die scheiterte, weil einen jetzt die Bürgerferne einholte. Das, was die EU von den Mitgliedstaaten verlangt, Herstellung effizienter, demokratischer Strukturen, um den Herausforderungen der Globalisierung gerecht zu werden, leidet in der EU selbst am meisten Not.

Dennoch wird die wirkliche Lage Europas vernebelt. Man spricht zwar gelegentlich vom »Demokratiedefizit«; das ganze Ausmaß dieses Defizits und erst recht seine fatalen Folgen werden jedoch sorgfältig verborgen. Die Kernfrage, wie Europa nach der Osterweiterung von 2004 und dem anstehenden Beitritt weiterer Staaten, die nicht nur die Zahl, sondern auch die quantitativen und qualitativen Unterschiede der Mitglieder Europas gewaltig vergrößert und weiter vergrößern wird, wirtschaftlich und politisch noch »handelbar« sein soll und wie gleichzeitig ein Mindestmaß an Bürgernähe geschaffen werden kann, bleibt offen. Erst das französisch-niederländische Nein zum europäischen Verfassungsvertrag könnte hier einen Wandel einleiten. Sämtliche Kräfte des politischen Europas, eine berufsmäßige »Europawissenschaft« und der Mainstream der *political correctness* sind zumindest in Deutschland lange eine unheilige Allianz eingegangen, die bereits die unvoreingenommene Analyse und Kritik der Situation hintertreibt, von der Diskussion nötiger Reformen ganz zu schweigen. Eine Europaideologie ist entstanden, welche die – gewiss auch bestehenden – Vorteile des europäischen Zusammenschlusses einseitig hervorkehrt und die Nachteile verschweigt. Kritik wird als »uneuropäisch« geächtet, verwaltungsinterne *whistle blower* wie Paul van Buitenen und Martha Andreasen werden gemobbt und gefeuert.

Den Bürgern wird auf vielfältige Weise Sand in die Augen gestreut: So hat zum Beispiel der Vertrag von Amsterdam – unter feierlicher publizistischer Demokratiebeschwörung – einen eigenen »Zweiten Teil« in den EG-Vertrag eingefügt mit dem Titel »Die Unionsbürgerschaft« (Art. 17 bis 22). Doch die darin vorgesehenen Rechte sind marginal (wie das Wahlrecht zu Kommunalvertretungen) und galten zum Teil auch schon vorher (wie die Mobilitätsfreiheit und das Petitionsrecht). Die vor einiger Zeit beschlossene europäische Grundrechte-Charta ist ein propagandistisch aufgemotzter Popanz ohne praktische Bedeutung. Ihre Rechtswirkung ist gleich null. Das Europäische Parlament und die allmähliche Steigerung seiner Rechte werden als demokratische Errungenschaften groß herausgestellt. In Wahrheit bleibt das Parlament bürgerfern und ist selbst Teil des Problems. Die wirklichen Kosten der Erweiterungen werden unterschlagen; die offiziellen

Schätzungen sind maßlos untertrieben, und wenn doch einmal einer Klartext spricht wie gelegentlich der Kommissar Verheugen, wird ihm sogleich ein politischer Maulkorb verpasst.

Mangels wirksamer demokratischer Kontrollen können sich die Eigeninteressen der gesamten politischen Klasse (unter Einschluss der politischen, der bürokratischen und der wirtschaftlichen Elite) umso ungezügelter durchsetzen. Die (legale und illegale) Korruption blüht. All das spiegelt sich in der Politik*finanzierung* wider, in der sich das Wesen einer Einrichtung schon immer besonders deutlich offenbarte – entsprechend der Losung: »You must follow the money trail and you will find the truth.«

Zur »Politikfinanzierung« rechne ich

- die Bezahlung und Versorgung der Abgeordneten des Europäischen Parlaments,
- die Bezahlung und Versorgung der Mitglieder der Europäischen Kommission, des Europäischen Gerichtshofs, des Europäischen Rechnungshofs etc.,
- die Bezahlung und Versorgung der Europabeamten und -angestellten und
- die öffentliche Finanzierung der sogenannten europäischen politischen Parteien und der Fraktionen des Europaparlaments.

Alles, was wir an Europa kritisieren, findet sich in potenzierter Weise in der Finanzierung seiner Amtsträger, seiner Abgeordneten, seiner Beamten, seiner Parteien und Fraktionen wieder:

- die Abgehobenheit Europas und seiner Aktivisten von den Bürgern,
- die mangelnde Kontrolle der europäischen Organe,
- das Demokratiedefizit,
- das – kaum kontrollierte – Wirken der Eigeninteressen der politischen Klasse.

Bürgerferne und mangelnde Kontrolle führen dazu, dass fast alle guten demokratischen Grundsätze, die im nationalen Bereich im Laufe der Geschichte mühsam erkämpft wurden, auf europäischer Ebene ein-

fach außer Kraft gesetzt sind. Die europäische Politikfinanzierung
kennt eine Fülle von Privilegien, die auf nationaler Ebene völlig un-
denkbar wären, in Europa aber hingenommen werden, so als wäre es
nichts:

– Europa-*Beamte* verdienen im Allgemeinen etwa doppelt so viel wie
  deutsche Beamte mit vergleichbarem Aufgabenbereich. Von den
  nicht nachvollziehbaren Gehaltsprivilegien profitieren auch Ruhestandsbeamte. Gewaltige, im nationalen Bereich längst abgeschaffte
  Steuerprivilegien verschaffen den Begünstigten unglaubliche Vorteile. Das ganze Ausmaß der Privilegierung wird durch mancher-
  lei Kunstkniffe verheimlicht, so dass die Öffentlichkeit kaum nach-
  prüfen kann, wie hoch die Bezüge, Versorgungen etc. eigentlich
  sind. In diesem Buch werden sie exakt vorgerechnet.
– Die Bezahlung und Versorgung von hohen Amtsträgern wie z. B.
  den *Kommissaren*, von Richtern und den Finanzkontrolleuren lehnt
  sich an das »Modell« der Europabeamten an, sattelt aber noch weitere Privilegien drauf.
– Die Bezahlung und Versorgung der Europa-*Abgeordneten* ist derzeit zweispurig geregelt: Die Abgeordneten erhalten dieselbe Bezahlung wie die Mitglieder ihres Heimatparlaments. Ihr finanzieller
  Status ist also – je nach nationaler Herkunft – unterschiedlich. Zusätzlich bekommen aber alle Abgeordneten aus dem europäischen
  Haushaltstopf Spesenzahlungen, die auf verschleierte Zusatzeinkommen hinauslaufen und rechtlich und politisch unhaltbar
  sind.
  Die Bezahlung sollte Anfang 2004 – aufgrund einer fraktionsüber-
  greifenden Initiative – für alle Abgeordneten des Europäischen Parlaments auf hohem Niveau vereinheitlicht werden. Doch der Rat
  verweigerte zunächst seine Zustimmung. Einer etwas abgespeckten Version hat er aber im Sommer 2005 zugestimmt. Die Neuregelung, die allerdings erst im Jahre 2009, zu Beginn der nächsten
  Wahlperiode, in Kraft tritt, wird dazu führen, dass große Gruppen
  von Abgeordneten plötzlich ein Mehrfaches ihrer bisherigen Bezüge erhalten. Zugleich sollen Abgeordnete Steuerprivilegien der
  europäischen Beamten und hohen Amtsträger erhalten. Die in Jahrhunderten errungene Gleichheit vor dem (Steuer-)Gesetz droht

von Europa her wieder abgeschafft zu werden, und dies ausgerechnet zugunsten der »Volksvertreter« – ein unübersehbares Symbol für die Abgehobenheit der europäischen Politik. Zum ganz normalen Alltag gehört auch die legalisierte Spesenreiterei und Scheinbeschäftigung von Angehörigen auf Kosten der Steuerzahler, was Abgeordneten und ihren Familien ein illegales Zusatzeinkommen verschafft.

Die Symbiose von Politik und Wirtschaft spiegelt sich unter anderem darin wider, dass systematische Bestechung »ganz legal« ist. So lässt sich der einflussreiche Abgeordnete Elmar Brok, Vorsitzender des auswärtigen Ausschusses des Europäischen Parlaments, – zusätzlich zu seinem Gehalt als Abgeordneter – auch noch als Chef eines Lobbybüros üppig bezahlen. Die angestrebte Transparenz der »Nebenbeschäftigung« von europäischen Abgeordneten ist eine Scheintransparenz: Sie wird nur von denen eingehalten, die ohnehin nichts zu verbergen haben, nicht also etwa von Elmar Brok, der über die Höhe seines Zusatzverdienstes als Lobbyist schweigt.

– Im Jahre 2003 ist es – aufgrund einer Gemeinschaftsinitiative der vier großen Fraktionen des Europäischen Parlaments – auch zu einer öffentlichen Finanzierung von »*Parteien*« auf europäischer Ebene gekommen. Dabei wurden alle vom deutschen Bundesverfassungsgericht und vom Europarat entwickelten Grundsätze für die staatliche Parteienfinanzierung missachtet. Weder muss mindestens die Hälfte der Einnahmen der europäischen Partei in Form von Mitgliedsbeiträgen und Spenden von den Bürgern herrühren. Noch wird die Bevorzugung größerer Parteien unterbunden. Indem als Kriterium festgelegt wird, dass eine Partei in mindestens einem Viertel der Mitgliedstaaten, also derzeit sieben, vertreten sein muss, kommt die öffentliche Finanzierung allein den Etablierten zugute und schließt kleinere Parteien aus, selbst wenn sie Abgeordnete im Europäischen Parlament haben. Die Entwicklung zu »Kartellparteien«, die sich selbst kraft ihrer politischen Macht Wettbewerbsvorteile verschaffen und die kleineren Herausfordererparteien erdrücken, droht von Europa her einen gewaltigen Schub zu erhalten.

– Argumentativer Ausgangspunkt für die Einführung einer öffentlichen Parteienfinanzierung auf Europaebene war ein Bericht des

Europäischen Rechnungshofs. Er hat gezeigt, dass die jetzige Praxis illegal ist: Bisher finanzierten die europäischen Parteien sich über ihre – außerordentlich üppig subventionierten – Fraktionen des Europäischen Parlaments. Statt diese Form der Finanzierung nun aber zu beseitigen, haben die großen Fraktionen *zusätzlich* eine unmittelbare Finanzierung der Parteien aus dem Europahaushalt eingeführt, die rechtswidrige bisherige Finanzierung aber gleichwohl bestehen gelassen.

Dabei fehlte in den europäischen Verträgen zunächst eine tragfähige rechtliche Grundlage für eine derartige Finanzierung der »europäischen politischen Parteien«. Diese Grundlage wurde erst durch den Vertrag von Nizza geschaffen, der aber natürlich erst in Kraft treten konnte, nachdem er von allen fünfzehn Mitgliedstaaten ratifiziert worden war. Ebendies wurde durch das negative Referendum Irlands zunächst in Frage gestellt. Der Umgang mit diesem unmittelbaren Votum des irischen Volkes macht übrigens die ganze Bürgerferne des europäischen Machtdreiecks schlaglichtartig deutlich: Das offizielle Europa reagierte mit einer Art Mobbingkampagne gegen die Mehrheit der irischen Bürger, denen Beschränktheit und Fehleinschätzung vorgeworfen wurden.

Wie aber ist eine politische Klasse einzuschätzen, die ihre Finanzierung einseitig fördert, den Erlass eines einheitlichen Wahlrechts, den der EG-Vertrag lange sogar ausdrücklich vorschrieb, dagegen auf die lange Bank schiebt? Wie kann ein Parlament, das in eigener Sache derart lax mit Recht und Gesetz umgeht und illegale Bereicherung und Korruption seiner Mitglieder sehenden Auges duldet, als Kontrollorgan noch ernst genommen werden? Die Bürgerferne und die mangelnde Kontrolle der europäischen Institutionen verführen dazu, Regelungen einzuführen, die demokratischen und rechtsstaatlichen Standards grob widersprechen. Den Regelungen über den europäischen Haftbefehl etwa konnten erst durch das Bundesverfassungsgericht die schlimmsten Giftzähne gezogen werden. »Europol«-Beamten wird Immunität gewährt, so dass der Bürger selbst gegen eindeutig rechtswidrig handelnde Beamte nichts unternehmen kann (wenn er überhaupt etwas von deren Hintergrundaktivitäten erfährt). Der Rechtsstaat wird noch weiter ausgehebelt, wenn Europol weitere Befugnisse übertragen werden, wie dies im Zuge einer verschärften Terroristenbekämpfung zu erwarten (und zum Beispiel vom früheren deutschen Bundesinnenminister Otto Schily auch schon in die Diskussion gebracht worden) ist. So droht von Europa her – per Rückwirkung – eine Aufweichung bewährter innerstaatlicher Grundsätze. Hinsichtlich der Politikfinanzierung wird das von manchen Nutznießern auch ganz ungeniert begrüßt. Äußerungen deutscher Politiker lassen gelegentlich die Hoffnung erkennen, auf europäischer Ebene werde man sicher nicht mit so »kleinkarierter Kritik« rechnen müssen wie hierzulande und werde sich deshalb »großzügigere« Leistungen bewilligen können.

So droht vom Kopf her eine Korrumpierung des ganzen öffentlichen Systems. In diesem Zusammenhang ist von erheblicher Symbolkraft, dass in Belgien, dem Hauptsitz der Europäischen Union, ein unglaubliches Maß an Korruption herrscht, wie mehrere innerbelgische Skandale gezeigt haben. Schon bei der Bestimmung der Hauptstadt (bzw. der Hauptstädte) Europas soll Korruption im Spiel gewesen sein.

Sämtliche Probleme Europas ufern immer weiter aus, und ihre Eindämmung wird weiter erschwert, nachdem – im Zuge der Osterweiterung – aus den bisher 15 Mitgliedstaaten 25 geworden sind – und demnächst 27, 28 oder mehr werden sollen. Die Probleme der deutschen Vereinigung – sie war ein erster, aber noch relativ einfacher Fall von Osterweiterung – sollten uns eigentlich gelehrt haben, was da alles auf uns zukommen kann. Nach Öffnung der Grenzen gen Osten wird auch die öffentliche Sicherheit erheblich schwerer zu garantieren sein – ein Thema, dessen Bedeutung spätestens nach den Terrorattentaten von New York und Washington einem breiten Publikum bewusst geworden ist.

Die aus dem Ruder gelaufenen Regelungen der europäischen Politikfinanzierung bildeten übrigens einen gewaltigen Anreiz für Politiker und Parteien der Beitrittsländer, ebenfalls Zutritt zu diesem Paradies der politischen Klasse zu gewinnen. Es handelt sich um eine massive Bestechung der politischen Führungen auch der möglichen künftigen Beitrittsländer. Für Persönlichkeiten aus dem Osten, die ein Mandat im Europäischen Parlament ergattern oder gar Kommissar, Richter, Rechnungsprüfer oder auch nur Beamter in der EU werden, kommt dies häufig einem Lottogewinn gleich. Das dürfte auch Rückwirkungen auf das heimische Gehaltniveau der politischen Klasse haben und dies hochdrücken.

So zweifelhaft die Erfolgsaussichten eines zügellosen Projekts Europa aus der Sicht der Bürger sind, so sicher ist, dass es sich für die Akteure des Machtdreiecks auszahlt.

II.

Das Wachstum des Monsters:
Der rasch zunehmende Einfluss
der Europäischen Union

Die staatsrechtlichen und demokratietheoretischen Probleme eines zusammenwachsenden Europas sind in jüngerer Zeit immer mehr ins Blickfeld der Wissenschaft und der Fachöffentlichkeit getreten – und seit den spektakulären Volksabstimmungen zum europäischen Verfassungsvertrag sind sie auch Gegenstand einer breiten öffentlichen Diskussion. Der Gedanke eines vereinten Europas war nach den Schrecken des Zweiten Weltkriegs von großen Männern zwar schon früh konzipiert worden. Die Rede Churchills am 19. September 1946 in Zürich[2] ist hier ebenso zu nennen wie Walter Hallsteins Vision von einem Europäischen Bundesstaat.[3] Es blieb jedoch vorerst bei der Vision. Die Kompetenzen der Europäischen Gemeinschaft bestanden zunächst vor allem in einem Negativum: Zum Zwecke der Durchsetzung ungehinderten Wettbewerbs sollten alle Beschränkungen abgebaut werden. Die eng begrenzten Aufgaben der Europäischen Gemeinschaften machten es lange möglich, sie bloß als supranationale Zweckverbände zu kennzeichnen.[4] Mit dem enormen Aufgabenzuwachs, den die supranationalen europäischen Einrichtungen inzwischen erfahren haben, hat sich das grundlegend geändert. Die wichtigsten Stationen dieses Funktionszuwachses sind die Einheitliche Europäische Akte (1987), der Vertrag von Maastricht (1992), ergänzt durch den Vertrag von Amsterdam (1997), der Übergang zur Währungsunion zum 1. Januar 1999 samt Einführung des Euro als gemeinschaftlicher Währung und der Beitritt von zehn weiteren Ländern am 1. April 2004 (Stichwort »Osterweiterung«). Der Maastricht-Vertrag zielt in seiner Präambel auch ausdrücklich auf eine immer engere Union der Völker Europas. Der Vertrag von Nizza (2000) und der nach mehreren Volksabstimmungen im Jahre 2005 gescheiterte Verfassungsvertrag stellen allerdings vorläufige Rückschritte dar.

In dem Maße, in dem allgemein deutlich wurde, dass Europa unser Schicksal ist, standen aber auch die Grundfragen plötzlich vor der Tür der Wissenschaften. Sie stellten Fragen, an denen man nicht mehr vorbeisehen kann: Staatsrechtler fragen, ob das Grundgesetz die Übertragung von so viel Kompetenzen auf ein supranationales Gebilde zulässt und ob sich die Europäische Union nicht zu einem Bundesstaat, also einem wirklichen »Staat« im verfassungsrechtlichen Sinn entwickelt. Politik- und Verwaltungswissenschaftler fragen, zu welchen Verschiebungen im politischen Gefüge die Neuerungen führen und was von der parlamentarischen Demokratie bleibt, wenn die Exekutive fast alle politischen Entscheidungen von Bedeutung trifft.

In der breiten Öffentlichkeit fand diese wissenschaftliche Diskussion bisher keinen großen Widerhall. In Deutschland jedenfalls wurde eine rationale öffentliche Diskussion der Chancen und Gefahren des europäischen Zusammenwachsens von der politischen Klasse systematisch unterdrückt. Hätte dagegen durch Volksentscheide über den Beitritt zur Europäischen Union, über den Nizza-Vertrag und andere Verträge oder über die Annahme des Verfassungsvertrages abgestimmt werden müssen wie zum Beispiel in Frankreich, Dänemark und den Niederlanden, wäre das anders. Dann hätten die Politiker den Bürgern das Thema nahe bringen und sie von den Vorteilen des eingeschlagenen Weges überzeugen müssen – oder wären eben daran gescheitert.

Die enorme Rolle, die die Europäischen Gemeinschaften spielen, signalisieren bereits einige Zahlen: Wie von kundiger Seite geschätzt, dient die deutsche Gesetz- und Verordnungsgebung auf dem Gebiet des Wirtschafts-, Sozial- und Steuerrechts gegenwärtig zu etwa 80 Prozent der Umsetzung europarechtlicher Normen. Rund 70 Prozent der Regelungen, die in Brüssel beschlossen werden, wirken sich direkt auf das Leben der Bundesbürger aus.[5] Fast 50 Prozent aller deutschen Gesetze gehen auf europäisches Recht zurück.[6] Die Zahl der Normsetzungsakte des Gemeinschaftsrechts ist bereits im Jahre 1992 auf etwa 57 000 und die jährliche Zuwachsrate auf 3000 oder mehr geschätzt worden.[7] Im Jahre 1998 beispielsweise wurden 2854 Verordnungen, 109 Richtlinien, 460 sonstige Entscheidungen und 130 sonstige Beschlüsse erlassen. 130 000 »Rechtsakte« sollen inzwischen zum »gemeinschaftlichen Besitzstand« gehören, und der wächst und wächst. Bezeichnend ist, dass offenbar niemand die genaue Zahl kennt. Das täglich erscheinende Amtsblatt umfasste im Jahr 2004 mehr als 800 000 Seiten. Bundestagsabgeordnete können ein Lied davon singen, was das rein mengenmäßig bedeutet. Jede Woche landet ein Stapel von einem halben Meter Dicke auf ihrem Schreibtisch, der – schon wegen der Menge, die nur bei bester Organisation der Verfahren zu bewältigen wäre, – zum großen Teil ungelesen in der Ablage oder gar im Papierkorb landet.

Die Eingriffe Europas in alle Bereiche hinein und häufig über das notwendige Maß hinaus wachsen sich allmählich zu einem schleichenden »EU-Imperialismus« aus. Dies hat sachliche Gründe: Die europäischen Verträge streben »einen immer engeren Zusammenschluss der europäischen Völker« an, ohne einen klaren Schlusspunkt der Entwicklung zu nennen. Zudem sind die Aufgaben der EU nicht bereichsmäßig begrenzt, sondern in Form von Zielen formuliert. Diese aber können praktisch alle Bereiche durchdringen (siehe S. 81). Die ständige Ausdehnung der EU hat darüber hinaus auch institutionelle Gründe. In den vielen spezialisierten Räten, in die »der Ministerrat« zerfällt, sind jeweils die Fachminister mit ihren angegliederten Fachbruderschaften unter sich, die erfahrungsgemäß auf die Ausweitung ihrer jeweiligen Belange drängen (siehe S. 45). Dazu kommt die Versuchung, Unangenehmes, das man national nicht verantworten zu können glaubt, auf Brüssel abzuschieben, wo ohnehin kaum jemand durchblickt (siehe S. 109). Ein gleichgerichteter Trend zeigt sich in der Kommission: Jeder der inzwischen 25 Kommissare will sich auf seinem Gebiet profilieren (siehe S. 197), und die Kommission hat eben das Recht, auf allen Gebieten Initiativen zu entfalten. Auch das Europäische Parlament tendiert im Zweifel zu einer Ausdehnung der Kompetenzen Europas und damit seines eigenen Einflusses (siehe S. 129). Für den Europäischen Gerichtshof gilt dies erst recht. Er hat im Zuge seiner Rechtsprechung immer mehr Macht an sich gerissen und dem Europarecht immer intensivere Geltung verschafft (siehe S. 112). Das Subsidiaritätsprinzip gewährleistet keine ausreichende Kontrolle gegen diese Entwicklung. Solange der Europäische Gerichtshof über seine Auslegung urteilt, wird der EU-immanente Trend zur Zentralisierung kaum gebremst werden können.

III.

Europa ohne Volk:
Demokratiedefizite in der EU

1. Der Maßstab: Regieren *des* Volkes, *durch* das Volk und *für* das Volk

Dass die EU unter einem Demokratiedefizit leidet, ist inzwischen schon fast Gemeingut. Doch welches sind die genauen Maßstäbe? Letztlich geht es in Sachen Demokratie um zwei Prinzipien, die gewiss immer nur graduell erreichbar sind und zum Teil auch miteinander in Widerspruch stehen können, die aber gleichwohl anzustrebende letzte Ziele sind: Selbstentscheidung des Volkes und inhaltliche Richtigkeit. Klassischen Ausdruck hat beides in der sogenannten Lincolnschen Formel gefunden, wonach Demokratie »Regierung des Volkes, durch das Volk, für das Volk« ist. So hatte es der amerikanische Präsident Abraham Lincoln 1863 in seiner berühmten, allerdings gelegentlich auch missverstandenen[8] Gettysburger Ansprache formuliert.[9] Regierung *durch* das Volk verlangt, dass die Bürger Einfluss auf die Politik haben, Regierung *für* das Volk, dass die Politik den Interessen der Bürger, und zwar möglichst aller Bürger gerecht wird.[10] In jüngerer Zeit wird die Lincolnsche Formel immer häufiger herangezogen und damit ihre Brauchbarkeit als grundlegender zweifacher Bewertungsmaßstab bestätigt.[11]

Das dritte Element der Lincolnschen Formel, government *of the people*, setzt voraus, dass überhaupt ein Volk und damit ein Mindestmaß an Homogenität vorhanden ist. Vorausgesetzt wird ein gewisses Wir- und Einheitsgefühl, also eine gemeinsame Identität, die Mehrheitsentscheidungen für die überstimmte Minderheit überhaupt erst akzeptabel machen. Das Vorliegen dieser Voraussetzungen kann in Nationalstaaten, auf die das Demokratiekonzept sich lange vornehmlich bezog, als selbstverständlich unterstellt werden und bedurfte deshalb keiner ausdrücklichen Erwähnung. Die enge Verknüpfung der

Entwicklungsgeschichte von Demokratie und Nationalstaat erklärt, warum das dritte Element der Lincolnschen Formel lange überhaupt nicht in Erscheinung trat. Richtet sich die Analyse aber auf eine supranationale Organisation wie die EU, so ändert sich das Bild. Hier steht die Existenz jenes Mindesmaßes an Homogenität gerade in Frage. Das lange vernachlässigte dritte Element der Lincolnschen Formel erwacht auf EU-Ebene deshalb aus seinem Dörnröschenschlaf und wird in hohem Maße relevant[12] (siehe S. 96).

Die Ansätze politikwissenschaftlicher Demokratietheorien sind oft ausgesprochen einseitig. Herkömmlicherweise werden zwei Gruppen unterschieden:[13] Ansätze, die die Mitwirkung der Bürger in den Mittelpunkt stellen (»Partizipationstheorien«, »Inputtheorien«),[14] und Ansätze, die das Schwergewicht auf brauchbare inhaltliche Ergebnisse legen (»Outputtheorien«).[15] Diese Ansätze vermitteln gelegentlich den Eindruck, als käme es nur auf eines der beiden oben genannten Kriterien an, so als könne sich jeder die maßgeblichen Kriterien selbst zusammenstellen. Das aber trifft nicht zu. In Wahrheit müssen beide Grundwerte (Selbstbestimmung *und* Richtigkeit) als Beurteilungskriterien herangezogen werden. Zusätzlich muss auch das dritte Element vorhanden sein, ein Minimum an Homogenität, das Mehrheitsentscheidungen für die überstimmte Minderheit erst zumutbar macht.

In einer echten Demokratie geht der nächstliegende Weg zur Realisierung von Gemeinwohl natürlich dahin, den Willen des Volkes zur Geltung zu bringen; zugrunde liegt die Überzeugung, die Bürger wüssten selbst immer noch am besten, was gut für sie ist. Hier läuft Regieren für das Volk also auf Regieren durch das Volk hinaus. Dazu ist es nötig, den Willen der Bürger insgesamt zum Ausdruck und zur politischen Wirksamkeit zu bringen.

Den Gegenpol bildet der Versuch, den Interessen und Belangen des Volkes *unabhängig* von seinem Willen Geltung zu verschaffen. Danach sind alle Amtsträger auf das Gemeinwohl verpflichtet. Das gilt sowohl für die gezielt unabhängig gestellten Amtsträger (Gerichte, Rechnungshöfe, die Bundesbank beziehungsweise die Europäische Zentralbank und die Europäische Kommission), die mittels ihrer Unabhängigkeit in die Lage versetzt werden sollen, die Gemeinwohlverpflichtung leichter einzuhalten, als auch für die gewählten Regierungen, Parlamente, Minister und Abgeordneten. Das preußische

Pflichten- und Beamtenethos und das US-amerikanische Trust-Konzept sind aus diesem Gedanken heraus entstanden. Das zeigt, für wie wichtig das »Regieren *für* das Volk« gehalten wird – und das mit vollem Recht. Dass aber auch auf das Regieren *durch* das Volk nicht verzichtet werden kann, belegt schon der Hinweis, dass wir sonst eine Art aufgeklärten Absolutismus hätten. Denn auch Friedrich der Große sah sich als »aufgeklärten Diener seines Staates«.[16] Im Folgenden werden deshalb alle drei Elemente der Lincolnschen Formel zugrunde gelegt.

Die Lincolnsche Formel kann die Richtung weisen nicht nur für die Beurteilung des Funktionierens der politischen Willensbildung im Rahmen der bestehenden Verträge, die man auch als europäische Verfassung ansehen kann, und der durch sie geschaffenen Institutionen. Sie kann aber auch die Richtung weisen für die Beurteilung der Verfassungsgebung selbst und für ihre Fortentwicklung, also für Verfassungs*politik*.

Das Demokratiedefizit der Europäischen Union betrifft sowohl die mangelnde Bürgerpartizipation als auch die mangelnde politische Handlungsfähigkeit als schließlich auch die mangelnde Existenz eines homogenen europäischen Volkes.

2. Leere Versprechungen: Demokratie in Europa

Das Demokratieprinzip wird in den europäischen Verträgen geradezu emphatisch und an vorderster Stelle betont. So bekennen sich etwa in der Präambel des Vertrages über die Europäische Union die Mitgliedstaaten ausdrücklich zur Demokratie und erklären den »Wunsch, Demokratie und Effizienz in der Arbeit der Organe (der Union) weiter zu stärken«.[17] Nach Art. 1 Abs. 2 EUV stellt dieser Vertrag »eine neue Stufe bei der Verwirklichung einer immer engeren Union der Völker Europas dar, in der die Entscheidungen möglichst offen und möglichst bürgernah getroffen werden« sollen. Und in Art. 6 Abs. 1 EUV wird bekräftigt, dass die EU »auf den Grundsätzen der Freiheit, der Demokratie der Achtung der Menschenrechte und Grundfreiheiten sowie der Rechtsstaatlichkeit« beruhe. Zudem darf Deutschland sich nach Art. 23 Abs. 1 GG an der Europäischen Union nur beteiligen, wenn diese demokratischen Grundsätzen entspricht. Diesen normativen Postulaten zufolge müsste der Gedanke der Demokratie ganz im Vordergrund der Europäischen Gemeinschaften stehen. In Wahrheit ist genau das Gegenteil der Fall, so dass die vielfache Beschwörung der Demokratie fast wie ein Ritual anmutet, um so künstlicher und vorgeschützter, je weiter es von der Wirklichkeit entfernt ist.

Will man die Strukturen der Europäischen Union auf ihre demokratischen Qualitäten hin untersuchen, steht eine Komponente der Lincolnschen Formel regelmäßig im Vordergrund: das Regieren *durch* das Volk. Auch wir werden mit dieser Seite des Demokratieprinzips (und den entsprechenden Defiziten) beginnen.

3. Volkssouveränität durch demokratische Verfassungsgebung?

Zu unterscheiden sind zwei Ebenen: die Ebene der Vertrags- beziehungsweise Verfassungsgebung (durch den sogenannten »pouvoir constituant«) und die Ebene der Politik auf der Basis der gegebenen Verfassung (durch den sogenannten »pouvoir constitué«). Die Verträge, also das europäische Primärrecht, sind europäisches Verfassungsrecht. Es hat Vorrang vor nationalem Recht und gilt unmittelbar, besitzt also von der Wirkung her die entscheidenden Qualitäten des Verfassungsrechts.[18]

Die Verfassungsgebung ist nach demokratischen Grundsätzen eigentlich in besonderem Maße Sache des Volkes. Das ist der Kern der sogenannten Volkssouveränität. Tatsächlich liegt die Gestaltung der europäischen Verträge in der Hand der Regierungen. Die Regierungen der Mitgliedstaaten schließen die Verträge und ihre Änderungen ab. Das Volk darf darüber aber nicht in allen Staaten abstimmen. Häufig brauchen lediglich die Parlamente zuzustimmen, indem sie die Verträge »ratifizieren«. Sie können die Verhandlungspakete aber nicht wieder aufschnüren, sondern nur insgesamt absegnen. Die Verweigerung der Zustimmung würde das Ganze gefährden. Das aber riskiert die Parlamentsmehrheit schon deshalb nicht, weil die Mehrheitsparteien hinter der von ihnen getragenen Regierung stehen und sie diese nicht durch Kritik des von ihnen ausgehandelten Vertrages in Verlegenheit bringen wollen. Es fehlt also bereits der Kontrollwille. Die »Parlamente werden zur Zustimmung quasi genötigt.«[19]

Besonders in Deutschland kommt noch die allgemeine Neigung der Eliten hinzu, jede Kritik an der Art und Weise der europäischen Integration als Kritik an der europäischen Idee misszuverstehen und möglichst zu unterdrücken. Die (fundamental wichtigen) Abstimmungen etwa über den Maastricht-Vertrag und den Nizza-Vertrag erfolgten ohne lange Debatte im Parlament. Der Bundestag hat sogar den europäischen Verfassungsvertrag ohne größere Diskussion »durchgewunken«. Die Voreingenommenheit war so groß, dass selbst prominente Mitglieder der zuständigen Bundestagsausschüsse, die sich mit der Materie eigentlich intensiv hätten befassen müssen, nicht einmal wichtige Strukturelemente des Vertrages kannten, wie eine Befragung von Abgeordneten durch das Fernsehmagazin »Panorama« am Tage der Parlamentsabstimmung ergab.

Entsprechend lau war auch die öffentliche Diskussion außerhalb des Parlaments. Wie immer, wenn das Volk nichts zu sagen hat, fehlte bei allen derartigen Fragen, so fundamental sie auch sein mochten, jede breite und tief gehende öffentliche Diskussion. Das Gefühl der politischen Elite, die Bürger nicht überzeugen zu müssen, und das Gefühl der Bürger und Medien, doch nichts bewirken zu können, weil alles schon entschieden sei, nahm jeder großen Debatte schon im Ansatz die Motivation. Nur die Anfechtung des Maastricht-Vertrages vor dem Bundesverfassungsgericht hat eine gewisse Ersatzdiskussion ausgelöst – dies vornehmlich allerdings unter Verfassungsjuristen.

Das Entscheiden der Regierungen und das Durchwinken der Europaverträge und sogar des Verfassungsvertrages durch die Parlamente begründet ein äußert geringes Partizipationsniveau. Hinzu kommt noch die krasse *Ungleichheit* der Partizipation. Denn beim eigentlichen Festzurren des Vertragsinhalts in den Regierungsverhandlungen haben selbst die kleinsten Staaten, zumindest formal, dasselbe Gewicht wie die größten. Da jeder einzelne alles blockieren kann, kann er die Interessen seiner Bürger in ähnlich starkem Maße durchsetzen wie die Großen die Interessen ihrer Bürger, obwohl diese quantitativ sehr viel mehr sind. Die ratifizierenden Parlamente können das nicht kompensieren, wenn sie nur »durchwinken«. Insofern ist das Demokratiedefizit des »pouvoir constituant«, soweit es die fehlende Gleichheit betrifft, noch größer als das des »pouvoir constitué«, wo beim Rat und dem Europäischen Parlament immerhin eine gewisse Gewichtung des nationalen Einflusses entsprechend der Größe der Bevölkerung erfolgt (siehe unten S. 61). In Deutschland haben bei Änderung des *Grundgesetzes* die Bundesländer immerhin nach ihrer Größe gewichtete Stimmen. Bei der Fortentwicklung des *europäischen* Verfassungsrechts ist dies nicht der Fall. Es wird nach wie vor als Völkerrecht behandelt, obwohl es längst den Charakter supranationalen Verfassungsrechts angenommen hat.

Noch geringer ist das Legitimationsniveau des Europäischen Gerichtshofs, der mit seinen Urteilen nicht selten den Inhalt der Verträge verändert und damit an die Stelle des Verfassungsgebers tritt. Die unmittelbare Wirkung und den Vorrang des Europarechts haben nicht die Regierungen zu beschließen gewagt, die sich dafür hätten verantworten müssen. Das hat vielmehr der Gerichtshof entschieden, den niemand zur Verantwortung ziehen kann. Er hat sich dadurch, dass er das europäische Primärrecht zum Verfassungsrecht machte, quasi verfassungsgebende Gewalt angemaßt, ohne dazu eigentlich legitimiert zu sein.

Die Demokratiedefizite auf europäischer Ebene gehen aber noch sehr viel weiter. Das zeigt sich, wenn man überprüft, wie demokratisch die wichtigsten Organe der Gemeinschaft bei Schaffung des europäischen Sekundärrechts, also etwa beim Erlass von Verordnungen, Richtlinien (Art. 249 EG) und Rahmenbeschlüssen (zum Beispiel Art. 34 EUV) sind.

4. Der Rat: Exekutiver Herrscher Europas

Die Begriffe sind verwirrend. Einmal kennt der EU-Vertrag einen »Europäischen Rat«. Dieser gibt nach Art. 4 Abs. 1 EUV »der Union die für ihre Entwicklung erforderlichen Impulse und legt die allgemeinen politischen Zielvorstellungen für diese Entwicklung fest.« In ihm »kommen die Staats- und Regierungschefs der Mitgliedstaaten und der Präsident der Kommission zusammen. Sie werden von den Ministern für Auswärtige Angelegenheiten der Mitgliedstaaten und einem Mitglied der Kommission unterstützt« (Art. 4 Abs. 2 Satz 1 und 2

EUV). Die Beschlüsse des Europäischen Rats, der mindestens zweimal jährlich zusammentritt (Art. 4 Abs. 2 Satz 3 EUV), haben keine juristische Qualität, können aber hohe politische Relevanz besitzen.

Vom Europäischen Rat zu unterscheiden ist ein anderer Rat, der sich, um die Begriffsverwirrung zu erhöhen, auch »Rat der Europäischen Union« nennt. Er ist Organ der Gemeinschaft (Art. 7 Abs. 1 EG). Seine Aufgaben und Arbeitsweise sind in Art. 202 bis 210 EG geregelt. Er wird im Folgenden behandelt. Er ist gemeint, wenn hier vom Rat die Rede ist.

Drittens spricht der EG-Vertrag – und das treibt das Verwirrspiel auf die Spitze – von den »im Rat vereinigten Vertretern der Regierungen der Mitgliedstaaten«. Ihre Aufgabe ist zum Beispiel die Ernennung der Richter des Europäischen Gerichtshofs (Art. 223 Abs. 1 EG).

Schließlich gibt es die Konferenz der Regierungen der Mitgliedstaaten, die – sozusagen auf Verfassungsebene – Änderungen der Verträge beschließt, die dann von den Mitgliedstaaten ratifiziert werden müssen (siehe soeben S. 31).

a) Alle Macht dem Rate

Hauptorgan der Europäischen Union ist nach wie vor der Rat. Neben seinen Exekutivbefugnissen spricht der Rat besonders bei der Rechtsetzung das entscheidende Wort. Er hat auch wichtige Kompetenzen etwa bei der Gestaltung des Haushalts, der auswärtigen Beziehungen sowie bei der Bestellung der Mitglieder der Kommission und des Rechnungshofs.[20] Er besteht nach Art. 203 Abs. 1 EG aus je einem Vertreter der 25 Mitgliedstaaten auf Ministerebene. Der Vorsitz wechselt alle sechs Monate. So hat im zweiten Halbjahr 2005 Großbritannien, im ersten Halbjahr 2006 Österreich den Vorsitz inne.

b) Verlust der Einheit: Die Vielzahl der Räte

Welches Regierungsmitglied die Staaten in den Rat entsenden, bleibt ihnen überlassen. Regelmäßig sind es die Fachminister. Der Rat tagt deshalb in wechselnder Besetzung. Je nachdem, welche Materie zu behandeln ist, besteht »der« Rat aus den Außenministern der 25 Mitgliedstaaten, aus den Landwirtschaftsministern, den Wirtschaftsministern, den Justizministern, den Umweltministern, den Arbeits- und Sozialministern etc. Der Rat wird dann entsprechend bezeichnet, zum Beispiel als Agrarministerrat. Bei allgemeinpolitischen Fragen entscheiden die Außenminister. In besonderen Fällen tagt der Rat in der Zusammensetzung der Staats- und Regierungschefs. In Wahrheit gibt es deshalb nicht einen Rat, sondern eine Vielzahl von Räten. Die Aufspaltung nahm mit Erweiterung der Kompetenzen der Gemeinschaft stetig zu – bis hin zu rund 20 unterschiedlichen Zusammensetzungen, in denen »der« Rat tagte. Das war offensichtlich kein sinnvoller Zustand. 1999 beschränkte der Rat von Helsinki deshalb die Anzahl der Räte durch Zusammenlegung auf 15, und 2002 reduzierte der Rat von Sevilla sie durch weitere Zusammenlegungen auf 10. Die Geschäftsordnung des Rats in der Fassung vom 22. März 2004 nennt nunmehr neben dem Rat für Allgemeine Angelegenheiten und Außenbeziehungen acht spezialisierte Räte:

- Wirtschaft und Finanzen
- Justiz und Inneres
- Beschäftigung, Sozialpolitik, Gesundheit und Verbraucherschutz
- Wettbewerbsfähigkeit (Binnenmarkt, Industrie und Forschung)
- Verkehr, Telekommunikation und Energie
- Landwirtschaft und Fischerei
- Umwelt
- Bildung, Jugend und Kultur[21]

Der Übersichtlichkeit und Verständlichkeit dient diese Aufsplitterung natürlich nicht. Zudem drohen die allgemeinen Belange von den Spezialinteressen überwuchert zu werden und zu kurz zu kommen: Wenn bei den Entscheidungen des Rats regelmäßig die Fachminister unter sich sind, hat das zwar sicher den Vorteil, dass diese (und ihr ministerieller Unterbau, der ihnen zuarbeitet) etwas von der Materie verstehen. Es hat aber auch den großen Nachteil, dass Fachleute dazu tendieren, ihr jeweiliges Ressort überzubewerten und ungebührlich auszuweiten. Deshalb kommt in den *nationalen* Regierungen dem Regierungschef und dem Finanzminister regelmäßig die Aufgabe zu, gegenzusteuern und ein Überwuchern des Allgemeininteresses durch Spezialbelange zu verhindern. Zu diesem Zweck geben die nationalen Verfassungen und Geschäftsordnungen dem Regierungschef und dem Finanzminister eine besonders starke Stellung innerhalb des Regierungskollegiums. Derartige Gegengewichte fehlen in den bloß aus Spezialisten zusammengesetzten Räten der EU. Da jeweils die Spezialisten eines bestimmten Bereichs ganz unter sich sind, ist die Gefahr von Einseitigkeiten hier besonders groß. Darin dürfte ein Grund sowohl für den vielfach kritisierten übertriebenen Aktionismus der EU als auch für die unangemessene Bevorzugung von Spezialbelangen liegen.

c) Die verborgene Macht: Auslagerung der Entscheidungen in Ausschüsse

Die Unübersichtlichkeit des Entscheidungsablaufs geht aber noch weiter: Die Sitzungen der verschiedenen Räte werden nach Art. 207 Abs. 1 EG von einem »Ausschuss der Ständigen Vertreter der Mitgliedstaaten« (AStV) vorbereitet. Dieser gliedert sich in die »Botschafterkonferenz« (zuständig für Grundsatzfragen und den Europäische Rat), den »Ausschuss der Stellvertreter« (sonstige Angelegenheiten) und den »Sonderausschuss Landwirtschaft« und wird von rund 100 Arbeitsgruppen und Untergruppen unterstützt. Bemerkenswert ist, dass der AStV zahlreiche Ratsangelegenheiten faktisch selbst entscheidet. Bestimmte vom AStV einvernehmlich beschlossene Angelegenheiten, die sogenannten A-Punkte auf der Tagesordnung des Rats (Art. 2 Abs. 6 und 7 Geschäftsordnung), kann der Rat nämlich ohne Aussprache genehmigen (Art. 3 Abs. 6 Geschäftsordnung). In der Praxis wird regelmäßig eine Vielzahl solcher A-Punkte auf einer Liste aufgeführt, die in den Räten überhaupt nicht mehr zur Aussprache gelangen, sondern regelmäßig nur noch en bloc abgesegnet werden. Dieses Verfahren mag zwar der Entlastung der Räte dienen, treibt die Unübersichtlichkeit und die schwache demokratische Legitimation aber auf die Spitze. (Vom AStV, der von der nationalen Ministerialverwaltung gesondert ist, sind, um das Durcheinander zu komplettieren, die Ständigen Vertretungen zu unterscheiden, welche die Mitgliedstaaten als Bindeglied zwischen den EU-Organen, in der Praxis vor allem dem AStV, und den nationalen Ministerien eingerichtet haben.)

d) Geheimniskrämerei: Auflösung der Verantwortung

Der Rat und der AStV tagen grundsätzlich nicht öffentlich.[22] Auch das ergibt sich lediglich aus der Geschäftsordnung (Art. 5 Abs. 1). Dass das Hauptorgan der EU auch bei seiner wichtigsten Tätigkeit, der Gesetzgebung, in abgeschotteter Heimlichkeit verhandelt, will einem eigentlich nicht in den Kopf, ist aber seit langem Tatsache. Der Rat agiert nach wie vor wie eine diplomatische Konferenz und hat sich an seine Rolle als zentraler Gesetzgeber der EU noch nicht angepasst. Diese demokratische Perversität kommentiert der frühere Präsident des Europäischen Parlaments, Hänsch, so:

»Das hat es in der westlichen Welt noch nie gegeben, jedenfalls unter den Demokratien nicht, dass ein Gesetzgebungsorgan hinter verschlossenen Türen tagt und seine Beschlüsse im Geheimen fasst.«[23]

Die Europäische Union bringt jedes Jahr Hunderte von Gesetzen in Form von Verordnungen, Richtlinien und Rahmenbeschlüssen hervor. Das intransparente Arbeiten seines wichtigsten Gesetzgebungsorgans trägt jedoch dazu bei, dass diese Gesetze trotz ihrer häufig großen Bedeutung den Unionsbürgern fremd, nicht nachvollziehbar und deshalb oft auch nicht akzeptabel erscheinen.

Bis vor einiger Zeit war nicht einmal das Abstimmungsverhalten der Regierungsvertreter im Rat publik. Inzwischen ist der Rat dazu übergegangen, beim Erlass von Rechtsakten immerhin das Abstimmungsverhalten zu veröffentlichen (Art. 9 der Geschäftsordnung). In bestimmten Fällen ist auch die Abstimmung selbst sowie »die ihr vorausgehenden letzten Beratungen des Rats und die Erklärungen der Ratsmitglieder zur Stimmabgabe öffentlich« (Art. 7 der Geschäftsordnung).

Trotzdem bleibt der Entscheidungsprozess im Rat und in den vorbereitenden Gremien intransparent. Die Nichtöffentlichkeit der Sitzungen bzw. des Hauptteils der Sitzungen erschwert klare Zurechnungen und Beurteilungen, zumal ein großer Teil der Entscheidungen der Sache nach bereits im AStV oder seinen nachgeordneten Ausschüssen getroffen wird. »Die Komplexität der Verhandlungsstruktur« macht es allen Beteiligten leicht, sich »durch unwiderlegbare Berufung auf Kompromisszwänge« im Rat jeder nationalen Steuerung und Kontrolle zu entziehen. Der europäische Gesetzgebungsprozess fungiert deshalb geradezu als »Verantwortungsverschiebebahnhof«,[24] was den Regierungen aber sicher nicht unrecht ist. Wenn die Sache ein Erfolg wird, kann jede Regierung sich die Feder an den Hut stecken. Bei einem Misserfolg dagegen lässt sich die Schuld immer den anderen zuschieben.

Der Europäische Rat, der vom Rat zu unterscheiden ist (siehe S. 48), nimmt zwar nicht am förmlichen Gesetzgebungsprozess teil. Nicht selten gibt er aber dem Ministerrat Direktiven, oder er entscheidet über Angelegenheiten, über die der Rat sich nicht einigen konnte. Dann ist es besonders misslich, dass er ebenfalls unter Ausschluss der Öffentlichkeit agiert.

Aus allen diesen Gründen erscheint es aus demokratischer Sicht erforderlich, dass der Rat, zumindest wenn er als Organ der Gesetzgebung tätig wird, uneingeschränkt öffentlich verhandelt.[25] Dasselbe sollte möglichst auch für Verhandlungen des AStV gelten, sobald sich herausstellt, dass er die Entscheidung des Rats praktisch vorwegnimmt. Das gilt insbesondere bei Behandlung von die Gesetzgebung betreffenden A-Punkten, solange der Rat an der Praxis festhält, solche Punkte ohne Diskussion anzunehmen, und die Verantwortung der einzelnen Ratsmitglieder nicht deutlich wird.[26] Dasselbe gilt für den Europäischen Rat, wenn er über Fragen der Gesetzgebung entscheidet.[27]

e) Undemokratische Stimmenverteilung

Der Rat entscheidet – jedenfalls nach den Normen der Verträge – meist mit qualifizierter Mehrheit, wobei die Stimmen der Mitglieder nach ihrer Größe gewichtet werden. Die vier großen Länder (Deutschland, Frankreich, Italien und Vereinigtes Königreich) haben nach Art. 205 Abs. 2 EGV jeweils 29, Polen und Spanien je 27 Stimmen. Kleinere Länder haben 13 (Niederlande), 12 (Belgien, Griechenland, Portugal, Tschechien und Ungarn), 10 (Schweden und Österreich), 7 (Dänemark, Finnland, Irland, Litauen und die Slowakei), 4 (Estland, Lettland, Luxemburg, Slowenien und Zypern) oder 3 Stimmen (Malta). Zusammen ergibt das 321 Stimmen. Qualifizierte Mehrheit bedeutet eine Mehrheit von mindestens 232 Stimmen. Erfolgt der Beschluss des Rates nach dem Vertrag auf Vorschlag der Kommission, muss zusätzlich nur die Mehrheit der Mitglieder zustimmen (Art. 205 Abs. 2 EGV), sonst sogar zwei Drittel der Mitglieder (Art. 205 Abs. 3). Zudem muss – das wird allerdings nur auf Antrag eines Mitglieds überprüft – die Mehrheit mindestens 62 Prozent der Gesamtbevölkerung repräsentieren (Art. 205 Abs. 4 EGV).

Die Stimmenzahl, die die Mitgliedstaaten im Rat haben, sind, bezogen auf die Zahl ihrer Bürger, zugunsten kleinerer Länder verzerrt, auch zugunsten etwa von Polen. Polen mit seinen rund 38 Millionen Einwohnern hat im Rat, bezogen auf seine Bevölkerung, doppelt so viel Stimmen wie Deutschland mit seinen über 82 Millionen, und Luxemburg mit kaum einer halben Million Einwohner (siehe unten S. 62) hat sogar das 40fache Stimmgewicht.

Der Stimmenschlüssel privilegiert also die kleinen und mittleren Staaten, aber auch Staaten wie Polen in einer Weise, die auf Dauer mit dem Demokratieprinzip kaum zu vereinbaren ist und deren Gewicht sich mit jeder weiteren Kompetenzverlagerung auf die EU verschärft.[28]

Einstimmigkeit des Rats verlangen die Verträge nur bei bestimmten, als besonders wichtig geltenden Entscheidungen.[29] In diesen Fällen ist die »undemokratische« Benachteiligung bevölkerungsreicher Staaten natürlich noch größer.

Unabhängig davon und jenseits der vertraglichen Regelungen hat sich seit de Gaulles »Politik des leeren Stuhls« und der daraufhin getroffenen »Luxemburger Vereinbarung« von 1966 – informell und ohne juristische Verbindlichkeit – die Praxis entwickelt, dass der Rat von einer *rechtlich* an sich gegebenen Möglichkeit des Mehrheitsentscheids *faktisch* dann keinen Gebrauch macht, wenn mindestens ein Mitgliedstaat geltend macht, es ständen »sehr wichtige Interessen« dieses Mitgliedstaats auf dem Spiel.[30] Damals hatte sich abgezeichnet, dass Frankreich in einer wichtigen agrarpolitischen Entscheidung überstimmt werden würde, worauf die französische Regierung mehrere Monate lang die Ratssitzungen boykottierte. Die schwere Krise der damaligen Europäischen Wirtschaftsgemeinschaft konnte nur dadurch überwunden werden, dass man übereinkam, auch in den Fällen, wo der Rat aufgrund der Verträge an sich nach dem Mehrheitsprinzip entscheidet, jeder Regierung, die »sehr wichtige Interessen« ihres Landes geltend macht, dennoch eine Art Veto zuzubilligen.[31] Seitdem

wurde der Katalog der Mehrheitsentscheidungen durch mehrere Vertragsänderungen stark ausgeweitet. Die Berufung auf »sehr wichtige
Interessen« unterblieb häufig, so dass durchaus Mehrheitsentscheidungen zustande kamen, wie etwa bei der EG-Fernsehrichtlinie (1989)
und der Richtlinie zum Tabakwerbeverbot (1998). Zudem enthält die
Geschäftsordnung des Rats seit 1987 ein Instrument zur Erzwingung
von Abstimmungen durch Mehrheitsbeschluss,[32] das auch zum Überspielen der Berufung auf »sehr wichtige Interessen« genutzt werden
kann.

f) Europäische Legitimation? Fehlanzeige

Ein demokratisches Hauptproblem besteht darin, dass der Rat als
Ganzes (und erst recht die Vielzahl der tatsächlich bestehenden Räte)
niemandem politisch verantwortlich ist. Karl Raimund Popper hat
treffend bemerkt, der Kern der Demokratie bestehe darin, dass die
Bürger schlechte Herrscher ohne Blutvergießen wieder loswerden
könnten, und genau an dieser Möglichkeit, nämlich die Verantwortlichen abzuwählen, fehlt es hier. Die europäische Bürgerschaft kann
den Ministerrat weder bestätigen noch abwählen. Es gibt kein europäisches Bestellungs- und Abbestellungsverfahren. Der Rat wird weder direkt vom Volk gewählt wie im Präsidialsystem, noch wird er vom
Europäischen Parlament und damit indirekt vom Volk gewählt wie im
parlamentarischen System. Da der Rat von den EG-Bürgern weder
gewählt noch abgewählt werden kann, er in seiner Gesamtheit also
weder durch Bestätigung politisch belohnt noch durch Abwahl bestraft
werden kann, ist er niemandem wirklich verantwortlich, was angesichts seiner gewaltigen Regelungsmacht besonders problematisch ist.
Anders als die von internationalen Gremien (wie zum Beispiel der
UNO), in deren Organen ebenfalls Regierungsvertreter sitzen, die
aber keine Rechtsnormen erlassen können, die innerhalb der Mitgliedstaaten verbindliches Recht darstellen, haben die vom Rat beschlossenen Verordnungen, Richtlinien und Rahmenbeschlüsse Vorrang vor
nationalem Recht und gelten vielfach auch unmittelbar in den Mitgliedstaaten. Deshalb wäre die demokratische Legitimation des Rats
eigentlich unverzichtbar.

g) Nationale Legitimation? Ebenfalls Fehlanzeige

Mangels europäischer demokratischer Legitimation des Rats hat man versucht, Hilfs- und Ersatzlegitimationen zu konstruieren, und darauf verwiesen, jedes Regierungsmitglied sei zu Hause, das heißt in seinem jeweiligen Land, legitimiert. Die Regierungen seien ja schließlich durch die nationalen Parlamente und damit indirekt vom jeweiligen Staatsvolk gewählt. Derartige Versuche tragen aber ebenfalls nicht weit,

- weil diese Art von Legitimationskette sehr lang und dünn ist,
- weil die Information der Parlamente und der Bürger über die Mitwirkung der nationalen Regierungen im Rat aufgrund der fehlenden Öffentlichkeit begrenzt ist und deshalb keine wirkliche politische Zurechenbarkeit besteht,
- weil die Verantwortung auf so viele Schultern verteilt ist, dass die Möglichkeit besteht, die Schuld für Misserfolge auf andere abzuschieben und eventuelle Erfolge gemeinsam einzuheimsen,
- weil bei nationalen Wahlen EU-Themen fast keine Rolle spielen.[33]

In Deutschland wählt das Volk zunächst einmal Parteien, die ihrerseits vorher die günstigen Listenplätze und die Wahlkreiskandidaten in Hochburgen der Partei verteilt und so festgelegt haben, wer mit Sicherheit Abgeordneter wird. Die Mehrheitsfraktionen wählen, nachdem sie sich regelmäßig in einem Koalitionsvertrag zusammengerauft haben, dann den Bundeskanzler, der dem Bundespräsidenten die Mitglieder seines Kabinetts zur Ernennung vorschlägt. Die so zustande gekommene Bundesregierung entsendet darauf ihre jeweils »zuständigen« Vertreter in den Ministerrat. Ob eine solche »fünffach mittelbare« (so der Staatsrechtslehrer Karl Doehring)[34] Rückführung der öffentlichen Gewalt noch als demokratisch legitimiert angesehen werden kann, ist selbst bei formaler Sicht durchaus zweifelhaft. Auch der Rechtswissenschaftler Klaus Dieter Classen[35] weist darauf hin, dass Legitimationsketten ihre Funktion nur erfüllen können, »wenn sie nicht beliebig lang sind«.

Materiell gesehen, fehlt es weitgehend an der politischen Zurechenbarkeit von Entscheidungen im Rat auf die einzelnen beteiligten Re-

gierungsvertreter – und damit fehlt auch die Möglichkeit, sie für bestimmtes Verhalten abzuwählen. Die internen Willensbildungsprozesse
im Ministerrat sind nach wie vor in hohem Maße intransparent.[36] Da
der Ministerrat grundsätzlich nicht öffentlich verhandelt, können sich
Außenstehende kein zuverlässiges Bild über das Zusammenspiel unter
den Ratsmitgliedern machen. Selbst das Zusammenwirken zwischen
dem Rat, der Kommission und dem Parlament ist sowohl für die Bürger als auch für die Mitglieder der nationalen Parlamente schwer zu
durchschauen. Es mangelt an Überblick, was die europäischen Institutionen vorschreiben und welchen Handlungsspielraum die nationalen
Mitglieder noch besitzen, was politisch im Rat durchzusetzen gewesen wäre und was nicht, kurz, es herrscht ein enormer Mangel an
Informationen, so dass es in der Praxis regelmäßig fast unmöglich
ist, politische Entscheidungen – positiv oder negativ – den einzelnen
Ratsmitgliedern zuzurechen.[37] Damit steigt die Möglichkeit von *credit
claiming*, das heißt, das Verdienst für Erfolge zu beanspruchen, und
scapegoating, das heißt, bei Misserfolgen andere zum Sündenbock zu
machen. In jedem Fall verteilt sich die Verantwortung auf viele Schultern. Wenn alle zugestimmt haben, kann die Angelegenheit ja gar nicht
so schlimm sein, und die Regierung kann im Übrigen immer behaupten, sie habe für ihre Zustimmung an anderer Stelle Vorteile für das
Land herausholen können.

Im Grunde genommen ist es also eigentlich unmöglich, aus den nationalstaatlichen Parlamentswahlen eine Vollmacht der Regierungen
der Mitgliedstaaten für die europäische Gesetzgebung herzuleiten, die
sie gemeinsam im Ministerrat beschließen.

Der Befund für die Europäische Union ähnelt dem für den bun-
desdeutschen Föderalismus insofern, als der europäische Rat und der
deutsche Bundesrat sich beide aus Regierungsvertretern der jeweils
»niedereren« Gebietskörperschaften zusammensetzen. Die Kritik am
deutschen Föderalismus, an der »organisierten Unverantwortlichkeit«,
zu der er führt und die seine inzwischen allgemein anerkannte Re-
formbedürftigkeit begründet, lässt sich bis zu einem gewissen Grad
auch auf die Europäische Union übertragen. Ein – die Problematik auf
europäischer Ebene noch gewaltig verschärfender – Unterschied besteht allerdings darin, dass der europäische Rat das zentrale Gesetzgebungsorgan ist, während diese Rolle in der Bundesrepublik dem

(mittels eines einheitlichen gleichen Wahlrechts vom Volk gewählten) Bundestag zufällt und der Bundesrat nur mitwirkt. (Der europäischen Lage eher vergleichbar wäre eine Konstellation, bei der der Bundesrat das gesetzgeberische Hauptorgan des Bundes wäre.) Hinzu kommt, dass die Bundespolitik bei Landtagswahlen durchaus ein Thema ist, bisweilen sogar das zentrale Thema, während bei Bundestagswahlen die Europapolitik meist kaum eine Rolle spielt. Die nationalen Parlamente und die Bürger werden durch die Institutionen der Europäischen Union noch sehr viel stärker entmachtet als innerhalb des deutschen Föderalismus.

h) Die politische Klasse – ohne Kontrolle

Kehrseite des Demokratiedefizits ist die wachsende Autonomie der politischen Klasse.[38] Deshalb wird die mangelnde demokratische Kontrolle von den nationalen Regierungen gar nicht wirklich bedauert. In Wahrheit werden eher Krokodilstränen über das Demokratiedefizit vergossen. Keiner der machtvollen Akteure entwickelt besonderen Eifer, das Defizit zu beseitigen; bei vielen ist geradezu das Gegenteil der Fall,[39] eben weil jenes Defizit den demokratie- und kontrollfeindlichen Neigungen der politischen Klasse entgegenkommt. Das gilt nicht nur für den Rat, sondern in noch stärkerem Maße für die Kommission und die ihr unterstehende Bürokratie; die bekannt gewordenen Fälle von Vetternwirtschaft und Korruption sind wohl nur die Spitze des Eisbergs. Hier wiederholt sich, was man exemplarisch im Mitgliedstaat Deutschland beobachten kann: Die Exekutiven haben nicht wirklich etwas dagegen, dass ihre Kontrolle seitens der Parlamente, der Bürger und der Wähler durch die verschiedenen Verflechtungsformen immer schwieriger, ja schließlich fast unmöglich wird, sondern fühlen sich in dieser Konstellation mangelnder Kontrollierbarkeit ganz wohl.

i) Nur beschränkt handlungsfähig

Soweit es um den bloßen Vollzug der Normen der EG-Verträge durch Kommission und Europäischen Gerichtshof geht, also insbesondere beim Abbau von Wettbewerbshindernissen, ist die Handlungsfähigkeit der EG-Organe kraft ihrer durch die europäischen Verträge garantierten Unabhängigkeit groß. Dasselbe dürfte möglicherweise hinsichtlich der Sicherung einer stabilen Währung durch die unabhängige Europäische Zentralbank zutreffen.

Soweit jedoch der Rat entscheiden muss, sieht die Bilanz anders aus. Dann sind Beschlüsse meist nur auf der Grundlage des kleinsten gemeinsamen Nenners möglich. Der Rat entscheidet − jedenfalls nach den Normen der Verträge − zwar meist mit qualifizierter Mehrheit, wobei die Stimmen der Mitglieder nach ihrer Größe gewichtet werden. Einstimmigkeit des Rats verlangen die Verträge nur bei bestimmten, als besonders wichtig geltenden Entscheidungen.[40] Die »Luxemburger Vereinbarung« hat aber praktisch dazu geführt, dass jedes Mitglied »sehr wichtige Interessen« seines Landes geltend machen und dadurch ein Überstimmtwerden verhindern oder zumindest erschweren kann.

Der Effekt der stark eingeschränkten politischen Handlungsfähigkeit hat sich im Zuge der Erweiterung der Europäischen Union auf 25 Mitglieder noch verschärft. Um die Handlungsfähigkeit zu verbessern, wird vielfach gefordert, bei Entscheidungen des Rats vom Einstimmigkeitsprinzip rechtlich noch häufiger, als dies bisher schon geschehen ist,[41] abzugehen und vor allem auch faktisch regelmäßig zum Mehrheitsprinzip überzugehen.

Damit würde das Partizipationsdefizit allerdings noch weiter verschärft. Bei einstimmigen Entscheidungen trägt jedes Mitglied − zumindest theoretisch − Mitverantwortung und kann von seinem heimischen Parlament und seiner Wählerschaft − der Idee nach − zur Verantwortung gezogen werden. Dagegen lässt sich bei Mehrheitsentscheidungen des grundsätzlich nicht öffentlich verhandelnden Rats die Verantwortlichkeit der einzelnen nationalen Regierungen erst recht nicht zuordnen. Das Dilemma scheint unauflöslich.[42]

j) Unterminierung der europäischen Handlungsfähigkeit Deutschlands

Um das Übergewicht der Bundesregierung in Sachen Europa abzuschwächen, bestimmt Art. 23 Abs. 2 GG, dass die Bundesregierung den Bundestag und den Bundesrat in Angelegenheiten der Europäischen Union »umfassend und zum frühestmöglichen Zeitpunkt« zu unterrichten hat. Sie hat dem Bundestag »vor ihrer Mitwirkung an Rechtsakten der Europäischen Union« Gelegenheit zur Stellungnahme zu geben und diese bei ihren Verhandlungen zu »berücksichtigen«, eine Formulierung, die keine rechtliche Bindung schafft. Viel bewirkt wird durch derartige Mitwirkungen in der Praxis meist nicht. Den europäischen Haftbefehl hat der Bundestag durchgewunken, ohne dessen rechtsstaatlicher Problematik gerecht zu werden (Näheres unten VII.2).

Das Dilemma von Handlungsfähigkeit und Bürgernähe wird durch die föderale Struktur der Bundesrepublik Deutschland noch zusätzlich verschärft. Der Bundesrat wurde als Einrichtung geschaffen, über die die Länder an der Bundespolitik mitwirken. Doch auf Europaebene existiert kein entsprechendes Gremium. Die Europäische Union ist »länderblind« (so der Staatsrechtslehrer Hans Peter Ipsen). Der Ausschuss der Regionen hat nur beratende Funktion und keine Entscheidungskompetenzen (Art. 263-265 EG). Die wichtigen Entscheidungen fallen im europäischen Rat. Hier wird die Bundesrepublik Deutschland grundsätzlich von der *Bundesregierung* vertreten. Um diese prinzipielle Zurücksetzung der Länder in der Europapolitik zu mildern, haben die Länderregierungen 1993 eine Neufassung des Art. 23 GG erzwungen. Danach wirken neben dem Bundestag auch die Bundesländer »durch den Bundesrat« in Angelegenheiten der Europäischen Union mit. Zu diesem Zweck ist der Bundesrat »an der Willensbildung des Bundes zu beteiligen, soweit er an einer entsprechenden innerstaatlichen Maßnahme mitzuwirken hätte oder soweit die Länder innerstaatlich zuständig sind« (Art. 23 Abs. 4 GG). Die Stellungnahmen des Bundesrats sind bei ausschließlicher Zuständigkeit des Bundes »zu berücksichtigen«. Sie sind dagegen »*maßgeblich* zu berücksichtigen«, »wenn im Schwerpunkt Gesetzgebungsbefugnisse der Länder, die Einrichtung ihrer Behörden oder ihre Verwaltungsverfahren betroffen sind« (Abs. 5). In diesem Fall ergibt sich eine wahre Abstimmungsorgie, deren Einzelheiten in einem eigens dafür erlassenen Gesetz niedergelegt sind: dem Gesetz über die Zusammenarbeit von Bund und Ländern in Angelegenheiten der Europäischen Union.[43]

Gehört die Materie »im Schwerpunkt« zur ausschließlichen Gesetzgebung der Länder, geht es also zum Beispiel um Fragen der Kulturpolitik, so hat dies sogar Einfluss darauf, wer die Bundesrepublik nach außen vertritt: Dann »soll« statt der Bundesregierung ein »vom Bundesrat benannter Vertreter der Länder«, also ein Landespolitiker, die Rechte der Bundesrepublik im Ministerrat oder in anderen Organen der Europäischen Union wahrnehmen (Abs. 6).

Diese Vorschriften sind ein »Monstrum«.[44] Sie enthalten eine Anhäufung von unbestimmten und kaum justitiablen Kaugummibegriffen in bisher ungekanntem Ausmaß (zum Beispiel »im Schwerpunkt ... betroffen«, »maßgeblich zu berücksichtigen«, »die gesamtstaatliche Verantwortung des Bundes zu wahren«), die zu Rechtsstreitigkeiten geradezu einladen und befürchten lassen, dass politische Streitigkeiten wieder vor dem Bundesverfassungsgericht ausgetragen werden.

Die Vorschriften gehen, indem sie die Rechte des Bundesrats hervorkehren, zu Lasten des Bundestags und beeinträchtigen damit die Durchsichtigkeit und Bürgernähe der Entscheidungen noch weiter. Die Möglichkeit, die EU-Rechte durch einen Landesminister wahrnehmen zu lassen, führt zu einer unangemessenen Partikularisierung der auswärtigen Gewalt: Auch ein Bundesstaat sollte nach außen gemeinsam auftreten und mit einer Stimme sprechen.[45] Die Verantwortung der Bundesregierung für die außen- und integrationspolitischen Belange wird »in gefährlicher Weise« ausgehöhlt.[46] Die neuen Vorschriften schränken auch die EU-politische Handlungsfähigkeit der Bundesrepublik insgesamt ein. Die Maßgeblichkeit der Stellungnahme des Bundesrats kann ein Blockadepotential schaffen und die europarechtliche Kompromissfähigkeit der Bundesrepublik beeinträchtigen.[47] Will die Bundesregierung handlungsfähig bleiben und ihr Gewicht in der EU zum Tragen bringen, so sieht sie sich bisweilen gezwungen, sich über Art. 23 GG schlicht hinwegzusehen.[48]

Bedenkt man, wie die Einfügung des neuen Artikels 23 ins Grundgesetz von den Ländern erzwungen wurde, nämlich mittels der Drohung, andernfalls die Zustimmung des Bundesrats zum Ratifikationsgesetz zum Maastricht-Vertrag zu verweigern, dann zeigt sich: Das Mitwirkungsrecht der Länder im Bundesrat wurde dazu missbraucht, nicht nur die Partizipationsmöglichkeit der Bürger, sondern auch die Handlungsfähigkeit des Bundes in der zukünftigen Europapolitik zu beschneiden. Was wir schon innerhalb der Bundesrepublik beobachtet haben, dass es nämlich den »Landesfürsten« vornehmlich darum geht, ihre Position auszubauen – ohne Rücksicht auf die Belange des Ganzen – bricht auch in der Europapolitik wieder durch.

k) Gewaltenteilung? Ein Fremdwort in der EU

Von Gewaltenteilung kann beim Ministerrat ohnehin keine Rede sein. Ganz abgesehen davon, dass er sich aus Mitgliedern der Regierungen der Mitgliedstaaten zusammensetzt, aber das wichtigste gesetzgebende Organ der Union ist, hat er zugleich eine Reihe von Exekutivbefugnissen, etwa die Bewilligung von Ausnahmen vom Beihilfeverbot (Art. 88 Abs. 2 Unterabs. 3 EG) oder das Vorgehen gegen übermäßige öffentliche Defizite gemäß Art. 104 Abs. 7 bis 14 EG. Bedenkt man, welche zentrale Bedeutung die Väter der Demokratie der Gewaltenteilung beigemessen haben, so erscheint die krasse Verletzung dieses Grundsatzes in der EU mehr als nur ein Schönheitsfehler. In Art. 16 der französischen Erklärung der Menschen- und Bürgerrechte von 1789 wurde einer Gemeinschaft ohne Gewaltenteilung jede Verfassungsqualität aberkannt. Auch die Bundesrepublik bekennt sich wie alle demokratischen Rechtsstaaten zum Prinzip der Gewaltenteilung.

Für die Beseitigung des dreifachen Defizits – an Bürgerpartizipation, an politischer Handlungsfähigkeit und an Gewaltenteilung – werden vor allem zwei Wege diskutiert. Der eine geht dahin, dem Europäischen Parlament mehr Kompetenzen zu geben, der andere dahin, die Kompetenzen möglichst in der Hand der nationalen Regierungen und Parlamente zu belassen. Doch beide Wege führen, wie wir sehen werden, nicht zum Ziel.

5. Scheinlösung durch Stärkung des Europäischen Parlaments?

Angesichts der eindeutigen und offensichtlichen Demokratiedefizite des Ministerrats richtet sich der Blick fast automatisch auf das Europäische Parlament, von dem man eine stärkere demokratische Legitimation der Europäischen Union erhofft. Diesen Anspruch erhebt vor allem das Parlament selbst.

Die Verhandlungen des Europäischen Parlaments sind – im Gegensatz zu denen des Rats – in vollem Umfang öffentlich. Zudem müssen seine Mitglieder, die ein freies Mandat besitzen, seit 1979 aus allgemeinen, unmittelbaren Wahlen hervorgehen (Art. 190 Abs. 1 EG), nachdem sie ursprünglich nur von den nationalen Parlamenten ernannt worden waren. Das Europäische Parlament wird für eine fünfjährige Wahlperiode gewählt, 2004 fand die sechste sogenannte Direktwahl statt.

Die Befugnisse des Parlaments, die zunächst weitgehend auf Anhörung und Kontrolle beschränkt waren, sind allmählich ausgedehnt worden, insbesondere in Richtung auf eine Beteiligung an der Rechtsetzung, am Haushaltsverfahren sowie am Bestellungsverfahren und der Kontrolle der Kommissionsmitglieder. Außerdem muss das Parlament zum Beispiel der Aufnahme neuer Mitglieder zustimmen. Vom Europäischen Parlament als einer bloßen Fassade zu sprechen,[49] mag vielen übertrieben erscheinen. Ein richtiges Parlament, das mit den nationalen Parlamenten vergleichbar wäre, ist es gleichwohl nicht (siehe unten S. 260). Die dahin gehende Feststellung Ralf Dahrendorfs[50] (»Es gibt kein europäisches Parlament, das den Namen verdient«) stimmt deshalb nach wie vor nachdenklich. Damit ist allerdings die Frage, ob die Defizite durch weitere Ausweitung der Kompetenzen des Parlaments gemindert werden könnten, wie viele meinen, besonders das Europäische Parlamente selbst, noch keineswegs positiv beantwortet.

a) Sind Deutschlands Wähler weniger wert?

Ein Problem liegt im unterschiedlichen Stimmgewicht der Unionsbürger. Das Europäische Parlament besteht nach Art. 190 Abs. 2 EGV aus 732 Abgeordneten, die sich folgendermaßen auf die 25 Mitgliedsländer aufteilen:

Deutschland	99
Frankreich	78
Italien	78
Vereinigtes Königreich	78
Polen	54

Spanien	54
Niederlande	27
Belgien	24
Griechenland	24
Portugal	24
Tschechische Republik	24
Ungarn	24
Schweden	19
Österreich	18
Dänemark	14
Finnland	14
Slowakei	14
Irland	13
Litauen	13
Lettland	9
Slowenien	7
Estland	6
Luxemburg	6
Zypern	6
Malta	5
Insgesamt	732

Die kleineren Mitgliedstaaten haben zwar weniger Abgeordnete, aber doch sehr viel mehr, als der geringeren Zahl ihrer Bürger entsprechen würde. So repräsentiert ein deutscher Abgeordneter rund 834 000 Einwohner, ein französischer 768 000, ein belgischer 433 000, ein irischer 310 000 und ein Abgeordneter aus Luxemburg etwa 75 000.[51] Vom demokratischen Prinzip »one man, one vote« kann deshalb keine Rede sein. Ein ähnlich unterschiedliches Stimmgewicht ergibt sich, wie wir gesehen haben, auch bei Mehrheitsentscheidungen im Ministerrat, dem Hauptorgan der EU-Gesetzgebung. Werden einstimmige Entscheidungen des Rats (rechtlich oder faktisch) gefordert, ist der Verstoß gegen die Gleichheit der Bürger noch krasser. Bedenkt man, welche Bedeutung dieser Grundsatz besitzt und mit wie viel Blut und Leidenschaft er durchgesetzt wurde, so erstaunt, wie leichtfertig er heute außer Kraft gesetzt wird. Gewiss, solange Europa noch schwach war und seine Kompetenzen gering waren, fiel der Verstoß gegen elementare Demokratieanforderungen noch kaum ins Gewicht. Doch heute hat sich die Situation grundlegend geändert. Nach dem Erstarken der EU bedeutet das ungleiche Stimmgewicht – zusammen mit den überproportionalen Stimmgewicht kleiner Staaten in den anderen Organen der Gemeinschaften: im Rat, in der Kommission, in den Gerichten und in der Zentralbank, eine unerhörte Zumutung für die Bürger großer Staaten wie Deutschland. Dass dieser Verstoß gegen elementare Grundregeln der Demokratie so einfach in Kauf genommen wurde, hängt auch mit dem technokratischen Ausgangsverständnis der EG zusammen, in dem die Idee der europäischen Vereinigung alles dominierte und selbst widerstreitende Elementarprinzipien der Demokratie beiseite wischte, zumal die EG ursprünglich ganz auf die Herstellung wettbewerblicher Markwirtschaft beschränkt war.

b) Wo bleibt die Unmittelbarkeit der Wahl?

Angesichts der fehlenden Gleichheit pflegt man die angebliche Unmittelbarkeit der Wahl des Europäischen Parlaments besonders hervorzukehren. So schreibt der Vizepräsident des Europäischen Parlaments stolz: »Das europäische Parlament ist weltweit die einzige übernationale Institution, die von den Bürgern direkt gewählt wird.«[52] Doch wenn man näher hinsieht, erweist sich auch diese Behauptung als brüchig. Zumindest die deutschen EU-Parlamentarier sind in Wahrheit gar nicht unmittelbar gewählt. Beim »Königsrecht« des Bürgers in der repräsentativen Demokratie, bei der Wahl des Parlaments, sind die Mitwirkungsrechte der deutschen Wähler noch sehr viel stärker eingeschränkt, als es das unterschiedliche Stimmgewicht ohnehin bewirkt. Alle Kandidaten, die die Parteigremien auf sogenannte sichere Listenplätze gesetzt haben, sind mit der Nominierung praktisch auch schon gewählt.[53] Insofern wird die eigentliche Volkswahl zur Farce; von Unmittelbarkeit der Wahl der Abgeordneten durch das Volk, die das europäische Primärrecht in Art. 190 Abs. 1 EG ausdrücklich verbrieft, kann keine Rede sein. Das wird unten (S. 260) näher dargelegt.

c) Auf der Suche nach einer europäischen Identität

Noch gravierender ist allerdings ein anderer Einwand. Selbst ein Europäisches Parlament mit weiter stark ausgedehnten Kompetenzen wird, auch wenn das Ungleichgewicht der Wählerstimmen beseitigt und einheitliche Direktwahlen geschaffen werden sollten (s. S. 248), zu gemeinwohlorientiertem Handeln kaum in der Lage sein. Demokratie erschöpft sich nicht in Wahlen, sondern setzt – auch auf der Ebene der Europäischen Union – bestimmte weitere Gegebenheiten voraus: ein Zusammengehörigkeitsgefühl und eine gewisse europäische Identität, die sich etwa in europäischen Parteien und einer europäischen öffentlichen Meinung widerspiegelt und sich als ein gewisses europäisches »Wir-Gefühl« bezeichnen lässt. Davon kann aber jetzt und in absehbarer Zukunft keine Rede sein. Selbst in den sechs Gründerstaaten der EU herrscht die nationale Identität vor. Für die 1973 hinzugetretenen Dänen und Briten gilt dies erst recht, von den neuen Mitgliedstaaten Osteuropas und den vor der Tür stehenden weiteren Bewerbern ganz zu schweigen.[54] Es gibt kein die nationalen Zugehörigkeiten überlagerndes, wirklich belastbares europäisches Bewusstsein, keine öffentliche Meinung Europas, sondern nur national unterschiedliche öffentliche Meinungen. Die Franzosen lesen andere Zeitungen und sehen andere Fernsehsender als die Engländer, die Italiener, die Spanier, die Tschechen, die Polen oder die Deutschen. Ohne intensive grenzüberschreitende Kommunikation, die ohne eine gemeinsame europäische Sprache schwierig sein dürfte, werden die Komponenten einer europäischen Identität kaum – und jedenfalls nicht in überschaubarer Zeit – zu schaffen sein.[55] Die Bürger der Mitgliedstaaten sind zuerst Belgier, Briten, Dänen oder Tschechen und dann erst in dritter oder vierter Linie Europäer. Die Zugehörigkeit zum eigenen Staat, zur eigenen Stadt und in Deutschland auch zum eigenen Bundesland hat Vorrang. Das kommt in dem Desinteresse an Europawahlen und auch darin zum Ausdruck, dass diese regelmäßig zur Abstimmung über die nationale Politik der eigenen Regierung umfunktioniert werden.

Bei der Herausbildung einer europäischen Identität handelt es sich, wenn sie überhaupt gelingt, um einen sehr langfristigen Prozess. Dazu der Politikwissenschaftler Peter Graf Kielmansegg:

»Alles spricht dafür, dass es eine wirklich belastbare kollektive politische Identität der Europäer als Europäer noch nicht gibt. Sie lässt sich nicht herbeireden, sie kann nur wachsen. Und sie wächst langsamer, als die Europapolitik fortschreitet.«[56]

Tilman Evers bringt das Problem auf den Punkt, wenn er fragt, ob sich das Demokratiedefizit beheben ließe, »wenn die Stellung des Europäischen Parlaments der einer nationalstaatlichen Legislative als gesetzgebendem Organ, Zentralort politischer Öffentlichkeit und Mandant der Regierung, angeglichen würde? – Diese verbreitete Auffassung träfe dann zu, (…) wenn es so etwas wie ein europäisches Staatsvolk rechtlich, politisch-kulturell und wirtschaftlich bereits gäbe, und wenn die entsprechenden europaweiten Parteien sowie eine gesamteuropäische politische Öffentlichkeit existierten. All dies ist nicht in Sicht (…). Ohne diese Voraussetzungen vermag aber der bloße Wahlakt keine materielle Legitimation zu übertragen. Zu Recht würde kein Bürger und keine Bürgerin der Union sich von den Beschlüssen eines so abgehobenen Parlaments vertreten und gebunden fühlen.«[57]

Die Offenheit der Europäischen Union und die ständige Erweiterung um neue Mitglieder steht in innerem Widerspruch zur Ausbildung einer europäischen Identität. Denn diese verlangt auch eine gewisse Abgrenzung nach außen.

Eine gemeinsame europäische Identität ist und bleibt aber ungeschriebene Voraussetzung für demokratische Mehrheitsentscheidungen. Ohne solche Identität wird die überstimmte Minderheit Entscheidungen der parlamentarischen Mehrheit, die sie belasten, auf Dauer kaum Folge leisten. Dazu wiederum Kielmansegg:

»Nur wenn alle Entscheidungsbetroffenen sich als an einer gemeinsamen, übergreifenden politischen Identität teilhabend begreifen, wird die Unterscheidung zwischen dem zustimmungsfähigen Entscheidungsrecht der Mehrheit und der nicht zustimmungsfähigen Fremdherrschaft möglich.«[58]

Der Politikwissenschaftler Fritz Scharpf formuliert dies so:

»Demokratische Legitimation erfordert mehr als die Anwendung parlamentarischer Mehrheitsregeln. Sie verlangt, dass es der jeweils unterlegenen Minderheit mit guten Gründen zugemutet werden kann, die Mehrheitsentscheidung ohne Widerstand als auch für sie gültig zu akzeptieren…. Die Legitimationskraft des demokratischen Mehrheitsprinzips setzt die faktische politische Integration des Gemeinwesens voraus – wo diese fehlt, müsste seine Anwendung desintegrierend wirken.«[59]

Der Staatsrechtslehrer Dieter Grimm ergänzt:

»Ohne ein europäisches Staatsvolk und einen europäischen politischen Diskurs kann sich das europäische Parlament aber nicht in eine Volksvertretung verwandeln. Darin liegt der fundamentale Unterschied zwischen der europäischen Integration im 20. Jahrhundert und der deutschen Reichsgründung im 19. Jahrhundert, die oft in Parallele zueinander gesetzt werden. In Deutschland mit seiner einheitlichen Sprache und gemeinsamen Kultur hatte sich längst eine Nation ausgebildet und mehr als ein halbes Jahrhundert auf einen Nationalstaat gedrängt, ehe dieser 1871 entstand. Darin liegt auch der fundamentale Unterschied zur Gründung der Vereinigten Staaten von Amerika im 18. Jahrhundert, deren einzelne Glieder selber nie Nationalstaaten mit unterschiedlichen Sprachen und national geprägten Traditionen und Denkweisen gewesen waren.«[60]

In dieselbe Richtung geht auch das Bundesverfassungsgericht, wenn es im Maastricht-Urteil von 1993 hervorhebt: Demokratie sei »vom Vorhandensein bestimmter vorrechtlicher Voraussetzung abhängig«, wozu unter anderem ein transparenter und nachvollziehbarer politischer Willensbildungsprozess und eine den politischen Willen vorformende öffentliche Meinung gehöre, die neben anderem erfordere, »dass der wahlberechtigte Bürger mit der Hoheitsgewalt, der er unterworfen ist, in seiner Sprache kommunizieren kann«.[61] Aus deren vorläufigem Fehlen leitet das Bundesverfassungsgericht denn auch konsequenterweise ab, dass es der Bundesrepublik Deutschland derzeit verwehrt sei, wesentlich weitergehende Kompetenzen als bisher auf die Europäi-

sche Union zu übertragen. Dies widerspräche dem Demokratieprinzip des Grundgesetzes, das nach Art. 79 Abs. 3 GG nicht einmal durch
verfassungsändernde Gesetze berührt werden darf.[62]

Das Fehlen einer gemeinsamen Identität und einer gemeinsamen
europäischen öffentlichen Meinung führt dazu, dass Probleme der
Europäischen Union parzelliert und jeweils fast nur aus der Sicht des
betreffenden Landes behandelt werden. Das findet auch ganz offiziell
seinen Ausdruck darin, dass nach Art. 189 Abs. 1 EG das Europäische
Parlament nicht ein europäisches Volk vertritt, das es eben nicht gibt,
sondern die 25 Völker der Mitgliedstaaten. Kennzeichen für die Bezo-
genheit der europäischen Parlamentarier primär auf ihre jeweiligen
nationalen Herkunftsstaaten ist die Ausgestaltung des Wahlrechts: Es
gibt – trotz der in Art. 190 Abs. 4 EG niedergelegten Option – immer
noch kein einheitliches, in allen Mitgliedstaaten geltendes Wahlrecht
zum Europäischen Parlament.[63] Alle Europaabgeordneten werden – jeweils nach ihrem heimatlichen Wahlrecht – unterschiedlich gewählt,
die deutschen Abgeordneten zum Beispiel nach starrem Listenwahlrecht, die Abgeordneten Luxemburgs nach flexiblem Listenwahlrecht
mit der Möglichkeit des Kumulierens (Näheres unten S. 234).

Die Defizite einer europäischen Identität zeigen sich auch bei den
europäischen Parteien, die lediglich Zusammenschlüsse von nationalen Parteien sind (unten S. 162 ff.).

Symptomatisch und besonders drastisch spiegelt sich das Vorherrschen nationaler Egoismen in den verschiedenen Sitzorten des Europäischen Parlaments wider, die einen aufwendigen »Wanderzirkus« der
Abgeordneten und ihrer Stäbe zur Folge haben: In Straßburg hält das
Parlament die monatlich stattfindenden Plenarsitzungen ab, Sondersit-
zungen des Plenums sowie Sitzungen der Ausschüsse finden in Brüssel
statt, das Generalsekretariat des Parlaments wurde in Luxemburg eingerichtet.

Der Europäischen Union fehlen also bestimmte Verfassungsvoraussetzungen der Demokratie. Da sie in den Nationalstaaten nicht ausdrücklich in den Verfassungen und Gesetzen genannt sind, sondern
stillschweigend vorausgesetzt werden (und vorausgesetzt werden können), haben sie bisher wenig Beachtung gefunden und sind eigentlich
erst durch ihr Fehlen auf europäischer Ebene ins Bewusstsein gedrun-
gen – zunächst nur der Fachöffentlichkeit. Seit dem spektakulären

Scheitern des europäischen Verfassungsvertrags bei den Volksabstimmungen in Frankreich und den Niederlanden wird darüber auch in einer breiteren Öffentlichkeit diskutiert. Das Fehlen dieser unsichtbaren, aber unverzichtbaren Verfassungsvoraussetzungen zeigt, dass der Versuch, das Demokratiedefizit über eine massive Aufstockung der Kompetenzen des Europäischen Parlaments zu beseitigen, auf absehbare Zeit nicht zum Erfolg führen kann, zumal der aus einheitlichen Wahlen zu erwartende identitätsstiftende Effekt mangels Einheitlichkeit ausbleibt.

Da sich in den Finanzen die spezifischen Eigenheiten und Gefahren der Politik immer am deutlichsten widerspiegeln, lässt sich am Beispiel der Steuer- und Finanzpolitik illustrieren, dass die Ausweitung der Kompetenzen des Europäischen Parlaments geradezu gefährlich werden könnte. Angesichts des Fehlens einer belastbaren europäischen Identität erschiene es besonders riskant, dem Europäischen Parlament (entsprechend seinem immer wieder geäußerten Wunsch) mehr Kompetenzen im Bereich der Finanzen und Abgaben, insbesondere ein Recht auf eigene Steuern, zu geben. Der schon in den nationalen Parlamenten zu beobachtenden »Subventions- und Bewilligungsneigung« (so treffend der Staatsrechtslehrer Ulrich Scheuner) steht in den einzelnen Staaten immerhin noch ein Gegengewicht gegenüber: das gewachsene Gefühl für gemeinsame nationale Verantwortung, welches sich auch in einer übergreifenden, integrierenden öffentlichen Meinung zeigt. Da es auf der Ebene der Europäischen Union an solchen Gegengewichten fehlt, würde sich bei Ausweitung der Kompetenzen des Europäischen Parlaments deshalb die Gefahr vergrößern, dass die nationalen Abgeordnetengruppen in gegenseitigen Absprachen jeweils ihre heimische Klientel bedienen. Um für ihre jeweiligen nationalen Bezugsgruppen möglichst viele Subventionen und sonstige Leistungen aus dem europäischen Haushalt herauszuholen, würden sie versuchen, durch »log rolling«, das heißt durch Absprachen mit Abgeordnetengruppen aus anderen Ländern zum wechselseitigen Vorteil, die Unterstützung für ihre nationalen Spezialanliegen zu erhalten. Das alles liefe auf eine Ausweitung des Haushalts auf Gegenseitigkeit hinaus, aber eben zu Lasten des europäischen Ganzen, der europäischen Steuerzahler und der europäischen Stabilität. Der Haushalt drohte – mangels wirksamer Gegengewichte – völlig aus dem Ruder zu laufen. Insofern zeugt es immerhin von Weisheit, dass die EU kein eigenes Steuerrecht besitzt und die Gesamtausgaben der Europäischen Union auf einen bestimmten Prozentsatz des Bruttosozialprodukts der Mitgliedstaaten gedeckelt sind.

6. Zurück zum Heiligen Römischen Reich?

Die Architektur der Europäischen Union erinnert in verblüffender Weise an die fragile, wenig kohärente Verfassung des Heiligen Römischen Reichs, die ebenfalls durch starke eigensüchtige Partikularinteressen geprägt war:[64] Der Ministerrat ist mit dem Kurfürstenrat vergleichbar. Der heutige Kommissionspräsident spielt als oberster Verwaltungschef eine ähnliche Rolle wie der damalige Reichsvizekanzler. Die Kompetenzrangeleien zwischen dem Europäischen Gerichtshof in Luxemburg, dem für Menschenrechtsfragen in Straßburg und dem Bundesverfassungsgericht in Karlsruhe (sowie den anderen nationalen Obergerichten) erinnern an das Verhältnis zwischen Reichskammergericht und Reichshofrat. Bei den Ständigen Vertretungen der EU-Mitglieder in Brüssel fühlt man sich an die Gesandtschaften der Stände erinnert, und der Ausschuss der Regionen lässt vor dem historischen Auge die damalige Grafenkorrespondenz und den Reichsständerat als Schutzbünde der Lokalgewalten aufscheinen.

7. Die Ohnmacht der Mitgliedstaaten

Kommt die eine Alternative (Ausweitung der Kompetenzen des Europäischen Parlaments) also auf absehbare Zeit sinnvollerweise nicht in Frage, scheint sich die andere Alternative, die Kompetenzen nämlich möglichst bei den Mitgliedstaaten zu belassen, umso mehr aufzudrängen. In der Politikwissenschaft läuft dieser Vorschlag unter dem Begriff der »autonomieschonenden Option«.[65]

Doch auch diese Alternative führt nicht recht weiter. Die Rückwirkungen der Europäischen Union auf die nationale Politik sind nicht nur rechtlich-institutioneller, sondern auch wirtschaftlich-faktischer Natur. Die Entwicklung der Europäischen Union hat den Spielraum für nationale Politiken erheblich eingeengt. Mit der Intensivierung des Wettbewerbs in der Europäischen Union wurde die Möglichkeit marktkorrigierender politischer Eingriffe (zum Beispiel durch höhere Abgaben oder zusätzliche administrative Belastungen) erheblich verringert. Die Wirksamkeit solcher Eingriffe steht und fällt mit der Möglichkeit des Staates, die Betroffenen, vor allem die betroffenen Unternehmen, vor ausländischen Konkurrenten abzuschirmen (zum Beispiel durch Zölle und sonstige Barrieren), so dass sie die höhere Belastung ohne Gefährdung der Kapitalrendite auf die Preise aufschlagen und damit letztlich auf die Verbraucher abwälzen können. Nach Herstellung eines Europäischen Binnenmarkts schwinden nun aber die Möglichkeiten der Abschottung gegen ausländische Konkurrenten (die ja alle auf deren Diskriminierung hinauslaufen), eben weil solche Diskriminierung ausländischer Unionsbürger europarechtlich nicht mehr zulässig ist. In dieser Situation führen höhere Belastungen in der Tendenz zur Abwanderung von mobilen Produktionsfaktoren, also vor allem des Kapitals, ebenso von bestimmten Dienstleistungen und zunehmend auch von Arbeitskräften, und zwar besonders der hochqualifizierten. Der Versuch, derartige Politik dennoch durchzusetzen, würde offensichtlich mehr Schaden anrichten als Nutzen bringen – er wäre »self-defeating« – und sollte deshalb sinnvollerweise von vornherein nicht unternommen werden.

Der durch den Binnenmarkt freigesetzte Standortwettbewerb führt zu einer faktischen Disziplinierung der nationalen Politiken. Er erschwert es den nationalen Regierungen beinahe bis hin zur Unmöglichkeit, den Unternehmen Sonderbelastungen aufzuerlegen, weil dadurch die Produktionskosten überdurchschnittlich erhöht und so die Rendite von Kapitalanlegern reduziert wird. Denn dadurch können die Anlage von Kapital und Arbeitsplätze schaffende Investitionen verschreckt werden. Damit schwinden die Möglichkeiten einer selbständigen Wirtschafts-, Sozial-, Finanz- und Steuerpolitik der einzelnen Mitgliedstaaten.[66]

Diese Entwicklung, die faktisch auf den Verlust oder jedenfalls die Minderung nationaler politischer Verantwortung in diesen Bereichen hinausläuft, wird natürlich unterschiedlich bewertet, je nachdem, wie man die bisherige staatliche Politik beurteilt hat. Sieht man in ihr einen wohlfahrtsstaatlich übertriebenen Aktivismus, so wird man die durch die Europäische Union bewirkte Disziplinierung der nationalen Politik grundsätzlich positiv beurteilen (so der neoliberale Standpunkt). Geht man umgekehrt davon aus, die Politik müsse massive Korrekturen an den Marktergebnissen vornehmen, und rechtfertigt mit dieser Überlegung den bisherigen Stand der Staatseingriffe, so wird man die Einschränkungen der nationalen Politik eher negativ bewerten.

Für die letztere Position einer aktiven Kompensationspolitik erscheint es nur konsequent zu versuchen, die politische Handlungsfähigkeit auf übernationaler Ebene wiederherzustellen, und zu diesem Zweck zunächst einmal die Einrichtungen der Europäischen Union zu aktivieren. Dieser Weg dürfte aber – angesichts des doppelten Demokratiedefizits einer aktiven Unionspolitik (beschränkte Handlungsfähigkeit und mangelnde Bürgerpartizipation) – von vornherein nur gangbar sein, wenn es gelingt, das doppelte Demokratiedefizit entscheidend zu mindern.

Im Übrigen wäre ein solcher Ansatz (selbst wenn er auf der Ebene der Europäischen Union Erfolg haben sollte) von vornherein nur von beschränkter Reichweite, weil die Union als Ganzes auch im Wettbewerb etwa mit den USA und Japan steht und auch hier – auf Weltebene – aufgrund internationaler Vertragsbeziehungen (GATT, WTO) wettbewerbsbeschränkende Barrieren abgebaut werden – eine Situation, die auch der wirtschafts-, finanz- und sozialpolitischen Handlungsfähigkeit der Union als Ganzes enge Grenzen setzt. Die Einschränkung der nationalen Handlungsfähigkeit aufgrund der Europäisierung taucht als Einschränkung der europäischen Handlungsfähigkeit aufgrund der Globalisierung also in neuem Gewand und auf neuer Ebene wieder auf. Die Herstellung möglichst ungehinderten internationalen Wettbewerbs beeinträchtigt somit die Möglichkeit marktkorrigierender Steuerungspolitik insgesamt – solange die Idee einer Weltregierung utopisch erscheint.

8. Was tun?

a) Verbleibende Optionen

So wie die Situation sich insgesamt darstellt, bleiben zwei mögliche europapolitische Strategien:

- die Flucht in unabhängige Gremien oder
- die gezielte Demokratisierung der Europäischen Union.

An dieser Stelle sollten wir uns an Erfahrungen erinnern, die wir im nationalen Bereich gemacht haben. Bei Machtmissbrauch und Selbstblockade der politischen Klasse kommen grundsätzlich zwei ganz unterschiedliche Ansätze für institutionelle Änderungen zur (Wieder-) Herstellung von politischer Handlungsfähigkeit in Betracht: das System durchlässiger machen für den Common Sense der Bürger durch Direktwahl der Repräsentanten und durch Ermöglichen von Sachentscheidungen direkt durch das Volk *oder/und* die Errichtung parteidistanzierter, unabhängiger, nur der Sache verantwortlicher Entscheidungs-, Beratungs- und Kontrollgremien. Diese Zweispurigkeit möglicher institutioneller Reformen hat sich auch in der Demokratie in Amerika in der großen Reformphase Ende des 19. Jahrhunderts bewährt.[67] Damals wurde die Herrschaft der allmächtigen »party bosses« und ihrer »Parteimaschinen« auf zwei Wegen gebrochen, einerseits durch Einführung von Direktwahlen (des Präsidenten, der Mitglieder des Senats etc.) und durch Einfügung von Volksbegehren und Volksentscheid in die Verfassungen zahlreicher amerikanischer Gliedstaaten, andererseits durch Ersetzung des bis dahin praktizierten »Beutesystems« im öffentlichen Dienst durch ein auf Leistung beruhendes Berufsbeamtentum[68] und durch Errichtung einer unabhängigen Bundeszentralbank.[69]

Beide Wege sind auch in Deutschland angelegt, wie einerseits die Verbreitung der direkten Demokratie zumindest in den Ländern[70] und der Siegeszug der baden-württembergischen Gemeindeverfassung,[71] andererseits das Gewicht der früheren Bundesbank und des Bundesverfassungsgerichts zeigen. Auch die Diskussion in Publizistik und Wissenschaft geht in beide Richtungen. So wird die Schaffung weite-

rer unabhängiger Instanzen und der Ausbau der vorhandenen von verschiedenen Seiten gefordert.[72]

Wie wir nun sehen, wird zumindest der eine Weg auch in der
Europäischen Union beschritten, und zwar in den vier unabhängigen Organen: dem Gerichtshof, der Kommission, dem Rechnungshof und der Zentralbank. Der andere Weg – die Schaffung von mehr
Durchlässigkeit für den Common Sense der Bürger – aber wird in
der Europäischen Union nach wie vor nicht ernsthaft genug er-
wogen.

b) Unabhängige Organe der EU

aa) Kommission

Die Kommission nimmt vor allem die Aufgaben einer Exekutive der
Gemeinschaften wahr. Sie ist aber auch in erheblichem Umfang an der
Rechtsetzung beteiligt.

Die Kommission besteht aus 25 Mitgliedern, die auf fünf Jahre ernannt werden. Wiederernennung ist zulässig. Jedes Land stellt ein Mitglied (Art. 213 EG).

Der Präsident der Kommission hat eine herausgehobene und jüngst
noch weiter gestärkte Position. Obwohl die Kommission nach wie vor
als Kollegium entscheidet, kommt dem Präsidenten eine politische
Führungsrolle innerhalb der Kommission zu (Art. 217 EG). Umso
verhängnisvoller ist es für die Gemeinschaft, wenn man eine schwache
Persönlichkeit auswählt, wie dies in Reaktion auf den starken Kommissionspräsidenten Jacques Delors in der Person von Santer oder Barroso der Fall war. Bei der Ernennung des Präsidenten und der übrigen Mitglieder der Kommission wirken der Rat und das Parlament
in einem überaus komplizierten Verfahren zusammen (Näheres unten
S. 195 f.).

Die Mitglieder der Kommission genießen (wie die Mitglieder des
Gerichtshofs und des Rechnungshofs) Unabhängigkeit. Sie »üben ihre
Tätigkeit in voller Unabhängigkeit zum allgemeinen Wohl der Ge-
meinschaft aus« und dürfen keine Anweisungen von irgendwelcher
Stelle entgegennehmen. Die Mitgliedstaaten verpflichten sich aus-
drücklich, sich jedes Versuchs der Einflussnahme zu enthalten (Art. 213
Abs. 2 EG). Ein Kommissionsmitglied scheidet vor Ablauf seiner fünf-

jährigen Amtszeit nur aus, wenn es zurücktritt oder im Wege einer Art Impeachment-Verfahren wegen einer schweren Verfehlung auf Antrag der Kommission oder des Rats durch den Gerichtshof seines Amts enthoben wird (Art. 215 und 216 EG). Das Europäische Parlament kann zwar der Kommission als Ganzes mit Zweidrittelmehrheit das Misstrauen aussprechen, nicht aber einzelnen Mitgliedern der Kommission (Art. 201 EG).

Die wichtigsten Aufgaben der Kommission sind:

– Mitwirkung an der Rechtsetzung durch Rat und Parlament. Die Kommission hat sogar ein Initiativmonopol: Rat und Parlament können meist erst beschließen, wenn die Kommission einen Vorschlag unterbreitet hat. Damit kommt der Kommission die Funktion zu, die Entwicklung des Gemeinschaftsrechts in Gang zu halten (»Motor der Integration«),
– Ausübung eigener Rechtsetzungsbefugnisse in bestimmten Bereichen,
– Erlass von Durchführungsbestimmungen aufgrund von Ermächtigungen des Rats,
– Außenvertretung der Gemeinschaften,
– Entscheidungen im Verwaltungsvollzug,
– Kontrolle über die Einhaltung des Gemeinschaftsrechts. Sie hat als »Hüterin des Gemeinschaftsrecht« (Art. 211, Erster Spiegelstrich EG) Verletzungsverstöße zu verfolgen, etwa durch Rüge von Vertragsverletzungen und gegebenenfalls Klageerhebung beim Europäischen Gerichtshof.

bb) Gerichtshof

Dem Europäischen Gerichtshof gehören 25 Richter an. Der Gerichtshof wird von acht Generalanwälten unterstützt, die in voller Unabhängigkeit Schlussanträge zu den vor dem Gerichtshof verhandelten Rechtssachen stellen. Sie sind dem *commissaire de gouvernement* beim französischen Conseil d'Etat, dem höchsten französischen Verwaltungsgericht, nachgebildet, entlasten das Gericht und ermöglichen relativ knapp gehaltene Begründungen der Entscheidungen des Europäischen Gerichtshofs.

Die Richter und die Generalanwälte werden von den Regierungen

der Mitgliedstaaten im gegenseitigen Einvernehmen ernannt (Art. 223
Abs. 1 EG). Die Amtszeit beträgt sechs Jahre. Wiederwahl ist zulässig.
Jedes Land stellt einen Richter. Auf die »großen Mitgliedstaaten« so-
wie auf Spanien entfällt in der Praxis je ein Generalanwalt. Die übri-
gen Generalanwaltspositionen rotieren unter den kleinen Mitglied-
staaten.[73] Die Richter wählen aus ihrer Mitte den Präsidenten für drei
Jahre. Dem Europäischen Gerichtshof ist seit 1989 ein weiteres Ge-
richt angegliedert: das Gericht erster Instanz (Art. 225 EG), das Teil des
Gemeindschaftsorgans Europäischer Gerichtshof ist (Näheres unten
S. 212 ff.).

cc) Rechnungshof

Der Europäische Rechnungshof hat ähnliche Aufgaben wie die deutschen Rechnungshöfe. Prüfungsmaßstäbe sind Ordnungsmäßigkeit
und Wirtschaftlichkeit der Haushaltsführung (Art. 248 EG). Die 25
Mitglieder werden vom Rat nach Anhörung des Parlaments auf sechs
Jahre ernannt – Wiederernennung ist zulässig – und üben ihre Tätigkeit nach der vertraglichen Regelung in voller Unabhängigkeit aus
(Art. 247 EG). Sie wählen aus ihrer Mitte den Präsidenten des Rechnungshofs auf drei Jahre, Wiederwahl ist auch hier zulässig (Näheres
unten S. 206).

dd) Zentralbank

Das Europäische System der Zentralbanken (ESZB), bestehend aus
der Europäischen Zentralbank und den nationalen Zentralbanken,
hat die vorrangige Aufgabe, den Geldwert des Euro stabil zu halten
(Art. 105 Abs. 1 EG). Das entscheidende Gremium ist der Europäische
Zentralbankrat. Er setzt sich aus dem Direktorium und den Präsidenten der 25 nationalen Zentralbanken zusammen. Das Direktorium besteht aus dem Präsidenten, dem Vizepräsidenten und vier weiteren
Mitgliedern, die von den Regierungen der Mitgliedstaaten auf der
Ebene der Staats- und Regierungschefs für acht Jahre ernannt werden,
Wiederernennung ist zulässig (Art. 112 EG). Die Mitglieder der Euro-
päischen Zentralbank und der nationalen Zentralbanken sind unab-
hängig und dürfen von niemandem Weisungen entgegennehmen
(Art. 108 EG).[74]

c) Verstärkte Flucht in unabhängige Gremien?

Eine Flucht in unabhängige Gremien, also die Aufrechterhaltung und Verstärkung ihrer Kompetenzen, scheint vor allem deshalb nahe zu liegen, weil die Kommission und der Europäische Gerichtshof dort, wo sie keine Entscheidungen des Rats benötigen, sondern sich auf die in den Verträgen vorgesehene Herstellung von möglichst unverfälschtem wirtschaftlichen Wettbewerb in einem alle Mitgliedstaaten umfassenden gemeinsamen Markt (»Europäischer Binnenmarkt«) konzentrieren konnten, außerordentlich erfolgreich waren. Zur Durchsetzung dieses Zieles wird der Kommission und dem Gerichtshof ihr hohes Maß an Unabhängigkeit garantiert.

Die Rechtsprechung des Gerichtshofs zum Vorrang des Europarechts vor nationalen Gesetzen und Verfassungen und zur unmittelbaren Geltung des Europarechts auch im Verhältnis zwischen Nationalstaaten und betroffenen Bürgern erleichterte es der Kommission, die wirtschaftliche Integration durch Wettbewerb kontinuierlich auszudehnen. So wurden allmählich immer mehr Nischen beschränkten Wettbewerbs, die sich innerhalb der Mitgliedstaaten bisher hatten halten können, aufgebrochen. Beispiele sind die Energiewirtschaft und die Telekommunikation.

Wettbewerbsverschärfend wirkt auch die Einführung des Euro als einheitliche Währung in der gesamten Europäischen Union (vorläufig bis auf Dänemark, Großbritannien, Schweden und die zehn neuen Mitgliedstaaten) und damit der Wegfall von Wechselkursänderungen in der Wirtschafts- und Währungsunion. Auch hier wurden die geldpolitischen Entscheidungen in die Hand einer unabhängigen Instanz gelegt: der Europäischen Zentralbank. Ihre Mitglieder und die Mitglieder der nationalen Zentralbanken sind unabhängig und dürfen von niemandem Weisungen entgegennehmen (Art. 108 EG).[75]

Früher konnte ein Mitgliedsland die Wechselkurse zwischen heimischer Währung und ausländischen Währungen ändern, um mangelnde Wettbewerbsfähigkeit der eigenen Wirtschaft durch Abwertung seiner Währung auszugleichen. Nach dem Übergang zu einer einheitlichen Währung ist dieses währungspolitische Ventil ersatzlos entfallen. Damit konkurrieren jetzt auch die einzelnen Mitgliedstaaten beziehungsweise ihre Regierungen zum Beispiel mit ihren jeweiligen Abgaben und ihren öffentlichen Leistungen, kurz, mit ihrer gesamten Wirtschafts-, Finanz- und Steuerpolitik, um ansiedlungswillige Unternehmen (»Standortwettbewerb«).

Doch die Aktivitäten unabhängiger Gremien erscheinen andererseits auch hoch problematisch, wenn man sie nicht auf ganz enge Politikfelder begrenzt. So kann insbesondere die Kommission unter dem Aspekt der Demokratie im Sinne eines Regierens durch die Bürger allenfalls eine vorübergehende Behelfslösung sein. Ihr Präsident und die übrigen Mitglieder werden von den Regierungen der Mitgliedstaaten im Rat unter Mitwirkung des Parlaments bestimmt (Art. 214 EG). Die Bürger haben faktisch keinerlei Einfluss auf Auswahl und Bestellung der Kommissionsmitglieder. Da den Mitgliedern der Kommission die »volle Unabhängigkeit« garantiert wird (Art. 213 EG), können sie für ihre Aktionen politisch nicht zur Verantwortung gezogen werden (wenn man von dem mit Zweidrittelmehrheit möglichen Misstrauensvotum des Parlaments gegenüber der Kommission als Ganzes absieht). Es besteht lediglich eine Art »Impeachment«-Verfahren, wonach ein Mitglied der Kommission im Falle einer »schweren Verfehlung« auf Antrag des Rates oder der Kommission durch den Gerichtshof seines Amtes enthoben werden kann (Art. 216 EG).

Kommission, Gerichtshof, Zentralbank und Rechnungshof fehlen zudem wichtige demokratische Rückbindungen, wie sie bei nationalen unabhängigen Gremien bestehen und die gewährleisten, dass diese sich nicht allzu sehr von den Anschauungen der Bevölkerung entfernen. Zugleich stellen sie eine wichtige Kontrolle zur Verhinderung missbräuchlicher Machtausübung durch die unabhängigen Organe dar. So können Bundestag und Bundesrat Entscheidungen des deutschen Bundesverfassungsgerichts durch Änderungen des Grundgesetzes mit Zweidrittelmehrheiten korrigieren. Die gesetzgebenden Organe können auch die institutionelle Basis des Bundesverfassungsgerichts, der Bundesbank und des Bundesrechnungshofs ändern und auf diesem Wege deren Macht und Kompetenzen beschneiden. Die Gewähr, dass dies nicht ohne triftige Gründe geschieht, bietet allein eine wache öffentliche Meinung. Bundesverfassungsgericht, Bundesbank und Bundesrechnungshof sind deshalb auf die generelle Zustimmung der Öffentlichkeit zur großen Linie ihres Wirkens in elementarer Weise angewiesen.[76]

Solche demokratische Rückkoppelungen und Mechanismen zur Verhinderung von Machtmissbrauch bestehen bei den unabhängigen Gremien der EU nur sehr viel eingeschränkter oder überhaupt nicht. Missbräuchliche oder zu weit gehende Entscheidungen der Kommission und des Gerichtshofs ließen sich zwar theoretisch durch Änderungen des europäischen Primärrechts korrigieren. Doch das verlangte eine einstimmig zu beschließende Vertragsänderung und die Ratifikation durch alle Mitgliedstaten, was faktisch nicht in Betracht kommt. Angesichts des praktischen Fehlens derartiger »letzter Konsequenzen« problematischer Entscheidungen sind Kommission, Gericht, Zentralbank und Rechnungshof auch gegenüber öffentlicher Kritik sehr viel unempfindlicher als ihre nationalen Schwesterorgane. Der Schutz vor jeder politischen Korrektur macht sie unempfindlich selbst gegen fundamentale öffentliche Kritik und ermöglicht ihnen auch auf Dauer Entscheidungen, die den Präferenzen der Mehrheit der Bürger entgegen laufen. Damit fehlt ihnen jene indirekt-demokratische Legitimation, die nationalen unabhängigen Gremien aufgrund ihrer Rückkoppelung mit den generellen öffentlichen Anschauungen zufließt.[77]

Die Bürger- und Kontrollferne hat etwa bei der Kommission erhebliche Auswüchse ermöglicht. Das zeigen

- die zahlreichen Fälle von Vetternwirtschaft und Korruption, die 1999 sogar die gesamte Santer-Kommission zum Rücktritt zwangen, und
- die überzogenen finanziellen Regelungen für Kommissionsmitglieder (siehe S. 219).

Das zeigt sich auch in der der Kommission unterstehenden europäischen Verwaltung, etwa

- in den stark überhöhten und auch noch steuerbegünstigten Gehältern der Europabeamten, und
- in zahlreichen Verwaltungsskandalen.

Das Parlament hat zwar seinerzeit immerhin gegen die Santer-Kommission halbwegs entschlossen Front gemacht, eine Kontrollkommission von »fünf Weisen« bestellt, deren Bericht dann die Kommission zum Rücktritt zwang. Das Parlament hat aber selbst zahlreiche »Leichen im Keller«, so dass es sich zu einer wirksamen Kontrolle im Ergebnis kaum wird aufschwingen können. Das zeigt sich zum Beispiel

- in den Diäten, insbesondere den überzogenen steuerfreien Kostenerstattungen,
- darin, dass Abgeordnete ungerührt Ehegatten und sonstige Familienangehörige als Mitarbeiter auf EU-Kosten beschäftigen, also ungestraft Vetterleswirtschaft betreiben,
- in der überzogenen Fraktionsfinanzierung,
- in der überzogenen Parlamentsverwaltung (3500 Bedienstete!),
- äußerlich: in den drei Parlamentsprachtbauten in Straßburg, Brüssel und Luxemburg.

d) Subsidiarität

Unabhängig davon, wie man derartige Fehlentwicklungen bewertet, kommt eine Distanzierung von der europäischen Idee auf keinen Fall in Frage, ein totaler Rückzug auf die Nationen wäre ein unvorstellbarer Rückschritt. Europa ist und bleibt unser Schicksal. Das heißt andererseits aber nicht, dem europäischen Überschwang zu verfallen, von dem lange zumindest deutsche Eliten erfüllt waren. Vielmehr ist nachdrücklich auf der Einhaltung der Subsidiarität zu bestehen. Der Grundsatz der Subsidiarität ist im Verhältnis von Mitgliedstaaten und EU von größter Bedeutung. Er besagt: Wenn mehrere staatlichen Ebenen für die Erfüllung öffentlicher Aufgaben zur Verfügung stehen, muss grundsätzlich die untere Ebene aktiv werden. Die höhere Ebene darf nur eingreifen, wenn und soweit die Möglichkeiten der darunter liegenden Ebenen überschritten werden. Dies folgt daraus, dass die unteren Ebenen »näher daran« sind und die Probleme deshalb sachgerechter behandeln können. Zugleich können die Bürger und Wähler ihre demokratische Kontrolle umso besser ausüben, je mehr sie die Probleme aus eigener Anschauung kennen. Die untere Ebene erlaubt deshalb tendenziell mehr Demokratie *für* und *durch* die Bürger als die höhere Ebene. Das gilt auch dann, wenn die verschiedenen Ebenen die gleiche demokratische Struktur aufweisen, wie dies zum Beispiel für Gemeinden, Landkreise, Länder und den Bund in Deutschland ausdrücklich vorgeschrieben ist (Art. 28 Abs. 1 Grundgesetz). Das Prinzip der Subsidiarität muss aber noch viel strenger eingehalten werden, wenn die obere Ebene nach allen Kriterien der Demokratie strukturell derart defizitär ist wie die EU. Angesichts des gewaltigen Unterschieds im Demokratieniveau, das die EU im Vergleich zu den Mitgliedstaaten aufweist, besteht der einfachste Weg zur Sicherung von Demokratie darin, die Kompetenzen möglichst bei den Mitgliedstaaten zu belassen. Daraus ergibt sich die Konsequenz, dass öffentliche Aufgaben grundsätzlich von den Mitgliedstaaten zu erfüllen sind. Das gilt erst recht nach der Osterweiterung der EU auf 25 und bald 27 und mehr Mitglieder. Denn je größer und vielgestaltiger die Gemeinschaft wird, desto heterogener sind ihre Mitglieder und desto weniger Sinn machen einheitliche, für alle geltende Regelungen jedenfalls auf solchen Gebieten, die die Staaten auch selbst – entsprechend den jeweiligen Präferenzen ihrer Bürger – regeln können. Deshalb reicht es für die Begründung einer Kompetenz der EU nicht aus, dass diese es genauso gut kann wie die Mitgliedstaaten. Es reicht nicht einmal, dass die EU es besser kann. Sie muss es vielmehr so viel besser können, dass dadurch ihr strukturelles Weniger an Demokratie mehr als ausgeglichen wird. Diese Erwägungen sprechen grundsätzlich für Zurückhaltung bei der Übertragung von Kompetenzen an die EU.

Das sollte jedenfalls die Norm sein. Doch die Wirklichkeit hat sich in eine ganz andere Richtung entwickelt. Tatsächlich wirken alle Organe der EU seit Jahrzehnten auf die Ausweitung ihrer Befugnisse und der Befugnisse der EU insgesamt hin. Das gilt besonders für die Kommission, den Gerichtshof und das Parlament. Diese können sich dabei vordergründig sogar auf die Präambel des EG-Vertrages berufen, die erklärtermaßen »einen immer engeren Zusammenschluss der europäischen Völker« anvisiert. Auch der EU-Vertrag sieht in seiner Präambel die »Schaffung einer immer engeren Union der Völker Europas« vor, postuliert aber gleichzeitig, dass »die Entscheidungen entsprechend dem Subsidiaritätsprinzip möglichst bürgernah getroffen werden.« Das

Subsidiaritätsprinzip, das Art. 5 Abs. 2 EG auch zu definieren versucht, lässt allerdings einen weiten Spielraum. Es kommt deshalb darauf an, wer über seine Auslegung und seine Einhaltung entscheidet. Hier besitzt der Europäische Gerichtshof eine Schlüsselstellung. Denn er entscheidet über die Abgrenzungen der Kompetenzen von EU und Mitgliedstaaten. Damit aber wurde – angesichts seiner ausgesprochen integrationsfreundlichen Haltung – der Bock zum Gärtner gemacht. Der Gerichtshof ist institutionell voreingenommen zugunsten der Integration und zulasten der Subsidiarität. Erforderlich wäre deshalb die Errichtung einer unvoreingenommenen, wirklich unabhängigen Instanz: ein Gericht, dessen zentrale Aufgabe in der Sicherung der Subsidiarität bestände, ein »Subsidiaritätsgericht«, das neben den Europäischen Gerichtshof träte.[78]

Soweit es nicht um die Auslegung der Verträge geht, sondern um ihre Änderung und Fortentwicklung, haben die Regierungen der Mitgliedstaaten eine Vorhandstellung. Doch auch sie bieten keine Gewähr für die Einhaltung der Subsidiarität in dem genannten strengen Sinn. Zu groß ist oft die Versuchung, ihre Zuflucht in der bequemen Unverantwortlichkeit von EU-Institutionen und die EU-Entscheidungen zu suchen. Auch ihre Entscheidungen müssten deshalb vom Subsidiaritätsgericht überprüft werden.

e) Demokratisierung der EU bei der Verfassungsgebung

Auch bei EU-Entscheidungen muss das Demokratiedefizit behoben werden. Dazu gibt es keine ernsthafte Alternative. Änderungen der Verträge oder sogar die Totalrevision der Verträge durch Erlass einer neuen Verfassung müssen von den nationalen Instanzen ratifiziert werden. Die sehen darin aber häufig nur eine Pflichtübung. Die Verträge von Maastricht, Amsterdam, Nizza und jüngst der Verfassungsvertrag wurden vom Bundestag nur »durchgewunken« – ohne ernsthafte Diskussion des Für und Wider. Dazu waren die Parlamentarier auch gar nicht in der Lage. Ihre blauäugige Voreingenommenheit gegenüber jeder Form von europäischer Integration war offenbar so groß, dass sie die sorgfältige Kenntnisnahme vom Vertragsinhalt für überflüssig hielten (siehe oben S. 45). Hier muss in Zukunft ein grundlegender Wandel stattfinden. Bundestag und Bundesrat, die über Art. 23 GG die Möglichkeit haben, auch schon vorab Einfluss zu nehmen, müssen ihre Befugnisse sehr viel ernster und verantwortlicher wahrnehmen und dabei auch versuchen, die öffentliche Diskussion aufzugreifen und mitzugestalten, wie es einem »Forum der Nation«, als welches sich das Parlament gern sieht, geziemt. Die Abstimmungen in Frankreich und den Niederlanden könnten ein solches Umdenken fördern. Dabei sollten sich die deutschen Parlamentarier ihre Kollegen in einigen anderen Mitgliedstaaten zum Vorbild nehmen, die bereits eine sorgfältige Kontrolle ausüben, wie etwa Dänemark und Schweden.[79]

Darüber hinaus reicht die Ratifizierung durch das Parlament in vielen Mitgliedstaaten der EU nicht aus. Dort bedarf es vielmehr der Zustimmung des Volkes per Volksabstimmung. Das hat – neben dem partizipatorischen Eigenwert der unmittelbaren Entscheidung des Volkes – einen doppelten Vorteil:

- Im Vorfeld der Abstimmung werden die Vor- und Nachteile des Vertrages einer intensiven öffentlichen Diskussion unterzogen. Denn da die letzte Entscheidung bei den Bürgern liegt, bemühen sie sich verstärkt um Informationen über das Abstimmungsthema, eine Nachfrage, die die Medien befriedigen müssen. Die Befürworter und die Gegner sind gezwungen, ihre Argumente in verständlicher Weise öffentlich darzulegen.
- Sozusagen als Vorwirkung wird die Position der eigenen Regierung bei den EU-Vertragsverhandlungen gestärkt, weil auch die Regierungen der anderen Staaten daran interessiert sein müssen, Stolpersteine für die spätere Volksabstimmung, an denen der ganze Vertrag scheitern kann, wegzuräumen.

Ein solches unmittelbares Zustimmungsrecht des Volkes ist in den allermeisten Mitgliedstaaten der EU möglich und zum Teil sogar zwingend vorgesehen (siehe die Übersicht auf S. 85 f.).

In Frankreich können die Bürger in Zukunft sogar über den Beitritt neuer Staaten zur EU per Volksentscheid bestimmen, was etwa beim Beitritt Kroatiens oder der Türkei relevant werden wird.

Dagegen müssen sich Deutsche und die Angehörigen anderer Staaten, die kein unmittelbares Mitwirkungs- und Entscheidungsrecht

besitzen, als Bürger zweiter Klasse zurückgesetzt fühlen; dies umso
mehr, als ihnen auch die umfassende öffentliche Diskussion vorenthalten und die Verhandlungsposition ihrer Regierung verschlechtert
wird.

Die europäische Verfassungsgebung hätte eine gewaltige Chance
sein können, einige große Schritte zur Bildung einer europäischen
Identität zu machen, also desjenigen Ferments, das die EU so dringend
benötigt. Doch der Verfassungsentwurf war viel zu umfangreich und
zu kompliziert, um den Bürgern nahegebracht werden zu können.
Zugleich wurde die Ratifikation durch die Parlamente in Deutschland
und anderen Staaten hoch oben über den Köpfen der Bürger beschlossen. Jetzt, nach dem Scheitern der Verfassung in Frankreich und
den Niederlanden, beginnt man die Mängel zu erkennen und über
Alternativvorschläge nachzudenken. Die Erarbeitung einer kompak-
ten und verständlichen Verfassung durch einen direkt gewählten Konvent und die Annahme der Verfassung durch Volksabstimmungen in
allen Mitgliedstaaten könnte die öffentliche Diskussion in der ganzen
EU auf die zentralen europäischen Fragen richten und so zum Königs-
weg werden, um endlich einer gemeinsamen europäischen Identität
näher zu kommen.

Geht es nicht um Verfassungsgebung und Vertragsänderungen, sondern um Ratsbeschlüsse über sekundäres Recht, insbesondere um
Verordnungen, Richtlinien und Rahmenbeschlüsse, müssen die Parlamente zumindest ihre Spielräume und Einwirkungsmöglichkeiten
nutzen, sei es vorab bei der Einflussnahme auf die Ratsentscheidung,
sei es im Nachhinein bei der Umsetzung von Richtlinien und Rahmenbeschlüssen in nationales Recht. Wie sehr hier der Bundestag bisweilen »schlampt«, hat das Gesetz über den europäischen Haftbefehl
gezeigt. Hier musste das Bundesverfassungsgericht den Bundestag
nachdrücklich auf seine Pflichten hinweisen und das Gesetz sogar wegen Verfassungswidrigkeit aufheben (Näheres unten S. 120 ff.).

Verfahren bei Ratifikation der Europäischen Verfassung

Mitglied-staat	Verfahren	Termine	Frühere europäische Referenden	Zulässigkeit von Referenden bei Vertragsänderungen[80]
Belgien	Parlamentarisch (Abgeordneten-kammer und Senat sowie die Versammlungen der Gemein-schaften und Regionen)	Zustimmung des Senats am 28. April 2005 Zustimmung der Abgeord-netenkammer am 19. Mai 2005 Zustimmung des Brüssler Regionalparlaments am 17. Juni 2005 Zustimmung des Parlaments der Deutschen Gemeinschaft am am 20. Juni 2005 Zustimmung des Wallonischen Regionalparlaments am 29. Juni 2005 Zustimmung des Flämischen Regionalparlaments: kein Datum	Nein	Nein
Dänemark	Referendum	Ursprünglich für den 27. September 2005 angesetzt, inzwischen verschoben (noch kein neues Datum)	1972: Beitritt 1986: Einheitliche Europäische Akte 1992: Vertrag von Maastricht (zweimal) 1998: Vertrag von Amsterdam 2000: Einführung des Euro	Obligatorisches Referendum, wenn im Parlament eine Mehr-heit von 5/6 der Abgeorneten nicht erreicht wird (§ 20)
Deutschland	Parlamentarisch (Bundestag und Bundesrat)	Zustimmung des Bundestags am 12. Mai 2005 Zustimmung des Bundesrats am 27. Mai 2005	Nein	Nein
Estland	Parlamentarisch, Referendum unwahr-scheinlich	Parlamentsdebatte für Herbst 2005 angesetzt. Vor der endgültigen Abstimmung soll eine öffentliche Debatte statt-finden	2003: Beitritt	Konsultatives Referendum möglich (Parlamentsbeschluss)
Finnland	Parlamentarisch	Parlamentsdebatte ursprünglich für Herbst 2005 und Ratifikation für Ende des Jahres oder Anfang 2006 angesetzt. Entscheidung	1994: Beitritt	Konsultatives Referendum möglich (§ 53)

		über einen Bericht zum Ratifikationsprozess und Vorstellung eines Berichts für das Parlament für Herbst 2005 geplant		
Frankreich	Referendum	Negatives Referendum am 29. Mai 2005 (Nein: 54,68%, Wahlbeteiligung: 69,34%)	1972: Erweiterung der EG 1992: Vertrag von Maastricht	Referendum möglich (Art. 11)
Griechenland	Parlamentarisch (aber Linksparteien reichten Antrag auf ein Referendum ein)	Zustimmung des Parlaments am 19. April 2005	Nein	Referendum möglich (Art. 44 Abs. 2)
Irland	Parlamentarisch und Referendum	Referendum verschoben. Ein Weißbuch soll im September 2005 erscheinen	1972: Beitritt 1987: Einheitliche Europäische Akte 1992: Vertrag von Maastricht 1998: Vertrag von Amsterdam 2001 und 2002: Vertrag von Nizza	Obligatorisches Verfassungsreferendum bei Erweiterung der EU-Kompetenzen (Art. 46 Abs. 2)
Italien	Parlamentarisch (Abgeordnetenkammer und Senat)	Zustimmung der Abgeordnetenkammer am 25. Januar 2005 Zustimmung des Senats am 6. April 2005	1989: möglicher Verfassungsentwurf	Verbindliches Referendum ausgeschlossen (Art. 75 Abs. 2)
Lettland	Parlamentarisch	Zustimmung des Parlaments am 2. Juni 2005	2003: Beitritt	Konsultatives Referendum möglich (Parlamentsbeschluss)
Litauen	Parlamentarisch	Zustimmung des Parlaments am 11. November 2004	2003: Beitritt	Konsultatives Referendum möglich (Parlamentsbeschluss)
Luxemburg	Parlamentarisch (zwei Abstimmungen) und konsultatives Referendum	Zustimmung des Parlaments (erste Lesung) am 28. Juni 2005 Erfolgreiches Referendum am 10. Juli 2005 (Ja: 56,52%, Nein: 43,48%) Endgültige Zustimmung des Parlaments muss mindestens drei Monate nach der ersten Lesung stattfinden	Nein	Konsultatives Referendum möglich (Art. 51 Abs. 7)

Malta	Parlamentarisch	Zustimmung des Parlaments am 6. Juli 2005	2003: Beitritt	Konsultatives Referendum möglich (Parlamentsbeschluss)
Niederlande	Parlamentarisch (Erste und Zweite Kammer) und konsultatives Referendum	Negatives Referendum am 1. Juni 2005 (Nein: 61,7%, Wahlbeteiligung: 63%)	Nein	Konsultatives Referendum möglich (Parlamentsbeschluss)
Österreich	Parlamentarisch (Nationalrat und Bundesrat)	Zustimmung des Nationalrats am 11. Mai 2005 Zustimmung des Bundesrats am 25. Mai 2005	1994: Beitritt	Konsultatives Referendum möglich (Art. 49b)
Polen	Bislang keine Entscheidung	Am 5. Juli 2005 scheiterte im Parlament eine Abstimmung über das Ratifizierungsverfahren. Die Entscheidung soll vom nächsten Parlament getroffen werden	2003: Beitritt	Referendum möglich (Art. 125)
Portugal	Referendum	Referendum ursprünglich vorgesehen for Oktober 2005 gemeinsam mit Kommunalwahlen (eine vorläufige Verfassungsänderung wurde vom Parlament am 22. Juni 2005 angenommen) Die Regierung möchte das Verfahren verschieben (Datum steht noch nicht fest)	Nein	Referendum möglich (Art. 115)
chweden	Parlamentarisch, derzeit kein Referendum vorgesehen	Die Einbringung des Ratifizierungsgesetzes, ursprünglich für Sommer 2005 mit einer Abstimmung im Dezember 2005 geplant, wurde verschoben	1994: Beitritt 2003: Einführung des Euro	Konsultatives Referendum möglich (Kap. 8 § 4 Abs. 1)
lowakei	Parlamentarisch	Zustimmung des Parlaments am 11. Mai 2005	2003: Beitritt	Referendum möglich (Art. 95)
lowenien	Parlamentarisch	Zustimmung des Parlaments am 1. Februar 2005	2003: Beitritt	Referendum möglich (Art. 90)
panien	Parlamentarisch (Kongress und Senat) und	Erfolgreiches Referendum am 20. Februar 2005 (Ja: 76,7%, Wahlbeteiligung: 42,3%)	Nein	Konsultatives Referendum möglich (Art. 92)

	konsultatives Referendum	Zustimmung des Kongresses am 28. April 2005 Zustimmung des Senats am 18. Mai 2005		
Tschechische Republik	Referendum möglich, bisher keine endgültige Entscheidung	Referendum verschoben auf Ende 2006 oder Anfang 2007	2003: Beitritt	Konsultatives Referendum möglich (Parlamentsbeschluss)
Ungarn	Parlamentarisch	Zustimmung des Parlaments am 20. Dezember 2004	2003: Beitritt	Referendum möglich (Art. 28 c)
Vereinigtes Königreich	Parlamentarisch (Unterhaus und Oberhaus) und konsultatives Referendum	Parlamentarischer Ratifizierungs-prozess gestoppt (von der britischen Regierung am 6. Juni 2005 bekannt gegeben)	1975: Fortsetzung der EG-Mitglied-schaft	Konsultatives Referendum möglich (Parlamentsbeschluss)
Zypern	Parlamentarisch	Zustimmung des Parlaments am 30. Juni 2005	Nein	Konsultatives Referendum möglich (Parlamentsbeschluss)

Quelle: EU-Kommission [http://www.europa.eu.int/constitution/ratification_en.htm], Stand: 21. Juli 2005 (Spalten 2-4), eigene Recherchen (Spalte 5)

f) Demokratisierung durch Direktwahl der Exekutivspitzen und EU-weiten Volksentscheid

Auch auf europäischer Ebene muss es darum gehen, die politische Handlungsfähigkeit und die Bürgerpartizipation zu verbessern, das doppelte Defizit somit an beiden Enden zugleich abzubauen und zu diesem Zweck die Institutionen der europäischen Willensbildung grundlegend umzustrukturieren. Da eine Ausweitung der Kompetenzen des Europäischen Parlaments keine Verbesserung verspricht (siehe S. 260) und auch eine Ausweitung der Kompetenzen der unabhängigen Organe in ihrer bisherigen Gestalt – angesichts der mangelhaften demokratischen Legitimation und Kontrolle – nicht in Frage kommt (siehe S. 42), bieten sich direktdemokratische Elemente an. In Betracht kommen vor allem

- die Direktwahl des Präsidenten der Kommission,
- die Einführung der Unvereinbarkeiten nationaler Regierungsämter

mit der Mitgliedschaft im Rat und die Direktwahl der Mitglieder des Ministerrats als des zentralen Entscheidungsorgans der Gemeinschaft,[81]
— die Einrichtung des Referendums sowie des Volksbegehrens und Volksentscheids auf Europaebene.[82]

aa) Direktwahl des Kommissionspräsidenten

Nach diesem Vorschlag[83] werden die Kommission und ihr Präsident nicht mehr in einem wenig transparenten und überkomplizierten Verfahren vom Rat und vom Europäischen Parlament gemeinsam bestellt, wie das bisher der Fall ist. Stattdessen würde der Präsident direkt von den Unionsbürgern gewählt und sodann sein Kabinett bestimmen, wozu er keine weitere Ermächtigung durch das Parlament bräuchte. Dieses Modell hat mehrere Stärken: Das Verfahren wäre einfach und für die Bürger leicht nachvollziehbar. Die Kommission, deren ohnehin weite Kompetenzen unverändert blieben, wäre direkt demokratisch legitimiert. Damit gewönne neben dem Rat und dem Parlament auch die Kommission eine eigenständige demokratische Legitimation, die zudem den großen Vorteil hätte, dass sie die demokratischen Mängel der Legitimationstränge des Rates und des Parlaments nicht aufwiese. Die Direktwahl des Kommissionspräsidenten könnte so das europäische Demokratiedefizit bis zu einem gewissen Grad ausgleichen und die EU den Bürgern näher bringen, die mit ihrer Stimme endlich etwas Wichtiges entscheiden könnten. Bisher haben viele das Gefühl, in Europa nichts bewirken zu können, wie auch die geringe und immer weiter abnehmende Beteiligung an den Wahlen des Europäischen Parlaments belegt. Europaweite Präsidentschaftswahlen, die nach einem einheitlichen Wahlverfahren erfolgen würden und bei denen die Gleichheit und die Unmittelbarkeit der Wahl voll gewahrt wären, würden die Parteien zwingen, länderübergreifend zusammenzuarbeiten, Kandidaten aufzustellen und für sie Wahlkampf zu führen. Das würde die Bildung echter Europaparteien fördern, einer europäischen öffentlichen Meinung den Weg bereiten und wäre ein wirkungsvoller Beitrag für die allmähliche Schaffung einer europäischen Identität.

Direktwahlen würden also genau zu dem beitragen, was in Europa bisher schmerzlich vermisst wird und der Beseitigung des Demokratiedefizits entgegensteht. Zugleich würde es dann leichter fallen, die aufgeblähte Kommission zu verkleinern und die zentrifugalen Kräfte der 25 Kommissare unter demokratischer Kontrolle zu halten (siehe S. 197).

Gegen diesen Vorschlag wird gelegentlich vorgebracht, die starke demokratische Legitimation einer solchen Kommission könnte das Gleichgewicht zwischen den EU-Organen durcheinander bringen, weil Rat und Parlament deutlich schwächer legitimiert sind. Doch einem Organ eine starke Verankerung bei den Bürgern zu versagen, nur weil sie anderen Organen fehlt, wäre Demokratie auf dem kleinsten gemeinsamen Nenner der Organe. Abgesehen davon, dass eine solche Gleichheit im Demokratiedefizit nicht einleuchtet, wäre es umgekehrt sinnvoll, das Defizit auch beim Parlament und beim Rat abzubauen. Hinsichtlich des Parlaments werden unten (siehe S. 248) entsprechende Vorschläge unterbreitet. Aber auch für den Rat gibt es weiterführende Überlegungen:

bb) Direktwahl des Rats

Die Direktwahl der (von den nationalen Regierungen zu trennenden) Ratsmitglieder würde die »Legitimationskette« drastisch verkürzen und dem Rat eine starke demokratische Verankerung verschaffen. Im Wahlkampf zur Vorbereitung der Direktwahl der Ratsmitglieder würden – aufgrund der Trennung von der Wahl der nationalen Parlamente und Regierungen – EU-Themen sehr viel stärker im Vordergrund stehen. Europarelevante Diskussionen, die Bildung von echten Europaparteien und die Entwicklung einer europäischen Identität würden auch auf diese Weise erheblich gefördert. Der so gewählte Ministerrat hätte gewisse Ähnlichkeit mit dem US-amerikanischen Senat, der ja bekanntlich noch größeres politisches Gewicht besitzt als das dortige Repräsentantenhaus. Und er würde zugleich die – inzwischen sattsam bekannten – Mängel des deutschen Bundesrats als reiner Regierungsvertretung vermeiden.

cc) Volksentscheide

Die Einführung direkt demokratischer Sachentscheidungen hat durch die zahlreichen Volksabstimmungen über den Beitritt neuer Mitgliedstaaten und über den europäischen Verfassungsvertrag – unabhängig von dem jeweiligen Ausgang – erheblichen Aufschwung erfahren. Nach dem Scheitern der Abstimmungen in Frankreich und den Niederlanden bereuten es prominente Beobachter wie der frühere Generalsekretär der SPD, Peter Glotz, dass man statt der staatenmäßig zersplitterten Abstimmungen nicht eine unionsweite Abstimmung durchgeführt hatte, und die Grünen wollen – laut einem Beschluss ihres Parteirats von Ende Juni 2005 – die EU-Verfassung durch eine europaweite Volksabstimmung am 9. Mai 2007, dem Europatag, retten.[84] In einem gemeinsamen Appell vom 15. Juli 2005 plädierten der deutsche Bundespräsident Horst Köhler und die Staatspräsidenten von sechs weiteren EU-Staaten dafür, über Wege nachzudenken, »wie sich die Menschen in der EU so weit wie möglich gemeinsam zu europäischen Fragen äußern können«.[85] Das lässt sich, wie die »Frankfurter Allgemeine Zeitung« zutreffend schreibt, durchaus »als ein Ansporn verstehen, gleichzeitig nationale oder zentrale europäische Referenden einzuführen.«[86] Zugleich lässt sich das Memorandum als Appell verstehen, einheitliche europäische Wahlen zum Europäischen Parlament einzuführen.

Die Realisierung direktdemokratischer Sach- und Personalentscheidungen auf Europaebene würde einerseits die Bürgerferne der Europäischen Union drastisch verringern, sie würde Kartelle der politischen Klasse brechen und ihre wirksame Kontrolle ermöglichen und sie könnte andererseits auch die Handlungsfähigkeit der Europäischen Union deutlich erhöhen.[87] Insbesondere würden derartige europaweite direktdemokratische Elemente eine die Nationen übergreifende politische Mobilisierung fördern, was nicht nur zur geistigen Integration, sondern auch zur Herstellung einer europäischen Identität – und zwar sehr viel rascher, als dies bei Fortbestehen der bisherigen Institutionen möglich wäre – beitrüge. Die längere Diskursphase, die Volksabstimmungen – im Gegensatz zu demoskopischen Erhebungen – vorausgehen, könnten zu gemeinschaftsbegründenden Initialzündungen führen.[88] Europaweite direktdemokratische Institutionen sind also *das* Instrument zur Herstellung der bisher schmerzlich vermissten europäischen Identität (siehe oben S. 65).[89]

Hinsichtlich der Ausgestaltung gibt es verschiedene Konzepte. Zürn[90] und Abromeit[91] legen den Nachdruck auf Referenden, Weiler schlägt eine Form von Volksbegehren und Volksentscheid vor, die

gleichzeitig mit den Europawahlen stattzufinden hätte. Ein Volksentscheid würde nach Weilers Vorstellungen voraussetzen, dass in einem
bestimmten Teil der Mitgliedstaaten genug Unterschriften gesammelt
worden sind. Nach einer Experimentierphase wären durchaus auch
andere Rhythmen möglich. Die Ergebnisse wären für die Organe der
Gemeinschaften und die Mitgliedstaaten bindend. Sie wären auf den
Bereich der Kompetenzen der Gemeinschaftsinstitutionen begrenzt
und könnten auf die gleiche Weise oder durch den bisher üblichen Gesetzgebungsprozess geändert werden. Der Europäische Gerichtshof
hätte auf Antrag der Kommission, des Rats, des Parlaments oder eines
nationalen Parlaments darüber zu entscheiden, ob das beabsichtigte
Volksbegehren sich innerhalb der Kompetenzen der Gemeinschaften
hielte und auch sonst mit den Verträgen vereinbar wäre. In Bereichen,
wo der Vertrag Mehrheitsentscheidungen vorsieht, wäre der Volksentscheid (immer noch nach den Vorstellungen Weilers) angenommen,
wenn er die Mehrheit der Stimmen in der Union als Ganzes gewinnen würde und zusätzlich in der Mehrheit der Mitgliedstaaten. Wo der
Vertrag Einstimmigkeit verlangt, sollte eine Mehrheit der Abstimmen-
den sowohl in der Union als auch in allen Mitgliedstaaten verlangt
werden.[92]

Würden Volksbegehren und Volksentscheide auch hinsichtlich der
Verträge, also der EU-Verfassung, ermöglicht, würde sogar eine Art
Volkssouveränität auf europäischer Ebene geschaffen. Hätten die Bürger Europas die rechtliche Befugnis, ihre Verfassung durch Volksbegehren und Volksentscheid zu ändern, könnte das Nichtgebrauchma-
chen von dieser Möglichkeit mit gutem Recht als wirkliche Akzeptanz
der Verfassung verstanden werden. Dies wäre, wie die Politikwissen-
schaftlerin Heidrun Abromeit hervorgehoben hat, in der Tat ein Weg,
um die Volkssouveränität »aus dem Reich demokratietheoretischer
Fiktion in den Bereich der Praxisrelevanz zu überführen.«[93]

g) Demokratisierung durch Klagerecht des Citoyen

Die Bürger Europas können gegen Akte der EU-Organe, insbesondere
Verordnungen, Richtlinien und Rahmenbeschlüsse, die den Verträgen
widersprechen, nur dann mit Erfolg vor den Gerichten klagen, wenn
sie in ihren jeweiligen persönlichen Rechten »unmittelbar und indivi-

duell« betroffen sind (Art. 230 Abs. 4 EG). Es ist ihnen versagt, als Citoyen, also als am Ganzen interessierte Bürger des Gemeinwesens, gegen
Rechtsverletzungen vorzugehen. Die dahinterstehende dogmatische
Auffassung, die auch das deutsche Prozessrecht noch beherrscht, sieht
im Menschen nur einen Bourgeois, dem es lediglich auf die gerichtliche Verteidigung seiner wirtschaftlichen und persönlichen Rechte
anzukommen hat. Die Sicherung öffentlicher Interessen und des Gemeinwohls insgesamt ist in dieser – noch von einem vordemokrati-
schen Bürgerbild geprägten – Sicht allein Sache von Regierung und
Parlament. Diese Konzeption ist bereits im nationalen Recht angreif-
bar.[94] Im supranationalen EU-Recht ist es – angesichts seiner gewaltigen demokratischen Defizite – erst recht geboten, die überholte Sicht
aufzugeben und dem Citoyen selbst oder zumindest sogenannten Public interest groups, also Verbänden, die öffentliche Interessen vertreten,
wie z. B. Umweltschutzverbänden oder Transparency International,
ein Klagerecht zu geben. Hier, in der EU, läge es besonders nahe, in-
dividuelles oder verbandlich organisiertes Bürgerengagement durch
prozessrechtliche Anerkennung zu aktivieren und so, auch im Interesse
des Gemeinwesens, ein Ersatzinstrument für die mangelnde demokratische Teilhabe zu eröffnen.[95]

9. Fazit

Die EU leidet unter drei zentralen Problemen:

- der geringen Handlungsfähigkeit,
- der Abgehobenheit der Politik und
- der Einflusslosigkeit der Bürger.

Für die mangelnde Handlungsfähigkeit steht vor allem der Entscheidungsprozess im Ministerrat, der, zumindest faktisch, meist Einstimmigkeit voraussetzt. Seine Geschichte ist eine Geschichte von Poli-
tikblockaden. Der tiefere Grund liegt im Vorherrschen nationaler
Egoismen und in der fehlenden europäischen Identität, die keine
Kommunikationsgemeinschaft ist und durch kein überkommenes
Wir-Gefühl zusammengehalten wird. Dieser Mangel kann sich zwar

allmählich abbauen. Auf absehbare Zeit wird damit aber – jedenfalls mit den derzeit bestehenden Institutionen – nicht zu rechnen sein.

Von einer Ausweitung der Kompetenzen des Europäischen Parlaments kann aus mehreren Gründen keine größere europäische Handlungsfähigkeit erwartet werden, im Gegenteil. Umgekehrt ist die Abgehobenheit der politischen Klasse in der Europäischen Union erschreckend. Beides, die mangelnde Handlungsfähigkeit und die Abgehobenheit, die Autonomie der politischen Klasse, beruhen darauf, dass die Bürgerschaft auf die europäische Willensbildung keinerlei Einfluss hat. Die Bürger haben in Europa praktisch nichts zu sagen.

Wir haben also in Europa keine wirkliche Regierung *für* das Volk, weil die Handlungsfähigkeit der europäischen Organe außerordentlich eingeschränkt ist. Wir haben aber auch keine Regierung *durch* das Volk, weil der Bürger in der Europäischen Union keine effektive Partizipations- und Einwirkungsmöglichkeit besitzt. Wir haben schließlich nicht einmal eine Regierung *des* Volks, weil es – angesichts der gewaltigen Heterogenität in der jetzt schon aus 25 Staaten bestehenden EU – an einer belastbaren europäischen Identität im Sinne eines europäischen Volkes fehlt.

Was also ist zu tun? Insgesamt sehen wir zwei verfassungspolitische Optionen: Geht man realistischerweise davon aus, dass die politische Handlungsfähigkeit der Gemeinschaft auch künftig gering bleibt, so kommt es darauf an, die Handlungsfähigkeit der Politik in den Mitgliedstaaten »so wenig wie möglich zu beschneiden« (Fritz Scharpf). Da die Bundesrepublik immerhin noch sehr viel handlungsfähiger ist als die Europäische Union, kommt es – im Interesse der Erhaltung eines möglichst hohen Grades an Gesamthandlungsfähigkeit – darauf an, die Kompetenzen möglichst weitgehend bei den Nationalstaaten zu belassen, das Subsidiaritätsprinzip also rigoros durchzusetzen. Die Parlamente und Bürger sollten bei der Ratifikation und Umsetzung von europäischen Verfassungs- und Rechtsakten auch in diesem Sinne stärkeren Einfluss nehmen.[96] Dass nur die Bürger einiger Länder über den Verfassungsvertrag abstimmen können, andere aber nicht, ist ein demokratisches Unding.

Eine zweite Option besteht darin, die Organe der europäischen Willensbildung grundlegend umzustrukturieren. In Betracht kommt vor allem:

- die Direktwahl des Präsidenten der Kommission,
- die Direktwahl der Mitglieder des Ministerrats als des zentralen Entscheidungsorgans der Gemeinschaft,
- die Einrichtung von Referendum, Volksbegehren und Volksentscheid auf Europaebene und
- Klagemöglichkeiten für den Citoyen.

Die Realisierung dieser Vorschläge würde einerseits die Bürgerferne der Europäischen Union drastisch verringern, sie würde eine wirksame Kontrolle der politischen Klasse ermöglichen, und sie würde auch die Handlungsfähigkeit der Europäischen Union deutlich erhöhen. Insbesondere würde durch derartige europaweite direktdemokratische Elemente ein grenzüberschreitender Willensbildungsprozess gefördert, der nicht nur die geistige Integration, sondern auch die Herstellung einer europäischen Identität erheblich – und sehr viel rascher, als dies bei Fortbestehen der bisherigen Institutionen möglich wäre – förderte. Die auf diese Weise direkt gewählten Organe hätten erhebliche Ähnlichkeit mit dem US-amerikanischen Senat, der ja bekanntlich noch größeres politisches Gewicht hat als das dortige Repräsentantenhaus.

IV.

Die Zustimmung bröckelt: Niedergang der EU-Akzeptanz durch die Bürger

Eine Verfassung, die nicht die überwiegende Zustimmung der Menschen findet, für die sie als rechtliche Grundordnung gelten soll, hat nach überkommener demokratischer Auffassung auf Dauer keine Berechtigung. Das ist der Grund, warum Verfassungen in den meisten Demokratien vom Volk durch ein Referendum bestätigt werden müssen. Erst das verschafft ihnen die erforderliche demokratische Legitimation, die den Kern der Volkssouveränität ausmacht. Eine solche Bestätigung fehlt den europäischen Verträgen. In der Regel wurden sie nur von sehr indirekt demokratisch legitimierten Instanzen geschaffen.[97] Den Verfassungscharakter (Vorrang vor nationalem Recht und unmittelbare Geltung) erhielten die Verträge sogar erst durch die Rechtsprechung des Europäischen Gerichtshofs, dessen demokratische Legitimation erst recht schwach ist. Angesichts dieses Defizits versucht man, die Zustimmung der Menschen zur Europäischen Union und ihren Organen auf anderen Wegen zumindest hilfsweise nachzuweisen. Als ein Kriterium für den Zustimmungsgrad gilt die Wahlbeteiligung bei Europawahlen. Als ein anderes Instrument zur Ermittlung der Akzeptanz werden Umfragen herangezogen.[98]

1. Wahlbeteiligung auf historischem Tief

Ähnlich wie beim deutschen Grundgesetz, wo große Teile der deutschen Staatsrechtslehre die anfangs sehr hohe Beteiligung an Bundestagswahlen als Ersatz für die mangelnde formelle Zustimmung des Volkes zum Grundgesetz interpretierten, sah man auch in der Beteiligung an Europawahlen eine Art Ersatzlegitimation für die europäische Verfassung.[99] Bei der ersten Wahl im Jahre 1979 betrug die Wahlbeteiligung denn auch immerhin 63 Prozent. Doch seitdem ist sie von

Wahl zu Wahl ständig zurückgegangen und unterschreitet seit 1999 die
50-Prozent-Grenze. 2004 betrug die durchschnittliche Wahlbeteiligung in der EU gar nur noch 45,7 Prozent. Nimmt man die Höhe der
Wahlbeteiligung als Kriterium für die Akzeptanz der Europäischen
Union bei den Bürgern ernst, so sieht die Bilanz verheerend aus:
Deutlich mehr als die Hälfte der Bürger beteiligt sich nicht mehr, und
die Tendenz ist weiter fallend. Näheres zeigt die folgende Tabelle. Die
geringe und ständig abnehmende Wahlbeteiligung spricht jedenfalls
dafür, dass die Bürger meinen, selbst mittels ihres Wahlrechts nichts
Wesentliches beeinflussen zu können, und bestätigt damit das Demokratiedefizit (siehe S. 42 ff.).

Entwicklung der Wahlbeteiligung bei Europawahlen (in Prozent)

Mitgliedstaat	1979	1984	1989	1994	1999	2004
Belgien	91,4	92,2	90,7	90,7	91,0	90,81
Dänemark	47,8	52,4	46,2	52,9	50,5	47,9
Deutschland	65,7	56,8	62,3	60,0	45,2	43,0
Estland						26,83
Finnland					31,4	39,4
Frankreich	60,7	56,7	48,7	52,7	46,8	42,76
Griechenland		77,2	79,9	71,2	75,3	63,22
Irland	63,6	47,6	68,3	44,0	50,2	58,8
Italien	84,9	83,4	81,5	74,8	70,8	73,1
Lettland						41,34
Litauen						48,38
Luxemburg	88,9	88,8	87,4	88,5	87,3	89,0
Malta						82,37
Niederlande	57,8	50,6	47,2	35,6	30,0	39,3
Österreich					49,4	42,43
Polen						20,87
Portugal			51,2	35,5	40,0	38,6
Schweden					38,8	37,8

Slowakei						16,96
Slowenien						28,3
Spanien			54,6	59,1	63,0	45,1
Tschechische Republik						28,32
Ungarn						38,5
Vereinigtes Königreich	32,2	32,6	36,2	36,4	24,0	38,83
Zypern						71,19
EU-Durchschnitt	*63,0*	*61,0*	*58,5*	*56,8*	*49,8*	*45,7*

Quelle: Europäisches Parlament in Zusammenarbeit mit Eos Gallup Europe, Eurostat
[http://www.elections2004.eu.int/ep-election/sites/de/results1306/turnout_ep/
turnout_table.html]

Hier fällt besonders die geringe Wahlbeteiligung in den Ländern auf,
die 2004 der EU beigetreten sind. Aber auch in den bisherigen Mitgliedstaaten ist die Wahlbeteiligung zu relativieren, weil die Europawahl in einigen Ländern auf den Termin einer nationalen Wahl mit
höherer Beteiligung gelegt wurde. Zudem besteht in Belgien, Griechenland, Luxemburg und Zypern gesetzliche Wahlpflicht (siehe
S. 236). Die dominante Tendenz zur Abnahme der Wahlbeteiligung
insgesamt lassen diese Sondereffekte aber unberührt. Auch in den bisherigen 15 Mitgliedstaaten ist die Wahlbeteiligung 2004 im Durchschnitt weiter gesunken (auf 49,1 Prozent).

2. Verschleierung mangelnder Akzeptanz durch geschönte Umfragen?

Die Europäische Kommission (Generaldirektion für Presse und Kommunikation) nimmt seit langem Umfragen vor (»Eurobarometer«).
Mehrere Fragestellungen sollen zumindest indirekt auf den Grad der
Akzeptanz der EU bei den Bürgern schließen lassen. So wird seit längerem der Anteil der Menschen, die die Mitgliedschaft ihres Landes in
der Europäischen Union »allgemein gesehen« für »eine gute Sache«

halten, gemessen.[100] Bis Anfang der neunziger Jahre hat dieser Anteil im Durchschnitt deutlich zugenommen: von 50 Prozent im Jahre 1981 auf 72 Prozent im Jahre 1990. Danach kam ein signifikanter Abfall, der sein Tief mit 46 Prozent im Frühjahr 1997 erreichte. In den nächsten Jahren erfolgte dann eine gewisse Erholung, so dass der Anteil im Herbst 1998 54 Prozent betrug. Seitdem verläuft die Entwicklung »seitwärts«, bewegt sich also mal unterhalb und mal oberhalb der 50-Prozent-Marke und betrug im Frühjahr 2005 54 Prozent.[101]

Eurobarometer kommentiert die Zahlen für Frühjahr 2005 wie folgt: »Das Zugehörigkeitsgefühl zur Europäischen Union ist erneut sehr positiv, da über die Hälfte der Befragten (54 Prozent) der Auffassung ist, dass die Mitgliedschaft in der EU eine gute Sache für ihr Land ist.«

Doch die Fragestellung von Eurobarometer ist verführerisch, da sie das Allgemeine, die Idee von Europa, anspricht, der viele auch dann zuzustimmen geneigt sein dürften, wenn sie mit der speziellen Ausprägung und der derzeitigen Richtung der Europapolitik nicht einverstanden sind. Europa – allgemein gesprochen, eine gute Sache? Ja, was denn sonst![102]

Eher ein ausgewogenes Bild könnten die Antworten auf die Frage nach den Vor- und Nachteilen der Mitgliedschaft in der Europäischen Union geben, die Eurobarometer ebenfalls seit längerem erhebt. Doch auch hier ist die Fragestellung einseitig, weil sie ausdrücklich nur nach den Vorteilen fragt und zudem keine differenzierte Antwort erlaubt.[103] Es gehört zum kleinen Einmaleins der Umfragemethodik, dass die positive und die negative Antwortmöglichkeit gleich gewichtig sein müssen. Das ist hier nicht der Fall, weil nicht ausdrücklich auch nach den Nachteilen gefragt wird. Darüber hinaus fehlt eine Sowohl-alsauch-Antwortmöglichkeit. Entsprechend günstig erscheinen die Antworten, wenn sie auch schwanken: Der Anteil derer, die die Vorteile bejahten, stieg bis Anfang der neunziger Jahre auf fast 60 Prozent, um dann im Frühjahr 1997 auf 41 Prozent zu fallen. Danach erfolgt wieder ein Anstieg bis 52 Prozent, die im Herbst 2001 erreicht wurden, um seitdem um die 50-Prozent-Marke zu zirkulieren. Die Antwort »Keine Vorteile« schwankt um 30 Prozent, die Antwort »Weiß nicht« zirkulierte lange um 20 Prozent, fiel in den letzten Jahren aber auf rund zwölf Prozent ab.

Die Ergebnisse von Eurobarometer für Deutschland allein sehen nicht viel anders aus als der europäische Durchschnitt, wenn sie auch meist um einige Prozentpunkte darunter liegen.

Angesichts der suggestiven Fragestellung von Eurobarometer überrascht es nicht, dass Umfragen nationaler Institute, etwa der Forschungsgruppe Wahlen[104] und des Instituts für Demoskopie Allensbach,[105] zu ganz anderen Ergebnissen gelangen. Danach meint nur ein Fünftel oder ein Viertel, in manchen Jahren auch ein Drittel der Befragten, Deutschland habe eher Vorteile aus seiner Mitgliedschaft in der EU.[106] Der Anteil derjenigen, die eher Nachteile sehen, war in den letzten Jahren regelmäßig weit größer, und am größten (meist zwischen 40 und 45 Prozent, teilweise noch höher) war der Anteil derer, die »Vor- und Nachteile« sehen, also eine Antwortmöglichkeit ankreuzten, die Eurobarometer gar nicht vorsieht. Hier bestätigt sich, dass die Formulierung der Frage und der vorgegebenen Antwortmöglichkeiten großen Einfluss auf das Ergebnis hat. Fragt man nur nach den Vorteilen, wie Eurobarometer,[107] so erhält man offenbar sehr viel »europafreundlichere« Werte, als wenn man ausdrücklich auch nach den Nachteilen fragt und zusätzlich noch eine weitere Sowohl-als-auch-Antwortmöglichkeit vorgibt (»Vor- und Nachteile« oder »Gleicht sich aus«), wie die Forschungsgruppe Wahlen und Allensbach dies sinnvollerweise tun.[108]

Legt man nicht die Ergebnisse von Europabarometer zugrunde, sondern die der deutschen Umfrageinstitute, sieht nicht etwa die Hälfte der Deutschen eher Vorteile in der Mitgliedschaft Deutschlands in der Europäischen Union, wie Eurobarometer behauptet, sondern im Durchschnitt der Jahre etwa ein Viertel. Und der Anteil derjenigen, die die Mitgliedschaft in der EU für nachteilig halten, war dann seit Anfang der neunziger Jahre deutlich höher.[109]

Angesichts dieser gravierenden Unterschiede drängt sich die Frage auf, ob Eurobarometer die Fragen methodisch korrekt formuliert hat oder, anders ausgedrückt, ob es sich nicht um Suggestivfragen handelt und die so ermittelten Ergebnisse geschönt sind. Handelt es sich bei Eurobarometer also letztlich nur um eine wissenschaftlich verbrämte Public-Relations-Abteilung der Europäischen Kommission?

Lange war man aufgrund von Umfragedaten davon ausgegangen, die Masse der Bevölkerung stimme Europa stillschweigend zu. Die

Wissenschaft sprach von einem »permissiven Konsens«. Gemeint war damit das eher passiv-duldende Einverständnis der weit überwiegenden Bevölkerung mit dem Auf- und Ausbau der EG/EU durch die politischen Eliten. Doch damit ist es seit einiger Zeit vorbei. Den Wendepunkt markiert in den Umfragen von Eurobarometer der Beginn der neunziger Jahre. Dies hat gewiss mit dem Maastricht-Vertrag zu tun,[110] der schließlich 1992 zustandekam und in den meisten Mitgliedstaaten trotz seiner einschneidenden Änderungen von der politischen Elite über die Köpfe der Bevölkerung hinweg durchgesetzt wurde. Dabei zeichnet Eurobarometer noch ein vergleichsweise mildes Bild, das möglicherweise mit methodisch zweifelhaften Umfragen geschönt wurde. Nach Umfragen der Forschungsgruppe Wahlen und von Allensbach ist der Konsens jedenfalls noch viel massiver zerbrochen, ein Ergebnis, das durch die Volksabstimmungen über die Verfassung in Frankreich und den Niederlanden wohl noch unterstrichen wurde.

Soweit man Umfragedaten als Maßstab für die Akzeptanz der EU bei den Bürgern anerkennt, bestätigt sich also insgesamt die schon bei der Analyse der Wahlbeteiligung nahegelegte negative Bilanz.

Dass Eurobarometer vor suggestiven Fragestellungen nicht zurückschreckt, zeigt auch die Umfrage, ob man dafür oder dagegen sei, dass die Europäische Kommission sich aus Mitgliedern aus jedem Mitgliedsland zusammensetzt. Erwartungsgemäß ergab sich eine überwältigende Zustimmung (Herbst 2004: 78 Prozent »dafür«, 10 Prozent »dagegen«, 12 Prozent »weiß nicht« [Durchschnitt der 25 Mitgliedstaaten]). Diese Fragestellung verstieß gleich gegen zwei methodische Grundsätze: Man sollte Befragungen nur vornehmen, wenn die angesprochene Problematik den Menschen halbwegs vertraut ist. Das dürfte hier nicht der Fall sein. Die Befragten dürften ganz überwiegend nichts über die Kommission, ihre Aufgaben und ihre Organisation gewusst haben. Auf keinen Fall darf eine Fragestellung einseitige Antworten nahe legen, wie dies hier geschehen ist. Dass jedes Land in der Kommission vertreten ist, klingt auf den ersten Blick gerecht und förderungswürdig. Die Gegenargumente, dass die Kommission dadurch ungebührlich aufgebläht wird und darunter ihre Arbeitsfähigkeit leidet, sowie die Überrepräsentation kleiner und die Unterrepräsentation großer Mitgliedstaaten werden ausgeblendet. Die einseitige Information muss fast zwangsläufig einseitige Ergebnisse hervorbringen. (Näheres siehe S. 197 ff.)

Auch sonst argumentiert die Kommission häufig nur mit den hohen Positivwerten und blendet alle Alternativantworten aus.[111]

V.

Intransparenz pur: Das Brüsseler Labyrinth

»Demokratie basiert auf dem Vertrauen des Volkes; Vertrauen ohne Transparenz, die erlaubt zu verfolgen, was politisch geschieht, ist nicht möglich.«[112] Diese Aussage des Bundesverfassungsgerichts im Diäten-urteil von 1975 ist durchaus auch auf die Europäische Union anzu-wenden. Das betont das Gericht selbst in seinem Maastricht-Urteil von 1993: Zu den Voraussetzungen der Demokratie gehöre »auch, dass die Entscheidungsverfahren der Hoheitsgewalt ausübenden Organe und die jeweils verfolgten politischen Zielvorstellungen allgemein sichtbar und verstehbar sind«.[113] Das Gebot der Transparenz der Staatstätigkeit, auch der exekutivischen, ist, wie die Richterin am Bundesverfas-sungsgericht, Gertrude Lübbe-Wolff, ergänzt, Voraussetzung von De-mokratie, »weil nicht effektiv vor den Bürgern verantwortet werden kann, was seiner Kenntnisnahme prinzipiell entzogen ist.«[114] Transpa-renz wäre in der EU – angesichts ihres strukturellen Demokratiende-fizits (siehe oben S. 42 ff.) – doppelt wichtig, um wenigstens ersatzweise eine gewisse Kontrolle durch die Bürger, die Medien und generell durch die öffentliche Meinung zu ermöglichen.

Macht man aber ernst mit diesen Grundsätzen, so kann es in der EU eigentlich weder Vertrauen noch Demokratie geben. Denn es fehlt an der nötigen Basis: einem Mindestmaß an Überschaubarkeit und Ver-ständlichkeit. Das ganze System der EU, ihre Zuständigkeiten, ihre Organe, deren Entscheidungsformen und überhaupt die Spielregeln, nach denen die politische Willensbildung abläuft, sind in hohem Maße undurchsichtig und der Mehrheit der Bürger völlig unbekannt. Ent-sprechend gering sind die Kenntnisse der Bürger selbst über die sim-pelsten Strukturmerkmale des EU-Systems.[115] Das liegt einmal an dem untypischen, von den überkommenen Demokratievorstellungen abweichenden Status der Organe und ihren ungewöhnlichen, über-raschenden Funktionen. So ist etwa der Ministerrat, in dem Regie-rungsvertreter der Mitgliedstaaten sitzen, gesetzgeberisches Haupt-

organ der EU. Das ist selbst den meisten gebildeten und politisch interessierten Menschen unbekannt. Die Kommission, die den eigentlichen politischen Motor der EU darstellt und das Initiativmonopol
bei der Rechtsetzung besitzt, ist unabhängig und während ihrer fünfjährigen Amtszeit grundsätzlich unabsetzbar. Auch ihre Struktur und
Funktion kennt kaum einer.

Zur Undurchsichtigkeit tragen auch die verwirrenden Begriffe bei.
So gilt es zum Beispiel zu unterscheiden zwischen Ministerrat, Europäischem Rat, den im Rat vereinigten Vertretern der Regierungen der
Mitgliedstaaten und der Konferenz der Regierungen, die Vertragsänderungen beschließt.

Symbolisch kommt die Unübersichtlichkeit auch in der Mehrzahl
der Sitze etwa des Europäischen Parlaments und des Ministerrats sowie in der babylonischen Vielzahl der Sprachen zum Ausdruck, in die
die EU-Dokumente übersetzt werden müssen.

Außerdem gibt es nicht nur einen Rat, sondern ein ganzes Dutzend
von Räten (siehe S. 48), die zudem grundsätzlich nicht öffentlich verhandeln ebenso wenig wie die Kommission. Auch das erleichtert nicht
gerade das Verständnis. Die Entscheidungen, die beide Organe nach
dem EG-Vertrag eigentlich zu treffen haben, werden in Wahrheit ganz
überwiegend von vorbereitenden Gremien getroffen, im Falle des
Rates vor allem vom Ausschuss der Ständigen Vertreter der Ratsmitglieder (siehe S. 50), im Falle der Kommission von einzelnen Kommissaren oder anderen Einrichtungen, an die die Kommission ihre
Entscheidungsbefugnis delegiert hat. Die Kommission trifft nur 2 Prozent ihrer Entscheidungen auf ihren Sitzungen in mündlicher Verhandlung, 98 Prozent erfolgen in schriftlichem Verfahren oder werden anderen Instanzen übertragen. Durchführungsbestimmungen von
Ratsbeschlüssen erlässt eine unübersehbare Vielzahl von Gremien in
einem völlig undurchschaubaren Komplex von Kommissionen und
Verfahrensweisen (sogenannte Komitologie).

Bisweilen will es gar so scheinen, als habe die Politik gar kein Interesse daran, aufzuklären und die breite Öffentlichkeit darüber zu informieren, wie Europa eigentlich »tickt«. Denn dann würde ja auch das
Undemokratische an der EU nicht mehr verborgen bleiben können,
zum Beispiel dass die Regierungen in der grundsätzlichen Nichtöffentlichkeit des Rats den Hauptgesetzgeber darstellen.

Das Parlament soll zwar öffentlich verhandeln. Dies ist aber nicht im EG-Vertrag niedergelegt, sondern ergibt sich lediglich aus der Geschäftsordnung. Der Grundsatz ist offenbar auch von geringerer normativer Kraft als etwa die in Art. 42 des Grundgesetzes vorgeschriebene Öffentlichkeit des Bundestages. So wurden sämtliche Regelungen über den üppigen Spesenersatz für Europaabgeordnete und sogar die Einführung von Versorgungssystemen für Alter und Krankheit nicht vom Plenum in öffentlicher Sitzung, sondern lediglich vom Präsidium des Parlaments unter Ausschluss der Öffentlichkeit beschlossen. Mit dem deutschen Verfassungsrecht wäre dies völlig unvereinbar. Hier verlangt das Öffentlichkeitsprinzip, gerade wenn »das Parlament in eigener Sache entscheidet« und deshalb Öffentlichkeit »die einzige wirksame Kontrolle« darstellt, dass über alle Teile des finanziellen Status der Abgeordneten vom Plenum in aller Öffentlichkeit entschieden wird.[116]

Da hilft es auch nur zum Teil, dass Art. 255 EG nach skandinavischem und US-amerikanischem Vorbild Unionsbürgern das grundsätzliche »Recht auf Zugang zu Dokumenten des Europäischen Parlaments, des Rates und der Kommission« gibt. Denn dieses Recht kann die Unzugänglichkeit des Gesamtbildes von Struktur, Organen und Funktionen der EU nicht kompensieren. Ein solcher Gesamtüberblick wäre seinerseits Voraussetzung dafür, dass man von den Rechten des Art. 255 EG auch sinnvoll Gebrauch machen kann.

Dass die Bürger sich in der EU nicht zurechtfinden, liegt auch an der Art und Weise, wie die Europäische Union zu Entscheidungen gelangt. Die Gesetzgebungsprozeduren sind völlig undurchsichtig.[117] Sie haben sich im Laufe der Jahre und Jahrzehnte zu einem wahren Labyrinth entwickelt.[118] Die Verträge sehen eine ganze Reihe verschiedener Verfahren vor, an denen die drei zentralen Akteuren: der Rat in seinen verschiedenen Formationen, das Parlament und die Kommission, in immer wieder neuen Kombinationen beteiligt sind, oft auch noch weitere Gremien wie der Wirtschafts- und Sozialausschuss und der Ausschuss der Regionen, von den nationalen Parlamenten ganz abgesehen. Die Vielfältigkeit und Unübersichtlichkeit trägt in hohem Maße dazu bei, dass – außer einer kleinen Zahl von Experten – niemand mehr die Abläufe nachvollziehen und verstehen kann. Das Fazit einer Gruppe unabhängiger Gutachter lautet denn auch: »Die Un-

durchsichtigkeit des institutionellen Systems hat ein unerträgliches
Maß angenommen.«[119]

Die heutigen Entscheidungsprozesse sind, wie die EU insgesamt,
geschichtlich gewachsen. Ursprünglich hatten die Römischen Verträge
noch ein verhältnismäßig einfaches System vorgesehen: Der Rat beschloss aufgrund von Vorschlägen der Kommission, nachdem er in bestimmten Fällen vorher die Kommission angehört hatte. Doch mit
jeder Vertragsrevision wurde das System komplizierter. Ein wesentlicher Grund dafür war die Aufwertung des Parlaments, die gleichzeitig aber auch in Grenzen gehalten werden sollte. Die Vermehrung der
Befugnisse der EG geht Hand in Hand mit einer wachsenden Beteiligung des Europäischen Parlaments am Rechtsetzungsverfahren.
Gleichzeitig meinte man aber dem Parlament nicht ausreichend viel
Vertrauen entgegenbringen zu können, um ihm im Konfliktfall das
letzte Wort zu geben und es in die Lage zu versetzen, dem Rat und der
Kommission seinen Willen aufzuzwingen. Außerdem wollte man verhindern, dass im Rat die kleinen Mitgliedstaaten die großen überstim-
men oder die großen die kleinen.

Die Vielzahl der Lesungen und das kaum mehr nachvollziehbare
endlose Hin und Her der Entwürfe und Änderungsanträge, die etwa
das Verfahren der Zusammenarbeit (Art. 252 EG) und das Verfahren
der Mitentscheidung (Art. 251 EG) kennzeichnen, beruhen auf dem
Bestreben, Rat und Parlament zur Verständigung zu bringen und gewisse Majorisierungsgefahren im Rat zu bannen.

Um einen Eindruck zu erhalten, sei dem Leser die Lektüre des
Art. 251 EG oder des Art. 272 EG über das Haushaltsverfahren empfohlen, die viele Seiten umfassen.

Einige Spezialisten ausgenommen, kann niemand diese Vorschriften
verstehen.

Das von Komplexität und Undurchsichtigkeit gekennzeichnete Ver-
fahrensdickicht ist durch die demokratischen Mängel beider Organe
mitbedingt, des Rats und des Parlaments: Einerseits ließ das demokratische Defizit des Rates das Parlament immer nachdrücklicher auf
sein Mitentscheidungsrecht pochen. Andererseits schließt das demokratische Defizit des Parlaments es aus, ihm die alleinige Entscheidung
zu übertragen.

Die Undurchsichtigkeit ist mitverantwortlich für den bestehenden

Europafrust. Die zwischen dem Bürger und den unverständlichen Verfahren aufgebaute »Mauer komplexer Verfahren« macht es ihm unmöglich, »zu erkennen, wer was tut und wer für die Entscheidungen
der Gemeinschaft verantwortlich ist.«[120] Mit dem Erfordernis der Demokratie, »dass die Entscheidungsverfahren der Hoheitsgewalt ausübenden Organe und die jeweils verfolgten politischen Zielvorstellungen *allgemein sichtbar und verstehbar*« sein müssen,[121] ist dies schwerlich
vereinbar. Das Bundesverfassungsgericht verlangt weiter:

»Die *Ziele* der Gemeinschaftsorgane und die Abläufe ihrer Entscheidungen (müssen) in die Nationen *vermittelt* werden. Parteien, Verbände, Presse und Rundfunk sind sowohl Medium als auch Faktor dieses
Vermittlungsprozesses, aus dem heraus sich eine öffentliche Meinung
in Europa zu bilden vermag.«

Die Postulate des Gerichts stammen von 1993, klingen aber nach
den Volksabstimmungen in Frankreich und den Niederlanden höchst
aktuell. Ausreichend erfüllt sind sie allerdings nicht.

VI.

Verführt von der EU: Politiker auf Abwegen

1. Inszenierung der Außen- und Europapolitik

Die Mitglieder der Regierung (die Deutschland im Rat vertreten) spielen gern auf der europäischen Bühne. Das wurde beim früheren Bundeskanzler Gerhard Schröder und Außenminister Joschka Fischer besonders deutlich. Sie treten dort öffentlichkeitswirksam in Erscheinung, treffen sich auf derselben Augenhöhe mit den Großen der Welt, stehen dabei für Deutschland und vertreten seine Interessen nach außen. Die Medien berichten ausführlich. Ein großer Teil der Auswärtigen Politik ist repräsentativer Art. Die Repräsentation Deutschlands in Europa und der Welt lässt sich in den auf Bilder festgelegten Medien, vor allem im Fernsehen, besonders gut darstellen und den Bürgern vermitteln. Das internationale Repräsentieren ist geradezu aufs Fernsehen zugeschnitten. Das hat etwas Staatstragend-Feierliches. Hier können Politiker sich auf der Klaviatur der Diplomatie versuchen und Berufsdiplomaten fast überflüssig machen.

Die sonst üblichen kritischen bis zersetzenden Gegenäußerungen der Opposition bleiben im Bereich der Europapolitik (wie in der Außenpolitik generell) im Allgemeinen aus. Anders als in der Innenpolitik, in der praktisch alles kontrovers ist und deshalb jede Maßnahme der Regierung sogleich von der Opposition bestritten, in Misskredit gebracht oder ins Lächerliche gezogen wird, besteht in Sachen Europa meistens ein großer Konsens der politischen Elite, der über die Fraktionsgrenzen hinweg geht (und im Übrigen fast die gesamte Elite in Wirtschaft, Kultur, Wissenschaft und Medien umfasst). Außenpolitische Verlautbarungen der Regierung brauchen deshalb in der Regel nicht mit Widerspruch oder Diskreditierung seitens der Opposition zu rechnen. Ja, es gilt geradezu als unfein und für Deutschland abträglich, also als »unpatriotisch«, die Regierung hier öffentlich zu kritisieren. Deshalb sucht die Regierung die Opposition über außenpolitische Absprachen gezielt zu informieren und ins Vertrauen zu ziehen.

Die repräsentative und dem Parteienstreit meist entrückte Außen- und Europapolitik ist ein Grund dafür, dass Außenminister laut Umfragen regelmäßig besonders beliebt sind. Hans-Dietrich Genscher führte die Hitliste stets mit großem Abstand an, genauso wie Joschka Fischer. Darin liegt wohl auch einer der Gründe, warum der Posten des Außenministers in der Regierung – neben dem des Kanzlers – besonders attraktiv ist und der Vizekanzler, der meist gleichzeitig Chef der kleineren Koalitionspartei ist, ihn regelmäßig beansprucht.

Die Europapolitik gibt Regierungsvertretern die Möglichkeit, sich dauernd öffentlich zu produzieren und auf diese Weise den Eindruck von Bedeutung zu steigern. Man wird ihnen deshalb ein zumindest unbewusstes Eigeninteresse an einem ungebremsten Weiterlaufen der europäischen Entwicklung unterstellen können.

2. Europa als Sündenbock

Die mangelnde demokratische Kontrolle der Europäischen Union eröffnet nationalen Instanzen die Möglichkeit, die Schuld für wirtschaftliche, soziale und sonstige Probleme, bewusst oder unbewusst, auf Europa zu schieben. Denn Europa ist unangreifbar. Die Bürger haben praktisch keine Möglichkeit, die für die europäische Politik Verantwortlichen präzise auszumachen, zur Verantwortung zu ziehen und abzuwählen, d. h. die »harten« Sanktionen zu verhängen, die gerade das Wesentliche funktionierender Demokratien ausmachen. Deshalb ist es aus der Sicht eines nationalen Politikers, der seine Position möglichst verbessern bzw. eine Verschlechterung verhindern will, wohlfeil und bequem, die Verantwortung für alles Misslungene und Schlechte auf Europa abzuladen. Die organisierte Unverantwortlichkeit in der EU macht es gefahrlos möglich, sie immer wieder zum Sündenbock zu stempeln.

3. Umgehung nationaler Kontrollen

Für nationale Regierungen ergibt der »Verantwortungsverschiebebahnhof« EU die verführerische Möglichkeit, unpopuläre Entscheidungen Brüssel zuzuschieben und sich selbst scheinbar reinzuwaschen. Ein Beispiel war die Mehrwertsteuer-Richtlinie der EU vom Oktober 1992, die einen Mindeststeuersatz von 15 Prozent festlegte. Die Richtlinie versetzte die deutsche Bundesregierung in die Lage, eine Mehrwertsteuererhöhung durchzusetzen, die ihr der Bundesrat vorher verweigert hatte.[122] Ja, Bundestag, Bundesregierung und Bundesrat waren nun sogar verpflichtet, die Richtlinie zu befolgen.

Derartige Umgehungen nationaler Kontrollen werden dadurch erleichtert, dass 80 Prozent der EU-Gesetzgebung als Verordnungen ergeben, die in den Nationalstaaten unmittelbar gelten. Die 20 Prozent Richtlinien müssen national zwar umgesetzt werden. Doch dies erfolgt ganz überwiegend an den nationalen Parlamenten vorbei. Die weitaus meisten Umsetzungsmaßnahmen wurden in fast allen Mitgliedstaaten auf dem administrativen Weg in Form von Verordnungen, Dekreten und Anweisungen vorgenommen. Vor diesem Hintergrund schreibt der Speyerer Politikwissenschaftler Thomas König:

> »Für Regierungen und insbesondere einzelne Minister kann sich bisweilen die Frage stellen, ob es einfacher ist, eine europäische Mehrheit unter Regierungen als eine Parlamentsmehrheit zu Hause zu finden, besonders da die Implementierungsfrage selbst beantwortet werden kann. Wenn sich aber Regierungen und einzelne Regierungsmitglieder gegenüber ihren Parlamenten durch Europäisierung besser durchzusetzen vermögen, dann besteht die Gefahr, dass der Wählerwille seltener berücksichtigt, Politik bürokratischer und (…) die Unterstützung für die Europäische Integration gefährdet wird. Das Europäische Parlament – auch wenn ein Teilerfolg bei der Kommissionszusammensetzung erzielt werden konnte – wird jedenfalls kaum in der Lage sein, diese Regierungsdominanz auszugleichen. Trotz Ausbau seiner Mitwirkungsrechte kann das Europäische Parlament keinen Beitrag zur Wiederherstellung der Machtbalance in den Mitgliedstaaten leisten.«[123]

Es trägt leicht zur Minderung des Ansehens der EU bei, wenn man die EU für unangenehme Maßnahmen verantwortlich macht, mit dem Finger auf sie zeigt oder sie gar zur Umgehung nationaler Kontrollen instrumentalisiert. Der Europafrust kommt in der immer geringeren Wahlbeteiligung zum Ausdruck und lässt sich auch durch Umfragen messen, vorausgesetzt, sie erfolgen methodisch korrekt (siehe S. 98). Die Veröffentlichung derartiger Messungen mag den einen oder anderen Akteur vielleicht nachdenklich stimmen. Doch das reicht nicht aus, um den Missstand zu beheben. Die abnehmende Akzeptanz kann sich gelegentlich aber auch entladen, dann aber möglicherweise eruptiv und unkontrolliert (siehe S. 146).

VII.

Erosion des Rechtsstaates

1. Allgemeines

Das Bild, das sich viele Bürger von der Europäischen Union machen, unterscheidet sich bekanntlich radikal von dem Selbstbild der europäischen Organe und der Politiker oder, besser gesagt, von dem in den Verträgen verheißenen und in der Öffentlichkeitsarbeit verbreiteten Bild. Das haben die Abstimmungen über den Verfassungsvertrag in Frankreich und den Niederlanden drastisch gezeigt. Einen besonders neuralgischen Punkt bildet die Rechtsstellung des Bürgers in der Union, und dabei besonders die Sicherung seiner Freiheit. Den einschneidendsten Einbruch der öffentlichen Gewalt in die innerste personale Sphäre des Bürgers bilden das Strafrecht und das Strafprozessrecht. Die angemessene Ausgestaltung dieses die Person im Kern treffenden Bereichs ist deshalb immer schon der Schwurpunkt der Rechtsstaatlichkeit.

Natürlich muss die Gesellschaft vor Straftätern wirksam geschützt werden. Gleichzeitig geht es seit Jahrhunderten aber auch darum, den Bürger vor dem Missbrauch der öffentlichen Gewalt durch sinnvolle Kautelen zu schützen – und dies eben zuallererst bei der Anwendung des schärfsten öffentlichen Schwerts: der Strafe, der Haft und der Einsperrung. Deshalb gehört es zu den wichtigsten rechtsstaatlichen Errungenschaften, dass die »furchtbare Kompetenz«, zu verhaften und zu strafen, d. h. einen Bürger – auf Zeit oder auf Dauer – zum wegzusperrenden Feind der Gesellschaft zu erklären, seine Räume zu durchsuchen und Gegenstände zu beschlagnahmen, vom Parlament als *dem* direkt demokratisch legitimierten Organ ausgeübt werden muss; sie darf nicht auf die Exekutive verlagert werden. Strafrecht und Strafprozessrecht gehören seit jeher in die Hand des parlamentarischen Gesetzgebers, dem der Bürger durch die Wahl sein Vertrauen und durch die Abwahl sein Misstrauen aussprechen kann.

Hier zeigen sich bei der so genannten justiziellen Zusammenarbeit der Europäischen Union in Strafsachen, die in Art. 29 ff. des EU-Vertrags geregelt ist, erhebliche Probleme. Es geht um so tief in die persönliche Freiheit eingreifende Regelungen wie den Erlass von Haftbefehlen und die Sicherung von Beweisen etwa durch Hausdurchsuchungen. Hier wird nun die mangelnde demokratische Legitimation der Europäischen Union, ihrer Organe und der von ihnen getroffenen gesetzesähnlichen Entscheidungen (oben S. 42 f.) besonders relevant. Die demokratische Legitimation weist bei der Zusammenarbeit in Strafsachen, um die es hier geht, eine zusätzliche Schwäche auf. Trotz der hier besonders intensiven Eingriffe werden die Regelungen, die dazu ermächtigen, nicht vom Parlament getroffen, sondern von der Exekutive. In Deutschland hat der Bundestag – anders als etwa das dänische[124] und das niederländische[125] Parlament – kein Mitentscheidungsrecht, wenn es um die Stimme Deutschlands im Rat geht, der die entsprechenden Rahmenbeschlüsse einstimmig zu treffen hat. Die Beschlüsse des Rats bedürfen der Zustimmung des Europäischen Parlaments ohnehin nicht. Das Europäische Parlament besitzt hier keine Mitentscheidungsrechte, sondern wird allenfalls angehört (Art. 21 EU). In dieser besonders schwachen demokratischen Legitimation liegt ein wesentlicher Grund dafür, dass die aus einer reinen Wirtschaftsgemeinschaft hervorgegangene Europäische Union bisher keine Kompetenz zu strafrechtlicher Gesetzgebung besitzt.

Der Bundestag und der Bundesrat müssen die Rahmenbeschlüsse des Rats zwar in deutsches Recht umsetzen, sie neigen dabei aber leicht dazu, das Umsetzungsgesetz »durchzuwinken«. Sie sind sich ihrer Verantwortung gegenüber den Bürgern gerade in europarechtlich veranlassten Regelungen oft nicht wirklich bewusst und berufen sich zur Rechtfertigung ihrer Nachlässigkeit auf die scheinbare Rechtsbindung an den Rahmenbeschluss. Zumindest war dies beim Europäischen Haftbefehlsgesetz vom 21. Juli 2004[126] der Fall, obwohl Rahmenbeschlüsse nach Art. 34 Abs. 2 Buchst. b EUV nur »hinsichtlich des zu erreichenden Ziels verbindlich« sind, den innerstaatlichen Stellen aber ausdrücklich »die Wahl der Form und der Mittel« überlassen.

Es ist sehr fraglich, ob auf diese Weise erlassene Regelungen die erforderliche demokratische Legitimation besitzen. Bei Steuergesetzen

gilt seit jeher der Grundsatz, dass sie nur von einem Parlament beschlossen werden können, das von den Steuerpflichtigen selbst auch
gewählt worden ist. Dieser Grundsatz steht geradezu an der Wiege der
modernen Demokratie (»No taxation without representation«). Das
Prinzip muss natürlich erst recht gelten, wenn es um strafrechtliche
Eingriffe in den personalen Kern der Menschen geht. Denn hier ist die
Eingriffsintensität ja sogar noch höher als bei der Steuer.

Die ganze Problematik wurde und wird bei Regelung der europäischen Zusammenarbeit in Strafsachen nicht immer (oder nicht ausreichend) berücksichtigt. Vielmehr ist man leicht versucht, den Grundsatz der »gegenseitigen Anerkennung«, der in Bezug auf Waren und
andere Wirtschaftsgüter im europäischen Binnenmarkt gilt und dort
durchaus sinnvoll ist, auf strafrechtliche Entscheidungen übertragen,
wo es um völlig andere Rechtsgüter geht und sich deshalb völlig andere, höchst gravierende Probleme ergeben. Um den freien Waren-
verkehr über die nationalen Grenzen hinweg innerhalb der Europäischen Union zu gewährleisten, sollen Waren, die in einem Land zum
Verkehr zugelassen werden, auch in allen anderen Ländern angeboten
und verkauft werden dürfen. Dadurch soll den Mitgliedstaaten die
Möglichkeit genommen werden, durch übertriebene Zulassungsbe-
stimmungen den freien Wettbewerb über die Grenzen hinweg zu beeinträchtigen. Belgisches Bier etwa soll auch in Deutschland als »Bier«
vertrieben werden dürfen, auch wenn es das in Deutschland geltende
sogenannte Reinheitsgebot nicht erfüllt. Doch den Grundsatz der gegenseitigen Anerkennung nun ohne weiteres auch auf strafrechtliche
Urteile zu erstrecken, hieße die fundamentalen Unterschiede zwischen Wirtschaftsrecht und Strafrecht zu ignorieren. Wenn ein Deutscher belgisches Bier trinkt, wird ihm das nicht schaden; im Übrigen
kann er ja, wenn er auf das Reinheitsgebot Wert legt, deutschem Bier
den Vorzug geben. Dagegen kann die gegenseitige Anerkennung strafrechtliche Urteile und die Vollstreckung von Haftbefehlen oder von
Maßnahmen der Beweissicherung wegen der unterschiedlichen nationalen strafrechtlichen und strafprozessualen Regelungen zu abwegi-
gen Resultaten führen, die die Europäische Union diskreditieren. So
zum Beispiel wenn ein Deutscher wegen einer in Deutschland vorgenommenen Handlung, die hier ganz legal ist, verhaftet und an einen
anderen Mitgliedstaat ausgeliefert wird, nur weil die Handlung dort

überraschenderweise unter Strafe steht und dieser andere Mitgliedstaat deshalb einen europäischen Haftbefehl ausgestellt hat, den die deutschen Behörden vollziehen müssen.

2. Der europäische Haftbefehl

Nach dem Schock vom 11. September 2001 ging es zuvörderst darum, die Bekämpfung von möglichen Attentätern rechtlich zu erleichtern. Warnungen vor der Gefährdung überkommener rechtsstaatlicher Grundsätze standen weniger hoch im Kurs. Zunächst fast unbemerkt eröffnete der Rat mit seinem Rahmenbeschluss über den europäischen Haftbefehl vom 13. Juni 2002[127] den Weg für eine Regelung. Dieser Rahmenbeschluss stand in Zusammenhang und im politischen Kielwasser eines am selben Tag getroffenen Rahmenbeschlusses des Rats zur Terrorismusbekämpfung, durch den die Mitgliedstaaten verpflichtet wurden, ihre materiellen Strafgesetze gegen den Terrorismus zu verschärfen.[128] Deutschland hat diesen Beschluss durch Gesetz vom 22. Dezember 2003 umgesetzt.[129] Doch die Regelung über den Haftbefehl geht weit über den Anlass, die Bekämpfung des Terrorismus, hinaus. Dennoch musste das Attentat vom 11. September als scheinbares Argument für ein ungebührlich überhastetes, schlecht vorbereitetes Verfahren herhalten.[130]

Der europäische Haftbefehl ist die justizielle Entscheidung eines Mitgliedstaats (Ausstellungsmitgliedstaat), welche die Festnahme und Übergabe einer Person in einem anderen Mitgliedstaats (Vollstreckungsmitgliedstaat) zum Zwecke der Strafverfolgung oder zur Vollstreckung einer Freiheitsstrafe oder freiheitsentziehenden Maßregel der Sicherung bezweckt (Art. 1 Abs. 1 Rahmenbeschluss). Das deutsche Recht kannte bisher – in Zusammenhang mit ausländischen Haftbefehlen – herkömmlicher Weise zwei eherne Grundsätze: (1) Eine Auslieferung ins Ausland ist nur zulässig wegen Taten, die auch nach deutschem Recht unter Strafe stehen. (2) Deutsche Staatsbürger dürfen überhaupt nicht ausgeliefert werden. Letzteres war lange sogar im Grundgesetz verankert. Vor kurzem wurde das Grundgesetz allerdings geändert. Das Auslieferungsverbot von Deutschen besteht zwar auch heute grundsätzlich noch, für zwei Fallgruppen werden aber Aus-

nahmen zugelassen. Nunmehr kann durch Gesetz »eine abweichende
Regelung für Auslieferungen an einen Mitgliedstaat der Europäischen
Union oder an einen internationalen Gerichtshof getroffen werden, soweit rechtsstaatliche Grundsätze gewahrt sind« (Art. 16 Abs. 2
Grundgesetz). Von dieser Ermächtigung hatte man beim Erlass des
Europäischen Haftbefehlsgesetzes Gebrauch gemacht. Dieses erlaub-
te nun auf einmal, Deutsche an jeden der 24 anderen Mitgliedstaaten der EU auszuliefern. Eine Prüfung, ob die Tat, der der Verfolgte
verdächtigt wird oder deretwegen er verurteilt worden ist, auch in
Deutschland strafbar ist, erfolgt nicht, wenn die Tat in dem Ausstellungsmitgliedstaat unter Strafe steht und es sich dabei um »Terrorismus«, »Korruption«, »Cyberkriminalität«, »Rassismus und Fremdenfeindlichkeit«, »Sabotage«, »Vergewaltigung« oder eines von 26 anderen (im folgenden Kasten aufgelisteten) Delikten bzw. Deliktsgruppen
handelt.

Bei folgenden 32 Straftaten wird die beiderseitige Strafbarkeit nach Art. 2 Abs. 2 des
Rahmenbeschlusses des Rats zum europäischen Haftbefehl nicht überprüft:

- Beteiligung an einer kriminellen Vereinigung,
- Terrorismus,
- Menschenhandel,
- sexuelle Ausbeutung von Kindern und Kinderpornografie,
- illegaler Handel mit Drogen und psychotropen Stoffen,
- illegaler Handel mit Waffen, Munition und Sprengstoffen,
- Korruption,
- Betrugsdelikte einschließlich Betrug zum Nachteil der finanziellen Interessen
  der Europäischen Gemeinschaften im Sinne des Übereinkommens vom 26. Juli
  1995 über den Schutz der finanziellen Interessen der Europäischen Gemein-
  schaften,
- Wäsche von Erträgen aus Straftaten,
- Geldfälschung einschließlich der Euro-Fälschung,
- Cyberkriminalität,
- Umweltkriminalität einschließlich des illegalen Handels mit bedrohten Tier-
  arten oder mit bedrohten Pflanzen- und Baumarten,
- Beihilfe zur illegalen Einreise und zum illegalen Aufenthalt,
- vorsätzliche Tötung, schwere Körperverletzung,
- illegaler Handel mit Organen und menschlichem Gewebe,
- Entführung, Freiheitsberaubung und Geiselnahme,
- Rassismus und Fremdenfeindlichkeit,
- Diebstahl in organisierter Form oder mit Waffen,

- illegaler Handel mit Kulturgütern einschließlich Antiquitäten und Kunstgegenständen,
- Betrug,
- Erpressung und Schutzgelderpressung,
- Nachahmung und Produktpiraterie,
- Fälschung von amtlichen Dokumenten und Handel damit,
- Fälschung von Zahlungsmitteln,
- illegaler Handel mit Hormonen und anderen Wachstumsförderern,
- illegaler Handel mit nuklearen und radioaktiven Substanzen,
- Handel mit gestohlenen Kraftfahrzeugen,
- Vergewaltigung,
- Brandstiftung,
- Verbrechen, die in die Zuständigkeit des Internationalen Strafgerichtshofs fallen,
- Flugzeug- und Schiffsentführung,
- Sabotage.

Voraussetzung ist, dass die genannten Straftaten nach dem Recht des Ausstellungsmitgliedstaats »mit einer Freiheitsstrafe oder einer freiheitsentziehenden Maßregel der Sicherung im Höchstmaß von mindestens drei Jahren bedroht sind.«

Viele dieser Tatbestände besitzen keinerlei klare Konturen und erscheinen geradezu als Karikatur rechtsstaatlicher Bestimmtheit. Und dennoch kann auf dieser unbestimmten Grundlage in jedem EU-Staat ein Haftbefehl etwa gegen einen Deutschen erlassen werden, z. B. in Finnland, Polen, Portugal oder Griechenland. Die deutsche Justiz muss dann grundsätzlich ausliefern. Damit werden die beiden oben genannten zentralen althergebrachten Grundsätze über den Haufen geworfen.

Gewiss, wenn zum Beispiel ein Deutscher in Deutschland ein Delikt begeht und sich dann in einen anderen EU-Staat absetzt, macht es einen guten Sinn, ihn auch europaweit mit einem Haftbefehl wirksam verfolgen zu können. Dies ist als strafprozessuales Pendant der unbegrenzten europäischen Freizügigkeit, die die EU gebracht hat, durchaus zu rechtfertigen und auch erforderlich. Hat dagegen ein Deutscher in einem anderen EU-Mitgliedstaat eine Tat begangen, die zu Hause nicht oder geringer bestraft wird, erscheint es schon zweifelhafter, ob die hiesigen Justizbehörden ihn ausliefern sollten, ob der europäische Haftbefehl in diesen Fällen also Sinn macht. Beispiele: Ein Engländer hat in Deutschland den Holocaust bestritten. Sollte Großbritannien, wo ein derartiges Delikt, das nur aus der deutschen Geschichte heraus zu verstehen ist, gänzlich unbekannt ist, ihn an Deutschland ausliefern müssen? Geradezu abwegig aber wird es, wenn deutsche Behörden einen Deutschen ausliefern sollen, der in Deutschland etwas getan hat, was nur im Ausland unter Strafe steht, hierzulande aber völlig straflos (oder jedenfalls nicht mit gleich hoher Strafe bedroht) ist. So wenn ein Deutscher einer Holländerin beim Karneval in Köln gegen ihren Willen einen Zungenkuss gegeben hat, was die niederländische höchstrichterliche Rechtsprechung als Vergewaltigung interpretiert.[131] Sollten die deutschen Behörden an die Niederlande ausliefern? Solche Konstellationen sind auch möglich bei sogenannten Distanzdelikten, bei denen die Handlung zwar im Inland, der Erfolg aber im Ausland eintritt, eine Kategorie, die durch das Internet außerordentlich an Bedeutung gewonnen hat. In solchen Fällen gilt die Tat als im Inland und im Ausland begangen (siehe zum Beispiel § 9 Strafgesetzbuch). Zudem beanspruchen fast alle Staaten die Geltung ihrer Strafgesetze auch bei einer Vielzahl von Auslandsstraftaten. So kennt etwa das deutsche Recht in den §§ 5-7 Strafgesetzbuch zahlreiche Fallgruppen, in denen auch für ausschließlich im Ausland (von Deutschen oder Ausländern) begangene Taten das deutsche Strafrecht Anwendung findet, zum Beispiel für Geld- und Wertpapierfälschung, für Subventionsbetrug und die Verbreitung pornografischer Schriften.

So muss, wie der Bonner Professor für Europarecht, Matthias Herdegen, ausführt, »etwa derjenige, der in seinem EU-Aufenthaltsstaat im Rahmen geschützter Meinungsfreiheit bestimmte Äußerungen über das Internet verbreitet, damit rechnen, ins EU-Ausland überstellt zu werden, wenn diese Äußerungen ein ›haftbefehlfähiges‹ Delikt in irgendeinem anderen EU-Mitgliedstaat darstellen. Der Schutz durch das Recht des Aufenthaltsortes weicht hier selbst im Bereich der Bagatelldelinquenz dem Strafverfolgungsbedürfnis des jeweils ›punitivsten‹ Staates.«[132]

Als Ergebnis ist also festzuhalten, dass die nationalen Strafrechte häufig auch Taten erfassen, die im Ausland begangen werden. Deshalb können Personen wegen einer in ihrem Heimatland vorgenommenen Handlung, die dort ganz legal ist, aber in einem anderen europäischen Mitgliedstaat unter Strafe steht, aufgrund eines in jenem anderen Land ausgestellten europäischen Haftbefehls ausgeliefert und verurteilt werden. Die Bürger Europas müssen in derartigen Fällen also damit rechnen, dass für sie jeweils das schärfste Strafrecht aller 25 Mitgliedstaaten gilt. Das kann im Ergebnis praktisch dazu führen, dass »das Prinzip der maximalen Strafbarkeit« auf dem Niveau der jeweils schärfsten Rechtsordnung gilt. Die europaweite Herrschaft des jeweils »punitivsten Strafrechts« könne »auf die Schaffung eines Raumes der Unfreiheit und der Unsicherheit« hinauslaufen, wie der Münchner Professor für Strafrecht Bernd Schünemann warnte.[133]

Auch die strafprozessualen Voraussetzungen für den Erlass eines Haftbefehls sind von Mitgliedstaat zu Mitgliedstaat durchaus unterschiedlich, so dass ein ausländischer Haftbefehl gegen einen Deutschen aufgrund eines Sachverhalts erlassen werden kann, der in Deutschland nie und nimmer für die Ausstellung eines Haftbefehls ausreichen würde. Außerdem wird der Haftgrund der Fluchtgefahr bei Ausstellung des Haftbefehls oft einfach deshalb bejaht, weil der Verfolgte in einem anderen Land seinen Wohnsitz hat und deshalb nicht damit zu rechnen sei, dass er sich freiwillig den Strafverfolgungsbehörden des ausländischen Staats stellen werde.[134] Dadurch kann die illiberale Wirkung des Europäischen Haftbefehls noch massiv verstärkt werden. Bei seiner Ausstellung ergibt sich ebenfalls ein Kumulationseffekt, nur eben nach unten, indem nämlich die »jeweils niedrigste Eingriffsschwelle mit der geringsten Kautel« (Schünemann) gilt. Anders ausgedrückt: Die Bürger aller Mitgliedstaaten müssen damit rechnen, dass die Staatsanwaltschaft einen Haftbefehl gegen sie in dem Mitgliedstaat erlässt, in dem dafür die geringsten Voraussetzungen nötig sind. Das bedeutet zum Beispiel für Deutsche, dass es auf die strengen deutschen Voraussetzungen für den Erlass eines Haftbefehls dann gar nicht mehr ankommt. Für die Bürger Europas gilt also – in Bezug auf die geschilderten Fallkonstellationen – das jeweils schärfste Strafrecht aller 25 (und bald 27, 28 und mehr) Mitgliedstaaten, und zwar materiell und prozessual.

Dabei kann man sich auch keinesfalls mit dem beschwichtigenden Einwand beruhigen, in die EU würden ja nur solche Länder aufgenommen, die ein Minimum an Demokratie und Rechtsstaatlichkeit ausweisen. Den Bürger eines Landes mit einem möglicherweise hohen demokratischen und rechtsstaatlichen Niveau auf ein derartiges Minimum zu verweisen, müsste in seinen Augen als bloßer Zynismus erscheinen.

Mit dem Rahmenbeschluss über den europäischen Haftbefehl hat der Rat sozusagen durch die Hintertür materielles und prozessuales europäisches Strafrecht geschaffen. Schünemann nennt dies die Usurpation von Gesetzgebungskompetenzen, die dem Rat bisher mit guten Gründen vorenthalten worden seien und wirft dem Rat »eine Art Strafrechtsoctroi« vor. Voraussetzung für die Regelung über den europäischen Haftbefehl wäre eigentlich die vorherige Harmonisierung des materiellen Strafrechts und des Strafprozessrechts in den (derzeit 25) Mitgliedstaaten der EU. Mangels einer solchen Kompetenz hat der Rat den zweiten Schritt vor dem ersten getan und damit eine – unter demokratisch-rechtsstaatlichen Gesichtspunkten – völlig unannehmbare Situation geschaffen.

Hinzu kommt noch ein weiteres, praktisches Problem: Wie soll etwa ein Deutscher, der wegen eines angeblichen Vergehens nach Griechenland oder Polen ausgeliefert wurde, sich dort noch wirksam verteidigen können, wenn er weder der Sprache mächtig ist noch die dortigen Sitten und die Rechtsordnung kennt? Kurz: In einem fremden Land wird es für einen Verfolgten praktisch außerordentlich erschwert, seine Angelegenheiten vernünftig zu regeln und seine berechtigten Interessen zu wahren – und das in einem Bereich, wo es um den Schutz seines Persönlichkeitskerns geht. Genau aus diesem Grund galt ja bisher auch das Prinzip, dass Deutsche nicht ans Ausland ausgeliefert werden dürfen, ausnahmslos.

Inzwischen ist auch eine größere Zahl von Fällen aktenkundig, in denen Deutsche aufgrund eines europäischen Haftbefehls ins Ausland überstellt wurden. Mit einem solchen Fall beschäftigte sich auch das Bundesverfassungsgericht. Es ging um einen des Terrorismus Verdächtigen mit deutschem und syrischem Pass, der aufgrund eines in Spanien ausgestellten europäischen Haftbefehls von Deutschland an Spanien ausgeliefert werden sollte. Auch in Deutschland war ein Verfahren gegen ihn im Gange. Es fehlten aber die nötigen tatsächlichen und rechtlichen Voraussetzungen, um ihn anzuklagen oder in Untersuchungshaft zu nehmen, jedenfalls hinsichtlich der von Spanien verfolgten Handlungen, die vor dem Jahre 2002 lagen, da in Deutschland die Bildung oder Unterstützung einer terroristischen Vereinigung erst seit 2002 strafbar ist. Das Bundesverfassungsgericht ließ in seinem Urteil vom 18. Juli 2005[135] den europäischen Rahmenbeschluss zwar unbeanstandet. Alles andere wäre einem europarechtlichen Erdbeben gleichgekommen.[136] Es legte die Möglichkeit der nationalen Gesetzgeber, bei der Umsetzung des Rahmenbeschlusses Vorbehalte und Ausnahmen zum Schutze der eigenen Bürger vor unangemessener Auslieferung zu erlassen, aber weit aus und rügte den deutschen Gesetzgeber, dass er diese »Spielräume bei der Umsetzung in das nationale Recht« nicht ausgeschöpft und dadurch das Grundrecht des Art. 16 Abs. 2 GG (Schutz Deutscher vor Auslieferung) verletzt habe. Wegen Inlandstaten – Taten mit »maßgeblichem Inlandsbezug«, wie das Gericht sich ausdrückt – dürften Deutsche prinzipiell nicht ausgeliefert werden, auch nicht aufgrund eines europäischen Haftbefehls.[137] Das Risiko, dass sich jemand in Deutschland wegen ausländischer Gesetze strafbar gemacht haben könnte, ohne dies zu wissen oder auch nur wissen zu können, erschien auch dem Gericht eine unzumutbare Einschränkung des Grundrechts. Im Übrigen habe der Gesetzgeber dafür zu sorgen, dass die deutschen Behörden eine Abwägung des Interesses an einer wirksamen grenzüberschreitenden Strafverfolgung und der Belange des Verfolgten im Einzelfall vornehmen und diese Entscheidung auch gerichtlich überprüfbar sei, wie Art. 19 Abs. 4 GG dies verlange. Weil der Gesetzgeber alles dies nicht getan hatte, erklärte das Gericht das deutsche Umsetzungsgesetz für verfassungswidrig und nichtig. Solange kein neues Gesetz erlassen ist, dürfen europäische Haftbefehle in Deutschland nicht vollstreckt werden. Der deutsch-syrische Beschwerdeführer wurde auf freien Fuß gesetzt.

Die Regelungen über den europäischen Haftbefehl zeigen geradezu schulbuchmäßig, welche aberwitzigen Produkte die europäische Maschinerie bisweilen hervorbringt. Insofern wird hier, an der rechtsstaatlich empfindlichsten Stelle, die vielfach verbreitete Furcht der Bürger vor der EU als einer bürgerfernen, unkontrollierten und sich hydraartig ausbreitenden Maschinerie geradezu exemplarisch bestätigt. Nachher, wenn der Sündenfall erkannt wird und offen zutage liegt, will es dann keiner gewesen sein. Die politische Verantwortung löst sich auf. Der Bundestag hätte bereits im Vorfeld des Rahmenbeschlusses zur Einführung des Haftbefehls gem. Art. 34 Abs. 2 EU von 2002 seine Stimme erheben müssen. Die Befugnis dafür besitzt er ja nach Art. 23 Abs. 2 und 3 Grundgesetz. Doch das wurde versäumt. Der Abgeordnete Hans-Christian Ströbele bekannte gegenüber dem

Fernsehmagazin »Panorama« mit entwaffnender Offenheit: »Das ist einfach durchgerutscht… Wir haben diese Vorlagen zwar gekannt, aber in der Regel nur ›zur Kenntnis genommen‹, das heißt tatsächlich, wir haben sie gar nicht zur Kenntnis genommen.«

Der Umsetzung in ein deutsches Gesetz lag der Entwurf eines europäischen Haftbefehlsgesetzes der Bundesregierung zu Grunde,[138] das der Bundestag und der Bundesrat praktisch ohne Einwände beschlossen und das am 23. August 2004 in Kraft trat. Wer erwartet hatte, der Bundestag würde – angesichts der ungeheuren Problematik des ganzen Vorhabens – die Notbremse ziehen, sah sich gründlich enttäuscht. Der Bundestag legte bezeichnenderweise nur auf eines besonders Gewicht: dass europäische Strafbefehle nicht ohne weiteres auch gegenüber den Abgeordneten selbst vollstreckt werden können. Zu diesem Zweck fügte der Rechtsausschuss des Bundestags einen Absatz in das Gesetz ein, wonach »die Vorschriften zur Immunität, zur Indemnität und die Genehmigungsvorbehalte für Durchsuchungen und Beschlagnahmen in den Räumen des Parlaments«, also diejenigen Bestimmungen, die deutsche Parlamentsabgeordnete vor der Strafverfolgung schützen, auch gegenüber dem europäischen Haftbefehl greifen.[139] Auf diese Weise wurde einmal mehr bestätigt, dass die politische Klasse im Zweifel primär an ihre eigenen Interessen denkt.

Zwar kritisierten zahlreiche Bundestagsabgeordneten das Gesetz wegen seiner fatalen Auswirkungen auf die Bürger auf das Heftigste, nur um es am Ende aber dennoch einstimmig zu verabschieden.[140] Sie suchten dieses widersprüchliche Verhalten damit zu rechtfertigen, sie könnten aufgrund europarechtlicher Bindungen gar nicht anders, als zuzustimmen. Dabei wurde aber schlicht übersehen, dass der Rahmenbeschluss des Rats nur hinsichtlich der Zielsetzung verbindlich ist und der Bundestag in vollem Umfang an das Grundgesetz gebunden bleibt. Er muss sich auch die nötige Gestaltungsmacht vorbehalten, »notfalls auch durch die Verweigerung der Umsetzung«, die »nicht gerichtlich durchsetzbar« ist.[141] Denn da Rahmenbeschlüsse vor allem vom Rat erlassen werden und das Europäische Parlament nur angehört wird, würde ohne die Übernahme der Verantwortung durch das nationale Parlament die demokratische Legitimation für Eingriffe in »einen der grundrechtssensibelsten Bereiche«[142] fehlen. Der Bundestag hätte deshalb erst recht Veranlassung gehabt, die Vereinbarkeit des

Umsetzungsgesetzes mit der Verfassung sorgfältig zu überprüfen. Auch eine Reihe anderer Mitgliedstaaten hat mit der Umsetzung gezögert, und viele haben dabei erhebliche Einschränkungen vorgenommen.[143] Dagegen fühlte sich der Bundestag durch die im Rahmenbeschluss des Rates enthaltene Fristsetzung für die Umsetzung unter Druck gesetzt und verkannte offenbar völlig seine bestehenden und verfassungsrechtlich auch zwingend auszuschöpfenden Gestaltungsmöglichkeiten. Er verkannte auch, dass selbst bei endgültiger Nichtumsetzung keinerlei Sanktion zu erwarten gewesen wäre. Auf diesen Umstand, der auch schon vor der Entscheidung des Bundesverfassungsgerichts im einschlägigen Schrifttum wiederholt hervorgehoben wurde,[144] mussten Bundestagsabgeordnete erst in der mündlichen Verhandlung vor dem Bundesverfassungsgericht durch den Richter Udo Di Fabio hingewiesen werden.[145] Vor Gericht mussten die Abgeordneten ihre mangelnde Vorbereitung auch sonst eingestehen. Gegenüber »Panorama« entschuldigte Michael Roth, Mitglied des Europaausschusses des Bundestags, die Versäumnisse mit der Unmenge an Papier, mit dem die Parlamentarier aus Brüssel überschüttet würden: »Es ist so viel Papier, es sind so viele Unterlagen. (…) Es ist für den einzelnen Abgeordneten schlicht unmöglich, sich mit allem zu beschäftigen.« Doch das ist natürlich keine akzeptable Entschuldigung. Es liegt in der Verantwortung der Parlamentarier, ihre Arbeit so zu organisieren, dass ihnen nichts Wesentliches »durchrutscht.«

Fassen wir zusammen: Über den europäischen Haftbefehl kann de facto das materielle Strafrecht und das Strafprozessrecht verschärft werden. Dafür besitzt die EU aber gar keine Gesetzgebungskompetenz – mit Recht, denn es handelt sich um die schärfstmöglichen Eingriffe der öffentliche Gewalt in die Bürgersphäre. Für solche Eingriffe bedürfte es eines wirklich demokratisch legitimierten Gesetzgebers. Doch dem einen, dem Rat, fehlt die nötige demokratische Legitimation. Der andere, der Bundestag und der Bundesrat, haben ihre Kontroll- und Schutzfunktion gegenüber den Bürgern nicht wahrgenommen. Weil sie fälschlicherweise meinten, sie könnten gar nicht anders, als den Rahmenbeschluss des Rats Punkt für Punkt umzusetzen, haben sie das grundsätzliche Problem nicht entsprechend seiner Bedeutung behandelt und schon gar nicht die nötigen Konsequenzen gezogen. Auch im Vorfeld des Ratsbeschlusses versäumten sie es, ihre

Stimme zu erheben und eine Stellungnahme gemäß Art. 23 Abs. 3 Grundgesetz abzugeben. Hier spielt wohl auch eine gewisse Grundstimmung mit, die da lautet, Europa sei prinzipiell eine gute Sache, deshalb solle man die EU-Organe ruhig machen lassen und an ihren Produkten nicht herummäckeln. Auch das erklärt die grundsätzliche Durchwinkhaltung des Bundestags. Der Fall des Europäischen Haftbefehls zeigt exemplarisch die Gefahr, wie die politische Verantwortung in der EU diffundieren und sich am Ende in Nichts auflösen kann.

3. Die europäische Beweisanordnung

Als Ergänzung des europäischen Haftbefehls ist nunmehr auch die Einführung einer europäischen Beweisanordnung vorgesehen. Durch sie soll es erleichtert werden, Beweismittel, die in Strafverfahren benötigt werden, über die Grenzen der Mitgliedstaaten hinweg zu beschaffen. Es geht darum, etwa die Durchsuchung von Räumen und die Beschlagnahme von »Sachen, Schriftstücken und Daten« sowie die Vorlage derartiger Gegenstände aufgrund von Anordnungen eines Mitgliedstaats auch in jedem anderen Mitgliedstaat zu ermöglichen und die Beweisstücke dem anordnenden Staat zu übergeben. Auch hier wird von dem vom Wirtschaftsrecht kommenden »Grundsatz der gegenseitigen Anerkennung« ausgegangen, ohne ausreichend zu berücksichtigen, dass seine Übertragung in den Bereich des Strafrechts gewaltige rechtsstaatliche und demokratische Probleme mit sich bringt. Maßnahmen wie Vorlageanordnungen oder Durchsuchungs- und Beschlagnahmeanordnungen eines Mitgliedstaates sollen auch von den anderen Mitgliedstaaten grundsätzlich als gültig und verbindlich anerkannt werden. Dabei soll wie beim europäischen Haftbefehl auch bei der Beweisanordnung für – in diesem Falle – 39 Katalogstraftaten die Prüfung der beiderseitigen Strafbarkeit entfallen.

Zu dem soeben unter 2 angeführten Katalog kommen noch sieben weitere Straftatengruppen hinzu.

Bei folgenden 39 Straftaten soll die beiderseitige Strafbarkeit nach Art. 16 Abs. 2 des Kommissionsvorschlags für einen Rahmenbeschluss des Rats nicht überprüft werden:

- in allen 32 oben (S. 116) aufgeführten Haftbefehlsfällen und zusätzlich bei
- gegen die den Straßenverkehr regelnden Vorschriften verstoßende Verhaltensweisen einschließlich Verstößen gegen Vorschriften über Lenk- und Ruhezeiten und des Gefahrengutrechts,
- Warenschmuggel,
- Verletzung von Rechten an geistigem Eigentum,
- Gewaltandrohung und Gewalt gegen Personen einschließlich Gewalt bei Sportveranstaltungen,
- Sachbeschädigung,
- Diebstahl,
- Straftaten, die der Anordnungsstaat in Erfüllung seiner Verpflichtungen aus Rechtsakten eingeführt hat, die auf der Grundlage des Vertrags zur Gründung der Europäischen Gemeinschaft oder nach Titel VI des Vertrags über die Europäische Union erlassen wurden.

Auch wenn der Eingriff hier regelmäßig nicht ganz so intensiv ist wie beim Haftbefehl und auch gewisse Schutzgarantien vorgesehen sind, gelten doch im Prinzip die gleichen Einwände: Für einen Deutschen etwa erscheint die Durchsuchung seiner Räume oder die Beschlagnahme seiner Gegenstände für die Durchführung eines ausländischen Strafverfahrens eine Zumutung, wenn die im Ausland mit Strafe bedrohte Handlung in Deutschland gar nicht strafbar ist. Zudem sollen grundsätzlich die ausländischen Voraussetzungen für die Erlangung derartiger Anordnungen auch im Heimatland ausreichen, auch wenn dort strengere Anforderungen gelten. Nikolaos Gazeas formuliert das so:

»Wenn grundsätzlich in jedem Mitgliedstaat vollstreckbar und anzuerkennen ist, was irgendein Mitgliedstaat in Strafsachen vorsieht, so ergibt sich ganz von selbst auf europäischer Ebene das Prinzip der maximalen Punitivität.«[146]

Hinsichtlich der europäischen Beweisanordnung ist ebenfalls ein Rahmenbeschluss des Rates der Europäischen Union vorgesehen, der aber noch nicht erlassen ist. Die Kommission der Europäischen Gemeinschaften hat dem Rat bisher lediglich einen Vorschlag vorgelegt.[147] Zu diesem haben das europäische Parlament, der Deutsche Bundestag und der Bundesrat bereits Stellung genommen – grundsätzlich zustimmend. Lediglich der Ausschuss für Recht und Binnenmarkt des Europäischen Parlaments hat den Vorschlag kategorisch abgelehnt. Es lohnt sich, seine Begründung Wort für Wort anzusehen:

»Da das Gesamtsystem der Europäischen Union keinen wirksamen rechtlichen Schutz der Grundrechte vorsieht, können wir ohne Furcht vor einem Widerruf behaupten, dass der Vorschlag für einen Beschluss voreilig ist. Im Übrigen besitzt das Europäische Parlament im Bereich des Strafrechts und Strafprozessrecht, zu denen auch der vorliegende Vorschlag gehört, keine Rechtsetzungsbefugnisse. Es wurde nur konsultiert. Mit der Annahme dieses Vorschlags für einen Rahmenbeschluss würde folglich das Grundprinzip jedes demokratischen Systems verletzt, wonach Beschränkungen der Freiheit nur aufgrund eines vom Parlament, dem einzigen Organ, das auf demokratische Weise den Willen der Bürger zum Ausdruck bringt, verabschiedeten Rechtsakt erfolgen dürfen. Und jede Beschränkung muss innerhalb von Grenzen erfolgen, die verfassungsmäßig eindeutig festgelegt sind. Nicht zufällig heißt es in der fortschrittlichsten Verfassungslehre, dass der Grundsatz ›keine Machtbefugnisse ohne Rechte‹ eine derart wichtige Regel des modernen Konstitutionalismus darstellt, dass er in einem Atemzug mit dem historischen Grundsatz ›no taxation without representation‹ (›keine Besteuerung ohne politische Vertretung‹) genannt werden kann. Folglich ist der Vorschlag abzulehnen. Eine europäische Beweisanordnung kann erst gebilligt werden, wenn ein europäischer Verfassungsvertrag in Kraft getreten ist, der den wirksamen Schutz der Grundrechte und die legislative Rolle des Europäischen Parlaments vorsieht.«[148]

Dieser Beurteilung ist eigentlich nichts hinzuzufügen. Schade nur, dass es sich lediglich um die unverbindliche Äußerung eines mitberatenden Parlamentsausschusses handelte, dessen Meinung leider keine Konsequenzen nach sich zog. In Bezug auf den europäischen Haftbefehl hatte man solche deutlichen Worte des Ausschusses noch vermisst, obwohl sie hier erst recht angebracht gewesen wären.[149]

Wenn der Bundestag dem Vorschlag auch grundsätzlich zugestimmt hat,[150] so hat er sich doch erstmals in Sachen europäisches Strafrecht mit einer schriftlichen Stellungnahme gemäß Art. 23 Abs. 3 Grundgesetz zu Wort gemeldet. Aufschlussreich ist allerdings, dass die Stellungnahme von CDU/CSU und FDP[151] sehr viel schärfer und kritischer ausfiel als die der Regierungsfraktionen, die dies dann – aufgrund ihrer parlamentarischen Mehrheit – auch zur offiziellen Auffassung des Rechtsausschusses[152] und des Bundestags insgesamt machen konnten. Die Opposition rügte mit Recht das punktuelle Vorgehen der EU »ohne erkennbares Gesamtsystem«. Ohne eine »einheitliche Grundlage in der Europäischen Union zum Straf- und Strafprozessrecht – speziell bei den Rechten der Beschuldigten« und ohne »gemeinsame europäische Mindeststandards im Strafverfahren« – fehlten die Voraussetzungen für ein geordnetes, rechtsstaatliches Beweisverfahren. Die Opposition kritisierte auch die oben genannten 39 Deliktsgruppen, bei denen die beiderseitige Strafbarkeit nicht mehr überprüft werden muss: Es handle sich nur um Typenbezeichnungen, »bei denen die Mitgliedstaaten von einer Strafrechtsangleichung noch weit entfernt« seien, teils würden »darüber hinaus kriminologische Bezeichnungen verwendet, ohne konkrete abgrenzbare Tatbestände zu nennen.« Hier sei eine präzisere Fassung geboten. Angesichts des bei Rahmenbeschlüssen des Rats bestehenden Demokratiedefizits sei es »dringend geboten«, dass der Deutsche Bundestag seine verfassungsmäßigen Rechte aus Art. 23 Abs. 3 Satz 1 des Grundgesetzes frühzeitig und umfassend geltend macht. Nur so könne das hier bestehende Demokratiedefizit ausgeglichen werden:»Mit der Anwendung des Grundsatzes der gegenseitigen Anerkennung justizieller Entscheidungen werden die Bürgerinnen und Bürger eines Mitgliedstaates den verschiedenen strafrechtlichen und strafverfahrensrechtlichen Normen anderer Mitgliedstaaten unterworfen, an deren Zustandekommen sie nicht beteiligt waren.«[153]

Diesen Ausführungen ist durchweg zuzustimmen. Bedauerlich ist nur, dass sie von den Regierungsfraktionen nur in abgeschwächter Form aufgegriffen, und vor allem, dass ähnliche kritische Worte nicht bereits bei der Behandlung des europäischen Strafbefehls geäußert wurden, wo sie – angesichts der noch viel stärkeren Eingriffsintensität – erst recht angebracht gewesen wären, wie schließlich auch das Urteil des Bundesverfassungsgerichts vom 18. Juli 2005 gezeigt hat.[154]

VIII.

Organisierter Unsinn:
Die EU-Agrar- und Strukturpolitik

Wie immer in der Politik sind in den öffentlichen Finanzen Fehlentwicklungen besonders deutlich erkennbar. Das gilt auch für die EU und wird bereits durch eine kursorische Analyse des EU-Haushalts bestätigt, die den ganzen Unsinn der Willensbildung innerhalb der EU deutlich macht. Die Ausgestaltung der Finanzen entspricht den heutigen Anforderungen an die EU in gar keiner Weise mehr. Völlig zutreffend nennt der Bericht eines vom Kommissionspräsidenten Romano Prodi eingesetzten Sachverständigengremiums unter Vorsitz von André Sapir aus dem Jahre 2003 (»Sapir-Bericht«) den EU-Haushalt »ein historisches Relikt«.[155]

Die Agrarpolitik und die Strukturpolitik verschlingen rund vier Fünftel des EU-Haushalts und machen damit den Löwenanteil der Ausgaben aus. Das ist weitgehend unbekannt. Die große Mehrheit der EU-Bürger meint laut Umfragen, das finanzielle Schwergewicht liege bei den Verwaltungskosten,[156] die in Wahrheit aber weniger als 6 Prozent aller Ausgaben ausmachen. Die Ausgaben für Landwirtschaft betrugen im Jahr 2004 45 Prozent des EU-Haushalts und sollen in den Jahren 2007 bis 2013 44 Prozent ausmachen. Früher war der Anteil sogar noch höher, nicht allerdings die absoluten Beträge.[157]

1. Agrarpolitik: Bruch der eigenen Grundsätze

Die Agrarausgaben der EU verteilten sich im Jahre 2003 auf alle damals 15 Mitgliedstaaten, allerdings bei großen Unterschieden im Umfang. Hauptnutznießer ist Frankreich mit über 10 Milliarden Euro (im Jahre 2003), gefolgt von Spanien mit über 6 Milliarden Euro. Deutschland erhält knapp 6 und Italien gut 5 Milliarden Euro. Rechnet man allerdings die Zahlungen auf die Bevölkerung um, wie dies sinnvoll ist, um die nötige Relation herzustellen, so ergibt sich eine völlig andere Verteilung. Dann liegen Irland mit fast 500 Euro pro Kopf, Griechenland (rund 250 Euro) und Dänemark (rund 230 Euro) an der Spitze.[158]

Die EU-Agrarpolitik ist ein planwirtschaftlicher Sündenfall, der in das der Marktfreiheit verpflichtete EG-Wirtschaftsmodell eigentlich gar nicht passt. Statt der Steuerung durch wettbewerbliche Preisbildung und Subventionsabbau werden die sogenannten EG-Agrarmarktordnungen vom Gegenteil beherrscht. Künstliche Manipulationen der Preise zu Lasten der Verbraucher und ein weitverzweigtes System von Subventionen sind die Kennzeichen der gemeinsamen Agrarpolitik. Sie stellt einen Fremdkörper dar, der praktisch allen Grundsätzen widerspricht, die sich die Gemeinschaft ansonsten auf die Fahne geschrieben hat: der wettbewerblichen Marktwirtschaft, dem Subventionsverbot, der Gerechtigkeit der Einkommensverteilung, der Förderung der Produktivität und des Wachstums sowie dem Grundsatz der Subsidiarität. Zudem steht die hohe Agrarprotektion im Widerspruch zu internationalen Handelsgrundsätzen, besonders der Welthandelsorganisation. Dass dieses System auf Dauer nicht aufrechtzuerhalten ist, gilt erst recht seit der Erweiterung der EU um zehn neue Mitglieder, von den vor der Tür stehenden zukünftigen Mitgliedern ganz zu schweigen. Sie sind sehr viel stärker agrarisch geprägt, und die Menschen haben ein sehr viel niedrigeres Durchschnittseinkommen als in den bisherigen 15. Das macht die Fortdauer der hohen Zuschüsse an die Bauern reicher Länder erst recht problematisch. Deshalb erscheint ein grundsätzliches Überdenken der bisherigen EU-Politik unausweichlich.

Das heutige System der EU-Agrarpolitik beruht vor allem auf drei Faktoren: einmal auf dem gerade in der Agrarpolitik besonders starken Einfluss der Verbände. Die Agrarlobby wirkte an der Entstehung des absurden Systems kräftig mit und stellt sich natürlich auch jedem Reformversuch in den Weg. Wir alle kennen die Bilder von straff organisierten Aufmärschen der Bauern mit ihren Traktoren, von Straßensperren etc., vor denen noch fast jede Regierung in die Knie gegangen ist. Der zweite Faktor ist der Egoismus der nationalen Regierungen, die nicht bereit sind, den einmal erreichten »Besitzstand« ihrer Klientel zur Disposition zu stellen, auch wenn dies im europäischen

Gesamtinteresse dringend erforderlich wäre. Um eine wirklich grundlegende Reform zu vermeiden, bot die EU Landwirten aus den Beitrittsländern 25 Prozent der Zahlungen an, die die Landwirte in den
alten Mitgliedstaaten erhalten. Damit machte sie – zusammen mit
dem Versprechen, die Zahlungen allmählich auf 100 Prozent des
EU-Niveaus anzuheben – alle neuen Mitglieder zu Befürwortern der
Fortsetzung der bisherigen – unreformierten – gemeinsamen Agrarpolitik.[159] Der dritte Grund liegt in der Diffusion der politischen Verantwortung in der EU. Da die Bürger selbst den größten Blödsinn oft
gar nicht erkennen und erst recht niemanden dafür durch Abwahl
politisch zur Rechenschaft ziehen können, war es möglich, so lange an
einem überholten System festzuhalten, das sich heute unter keinem
vernünftigen Gesichtspunkt mehr rechtfertigen lässt.

Die Väter des Vertrages hatten den Widerspruch zu den marktwirt-
schaftlichen Prinzipien hingenommen und versucht, ihn vor allem damit zu rechtfertigen, die Versorgung der Bevölkerung mit Lebensmit-
teln habe oberste Priorität. Das war Ende der fünfziger Jahre. Die
Angst vor Versorgungsmängeln findet sich noch heute in Art. 33 Abs. 1
Buchstabe d EG. Danach gehört es zu den Zielen der Agrarpolitik
Europas, »die Versorgung sicherzustellen«. Doch die frühere Begründung für das EU-Agrarsystem hat offensichtlich ihre Grundlage verloren, nachdem heute in fast allen Nahrungsmittelbereichen eine ausreichende Versorgung eine Selbstverständlichkeit geworden ist und
seit Jahrzehnten die Überproduktion von Nahrungsmitteln das größte
agrarpolitische Problem darstellt. Die Übererfüllung des Ziels Ver-
sorgungssicherheit hätte die EG eigentlich mit Stolz erfüllen können,
wäre nicht aus Wohlstand Plage geworden. Kaum etwas hat die EG in
den Augen der Öffentlichkeit so sehr in Misskredit gebracht wie die
gewaltigen Agrarüberschüsse, die durch die administrative Festlegung
überhöhter Garantiepreise, die weit über den Weltmarktpreisen lagen,
fast zwangsläufig anfielen und von der EG aufgekauft und eingelagert
werden mussten. »Zuckerberge« und »Milchseen« entstanden, die nur
unter großen Verlusten durch Verkäufe am Weltmarkt oder durch Ver-
schenken an Drittländer wieder abgebaut werden konnten. Das System schädigte die Verbraucher und Steuerzahler gleich doppelt: einmal
durch die überhöhten Preise agrarischer Nahrungsmittel, die die Konsumenten bezahlen mussten, zum zweiten durch die Verschwendung

von Steuergeldern beim Ankauf, bei der Einlagerung und dem subventionierten Verkauf der Überschüsse.[160]

Bei Einführung der EU-Agrarpolitik war man noch davon ausgegangen, sie wäre kostenneutral und würde den Gemeinschaftshaushalt
gar nicht belasten. Da die damalige EWG im Nahrungsmittelsektor
noch stark importabhängig war, hatte man erwartet, hohe Zolleinnah-
men würden die Ausgaben für die Stützung der Agrarpreise in der Gemeinschaft abdecken. Doch die künstlich überhöhten Preise ließen die
Produktion weit über das Selbstversorgungsniveau hinaus anschwellen
mit der beschriebenen Folge der Überproduktion und der Kosten-
explosion. Der Versuch, die Landwirtschaft durch gezielte Investitionen in wettbewerbsfähige Betriebe so zu modernisieren, dass sich
eine künstliche Stützung der Preise (und die entsprechende Belastung
der Konsumenten und des EU-Haushalts) erübrigen würde (»2. Mans-
holdt-Plan«), ließ sich politisch nicht durchsetzen und blieb in den An-
sätzen stecken. Damit gelangen nach wie vor auch ineffiziente Kleinbe-
triebe in den Genuss der EU-Gelder, obwohl sie ohne die Förderung
wirtschaftlich nicht lebensfähig wären. Zugleich ist das System in hohem Maße ungerecht, weil Großbetriebe das Gros der Subventionen
erhalten. So bleibt das Subventionsvolumen auf seinem hohen Niveau.

Den aberwitzigen Regelungen verdankt auch der sogenannte Briten-Rabatt seine Entstehung. Er wurde Großbritannien 1982 eingeräumt, um zu verhindern, dass dieses Land aufgrund seines Beitritts
eine doppelte Last zu tragen habe: erhöhte Agrarpreise durch die Übernahme des kontinentaleuropäischen Agrardirigismus und zusätzlich
die Zahlung des höchsten Beitrages, weil Großbritannien wegen seiner
hohen Agrareinfuhren die höchsten Einfuhrabgaben abführen sollte.
Der Briten-Rabatt zeigt, wie wirtschaftspolitischer Unsinn fortdau-
ernd Unsinn erzeugen muss.

Deshalb versucht man seit einiger Zeit, der EU-Agrarpolitik mit
anderen Zielen eine neue Legitimation zu verschaffen, vor allem mit
Zielen des Umwelt-, Landschafts- und Gesundheitsschutzes.

Viele dieser Versuche der rationalen Rechtfertigung der EG-Land-
wirtschaftspolitik mit höheren Zielen und Werten sind allerdings nur
vorgeschoben. In Wahrheit herrscht gerade im Bereich der Landwirtschaft seit jeher eine gezielte Interessenpolitik zugunsten der Landwirte und derjenigen Mitgliedstaaten vor, in denen der landwirtschaft-

liche Sektor eine besonders große Rolle spielt. Die gemeinsame Agrarpolitik beruht deshalb vor allem auf dem Drängen ihres Hauptnutznießers Frankreich. Dabei soll andererseits nicht verschwiegen werden, dass es ursprünglich Deutschland war, das – im Interesse bäuerlicher Familienbetriebe, die der damals regierenden CDU/CSU besonders am Herzen lagen – auf besonders hohe Agrarpreise hinwirkte, obwohl davon größere Betriebe erst recht profitierten.

Tony Blair, britischer Premierminister und europäischer Ratspräsident in der zweiten Hälfte des Jahres 2005, hat den seit langem verfestigten Unsinn der europäischen Agrarpolitik wieder in Erinnerung gerufen und das Thema auf die Reformenagenda gesetzt. Ausgangspunkt waren die (im Juni 2005 zunächst gescheiterten) Beratungen auf dem Brüsseler Gipfel über den EU-Finanzrahmen für die Jahre 2007 bis 2013. Die Nettozahlerländer, allen voran Deutschland und die Niederlande, verlangten massive Kürzungen gegenüber dem Kommissionsvorschlag. Das setzte ein Abschmelzen des sogenannten Briten-Rabatts voraus, worüber Blair aber nur zu reden bereit war, wenn gleichzeitig eine grundlegende Reform der europäischen Agrarpolitik ins Auge gefasst würde.

Auch die EU selbst hat schon seit längerem erkannt, dass die Agrarpolitik in der bisherigen Form nicht fortgeführt werden kann. Ihre Reformansätze sind aber noch viel zu zaghaft. Eine gewisse Neuausrichtung der europäischen Agrarpolitik war bereits 1992 vom damaligen Agrarkommissar MacSharry eingeleitet worden. Ziel war es, die Preisstützungen für einige zentrale Produkte wie Getreide und Rindfleisch schrittweise abzubauen. Zum Ausgleich der Einkommensverluste wurden allerdings Direktzahlungen an die Landwirte eingeführt.[161] Der Berliner Gipfel von 1999 setzte diese Richtung fort,[162] die schließlich in die sogenannten Luxemburger Beschlüsse des Rats vom 26. Juni 2003 einmündeten,[163] die in Deutschland Mitte 2004 durch das »Gesetz zur Umsetzung der Reform der gemeinsamen Agrarpolitik«[164] umgesetzt wurden.

Die Brüsseler Direktzahlungen sind nunmehr, jedenfalls zum Teil, von der landwirtschaftlichen Produktion abgekoppelt. Viele Beihilfen werden künftig unabhängig vom Produktionsvolumen gewährt. Sogar für stillgelegte Flächen gibt es Geld. Dadurch soll der Anreiz für die subventionsbedingten Überproduktionslandschaften mit den schon erwähnten »Bergen« und »Seen« beseitigt werden. Dieser Ansatz ist zwar zu begrüßen. Aber er stellt nur einen ersten Schritt dar. Ganz abgesehen davon, dass zum Beispiel der am höchsten protektionierte Markt, der Zuckermarkt, vorerst nicht einbezogen wurde,[165] kann auch dieses Mal von einer durchgreifenden, wirklich befreienden Reform, also von dem erforderlichen großen Durchbruch in der Agrarpolitik, nicht gesprochen werden. Die Maßnahmen wurden denn auch entsprechend kommentiert: »Umbau statt Abbau von Subventionen«[166] oder »zu kurz gesprungen«.[167]

Es bleibt nämlich in vielen Punkten alles beim alten: Das bisherige Gesamtvolumen an Subventionen wird aufrechterhalten, und die einzelnen Landwirte bekommen ebenfalls weitgehend dieselben Zahlungen wie bisher. Denn die künftigen Prämien richten sich danach, was der jeweilige Landwirt in den Jahren 2000 bis 2002 im Durchschnitt erhalten hat. Bloß fließen die Zahlungen jetzt teilweise unabhängig davon, ob auf den Flächen produziert wird oder nicht. Voraussetzung ist allerdings, dass brachliegende Flächen »gepflegt« werden. Zugleich werden die Direktzahlungen in den kommenden Jahren gekürzt und die frei werdenden Mittel in die ländliche Entwicklungspolitik umgeschichtet. Die Entwicklungspolitik wird in der sogenannten Agenda 2000 als zweite Säule der Agrarpolitik geführt. Anders ausgedrückt: Das Geld aus Brüssel, das die Bauern bekommen, wird jetzt mit Umwelt-, Landschafts- und Konsumentenschutz begründet. Die Zahlungen werden also lediglich anders bezeichnet und anders begründet und zu diesem Zweck an bestimmte Auflagen gebunden. Doch das ist zum großen Teil nur Augenwischerei. Der Wissenschaftler Jörg-Volker Schrader durchschaut die neuen agrarpolitischen Kleider:

> »Die politischen Erklärungen für diese Koppelung von allgemeinen, flächendeckenden Prämienzahlungen von in Deutschland immerhin etwa 5 Milliarden Euro/Jahr an die Einhaltung von Auflagen, muss in dem Versuch gesehen werden, der Öffentlichkeit eine plausibel erscheinende Begründung für anhaltende Zahlungen an die Landwirtschaft vorzuweisen.«[168]

Hinzu kommt die umgekehrte Umverteilung, welche die Agrarsubventionen bewirken: Sie kommen nach wie vor vor allem den Eigentümern von Grund und Boden zugute, die nicht gerade zu den sozialpolitisch förderungswürdigen Armen gehören.[169] Und je größer die subventionierten Flächen sind, desto mehr Geld gibt es – insgesamt ein verteilungspolitischer Salto mortale.

Zudem sind die Regelungen in hohem Maße missbrauchsanfällig. Die Überprüfung, ob die Auflagen wenigstens einigermaßen eingehalten werden, erfordert einen gewaltigen bürokratischen Aufwand, den die Bundesregierung gelegentlich auch in seinen verschiedenen Facetten auflistet, dabei allerdings vor einer Quantifizierung zurückscheut.[170]

Das Auswechseln der Ziele der Subventionierung führt dazu, dass diese nicht mehr in einem angemessenen Verhältnis zu den verschiedenen Subventionsmaßnahmen stehen. Das ganze System stimmt nicht mehr. Subventionen müssen, wenn sie allgemeinen Gemeinwohlanforderungen an die Vergabe öffentlicher Mittel genügen sollen, *geeignet* sein, die damit verfolgten Ziele zu erreichen. Sie müssen *erforderlich* sein, das heißt, die Ziele dürfen nicht mit geringerem Aufwand erreichbar sein. Der Aufwand darf auch *nicht außer Verhältnis* stehen zu dem verfolgten Ziel. Zugleich muss der *Gleichheitssatz* beachtet werden, das heißt, die Zielerreichung muss für alle potentiellen Subventionsempfänger in gleicher Weise finanziell honoriert werden. Alles das ist aber nicht der Fall, und zwar nicht nur am Rande, sondern im Zentrum[171]. Den Bezug von Direktzahlungen von der Einhaltung bestimmter Umweltauflagen abhängig zu machen (sogenannte Cross Compliance), ist schon deshalb auf Dauer nicht sinnvoll, »weil Umweltprobleme sehr standortspezifisch sind und deshalb nicht mit der ›Gießkanne‹ gleichartiger Auflagen für alle landwirtschaftlichen Betriebe effizient behoben werden können.«[172]

Die Zahlungen divergieren aus historischen Gründen in großem Umfang, auch wenn die Landwirte denselben Beitrag zum Erreichen der nunmehr angestrebten Ziele (Umweltschutz etc.) erbringen. So erhielt ein Landwirt für den Anbau von Getreide bzw. für die Stilllegung von Getreidefeldern in Schleswig-Holstein – aufgrund der höheren Bodenqualität – bisher etwa um die Hälfte höhere Zahlungen als im Saarland.[173] Und diese Unterschiede drohen nun wegen der Anknüpfung an die früher gewährten Subventionen fortgeschrieben zu werden, so dass dieselbe gesellschaftliche Leistung unterschiedlich abgegolten wird.[174] Das ist schlicht sachwidrig.

Genauso sachwidrig ist es, dass Landwirte, deren Unternehmen einen hohen Anteil an Grünland aufweisen, nach den überkommenen Kriterien, die für die Zukunft fortgeschrieben werden, geringer subventioniert werden,[175] obwohl es ein wichtiges Ziel der Reform ist, die positiven Umweltauswirkungen von Dauergrünland zu fördern und einer Umstellung auf Ackerflächen entgegenzuwirken.[176]

Diese Ungereimtheiten beruhen, »wie so oft im Bereich der Entscheidungsfindung in der EU, erkennbar hauptsächlich auf der Tatsache, dass eine Veränderung nach allgemein anzuwendenden sachgerechten Kriterien politisch nicht durchsetzbar war, weil sie unausweichlich die in einzelne Mitgliedstaaten fließende Gesamtfördersumme – vermeintlich zugunsten anderer Mitgliedstaaten – verringert hätte. Bei jeder ausschließlich sachorientierten Änderung hätte es notwendigerweise solche Verschiebungen zwischen den Mitgliedstaaten geben müssen.«[177]

Sinnvoll wäre es, die EU-Agrarsubventionen allmählich ganz auslaufen zu lassen und die Agrarpreise überall allmählich auf Weltmarktniveau zu senken. Das würde den planwirtschaftlichen Sündenfall beseitigen, käme den Verbrauchern und Steuerzahlern zugute, würde die Bürokratie abbauen, den EU-Haushalt entlasten und politisch den Weg frei machen etwa für die ebenfalls erforderliche Rückführung des sogenannten Briten-Rabatts. Die bislang in der EU-Agrarpolitik verausgabten Milliarden tragen zur Erhaltung überholter Strukturen bei, statt die Produktivität zu fördern. Das System ist auch verteilungspolitisch krass ungerecht, einmal, weil es auf Kosten der Steuerzahler in besonderem Maße Großbetriebe fördert, also die Inhaber gewaltiger Vermögen, zum Zweiten, weil zum Beispiel Deutschland als größter Beitragszahler die hohen landwirtschaftlichen Ausgaben auch in den wohlhabenderen Ländern entscheidend mitfinanziert.[178] Soweit Länder weiterhin ihre Landwirtschaft fördern wollen, sollten sie dies aus den nationalen Haushalten tun. Allein dies entspricht dem Grundsatz der Subsidiarität, weil nur den Mitgliedstaaten eine auf ihre jeweilige besondere Lage zugeschnittene Politik möglich ist.[179] Die Förderung eines bestimmten Wirtschaftszweiges kann nicht Sache der EU sein.

2. Struktur- und Regionalpolitik:
Spielball nationaler Interessen

Europäische Struktur- und Regionalpolitik betreibt die Gemeinschaft »zur Stärkung ihres wirtschaftlichen und sozialen Zusammenhalts, um eine harmonische Entwicklung der Gemeinschaft als Ganzes zu fördern«. So heißt es in Art. 158 Abs. 1 EG. Die Finanzierung erfolgt durch unterschiedliche Fonds: den 1960 eingerichteten *Europäischen Sozialfonds*, durch den die Mobilität der Arbeitskräfte im gemeinsamen Markt verbessert werden sollte; den 1975 geschaffenen *Europäischen Fonds für regionale Entwicklung*, der nationale Maßnahmen zum Abbau sozioökonomischer Disparitäten unterstützen sollte; und den durch den Maastricht-Vertrag von 1992 errichteten *Kohäsionsfonds*, der »zu Vorhaben in den Bereichen Umwelt und transeuropäische Netze auf dem Gebiet der Infrastruktur beitragen« sollte. Die Fonds verschlingen etwa ein Drittel des Haushalts. Für die Struktur- und Regionalpolitik waren im Jahr 2005 rund 42 Milliarden Euro vorgesehen; das sind 36 Prozent des Budgets. Das macht die Struktur- und Regionalpolitik zum zweitgrößten Ausgabenposten der EU. In den Jahren 2000 bis 2006 erhielten 15 Mitgliedstaaten Zahlungen, allerdings mit großen Unterschieden. Hauptnutznießer sind die Länder Griechenland (2775 Euro pro Kopf), Portugal (2211 Euro), Spanien (1396 Euro) und Irland (1005 Euro).[180] Das Auffälligste ist allerdings das unglaublich dynamische Wachstum der Beträge bis Ende der neunziger Jahre: Während 1987 noch 3,3 Milliarden Euro (9,1 Prozent des EU-Haushalts) dafür ausgegeben wurden, waren es 1992 bereits 18,6 Milliarden (25 Prozent) und 1998 33,5 Milliarden Euro (37 Prozent). Diese Steigerungsraten haben – auch mit Blick auf die Osterweiterung – erschreckt und zunächst zu einer gewissen Abflachung geführt. In Zukunft sollen die Beträge aber wieder gewaltig steigen, so dass die Ausgaben für Strukturpolitik die für Agrarpolitik überholen. Das beruht vor allem auf der zunehmenden Einbindung der zehn neuen Mitgliedstaaten sowie dem baldigen Beitritt von Bulgarien und Rumänien.[181] Zu einer durchgreifende Reform kam es nicht. Die Förderung der alten Mitgliedstaaten soll auf dem bisherigen Niveau bleiben.[182]

Der jahrzehntelange Anstieg der Mittel lässt sich nur durch einen für die EU typischen Mechanismus erklären: Bestimmte Regierungen gaben ihre Zustimmung zu den Beschlüssen der Erweiterung und Vertiefung der EU häufig nur gegen die Zusage hoher Subventionen für ihr Land. Sie ließen sich ihre Zustimmung also aus dem EU-Haushalt honorieren. Die nach Art. 161 EG erforderliche Einstimmigkeit im Rat bei Festlegung der Aufgaben und Ziele eröffnet den Mitgliedstaaten, selbst den wohlhabenden, die Möglichkeit, sich die Zustimmung zur Förderung bedürftiger Regionen »abkaufen« zu lassen und so auch die Förderung eigener Regionen durchzusetzen. So wurden 1985 *Integrierte Mittelmeerprogramme* als »Kompensation« für die Zustimmung Griechenlands zum EG-Beitritt Spaniens und Portugals eingeführt. Ab 1988 wurden die Strukturfonds weiter stark ausgeweitet, vor allem, um Spanien, Portugal und Griechenland einen »Ausgleich« für die angeblichen »Belastungen« zu geben, die diese Staaten aus der Vollendung des Binnenmarkts befürchteten. Anlass für die Errichtung des Kohäsionsfonds (und die dadurch bewirkte zusätzliche Ausweitung der Ausgaben) war die finanzielle »Kompensation« strukturschwacher Länder (insbesondere Spaniens) für deren Zustimmung zur Vertiefung der Gemeinschaft insbesondere durch die Wirtschafts- und Währungsunion.

Diese Beispiele zeigen, wie sehr sinnvolle Lösungen durch egoistische politische Interessen überlagert werden. Die Strukturfonds bildeten immer wieder die Kompensationsmasse, aus der die Zustimmung bestimmter Mitgliedstaaten zu Erweiterungen und Vertragsänderungen erkauft wurde. Entsprechend wolkig, breit und umfassend sind die Zielsetzungen, die man mit den Subventionen zu erreichen vorgibt. Ein Förderziel war zum Beispiel die »strukturelle Anpassung von Gebieten mit extrem niedriger Bevölkerungsdichte«. Das gab die Möglichkeit, auch wohlhabenden Mitgliedstaaten wie Finnland und Schweden an der europäischen Strukturförderung teilhaben zu lassen. Die Gefahr von Missbräuchen und Fehlanreizen, die das Wachstum behindern, sowie von unkoordinierten Doppelförderungen, liegt auf der Hand, zumal die Förderinstrumente außerordentlich vielfältig sind. Das Ergebnis ist eine schier unglaubliche Kompliziertheit und völlige Undurchsichtigkeit. Genau das ist aber durchaus im Sinne der Erfinder. Denn dadurch kann der funktionale Unsinn leichter verschleiert werden, zu dem Erpressungen durch bestimmte Mitgliedstaaten geführt haben, die die Schlüsselstellung, die jedes einzelne Mitglied

aufgrund des Einstimmigkeitserfordernisses besitzt, rücksichtslos ausnutzen. Die Ausgaben für Strukturpolitik sollten in jedem Fall beträchtlich gesenkt werden. Dafür spricht auch hier bereits das Subsidiaritätsprinzip.

IX.

Organisierte Angriffe auf das europäische Gemeinwohl: Lobbying in Brüssel

In Brüssel gibt es zwischen 15 000 und 30 000 Lobbyisten, also sehr viel mehr als etwa in Berlin. Dort standen im Jahr 2004 1872 Verbände auf der offiziellen Lobbyliste. Dass die Brüsseler Schätzungen divergieren, hängt auch mit den unterschiedlichen Abgrenzungen des Begriffs zusammen. Richtigerweise zählen zu den Lobbyisten nicht nur Unternehmen, die ihre eigenen Interessen gegenüber der EU vertreten, sowie Verbände und Nichtregierungsorganisationen, die die Interessen ihrer Mitglieder geltend machen. Eine große Rolle spielen – nach angelsächsischem Vorbild – vielmehr auch Lobbyagenturen, die sich »Public-Affairs-Agenturen« nennen und von Ein-Mann-Unternehmen bis zu Büros mit über 50 Mitarbeitern reichen. Dazu kommen große Anwaltskanzleien, die die politischen Prozesse in Brüssel im Auftrag ihrer Klientel begleiten. Zu diesem Zweck stellt z. B. die amerikanische Kanzlei Freshfields Bruckhaus Deringer, die in einem Brüsseler Bürohaus inzwischen sechs Etagen belegt, auch Nichtjuristen ein, sogenannte European Consultants. Eine Erscheinungsform solcher Beratungen lernen wir seit einiger Zeit auch in Deutschland kennen. Der Name Moritz Hunzinger hat hier traurige Bekanntheit erlangt. Mit ihren weitverzweigten Beziehungen und umfassenden Personenkenntnissen bringen solche Berater, die wie Kuppler wirken, Wirtschaft und Politik zusammen. So können sich Politiker, die ansprechbar und gelegentlich auch für Zuwendungen empfänglich sind, und Wirtschaftler, die politischen Einfluss suchen, zum beiderseitigen Vorteil leichter finden und miteinander ins Geschäft kommen. Auf diese Weise wird die Möglichkeit für derartige Zusammenarbeit enorm ausgeweitet. Zugleich wird die Intransparenz verstärkt. Selbst ausgebuffte Politiker pflegen gerne zu behaupten, sie hätten gar nicht bemerkt, dass »Aufmerksamkeiten«, die Berater ihnen erwiesen haben, dazu dienten, bestimmten dahinter stehenden Geldgebern den Zu-

gang zu ihnen zu eröffnen. Einer solchen »Beratung« fiel Bundesver-
teidigungsminister Rudolf Scharping zum Opfer, den Hunzinger beim
Herrenausstatter einkleidete und der, als es rauskam, zurücktreten
musste. Ähnlich erging es dem Grünen-Politiker Cem Özdemir, der
sich von Hunzinger einen »Kredit« geben ließ. Özdemir musste 2002
auf seine Kandidatur zum Bundestag verzichten, ist aber seit 2004 im
Europäischen Parlament (siehe S. 265). In Brüssel ist allerdings kaum
mit derart schneidigen Sanktionen zu rechnen. Hier zeigt sich einmal
mehr das Fehlen einer übergreifenden öffentlichen Meinung in Europa, die bei Missständen den nötigen Druck entfaltet.

Die Lobbyisten in Brüssel reichen ihrer Zahl nach durchaus an die
etwa 30 000 Brüsseler Beamten heran. Das verursacht hohe Kosten, die
natürlich nicht aufgewendet würden, wenn es sich nicht lohnte. Und
in der Tat, die meisten Lobbyisten sind ihr Geld wert, und die anderen
werden über kurz oder lang ausgemustert. Brüssel wird immer wichtiger. Fast drei Viertel der Wirtschaftsgesetzgebung und rund 90 Prozent der Umweltgesetzgebung gehen von hier aus. Dabei geht es um
vitale Belange vor allem der Wirtschaft, die deshalb versucht, durch
Lobbying gestaltenden Einfluss auf die Politik zu nehmen – und dies
nicht ohne Erfolg, wie man weiß. Gerade in Brüssel spielt der Einfluss
von Interessenten eine besonders große Rolle.

Adressat ist zunächst einmal die Kommission, die aufgrund ihres
Initiativmonopols alle Entwürfe ausarbeitet. In diesen frühen Stadium
kann die Einflussnahme besonders effektiv sein. Die Kommissionsmitglieder und ihre Beamten sind so weit von der Praxis entfernt, dass sie
auf Information und Beratung geradezu angewiesen sind. Denn die
Durchführung der europäischen Regelungen liegt in der Hand der
Mitgliedstaaten und ihrer Verwaltung. Diesen gewaltigen Bedarf an Informationen suchen die Lobbyisten mit zu befriedigen, wobei sie – bereits durch die Auswahl der mitgeteilten Informationen – in ihrem
Sinne zu steuern versuchen. Natürlich zielen Lobbyisten auch auf das
Parlament, seitdem dieses an Einfluss gewonnen hat und ein großer
Teil der Gesetze nicht ohne seine Zustimmung zustande kommt. Hier
nehmen Lobbyisten nicht selten sogar von innen heraus Einfluss, indem Unternehmen oder Verbände Volksvertreter anheuern und diese
auch zu ihren Vertretern machen. So hält sich der Bertelsmann-Konzern EU-Abgeordnete als Lobbyisten (siehe S. 303), Gleiches gilt zum

Beispiel für Vodafone, wie Silvana Koch-Mehrin, seit 2004 FDP-Abgeordnete in Brüssel und früher selbst Lobbyistin, berichtet.[183] Natürlich versucht man auch auf den besonders mächtigen Rat und seine Untergruppierungen (siehe S. 47) Einfluss zu nehmen. Dies geschieht allerdings nicht nur in Brüssel, sondern auch und vielleicht sogar in erster Linie in den jeweiligen Heimatländern der Ratsmitglieder. Wenn in Zukunft auch die europäischen Parteibünde eine größere politische Rolle spielen, dürften auch sie vermehrt Ziel von Interessentendruck werden. Sie können innerhalb gewisser Grenzen ja auch ganz legal Geld annehmen, müssen die »Spenden« dann aber publizieren. Ob sie dies dann aber auch tun, ist – angesichts fehlender Sanktionen – eine andere Frage (siehe S. 174).

Da die Mittel des Einflusses natürlich nicht nur Geld, sondern auch und vor allem Informationen sind, sind die Kommunikations- und Informationsnetze das wichtigste Kapital von Lobbyisten. Plattformen für Einflussnahmen sind z. B. sogenannte Intergruppen, eine EU-Spezialität. Hier treffen sich Abgeordnete verschiedener Fraktionen und Nationen alle paar Wochen mit Kommissionsbeamten und Interessenvertretern in trauter Runde und behandeln mit diesen gemeinsame Probleme. Da gibt es zum Beispiel die »IG Weinbau«, die »Intergruppe Jagd« und die »IG Sky and Space«. Es geht dabei um Politik und Geschäft und vor allem um die Verbindungen zwischen beiden. Tagungsräume und Dolmetscher zahlen, wie Oldag und Tillack berichten, in der Regel die Parlamentsfraktionen, also der Steuerzahler, obwohl das Sekretariat sich häufig im Büro eines Lobbyverbandes befindet.[184]

Der Einfluss von Interessenten auf die Politik ist an sich nicht illegitim. Während Jean-Jacques Rousseau 1762 in seinem grundlegenden Werk »Contrat social« noch schrieb: »Es gibt nichts, was gefährlicher ist, als der Einfluss privater Interessent auf die öffentlichen Angelegenheiten«, hat die Demokratietheorie heute ihren Frieden mit dem Pluralismus der Interessen gemacht. Erforderlich ist aber, dass alle relevanten Interessen angemessen berücksichtigt werden und ein gerechter Ausgleich zustande kommt. Ist dies in der Praxis aber wirklich der Fall? Viele gehen davon aus, ein solcher Ausgleich ergäbe sich quasi automatisch: Drohe ein wichtiges Anliegen zu kurz zu kommen, organisiere sich, etwa in Form eines Interessenverband, eine Gegenmacht, eine »countervailing power«, wie der Wirtschaftswissenschaftler Galbraith das genannt hat, die die Dinge wieder ins Lot bringe. Diese »pluralistische Harmonielehre« ist in Wahrheit aber nicht mehr haltbar, schon gar nicht für die Europäische Union. Denn aus praktischer Erfahrung und theoretischer Analyse lässt sich die Folgerung ableiten: Je allgemeiner Interessen sind, je mehr Menschen sie also teilen, desto schwieriger ist ihre Organisation und desto geringer sind meist ihre Durchsetzungschancen in der Politik.[185] Zwar gibt es auch Organisationen, die sich die Wahrnehmung typischer allgemeiner Interessen aufs Panier geschrieben haben. Ich nenne nur den Bund der Steuerzahler, Konsumentenverbände und Transparency International. Doch diese Verbände sind schwach, jedenfalls sehr viel schwächer, als es der Masse ihrer potentiellen Mitglieder entsprechen würde. Ihre Schwäche bestätigt also eher die Thesen der Pluralismuskritik. Zudem werden derartige Verbände häufig von den politischen Parteien umarmt und gedeckelt und vertreten ihre satzungsgemäßen Aufgaben deshalb gegenüber der Politik nur gebremst.

Ein Beispiel für das Zukurzkommen allgemeiner Interessen ist das Scheitern aller Anläufe zur »großen Steuerreform«, die den Abbau der unzähligen Steuervergünstigungen bei gleichzeitiger Senkung der Tarife zum Inhalt haben. Dahinter steckt eine ebenso einfache wie zwingende Idee: Ein niedriger und für alle gleicher Tarif würde mehr Einfachheit und mehr Gerechtigkeit schaffen – und zugleich auch mehr Wirtschaftswachstum, denn Steuervergünstigungen bewirken meist eine Fehlallokation von Ressourcen. Doch eine solche grundlegende Reform gilt unter Eingeweihten als politischer Selbstmord. Wer solches vorhat, sieht sich mit allen Interessengruppen gleichzeitig konfrontiert und meist auch mit der Opposition, die sich den Widerstand der Interessen und ihrer Funktionäre zunutze macht, um die Regierung zu schwächen und ihre eigenen politischen Aussichten zu verbessern. Wie so etwas praktisch abläuft, haben wir vor der Bundestagswahl 2005 erlebt. Das Projekt Paul Kirchhofs, den Angela Merkel in ihr »Kompetenzteam« berief, bestand in einer solchen Steuerreform. Das ermöglichte der Gegenseite, durch genüssliches Ausspielen der vom Abbau der Steuervergünstigungen Betroffenen den Mann und sein Projekt in Misskredit und Merkels Union in Schwierigkeiten zu bringen.[186]

In Europa ist die Gefahr, dass allgemeine Interessen von Spezialbelangen »untergepflügt« werden, noch sehr viel größer. Denn hier
fehlt es an dem nötigen Gegengewicht, die die Spezialinteressen in
den Nationalstaaten immerhin noch einigermaßen in Schranken halten: an einer integrierenden europäischen öffentlichen Meinung, einheitlichen europäischen Parlamentswahlen, wirksamen europaweiten
Parteien und an einem europäischen Volk. Der Ministerrat zerfällt in
eine Vielzahl von Spezialräten, so dass die Fachleute, die ihren jeweiligen Kompetenzbereich auszudehnen versuchen, unter sich sind. So
etwas wie das Veto des Finanzministers oder des Justizministers, das zur
Sicherung allgemeiner Interessen zum Beispiel in Deutschland bei Re-
gierungsentscheidungen besteht, fehlt in der EU. Auch die 25 Kommissare tendieren in zentrifugale Richtung, weil sich jeder auf seinem
Gebiet profilieren möchte. Zudem ist das Geflecht von Willensbildung
und Entscheidung in Europa derart undurchsichtig, dass selbst krasse
Einseitigkeiten oft gar nicht bemerkt werden. So muss der Bürger vom
Vorteil der schlagkräftig organisierten Landwirtschaft gleich dreimal
bluten: Als Konsument muss er Nahrungsmittel zu weit über dem
Weltmarkt liegenden Preisen kaufen. Als Steuerzahler finanziert er
nicht nur die Subventionierung der Landwirte, sondern auch die Einlagerung des Überangebots (das durch die überhöhten Preise bewirkt
wird) und schließlich auch« den subventionierten Verkauf an Weltmarkt
(siehe S. 128).

Das Überwuchern allgemeiner Interessen wird durch den grassie-
renden Egoismus der Mitgliedstaaten noch verschärft. Anschauungsunterricht bietet neben der Agrarpolitik die Strukturpolitik (siehe
S. 136). Ein anderes Beispiel ist das aberwitzige Festhalten an den drei
verschiedenen Sitzen des Europäischen Parlaments in Straßburg, Brüssel und Luxemburg (siehe S. 68). Aufgrund dieser absurden Regelung
kann man jeden Monat einmal Zeuge eines bizarren Schauspiels werden. Riesige Sattelschlepper rollen zu Beginn der Woche von Brüssel
und Luxemburg nach Straßburg. Sie enthalten Tausende von Blech-
kisten voll mit Akten für die Plenarsitzungen des Europaparlaments.
Am Donnerstagabend rollt der gewaltige Geleitzug dann wieder zurück. Mit den Akten und Abgeordneten ziehen auch Hunderte von
Mitarbeitern der Abgeordneten und Fraktionen allmonatlich für eine
knappe Woche um. Hinzu kommen eineinhalbtausend Parlaments-

beamte, die für jeden Tag am Nicht-Dienstort üppige Tagegelder erhalten. Dieser »Parlamentarismus im Umherziehen« kostet den Steuerzahler weit über 200 Millionen Euro jährlich – ein gutes Fünftel des
gesamten Parlamentshaushalts. Doch das ist beileibe nicht alles. Nicht
nur die Abgeordneten und ihre Mitarbeiter haben alles doppelt, vom
Computer und Telefonanschluss bis hin zum Klappbett. Das Parlament verfügt sogar über drei Plenarsäle, von denen natürlich mindestens zwei immer leer stehen. In Straßburg ließ Frankreich 1999 für gut
500 Millionen Euro einen prachtvollen Palast fertig stellen, auf Kosten der EU selbstverständlich. »In dessen weitläufigen Hallen passiert
41 Wochen im Jahr so gut wie nichts. In den 1133 Büros verlieren sich
die meiste Zeit über ganze 40 Beamte«, beschrieben die Brüsseler Journalisten Andreas Oldag und Hans-Martin Tillack den großen Leerlauf
schon im Jahre 2003. Inzwischen hat die Osterweiterung der EU und
die dadurch bedingte Vergrößerung des Parlaments zum Bau weiterer
zum Leerstand bestimmter Büropaläste geführt – und das wiederum
an allen drei Standorten. Gar nicht in Geld zu beziffern schließlich ist
der Zeitverlust, den die Reiserei für die Parlamentarier und ihre Stäbe
mit sich bringt. Für viele ist es schwierig, vom heimatlichen Wahlkreis
nach Straßburg zu kommen. Denn der »Kleinstadt-Flughafen in Straß-
burg-Entzheim« wird von größeren Maschinen kaum angeflogen, so
dass Abgeordnete aus Rom, Lissabon oder Belfast mehrfach umsteigen
und »Flugzeiten wie über den Atlantik« in Kauf nehmen müssen.[187]
Immer wieder haben Europaabgeordnete gegen diesen ganzen Unsinn
zu rebellieren versucht und Entschließungen verfasst – bisher aber
ohne jeden Erfolg, was zugleich auch die Schwäche des Parlaments
nicht nur in der Hierarchie der EU-Organe, sondern auch gegenüber
den nationalen Regierungen zeigt. Frankreich hält mit Klauen und
Zähnen an dem einmal festgelegten Sitzort Straßburg fest, und die Regierungen anderer Staaten belassen es ebenfalls dabei, um ihre eigenen nationalen Interessen nicht zu gefährden. Dass das auf Kosten des
europäischen Gemeinwohls geht, scheint niemanden ernsthaft zu be-
unruhigen, auch wenn es dadurch allen schlechter geht.

Die Pluralismuskritik hat herausgearbeitet, dass allgemeine Interessen von speziellen Gruppeninteressen leicht erdrückt werden. Derselbe
Effekt zeigt sich nun auch aus europäischer Sicht, wenn Gemein-
schaftsbelange von nationalen Interessen »untergebuttert« werden. Der

Erfahrungssatz von der Durchsetzungsschwäche allgemeiner Interessen gilt also nicht nur gegenüber Spezialinteressen innerhalb eines Landes, er besitzt auch gegenüber nationalen Egoismen der verschiedenen Länder Gültigkeit.

X.

Ohrfeigen für Europas politische Klasse: Aufstand der Bürger in Frankreich und den Niederlanden

Das Nein der Bürger fiel deutlich aus. Mit einem Paukenschlag entlud sich der lange aufgestaute Frust am 29. Mai 2005. In Frankreich votierten 54,7 Prozent gegen die europäische Verfassung, in den Niederlanden waren es kurz darauf bei der Volksabstimmung am 1. Juni sogar 61,6 Prozent.[188] Das war ein gewaltiger Schuss vor den Bug der Regierenden. Zwar hatte man kurz vor der Abstimmung in Frankreich ein mulmiges Gefühl gehabt, und Präsident Chirac hatte verzweifelt für die Verfassung (und damit auch seine eigene Reputation) gekämpft. Aber dass das Votum derart entschieden ausfiel, hat die Europapolitiker doch überrascht, was einmal mehr deren völlige Bürgerferne demonstrierte. Das »Non« und das »Nee« sind von einschneidender Bedeutung. Denn ohne die Zustimmung aller 25 Mitgliedstaaten der EU kann die Verfassung nicht in Kraft treten. Als Großbritanniens Premierminister Tony Blair die dort für 2006 ebenfalls angekündigte Volksabstimmung Anfang Juni 2005 erst einmal auf Eis legte, konnten Regierungschefs wie Jacques Chirac und Gerhard Schröder im Verein mit Kommissionspräsident José Manuel Barroso auch nicht mehr abwiegeln, zur Tagesordnung übergehen und im Ratifizierungsprozess fortfahren, als wäre nichts geschehen.

Die Ablehnung ist umso gewichtiger, als sie von den Bürgern zweier Gründungsstaaten der Europäischen Gemeinschaften erfolgt, die in der Vergangenheit zu den Motoren der EU gehörten. In Frankreich haben Robert Schumann und Jean Monet, historisch gesehen, Europa geradezu erfunden. Auch die Niederlande gehören, zusammen mit den anderen Benelux-Staaten, zum europäischen Nukleus.

Die Abgehobenheit der Europapolitik von den Bürgern zeigte sich auch darin, dass die Regierungen in Frankreich und den Niederlanden die Volksabstimmungen aus freien Stücken anberaumt hatten, ohne dass irgendeine verfassungsrechtliche oder sonstige Verpflichtung dazu bestanden hätte. Offenbar hatte niemand das gewaltige Potential an europäischer Frustration über das Immer-weiter-so der europäischen Eliten bemerkt, das sich über Jahre hinweg aufgestaut hatte.

Es gab auch keinen wirklichen »Plan B« für den Fall des Scheiterns. Eine dem Verfassungsvertrag beigefügte Erklärung der Staats- und Regierungschefs sieht zwar vor, dass diese sich mit der neuen Lage befassen sollen, falls bis Ende 2006 mindestens vier Fünftel der Mitgliedstaaten den Vertrag ratifiziert haben, in einem oder mehreren Staaten jedoch »Schwierigkeiten bei der Ratifikation aufgetreten sind«. Doch dieser Passus ging von unrealistischen Voraussetzungen aus, wenn er unterstellte, der Ratifizierungsprozess könne auch nach einem Scheitern wie in Frankreich und den Niederlanden ungerührt weitergehen, so dass man am Ende Bilanz ziehen könne. Was um alles in der Welt sollte Tony Blair veranlassen, nachdem die notwendige Zustimmung von Frankreich und den Niederlanden fehlt, auch noch in Großbritannien eine Volksabstimmung anzusetzen und im Falle eines Nein seinen Kopf zu riskieren? In derselben Lage befanden sich die Premierminister mehrerer anderer Mitgliedstaaten. Es war deshalb nur konsequent, dass die Regierungschefs auf ihrem Brüsseler Gipfel am 17. und 18. Juni 2005 denjenigen 16 Staaten, die den Verfassungsvertrag noch nicht ratifiziert hatten, anheim stellten, die Ratifizierung auf unbestimmte Zeit auszusetzen. Dänemark, Portugal und Irland verschoben daraufhin ihre Volksabstimmungen, Schweden und Finnland die Ratifizierung durch ihre Parlamente. Das endgültige Scheitern liegt zwar auf der Hand. Der Gipfel war gleichwohl nicht bereit, dies zuzugeben.

Aber eine Wiederholung der Abstimmungen in Frankreich und den Niederlanden »zu gegebener Zeit« wie früher nach gescheiterten Abstimmungen in Frankreich, Dänemark und Irland, worauf auch jetzt Chirac und andere hoffen mögen, dürfte keine wirkliche Alternative darstellen – angesichts der großen Mehrheiten und der sehr hohen Beteiligung an den Abstimmungen (in Frankreich 69,3 und in den Niederlanden 62,8 Prozent). In den Niederlanden war die Abstimmung zwar rechtlich nicht bindend. Die Beteiligung überschritt aber die Beteiligungsschwelle, ab der die meisten niederländischen Parteien erklärt hatten, sie würden ihr Ergebnis als politisch bindend anerken-

nen, bei weitem. Die Beteiligung an Europa*wahlen* hat demgegenüber
ständig abgenommen und lag zuletzt mit 42,8 Prozent in Frankreich,
39,3 Prozent in den Niederlanden und 45,7 Prozent im gesamteuropäischen Durchschnitt (siehe S. 96) unvergleichlich viel niedriger. Die
Gallier »spinnen« ganz und gar nicht (wie die politische Klasse Europas in Umkehrung von Asterix versucht sein mag zu behaupten) –
ebenso wenig die Holländer. Es ist vielmehr die sogenannte politische
Elite selbst. Immer wieder abzustimmen, bis am Ende ein der politischen Klasse genehmes Ergebnis herauskommt, wie mancher hinter
vorgehaltener Hand empfiehlt, entspräche genau jener Arroganz der
Macht, deretwegen viele Bürger die Europäische Union ablehnen.
Gegner der Verfassung könnten ja auch fordern, so lange abzustimmen, bis ein Nein herauskäme.

Manche Politiker und Kommentatoren suchen den Schuldigen in
der direkten Demokratie. Doch dabei wird übersehen, dass das ganze
Projekt Europa ohne seine Bürger keine Legitimation besitzt und dass
die riesige Diskrepanz zwischen der politischen Klasse und den Menschen, die sie zu repräsentieren vorgibt, erst durch die Abstimmungen
deutlich geworden und ins allgemeine politische Bewusstsein getreten
war. Die Abstimmungen stellten den nötigen Indikator dar. Noch nie
hatte eine derart breite Diskussion über die Verfassung Europas statt-
gefunden wie in Frankreich und den Niederlanden. Noch nie war die
Beteiligung so groß. Kaum je vorher wurde derart intensiv argumentiert und leidenschaftlich gestritten. Die Franzosen waren weit überdurchschnittlich gut informiert. Fast die Hälfte gab an, die Verfassung
gelesen zu haben. Auch allen Niederländern war der gesamte Text der
Verfassung auf Staatskosten zugestellt worden, was – angesichts des
überlangen und hochkomplizierten Entwurfs – allerdings nicht bedeutet, dass sie ihn auch gelesen hatten. Es wäre völlig falsch, Abstim-
mungsschelte zu üben. Die politische Klasse hat nur die Quittung dafür
bekommen, dass sie jahrzehntelang über die Köpfe der Menschen hinweg agiert und es sträflich versäumt hatte, sich bei den Bürgern rück-
zukoppeln.

Die im Herbst 2004 von den 25 Regierungschefs in Rom unterzeichnete europäische Verfassung als solche hätte eigentlich keinen
Grund für ein derartiges fast revolutionäres Aufbegehren der Bürger
abgegeben. Sie hätte durchaus einiges Gute gebracht. Sie sollte vor

allem die Handlungsfähigkeit der EU, aber auch die Rechte der Bürger stärken. Vorgesehen waren unter anderem:

- ein europäischer Außenminister, der für die EU mit einer Stimme nach außen sprechen sollte,
- ein für zweieinhalb Jahre bestellter (und einmal wiederwählbarer) Ratsvorsitzender anstatt der bisherigen halbjährigen Rotation im Vorsitz. Das sollte mehr Kontinuität und einen längeren Atem in der Europapolitik ermöglichen.
- ein einfacheres und durchsichtigeres Entscheidungsverfahren im Rat: Er sollte öffentlich verhandeln, und anstatt der bisherigen undurchsichtigen Quoren sollten 55 Prozent der Mitgliedstaaten mit 60 Prozent der Bevölkerung für Entscheidungen erforderlich sein.
- Mittels Volksinitiative sollte das Europäische Parlament dazu gezwungen werden können, sich mit einem bestimmten Thema zu befassen.
- Die von einem Konvent unter dem Vorsitz des früheren deutschen Bundespräsidenten Roman Herzog aufgestellte (und bisher unverbindliche) europäische Grundrechtscharta sollte in die Verfassung integriert und dadurch geltendes Recht werden.
- Nationale Instanzen sollten ein Klagerecht erhalten, um sich gegen Kompetenzüberschreitungen europäischer Organe vor dem Europäischen Gerichtshof zur Wehr setzen zu können.
- Das Europäische Parlament sollte mehr Befugnisse erhalten und seine Stellung gegenüber Rat und Kommission aufgewertet werden.
- Die Kommission sollte verkleinert werden durch Abkehr von der bisherigen Regel, dass jeder Mitgliedstaat einen Kommissar stellt.

Dies waren vor allem die Argumente, die die Regierungen und die meisten Medien nicht müde wurden, ins Feld zu führen, wenn es darum ging, den Bürgern die Vorteile der neuen Verfassung schmackhaft zu machen. Und in der Tat, die Verfassung wäre im Vergleich zum Vertrag von Nizza, der nun erst einmal weiterhin die Grundlage der EU darstellt, in mancher Hinsicht ein Fortschritt gewesen. Andererseits wurden problematische Inhalte der Verfassung wie die Ausweitung der EU-Befugnisse etwa auch auf die kommunale Infrastruktur

und vor allem die Kompetenz der EU-Organe, ihre Befugnisse zu erweitern (Kompetenz-Kompetenz), meist ausgespart, oder es blieb Kritikern vorbehalten, darauf hinzuweisen, was das Vertrauen in die Regierungen auch nicht gerade stärkte.

Was die Bürger aber erzürnte, war weniger der Inhalt der Verfassung,
als vielmehr das, was *nicht* in der Verfassung stand, worüber abzustimmen ihnen vorenthalten wurde, was Regierungen und Parlamente also
längst beschlossen oder – scheinbar unumkehrbar – eingeleitet hatten:
Die Osterweiterung hatte mit einem Schlag zehn neue Mitglieder in
die EU gebracht (»Big Bang«), statt einen nach dem anderen je nach
seinem eigenen Status und Rhythmus aufzunehmen. Dann wären die
Beitritte leichter zu »verdauen« gewesen. Der große »Beitrittsschlag«
war noch kaum richtig verarbeitet, da war bereits die Eingliederung
von Bulgarien und Rumänien im Jahre 2007 oder spätestens 2008 beschlossene Sache, obwohl große Zweifel bestehen, ob sie bis dahin
wirklich aufnahmefähig sind. Selbst die Türkei stand vor der Tür, die
schon geographisch – bis auf einen winzigen Zipfel – gar nicht zu Europa gehört. Allen beschwörenden Abwiegelungsversuchen, darüber
werde ja erst sehr viel später entschieden, schenkte man keinen Glauben mehr.

Überhaupt ist der Verlust des Vertrauens in die politische Klasse das
alles beherrschende Moment. Das Immer-weiter-so in Sachen Europa
ohne klares Ziel und ohne klare Grenzen, das Einschlagen fester
Pflöcke ohne Rücksicht auf die Befindlichkeit der Menschen, ohne
Eingehen auf ihre Wünsche, Sorgen und Ängste ließ den Frustrations-
druck in der europäischen Bevölkerung immer mehr ansteigen. Hek-
tische Betriebsamkeit sollte die bestehenden Mängel verdecken. Eine
große Linie war und ist nicht auszumachen. Das ständige Vorwärtsei-
len machte schwindelig und sollte offenbar über das brüchige Fundament hinwegtäuschen. Es bringt nichts, immer weitere Stockwerke
draufzusetzen, wenn das Gebälk Einsturz gefährdet ist. Solches Vorgehen setzt das Ganze aufs Spiel. Große Teile der Bevölkerung verstehen die EU nicht mehr und betrachten sie nicht mehr als ihre Angelegenheit. Es fehlt zudem an jeglicher Vision. Ursprünglich stand
Europa für Frieden und Wohlstand. Der Frieden scheint nach dem
Zusammenbruch des imperialistischen Kommunismus ohnehin gesichert. Von »Wohlstandsmehrung« zu sprechen, muss – angesichts der

Massenarbeitslosigkeit, des ausbleibenden Wachstums, der Angst um die Altersversorgung und der anschwellenden Staatsverschuldung – geradezu zynisch anmuten. An die Vorteile des Binnenmarktes hat man sich ohnehin seit langem gewöhnt, und in der sogenannten Dienstleistungsrichtlinie etwa sah man – angesichts der niedrigen Löhne im Osten – vor allem eine Gefahr für westliche Arbeitsplätze. Der »polnische Klempner« als Inbegriff des Lohndumpings machte in den Abstimmungskämpfen Karriere. Hinzu kommt die Angst vor dem Superstaat. Europa scheint undefinierbar und gleichzeitig zum Selbstzweck zu werden. Vielleicht soll das rastlose Immer-weiter-so ja auch nur dem scheinbaren Nachweis der Daseinsberechtigung der EU-Organe dienen.

Die EU-Krise nach dem Nein der Bürger zum Verfassungsvertrag versuchte die große Mehrheit der Regierungschefs in bewährter Methode zu überspielen, indem man bei den Beschlüssen über die mittelfristige Finanzierung der EU Handlungsfähigkeit demonstrieren wollte – einmal mehr ohne Besinnung, ob die Richtung überhaupt noch stimmt. Das misslang, weil Chirac (mit Unterstützung von Schröder) es ablehnte, die unsinnige Agrarfinanzierung zur Diskussion zu stellen und damit eine Konsequenz aus der Entfremdung der Bürger gegenüber der EU zu ziehen: den Sinn der EU zu überdenken und mit der Korrektur von Fehlentscheidungen ernsthaft zu beginnen.

Die Abgehobenheit der europäischen Kaste zeigen erst recht ihre Beschlüsse in eigener Sache: die Überbezahlung von Europafunktionären und die steuerlichen und anderen Privilegien, mit denen europäische Politiker sich gesundstoßen, ohne dass die Bürger, die den Gürtel immer enger schnallen müssen, etwas dagegen unternehmen könnten. Die Entscheidungen hoch oben über die Köpfe der Bürger hinweg, das enorme Demokratiedefizit, hatten ein Potential an Frust, ein Gefühl des Unverstandenseins, des Nicht-ernst-genommen-Werdens aufgestaut. Und das entlud sich jetzt eruptiv. Der enorme Überdruck hatte nach einem Ventil gesucht und es in der Abstimmung über die EU-Verfassung gefunden.

Das Nein war ein Misstrauensvotum der Bürger gegenüber der politischen Klasse, wie es Europa noch nicht erlebt hat. Hätte das Haager Parlament abzustimmen gehabt, so hätten rund 80 Prozent der 150 Abgeordneten für die EU-Verfassung votiert. Alle drei Regie-

rungsparteien und sogar die oppositionelle Arbeiterpartei hatten sich
für die Verfassung ausgesprochen. In Frankreich hätten sogar 90 Prozent der Nationalversammlung für die Verfassung gestimmt – ähnlich
wie in Deutschland. Das niederländische »Nee« ist rechtlich nicht einmal bindend. Die Regierung sah auch politisch keinen Automatismus
und hatte vor der Abstimmung angekündigt, sie wolle sich nur dann
nach ihrem Ergebnis richten, wenn sich mehr als ein Drittel der Bürger beteiligten und davon über 60 Prozent die Verfassung ablehnten.
Diese Voraussetzungen wurden bei weitem erfüllt.

Schon vor den Abstimmungen zitterte die politische Klasse ganz Europas dem 29. Mai 2005 entgegen. Chirac hatte sich, als er am 14. Juli
2004 das Referendum anordnete und noch die meisten Franzosen das
Verfassungsprojekt zu unterstützen schienen, offenbar gründlich ver-
kalkuliert. (Nur in einem Punkt war er erfolgreich: Er hatte die französische Linke völlig gespalten.) Um der französischen Regierung zu
helfen, kam alles, was im EU-Europa Rang und Namen hat, nach
Frankreich. Kurz vor dem Termin versammelte sich die gesamte europäische Sozialdemokratie, um dem »bösen Lümmel«, dem sich un-
gezogen gebärdenden Volk, ins Gewissen zu reden. Es kamen auch der
deutsche Bundeskanzler Gerhard Schröder und der spanische Premier
José Luis Zapatero. Die Abstimmung im Deutschen Bundestag wurde
absichtlich vor den französischen Abstimmungstermin gelegt, um auch
auf diese Weise suggestiv auf das Nachbarland einzuwirken. Aus demselben Grund stimmte der Bundesrat der Verfassung, zwei Tage vor der
französischen Abstimmung, zu.

Auch das Zustandekommen der Verfassung selbst war in Wahrheit
von Bürgerferne geprägt. Der Text von fast 500 Seiten mit unzähligen,
zum Teil ellenlangen Artikeln war nur schwer durchschaubar. Ein
»Konvent«, der nur dem Namen nach ein Bürgerausschuss, in Wahrheit ein reines Elitengremium war, hatte sie unter dem Vorsitz des
ehemaligen französischen Staatspräsidenten, des Technokraten Giscard
d'Estaing, ausgearbeitet, der nun nach dem Scheitern der Verfassung
nicht mehr Präsident von Europa werden kann. Der Konvent hatte
zwar die Bürger zu Eingaben aufgefordert. Doch die Hunderttausende
von Stellungnahmen wurden nicht systematisch ausgewertet, sondern
einfach abgelegt. Man hatte Bürgernähe lediglich vorgespielt. Das Verfahren war eine Farce.

Selbst die Parlamente, die den Verfassungsvertrag ratifizierten, wie der Deutsche Bundestag, hatten keine Ahnung von seinem Inhalt. Das Fernsehmagazin »Panorama« stellte am Tag der Abstimmung einer Reihe von Bundestagsabgeordneten einige einfache Fragen zum Inhalt der Verfassung. Kein einziger wusste auch nur annähernd Bescheid. Auch Mitglieder des zuständigen Ausschusses, wie z. B. der Fraktionsvorsitzende der FDP, Gerhard, stammelten vor der Kamera hilflos herum.

Die Volksabstimmungen hatten gewiss auch nationale Gründe. Die Regierungen hatten innenpolitisch Vertrauen verloren und wurden abgestraft. Doch darin liegt schon deshalb auch eine europäische Komponente, weil die nationalen Regierungen auch in Sachen Europa das Sagen haben. Der Ministerrat, der aus nationalen Regierungen besteht, ist nach wie vor das zentrale Organ der EU. Zudem spiegelt sich im französischen und niederländischen Nein ganz allgemein das aufgestaute Unbehagen über den ungebremsten europäischen Zug, der scheinbar selbstgesteuert immer weiter rast – und keiner weiß, wohin.

Das Tabu ist endlich gebrochen. Nun muss nicht nur über die unbestrittenen Vorteile der EU, sondern auch über ihre Kehrseiten offen diskutiert werden. Illusionen reichen nicht mehr. Nun müssen die Bürger »mitgenommen« werden. Hier hat die Politik bisher kläglich versagt. Das Nein bedeutet deshalb sehr viel mehr als das Scheitern des Verfassungsvertrages. Es steht für eine fundamentale europäische Vertrauenskrise und stellt die ganze bisherige Verfahrensweise, weit weg vom Volk, und damit das Selbstverständnis der politischen Klasse insgesamt in Frage. Das ist auch die Diagnose, mit der die Staatspräsidenten von sieben Mitgliedstaaten der EU ihren Appell vom 15. Juli 2005 eröffneten:

»Der Ausgang der Referenden in Frankreich und in den Niederlanden hat die Unzufriedenheit vieler Bürgerinnen und Bürger darüber zum Ausdruck gebracht, dass die europäische Politik nicht ihren Erwartungen entspricht. Die meisten unterstützen zwar das europäische Projekt, haben aber ein Unbehagen gegenüber der Art, wie es betrieben wird. Sie fühlen sich sowohl von den Entscheidungen ausgeschlossen, die für ihre Zukunft von größter Bedeutung sind, als auch von solchen, die ihr tägliches Leben bestimmen.«[189]

XI.

Geldströme in Europa: Seismografen der Politik

Die Beschäftigung mit den Finanzen, auch mit denen des Staates, gilt vielen immer noch als etwas Minderwertiges. Über Geld spricht man nicht. Das hat historisch gewachsene ideologische Wurzeln. Der deutsche Idealismus verachtete alles Finanzielle zutiefst. Und Jean-Jacques Rousseau meinte abfällig, Finanzen seien etwas für Sklaven, nicht für Bürger.[190] Die überkommene »Finanzblindheit«[191] nahm noch zu, wenn es um die Finanzierung der politischen Akteure selbst geht. Man scheute davor zurück, sich mit finanziellen Interna der Mächtigen in Staat und Politik zu befassen, ihnen möglicherweise zu nahe zu treten und sich den Vorwurf des Neides einzuhandeln.

Solche Art von Zurückhaltung ist heute nicht mehr angebracht, zumal die Finanzen nicht nur ein Bereich unter anderen sind, sondern in Wahrheit fast so etwas wie der strategische Punkt, von dem aus man die Dinge in den Blick und in den Griff bekommt. In den staatlichen Finanzen spiegelt sich der Zustand des Gemeinwesens seit eh und je besonders deutlich wider;[192] in der Politikfinanzierung zeigen sich charakteristische Eigenarten der Politik wie durch die Lupe vergrößert. Geld ist nicht nur Mittel zur Erringung der Macht und Gegenstand sowie Resultat der Machtausübung,[193] sondern auch exakt messbar. Geldflüsse hinterlassen deshalb besonders interessante Spuren. »If you follow the money trail you will come upon the truth« heißt es im angelsächsischen Sprachbereich treffend,[194] mag der Widerwille vieler Staats- und Sozialwissenschaftler, sich mit der Geldseite ihrer Forschungsobjekte zu befassen, diese Quelle der Erkenntnis auch oft ungenutzt lassen. Die zentrale Bedeutung der Finanzen war früher, vor Rousseau und dem Idealismus, auch unter politischen Schriftstellern weithin anerkannt. Der Satz »Geld ist der Kern der öffentlichen Dinge« stand seit dem Altertum im Mittelpunkt der Staatswissenschaften.[195] Dass die Finanzen die Nerven der Politik darstellen, dass sich im Geld die Politik widerspiegelt, hat sich schon bei Behandlung des

Agrar- und Strukturhaushalts der EU gezeigt (siehe S. 128f.). Dies wird, um ein weiteres Beispiel zu nennen, genauso deutlich in der nationalen Steuerpolitik. Der Unsinn des Steuerdickichts mit seinen unzähligen Ausnahmen und Vergünstigungen beruht auf der Macht der Lobby (siehe S. 303). Die politischen Schwierigkeiten, das zu bereinigen, bestätigen diese Macht, obwohl es dann allen besser ginge, außer vielleicht den Funktionären in Bürokratie, Politik und Verbänden: Wir hätten Klarheit, mehr Gerechtigkeit und mehr Wirtschaftswachstum.

Noch deutlicher wird die zentrale Rolle des Geldes bei der Finanzierung der Politik selbst. Die Frage, wie das Gemeinwesen seine politischen Führer entschädigen solle, war für politische Denker von Aristoteles bis Bentham ein zentraler Gegenstand ihres Interesses – ganz im Gegensatz zur lange bei uns vorherrschenden Haltung der Wissenschaft. Dabei verdient dieser Bereich gerade heute wieder verstärkte Aufmerksamkeit.[196]

Die völlig aus dem Ruder laufende Politikfinanzierung zeigt deutlicher als jeder andere Bereich, dass die Europäische Union bei Lichte besehen immer noch ein höchst dürftig legitimierter Apparat ist, der zum Selbstzweck zu werden droht. Was in der Europäischen Union am großzügigsten geregelt ist, ist die Finanzierung des politischen Personals und der Bürokratie. Dazu passt auch, dass nach dem Scheitern der Verfassung in Frankreich und den Niederlanden und dem Scheitern der Finanzplanung auf dem Brüsseler Gipfel im Juni 2005 das Parlament und der Rat nichts Eiligeres zu tun hatten, als ein Finanzstatut zu beschließen, das das Gehalt von 80 Prozent der Abgeordneten massiv erhöht und den EU-Haushalt zusätzlich um mehr als 60 Millionen Euro jährlich belastet. Es fehlt an wirksamer Kontrolle. Deutsche können weder durch ihr Stimmverhalten bei Europawahlen Politiker zur Verantwortung ziehen, noch können sie sich in Volksabstimmungen zu Wort melden, etwa zur europäischen Verfassung oder zum Beitritt neuer Mitgliedstaaten. Und eine europaweite kritische öffentliche Meinung fehlt nach wie vor. Alles, was wir an der Europäischen Union kritisieren, findet sich in potenzierter Weise in der Finanzierung ihrer Amtsträger, ihrer Abgeordneten, ihrer Beamten, ihrer Parteien und deren Hilfsorganisationen wieder:

- die Bürgerferne ihrer Parteien, ihrer Politiker und ihrer Bürokratie,
- die eingeschränkte Information der Öffentlichkeit,
- die mangelnde Kontrolle der europäischen Organe,
- die fehlende Transparenz der Entscheidungsprozesse,
- das Demokratiedefizit und
- das Eigeninteresse der politischen Klasse, das sich aufgrund der Bürgerferne und Kontrollschwäche um so ungehemmter entfalten kann.

So erweist sich schlussendlich die unmäßige und privilegiengespickte Politikfinanzierung als ein Seismograf für den bedenklichen Zustand der Europäischen Union insgesamt.

B.

SELBSTBEDIENUNG AUF EUROPÄISCH: PARTEIEN UND IHRE HILFSTRUPPEN

I.

Vorspiel

Gesetze über Parteien sind im Parteienstaat der Bundesrepublik Teile der materiellen Verfassung. Entsprechend heftig werden selbst kleinere Mängel und Gesetzesänderungen diskutiert. Von der neuen europäischen Parteienverordnung hat dagegen noch kaum jemand Notiz genommen, obwohl nun von Brüssel her wichtige Grundsätze des deutschen Parteienrechts unterlaufen werden. Bei der Diskussion um die europäische Verfassung darf deshalb die europäische Parteienverordnung nicht ausgeklammert bleiben.

Das europäische Parteiengesetz, das Parteibünde wie Parteien behandelt und mit Steuergeldern mästet, trat nach den Europawahlen 2004 in Kraft. Seine Regelungen spotten allen Grundsätzen, wie sie etwa das Bundesverfassungsgericht und der Europarat für eine angemessene öffentliche Parteienfinanzierung entwickelt haben. Abgehobene Kunstprodukte, die weder Bürger zu ihren Mitgliedern zählen noch Kandidaten für Parlamentswahlen aufstellen, werden zu Parteien erklärt – nur aus einem einzigen Grund: damit man ihnen Steuergeld zuwenden kann. Dabei bilden die großen Parteien einen »closed shop«, teilen das Geld unter sich auf und schließen die Kleineren aus. Offenheit und Chancengleichheit des politischen Wettbewerbs bleiben auf der Strecke. Mangels gewaltenteilender Gegengewichte fehlt jede Begrenzung der Subventionen nach oben. Ein Betrag von hundert Millionen Euro im Jahr, der zu den nationalen Subventionen noch hinzukommt, wird schon jetzt anvisiert. Derartige Summen machen jede finanzielle Verankerung der Parteibünde in der Basis überflüssig. Wie sollen solche künstlichen Organisationen noch den politischen Willen und die Wünsche der Bürger zum Ausdruck bringen? Damit verkehrt sich die demokratische Willensbildung von unten nach oben in ihr Gegenteil. Die Brisanz dieses Gesetzes ist bisher noch kaum jemandem aufgefallen, weder in Deutschland noch in den anderen 24 EU-Staaten.

Als Valéry Giscard d'Estaing im Juli 2003 unter Blitzlichtgewitter den Verfassungsentwurf des Konvents präsentierte, beschloss das Europäische Parlament fast gleichzeitig, von der Öffentlichkeit aber kaum bemerkt, ein Gesetz über den Status und die Finanzierung von Europaparteien. Da dieses Gesetz – angesichts der zentralen Rolle, die den politischen Parteien in der Demokratie zukommt – Verfassungsrecht in materiellem Sinne ist, müsste es eigentlich dringend in die Diskussion um die Europäische Verfassung einbezogen werden. Das geschieht aber nicht. Vielmehr ist es der Europapolitik bisher gelungen, die Parteienfinanzierung aus der öffentlichen Diskussion herauszuhalten.

Die etablierten politischen Parteien haben sich eine neue, nunmehr ganz legale Geldquelle erschlossen: die Europäische Union. Das Europäische Parlament beschloss am 19. Juni 2003 die Finanzierung von europäischen Parteibünden.[1] Am 29. September 2003 gab der Rat auch formell seine Zustimmung,[2] die er bereits zuvor informell signalisiert hatte.[3] Die »Verordnung des Europäischen Parlaments und des Rates über die Regelungen für die politischen Parteien auf europäischer Ebene und ihre Finanzierung«, wie sie offiziell heißt, ist drei Monate nach ihrer Veröffentlichung im Amtsblatt in Kraft getreten,[4] die Bestimmungen über die öffentliche Finanzierung, die den Hauptteil ausmachen (Art. 4 bis 12), ist dagegen erst am »Tag der Eröffnung der ersten Sitzungsperiode nach den Wahlen zum Europäischen Parlament im Juni 2004« (Art. 13 der Verordnung) wirksam geworden; das war der 20. Juli 2004. Inzwischen sind die ersten Gelder geflossen. Und dies, obwohl etwa die deutschen Parteien für die Europawahlen bereits seit langem Staatsgeld aus dem Bundeshaushalt bekommen.[5] Anfangs sind 6,5 Millionen Euro im Jahr im europäischen Haushalt vorgesehen,[6] eine Summe, die aber, wie schon jetzt abzusehen ist, rasch steigen wird.[7] Die ansonsten für derartige Subventionen vorgesehene degressive Staffelung[8] wird ausdrücklich suspendiert (Art. 9 Abs. 6). Die Subvention soll zunächst allein den Etablierten, das heißt den bestehenden großen Parteibünden, zugute kommen.

In der vorgesehenen Regelung kulminiert das Demokratiedefizit des europäischen Systems in zugespitzter Form, besonders die Bürgerferne und die fehlende politische Gleichheit. Kern der Regelung ist die Institutionalisierung und öffentliche Finanzierung eines schillernden Konstrukts: der »politischen Parteien auf europäischer Ebene«. Dabei werden alle guten, den demokratisch-rechtsstaatlichen Verfassungsüberlieferungen der Mitgliedstaaten entspringenden Grundsätze über Bord geworfen: sowohl die überkommenen Grundsätze für die begriffliche Bestimmung von Parteien als auch die Grundsätze für ihre Finanzierung.

II.

Illegal und undurchschaubar:
die Finanzierung von Parteibünden
über die Straßburger Fraktionen

Bisher erfolgte die Finanzierung von europäischen Parteibünden und teilweise auch von nationalen Wahlkämpfen aus Mitteln der Fraktionen des Europäischen Parlaments, die ja ebenfalls, und zwar in großem Umfang, aus dem EU-Haushalt alimentiert werden.[9] Doch das war rechtswidrig. Das haben der Europäische Gerichtshof und der Europäische Rechnungshof klar gestellt. Das Urteil des Gerichtshofs erging bereits 1984;[10] der Rechnungshof hat entsprechende Zahlungen 1989 moniert[11] und dann noch einmal sehr nachdrücklich in einem Sonderbericht vom Juni 2000.[12]

Die Europaparteien hatten laut Rechnungshofbericht von 2000 von den Fraktionen rund 1,4 Millionen Euro im Jahr erhalten.[13] Zu diesen Mitteln waren noch die Kosten für die Überlassung von Räumlichkeiten und Personal hinzugekommen. In Reaktion auf den Rechnungshofbericht beschloss das Präsidium des Europäischen Parlaments am 2. 10. 2000,[14] die Fraktionen dürften bis zu 5 Prozent der für sie in den Haushalt eingestellten Mittel des Parlaments an die Parteien weiterleiten. Dies waren im Jahr 2004 2,1625 Mio. Euro. Zusätzlich dürfen die Fraktionen den Parteien bis zu 10 Prozent der ihnen laut Stellenplan zugewiesenen Mitarbeiter überlassen, das sind im Jahr 2004 67 Mitarbeiter, was einen Gegenwert von weiteren rund 7,1 Mio. Euro ausmacht. Insgesamt wurden die politischen Parteien somit im Jahr 2004 bereits mit rund 9,2 Mio. Euro aus dem Parlament quersubventioniert. Allerdings ist auch dies unzulässig.[15] Nach Verabschiedung der Parteienverordnung wurde die Regelung über die Verwendung der Fraktionsmittel zwar überarbeitet,[16] die Vorschriften über die Unterstützung der Parteien aus diesen Mitteln wurden jedoch nicht verändert.

Dass es – nach vielen gescheiterten Versuchen – schließlich zum Erlass einer Parteienverordnung gekommen ist, hat einen banalen Grund: Die Parteibünde wurden bisher schon aus EU-Mitteln finanziert, nur eben indirekt und illegal. Statt aber die illegale Praxis ersatzlos zu unterbinden, versuchte man nun, die bisherigen Zahlungen zu legalisieren, um sie beibehalten und später massiv ausweiten zu können.

Dieses Vorhaben brannte den Befürwortern einer europäischen Parteienfinanzierung derart auf den Nägeln, dass sie es schon vor Jahren verwirklichen wollten, obwohl die nunmehr in Art. 191 Abs. 2 EGV enthaltene Ermächtigung für die Einführung einer öffentlichen Finanzierung erst mit dem Inkrafttreten des Nizza-Vertrages, also seit dem 1. Februar 2003, vorliegt. So hatte das Europäische Parlament im Jahr 2001 die Verabschiedung einer Parteienverordnung auf der zweifelhaften Rechtsgrundlage der Vertragslücken-Schließungsklausel des Art. 308 EGV gefordert. Noch im sogenannten Tsatsos-Bericht des Jahres 1996 war diese Rechtsgrundlage als nicht ausreichend angesehen worden. Auch die Kommission hatte Bedenken geäußert. Der Rat verweigerte dementsprechend die Behandlung des Parlamentsvorschlags.

III.

Parteibünde: Die berechtigten Acht

Empfänger des Geldsegens sind vor allem drei Parteibünde.[17] Auf sie ist die Regelung ursprünglich unübersehbar gemünzt. Ihre Chefs haben nicht nur auf Erlass der entsprechenden Vorschrift im EG-Vertrag (Art. 191) gedrängt, sondern auch an der auf dieser Basis erlassenen Parteienverordnung »gestrickt«, die derartige Parteibünde nun zu »Parteien auf europäischer Ebene« erklärt – allein aus einem einzigen Grund: um ihnen Geld aus dem Haushalt der Europäischen Union zuwenden zu können. Diese Parteibünde, die aus den entsprechenden Fraktionen des Europäischen Parlaments hervorgegangen sind, sind die »Sozialdemokratische Partei Europas« (SPE) als Zusammenschluss der sozialdemokratischen und sozialistischen Parteien, die »Europäische Volkspartei« (EVP) als Organisation des bürgerlich-konservativen Lagers und die »Liberale und Demokratische Partei Europas« (LIBE) als Zusammenschluss der liberalen Parteien. Die SPE wurde im November 1992 in Den Haag gegründet und ging aus dem 1974 entstandenen »Bund der Sozialdemokratischen Parteien der Europäischen Gemeinschaft« hervor.[18] Die EVP wurde 1976 in Brüssel gegründet.[19] Die LIBE ging 1993 aus der 1976 gegründeten »Föderation liberaler und demokratischer Parteien der Europäischen Gemeinschaft« hervor.[20]

Hinzugekommen sind fünf weitere Parteibünde: die »Europäische Grüne Partei« (EGP) als Dachorganisation der grünen Parteien,[21] die »Europäische Freie Allianz« (EFA) als Föderation regionalistisch orientierter Parteien, die Partei der Europäischen Linken (EL) als Zusammenschluss der nichtsozialdemokratischen Linken,[22] die Union für ein Europa der Nationen (UEN), die überwiegend aus europaskeptischen Parteien besteht, und die Partei der Demokraten und der Unterschiede (PDE). Diese acht Parteibünde erhalten jetzt Geld aus dem EU-Topf. Ihre Mitgliedsparteien stellen zusammen 586 (von insgesamt 732) Abgeordnete im Europäischen Parlament. Mitglieder dieser Par-

teibünde sind vor allem nationale Parteien, Fraktionen und Abgeordnete des Europäischen Parlaments und zahlreiche Funktionsträger von
Mitgliedsparteien, nicht (oder nur in unwesentlichem Umfang) aber
normale Bürger.

IV.

Ungerecht und außer Kontrolle:
Wie Parteibünde mit Steuergeld gemästet
werden sollen

1. Von 4,6 auf 100 Millionen Euro

Von den für das zweite Halbjahr 2004 im Haushaltsplan bereitgestellten 6,5 Mio. Euro hat das Präsidium des Europäischen Parlaments den genannten acht Parteibünden am 13. 10. 2004 4,647 Mio. Euro zugebilligt. Dieser Betrag dürfte bald steigen, da die Parteien im Europäischen Parlament selbst über das Volumen entscheiden. Was sie sich bewilligen, steht – anders als zum Beispiel in Deutschland, wo die genaue Höhe im Parteiengesetz niedergelegt ist[23] – nicht in der Verordnung. Dann nämlich müsste der Ministerrat, in dem die Regierungen der 25 Mitgliedstaaten der EU sitzen, jeder Erhöhung mit qualifizierter Mehrheit zustimmen (Art. 191 Abs. 2, 251 EG), und das Ergebnis müsste im Amtsblatt veröffentlicht werden. Der Betrag wird vielmehr nur in den Haushaltsplan des Europäischen Parlaments eingestellt, wo er leicht in der Vielzahl der Titel untergeht. Die ohnehin schwach ausgeprägte Kontrolle des Parlaments durch die Öffentlichkeit wird dadurch weiter geschwächt. Formal muss der Rat zwar auch dem Haushalt zustimmen. Es besteht aber ein *Gentlemen's Agreement*, wonach der Einzelplan des Parlaments als dessen alleinige Angelegenheit behandelt wird und der Rat ihn unbeanstandet passieren lässt. So kommt der Selbstbewilligungsmodus einem verborgenen Geldhahn gleich, den die Parteien nur aufzudrehen brauchen, um ihre Kassen auf Kosten der Steuerzahler zu füllen. Dieser Versuchung dürften die Europaparteien alsbald erliegen, und das ist auch so beabsichtigt: Wir müssen halt »klein anfangen«, ließ Martin Schulz, Chef der sozialdemokratischen Fraktion im Europaparlament, bereits verlauten.[24] Die Summe werde schnell auf 100 Millionen Euro wachsen, soll der Parlamentsberichterstatter und SPD-Europaabgeordnete Jo Leinen ergänzt haben.[25] Gegenüber der Presse behauptete Leinen dann, er könne sich an eine solche Aussage »nicht erinnern«,[26] ein Dementi dritter Klasse.

Und selbst 100 Millionen Euro sind wohl noch lange nicht das »Ende der Fahnenstange«. Eine »absolute Obergrenze«, wie sie das Bundesverfassungsgericht für die staatliche Parteienfinanzierung durchgesetzt hat,[27] gibt es in Brüssel nicht. So droht genau die Gefahr, der das Bundesverfassungsgericht entgegenwirken wollte: dass nämlich der Bürger den Eindruck gewinnt, »die Parteien ›bedienten‹ sich aus der Staatskasse« mit allen negativen Folgen für das Ansehen der Parteien und ihre Funktionserfüllung.[28] Es ist auch nicht recht ersichtlich, wofür die Parteibünde das viele angestrebte Geld eigentlich brauchen. Noch weniger ist einzusehen, warum die nationalen Parteien ihre Dachorganisationen nicht selbst ausreichend alimentieren. Denn, wie in Deutschland die CDU/CSU, die SPD, die Grünen, die FDP und die PDS, bekommen auch andere nationale Mitgliedsparteien der europäischen Parteibündnisse hohe Zuschüsse aus den Staatshaushalten.

Es könnte sich damit auf EU-Ebene genau das wiederholen, was wir aus der Entstehungsgeschichte der Staatsfinanzierung in Deutschland kennen. Auch hier fing es 1959 mit 5 Millionen Mark klein an. Die Subvention stieg dann rasch auf 38 Millionen im Jahr 1964 und sollte nach einem Gesetzentwurf der Regierungsfraktionen ab 1966 über 90 Millionen Mark jährlich betragen.[29] In Reaktion auf diese Explosion zog das Bundesverfassungsgericht 1966[30] und in späteren Urteilen Grenzen. Doch da ließ sich nur noch das weitere Wachstum abbremsen, das Volumen aber nicht mehr zurückführen.

2. So tun als ob: Europaparteien

In den Mitgliedstaaten der Europäischen Union gibt es zwei unabdingbare Voraussetzungen für die Anerkennung einer Organisation als politische Partei: Sie muss natürliche Personen als Mitglieder haben, und sie muss die Teilhabe an der Staatsmacht anstreben, indem sie Kandidaten aufstellt, die sich bei Wahlen um Parlamentssitze bewerben.[31] Beide Voraussetzungen, ohne die schon begrifflich keine politische Partei vorliegt, haben einen guten Sinn, sie sollen ein Mindestmaß an Bürgernähe der Parteien sichern.

Die Parteibünde erfüllen in ihrer jetzigen Form beide Bedingungen nicht. In den Statuten aller europäischen Parteibünde wird natürlichen Personen, wenn überhaupt, nur eine Nebenrolle zugewiesen. Die Aufstellung von Kandidaten bei Europawahlen wird von den nationalen Parteien wahrgenommen, und das dürfte auch so bleiben, solange jeder der 25 Mitgliedstaaten sein eigenes Wahlrecht behält. Art. 3 Buchstabe b der Verordnung verlangt von Parteien auf europäischer Ebene zwar, dass sie »an den Wahlen zum Europäischen Parlament teilgenommen oder die Absicht bekundet (haben), dies zu tun«. Es ist aber nicht ersichtlich, wie Parteibünde dies – glaubwürdig – tun sollen. Denn gleichzeitig ist ihnen verboten, ihre Mittel zur direkten oder indirekten Finanzierung ihrer Tochterparteien zu verwenden (Art. 7 der Verordnung), in deren Händen die Wahlen liegen. Die für Wahlkämpfe aufgewendeten Mittel von Parteibünden kämen ja zwangsläufig ihren nationalen Mitgliedsparteien zugute, was aber gerade verboten ist. Im Übrigen müssten dann eigentlich die staatlichen Gelder, die die nationalen Parteien erhalten, soweit sie auf die Finanzierung der Europawahl bezogen sind, entsprechend gekürzt und in Deutschland müsste die absolute Obergrenze herabgesetzt werden.

Den Parteibünden fehlt somit genau das, was politische Parteien im Kern ausmacht. Sie erfüllen die in Europa anerkannten Mindesterfordernisse des Parteibegriffs nicht. Es ist deshalb fraglich, ob sie überhaupt als *Parteien* auf europäischer Ebene im Sinne des Art. 191 EG angesehen werden können. Nur für solche Organisationen ermächtigt diese Vorschrift aber zur Einführung einer europäischen Parteienfinanzierung. Eine von den Vorsitzenden der etablierten Parteibünde und den Fraktionen des Europäischen Parlaments im Jahre 1991 vorgeschlagene Fassung des Art. 191 EG definierte als europäische Parteien noch »die föderativen Vereinigungen von nationalen Parteien«, die »im Europäischen Parlament eine einzige Fraktion« bilden.[32] Das war auf die etablierten Parteibünde selbst gemünzt. Doch genau diese Formulierung enthält der dann in Kraft gesetzte Art. 191 EG nicht. Er spricht von Parteien auf europäischer Ebene, ohne den Begriff, wie damals von den Parteibünden gewünscht, zu definieren. Seine Bestimmung muss sich deshalb – nach den geltenden Grundsätzen über die Auslegung von Europarecht – an den Kriterien des Parteibegriffs orientieren, wie er in den Mitgliedstaaten kraft gemeinsamer Überlieferung gilt,[33] und dieser verlangt jene Mindestvoraussetzungen, die die etablierten Parteibünde eben nicht erfüllen.

3. Staatsquote von 100 Prozent

Ein Mindestmaß an Bürgernähe will das deutsche Parteienrecht auch dadurch erreichen, dass die Staatsfinanzierung höchstens die Hälfte der Einnahmen der Parteien ausmachen darf (»relative Obergrenze«).[34] Dadurch sollen die Parteien auf finanzielle Zuwendungen der Bürger angewiesen bleiben. Dagegen brauchen sich Europaparteien nur zu 25 Prozent aus privaten Quellen zu finanzieren (Art. 10 Abs. 2 der Verordnung). Und diese abgesenkte »Eigenfinanzierungsquote« wird noch dadurch entwertet, dass Zuwendungen von Parteien, Fraktionen und »Parteisteuern« von Abgeordneten als private Mittel gelten, auch wenn sie aus öffentlichen Kassen stammen. Das läuft, wie bei genauerem Hinsehen erkennbar wird, schon jetzt auf eine bis zu 100-prozentige Finanzierung aus öffentlichen Mitteln hinaus.

4. Parteien ohne Funktionen

Den Parteibünden fehlen somit alle Voraussetzungen, die eine gewisse Bürgernähe gewährleisten und es ihnen ermöglichen könnten, die demokratische Hauptfunktion von Parteien zu erfüllen: die Vermittlung der Willensbildung von unten nach oben. Die Parteibünde sind stattdessen abgehobene Kunstprodukte, weit weg vom Bürger, von dem sie durch die totale öffentliche Alimentation erst recht unabhängig werden. Ihre Bürgerferne macht sie auch absolut ungeeignet, »den politischen Willen der Bürger der Union zum Ausdruck zu bringen«, was Art. 191 EG-Vertrag aber von Parteien auf europäischer Ebene ausdrücklich verlangt. Damit fehlt der Verordnung auch aus diesem Grund die erforderliche europarechtliche Grundlage.

Neben den Parteibünden nennt Art. 2 der Verordnung als mögliche Parteien auf europäischer Ebene (und damit als Empfänger von öffentlichen Mitteln) auch »Vereinigungen von Bürgern«, also wirkliche Parteien. Derartige Organisationen gibt es bisher allerdings nicht, obwohl sie, wenn sie auch noch Kandidaten zu Wahlen aufstellen, den Parteibegriff voll erfüllen würden und besonders geeignet wären, »den politischen Willen der Bürger der Union zum Ausdruck zu bringen« und die anderen Funktionen zu erfüllen, die Art. 191 Abs. 1 EG von europäischen Parteien verlangt. Ob die Nennung von Bürgerparteien in der Verordnung in Wahrheit nur auf dem Papier steht, um zu verschleiern, dass allein die genannten Parteibünde in den Genuss der öffentlichen Mittel kommen sollten, wird die weitere Entwicklung zeigen. Dies dürfte auch davon abhängen, ob die (sogleich zu behandelnden) prohibitiven Voraussetzungen für die Anerkennung solcher echten Europaparteien aufrechterhalten bleiben oder ob sie gelockert werden.

5. Ungerecht und außer Kontrolle: Wie Parteibünde mit Steuergeld gemästet werden sollen

a) Sieben-Staaten-Klausel

Die etablierten Parteibünde haben die Hürden für den Zugang zum Europatopf sehr hoch gesetzt. Art. 3 der Verordnung nennt vier »Voraussetzungen«, die eine politische Partei auf europäischer Ebene erfüllen muss, um an der öffentlichen Finanzierung teilzuhaben:

a) Sie muss in dem Mitgliedstaat, in dem sie ihren Sitz hat, Rechtspersönlichkeit besitzen.

b) Sie muss ferner ein doppeltes Quorum überwinden, indem sie in einer bestimmten Zahl von Mitgliedstaaten ein bestimmtes Maß an Wahlerfolgen erreicht. Sie muss nämlich entweder

 – »in mindestens einem Viertel der Mitgliedstaaten durch Mitglieder des Europäischen Parlaments oder in den nationalen Parlamenten oder regionalen Parlamenten oder in Regionalversammlungen vertreten« sein oder
 – »in mindestens einem Viertel der Mitgliedstaaten bei der letzten Wahl zum Europäischen Parlament mindestens 3 Prozent der abgegebenen Stimmen in jedem dieser Mitgliedstaaten erreicht haben.

Eine dieser beiden Voraussetzungen muss also – bei 25 Mitgliedstaaten – in mindestens sieben Staaten vorliegen.

c) Sie muss »insbesondere in ihrem Programm und in ihrer Tätigkeit die Grundsätze (achten), auf denen die Europäische Union beruht, das heißt die Grundsätze der Freiheit und der Demokratie,
der Achtung der Menschenrechte, der Grundfreiheiten und der
Rechtsstaatlichkeit.«
d) Schließlich muss sie »an den Wahlen zum Europäischen Parlament
teilgenommen oder die Absicht bekundet (haben), dies zu tun.«

Sind diese vier Voraussetzungen erfüllt, erhält die Partei nach Vorlage
der entsprechenden Unterlagen (einschließlich der Satzung und der
Stellung eines entsprechenden Antrags) öffentliche Mittel (Art. 4 der
Verordnung). Der Gesamtumfang der öffentlichen Mittel ist nicht in
der Verordnung bestimmt, sondern wird allein im Haushaltsplan festgelegt (Art. 9 Abs. 1 der Verordnung). Für das (zweite Halb)Jahr 2004
waren, wie schon erwähnt, 6,5 Mio. Euro im Haushaltsplan vorgesehen.

Die »Aufteilung der Mittel« regelt Art. 10 der Verordnung:

– Ein kleiner Teil von 15 % wird zu gleichen Teilen auf alle nach der
Verordnung berechtigten Parteien auf europäischer Ebene aufgeteilt.
– Der Löwenanteil von 85 % ist allein für diejenigen nach der Verordnung berechtigten Parteien reserviert, die im Europäischen Parlament durch Abgeordnete vertreten sind, wobei die Aufteilung im
Verhältnis zur Zahl der Abgeordneten erfolgt.

Damit regelt Art. 10 der Verordnung – entgegen seiner Überschrift –
nicht nur die Verteilung der Mittel, sondern enthält hinsichtlich des
Löwenanteils eine weitere Zugangsvoraussetzung: An den 85 Prozent
wird nur beteiligt, wer Abgeordnete ins Europäische Parlament entsendet. Dadurch wird die Bedeutung der meisten der in Art. 3 der Verordnung genannten Voraussetzungen für die Teilhabe an der öffentlichen Finanzierung erheblich relativiert. Wer in sieben Mitgliedstaaten
»in den nationalen Parlamenten oder regionalen Parlamenten oder in

Regionalversammlungen vertreten« ist oder »bei der letzten Wahl zum Europäischen Parlament mindestens 3 Prozent der abgegebenen Stimmen« erhalten hat, ohne aber Abgeordnete ins Europäische Parlament zu entsenden, wird nur an den 15 Prozent beteiligt, bleibt von den 85 Prozent dagegen ausgeschlossen.

Es ist aber überhaupt nicht einzusehen, warum es sieben Länder sein sollen, in denen Europarteien Erfolg haben müssen. Warum soll eine Partei, die in *einem* Mitgliedstaat die Schwelle überwindet und eine auf die Europäische Union bezogene Programmatik und Politik verfolgt, nicht an der öffentlichen Finanzierung teilhaben dürfen?[35] Von den 732 Mitgliedern des Europäischen Parlaments gehören nur 586 Mitgliedsparteien der acht Parteibünden an, die an der EU-Parteienfinanzierung partizipieren. Die Gruppierungen der anderen 146 Abgeordneten sind dagegen ausgeschlossen. Vor dem Bundesverfassungsgericht hatte seinerzeit sogar ein einzelner parteiloser Bundestagskandidat – aus Gründen der Chancengleichheit im Wahlkampf – eine Beteiligung an der staatlichen Parteienfinanzierung erstritten, obwohl er nur 20 Prozent der im Wahlkreis abgegebenen gültigen Stimmen erlangt hatte und nicht in den Bundestag eingezogen war.[36]

In jedem Fall erscheint es überzogen, den Erfolg in *sieben* Mitgliedstaaten zu verlangen. Dänemark, Italien und Österreich hatten im Rat für die Herabsetzung des Siebener-Quorums auf drei plädiert, waren aber überstimmt worden. Jo Leinen hat dafür ein scheinbares Totschlagargument angeführt: Eine niedrigere Schwelle erlaube, dass sich Umberto Bossi mit der Lega Nord in Italien und Jörg Haider mit der FPÖ in Kärnten zusammen mit der Schill-Partei in Hamburg zu einer europäischen Partei zusammenschlössen.[37] Diese Begründung mag zwar politisch nachvollziehbar sein, rechtlich aber ist sie unhaltbar. Falls bestimmte Parteien nicht den demokratisch-rechtstaatlichen Grundsätzen genügen, müssen sie bereits aus diesem Grunde ausgeschlossen werden. Das sieht die Verordnung auch ausdrücklich vor (Art. 3 Buchstabe c). Genügen die genannten Parteien aber den demokratisch-rechtstaatlichen Anforderungen, darf man sie nicht benachteiligen, und schon gar nicht darf man ihretwegen die Kriterien so verschärfen, dass auch viele andere Parteien massiv benachteiligt werden. In Wahrheit dürfte die genannte Begründung nur vorgeschoben sein. Es geht den Verfassern der Verordnung offenbar darum, mögliche Konkurrenten von vornherein auszuschalten. Das ist mit dem Gleichheitssatz, der auch europarechtlich gilt (Art. 6 EU-Vertrag), aber schwerlich vereinbar.

b) Prohibitive Bedingungen

Auch die Erfolgskriterien in jedem der sieben Mitgliedstaaten sind sehr streng. Um am 15-Prozent-Anteil beteiligt zu werden, muss die Partei in mindestens sieben Staaten bei Europawahlen mindestens je 3 Prozent der Wählerstimmen erlangt haben. Die Beteiligung am 85-Prozent-Anteil verlangt EU-Abgeordnete in sieben Staaten. Zwar gibt es noch die Möglichkeit, bei nationalen oder regionalen Wahlen zu kandidieren, und dort Erfolg zu haben dürfte meist sehr viel leichter sein als bei Europawahlen. Zudem bestehen in jedem Mitgliedstaat in der Regel viele Möglichkeiten, an einer Regionalwahl teilzunehmen, räumlich und zeitlich. Dagegen gibt es nur alle fünf Jahre eine Europawahl. Aber abgesehen davon, dass durch Erfolge bei Regionalwahlen nur der Weg zum 15-Prozent-Anteil eröffnet wird, kommt für wirkliche Europaparteien eine Beteiligung an regionalen oder nationalen Wahlen gar nicht in Betracht. Für eine Europapartei aus Bürgern macht es keinen Sinn, sich an regionalen Wahlen zu beteiligen. Es geht ihr ja nicht um irgendwelche Regionalpolitik, sondern um Europapolitik (und dafür werden Europaparteien ja auch von der EU subventioniert). Es widerspräche dem Sinn der Sache, sie nur um der Finanzierung willen darauf zu verweisen, an Regional- oder Nationalwahlen teilzunehmen, obwohl es dort nicht um Europapolitik geht (oder höchstens nur sehr *mittelbar*). Geld aus der Europakasse bekommen echte Europaparteien, realistisch gesehen, also nur, wenn sie bei Europawahlen in sieben Mitgliedstaaten mindestens 3 Prozent der Stimmen erhalten. Das ist für kleine und neue Parteien praktisch nicht zu schaffen. Die Voraussetzungen sind prohibitiv. Jo Leinen, der im Europäischen Parlament Berichterstatter für die Parteienverordnung war, behauptet zwar, »eine neue europäische Partei« könne »jederzeit von Bürgerinnen und Bürgern aus mehreren EU-Ländern gegründet werden«. Doch das ist – angesichts der Sieben-Länder-Klausel – purer Zynismus. Leinen sucht diese Klausel mit dem Hinweis zu verteidigen, es genügten auch Abgeordnete in einem nationalen oder einem regionalen Parlament, und »bei ca. 340 Regionen in der erweiterten EU« sei »das leicht zu erreichen«. Doch das erscheint erst recht zynisch. Was für einen Sinn macht es für eine echte Europapartei aus Bürgern, sich an regionalen Wahlen zu beteiligen? Es geht ihr ja nicht um irgendwelche Regionalpolitik, sondern um Europapolitik. Es bleibt also dabei, dass eine echte Europapartei Geld aus der Europakasse nur bekommt, wenn sie bei Europawahlen in sieben Mitgliedstaaten Abgeordnete im Europaparlament hat oder mindestens drei Prozent der Stimmen erhält, was für kleine und neue Parteien eben nicht zu schaffen ist. Damit bleiben die demokratischen Grundsätze der Gleichheit und Offenheit des politischen Wettbewerbs auf der Strecke. Die europäische Parteienlandschaft droht zu versteinern, und das dürfte auch Rückwirkungen auf die nationalen Parteien haben.

Wie übertrieben hoch die Schwellen sind, zeigt auch ein Vergleich mit Deutschland: Hier bekommen Parteien schon dann Geld vom Staat, wenn sie bei Europawahlen mindestens 0,5 Prozent der Wählerstimmen erhalten (§ 18 Abs. 4 PartG) und nicht 3 oder 5 Prozent wie in Europa. Zudem muss dieser Prozentsatz nur in *einem* Staat, nämlich Deutschland, erreicht werden und nicht in sieben Staaten.[38] In der EU ist die Hürde also bis zu 10-mal so hoch wie in Deutschland (5 Prozent statt 0,5 Prozent), und das in siebenmal so viel Staaten. Das Quorum ist also 10 mal 7, das heißt 70-mal so hoch wie in Deutschland.

c) Closed shop: Der Ausschluss unliebsamer Konkurrenten

Die Parteibünde der Etablierten teilen das Geld im Wesentlichen unter sich auf. Wie ein Kartell haben sie den Zugang zum Europatopf derart erschwert, dass andere kaum eine Chance haben.

Die Verteilung der 85 Prozent ist aus zwei Gründen hoch problematisch. Erstens werden diejenigen Europaparteien von vornherein davon ausgeschlossen, die keine Abgeordneten im Brüsseler Parlament haben. Die dadurch errichtete Schwelle ist viel zu hoch. Zweitens ist auch der Schlüssel, nach dem das Geld unter die Berechtigten verteilt wird, unangemessen. Die Verteilung entsprechend der Zahl der Mandate im Europäischen Parlament benachteiligt solche Parteien massiv, die in großen Ländern oder in Ländern mit Sperrklauseln antreten.

Eine Stimme aus Luxemburg hat bei der Verteilung der Mandate sechzehnmal so viel Gewicht wie eine Stimme aus Deutschland. Darin liegt eine krasse Ungleichheit, die gegen den demokratischen Fundamentalsatz »One man – one vote« verstößt, der grundsätzlich auch ein etwa gleich großes Stimmgewicht verlangt. Die Verordnung dehnt diese Ungleichheit des europäischen Wahlrechts nun auch auf die öffentliche Parteienfinanzierung aus. Eine Stimme in Luxemburg bringt den betroffenen Parteien auf europäischer Ebene somit auch sechzehnmal so viel öffentliche Mittel ein wie eine Stimme in Deutschland. Es lohnt sich also für Europaparteien, im Wahlkampf in kleinen Ländern sehr viel mehr Geld pro Wähler auszugeben als in großen. Zwischen Wahlrecht und Parteienfinanzierung besteht aber ein großer Unterschied: Die Ungleichheit wird bei der Wahl bewusst hingenommen, weil sonst eine Zustimmung kleiner Staaten zur Europäischen Union nicht hätte erreicht werden könne. Deshalb ist der Gleichheitssatz für das Wahlrecht primärrechtlich ausnahmsweise außer Kraft gesetzt. Sowohl im Direktwahlakt[39] als auch im EG-Vertrag[40] fehlt die Garantie der Wahlgleichheit. Für die Parteienfinanzierung gibt es eine derartige Notwendigkeit und eine darauf beruhende Außerkraftsetzung des Gleichheitssatzes dagegen nicht. Sie muss sich deshalb an dem – auch europarechtlich relevanten – Gleichheitssatz messen lassen,[41] gegen den die Verteilung der öffentlichen Mittel nach der Zahl der Mandate im Europäischen Parlament eben verstößt.

Benachteiligt werden darüber hinaus auch solche Parteien, die in Mitgliedstaaten antreten, in denen Sperrklauseln beim Wahlrecht gelten. In einem Staat mit Sperrklausel ist es schwerer, Abgeordnete ins Parlament zu bekommen, als in einem ähnlich großen Staat ohne Sperrklausel. Beide Unterschiede können sich potenzieren. So kann in einem kleinen Staat wie Luxemburg ein Mandat im Europaparlament mit rund 36 000 Stimmen erreicht werden. In Deutschland sind dafür rund 1,6 Millionen und damit 44-mal so viele Stimmen erforderlich.[42] Auch dies erscheint nicht hinnehmbar, zumal es eine faire, gleichheitsgemäße Verteilungsregel durchaus gibt, die gleich vorgestellt wird.

Das Anknüpfen der 15 Prozent an das Erlangen von 3 Prozent der Europawahlstimmen in sieben Mitgliedstaaten erscheint ebenfalls problematisch: Drei Prozent der abgegebenen Stimmen bei Wahlen in einem großen Wahlgebiet mit vielen Wahlberechtigten zu erlangen, ist sehr viel schwieriger als in einem kleinen. Drei Prozent etwa in der Bundesrepublik stellen mehr als das Siebenfache von drei Prozent der Stimmen in den sieben kleinsten Mitgliedstaaten der EU zusammen dar. Wird ein einheitlicher Prozentsatz der Stimmen verlangt, ist es somit für kleine oder neue Parteien in Deutschland oder anderen großen EU-Staaten sehr viel schwerer, an öffentliche Mittel zu kommen, als in kleinen. Auch das kollidiert mit dem Gleichheitssatz.

6. Ein gerechtes Modell ist möglich

Die Unterschiede zwischen großen und kleinen Staaten, zwischen Staaten mit und ohne Sperrklauseln sowie die aus den Kriterien der Verordnung entstehenden Ungleichheiten lassen sich nicht rechtfertigen. Es gibt aber eine mit dem Gleichheitssatz vereinbare Alternative. Unser Alternativvorschlag geht dahin, den Zugang zu den öffentlichen Mitteln und ihre Verteilung an der bei der Europawahl errungenen (absoluten) Zahl von Stimmen zu orientieren.[43] Dieses Verfahren würde verhindern, dass Parteien, die in großen Staaten oder in Staaten mit Sperrklauseln kandidieren, krass benachteiligt werden.[44] Das Anknüpfen ausschließlich an den Ergebnissen der Europawahl ist auch funktionsgerecht, da die Ergebnisse von National- und Regionalwahlen nichts mit Programm und Anliegen der Europaparteien zu tun haben und deshalb nicht einzusehen ist, warum von ihnen die Vergabe öffentlicher Mittel an Europaparteien abhängen soll.

7. Spenden

Art. 6 Buchstabe c der Verordnung untersagt Spenden an Europaparteien über 12 000 Euro. Dieses Verbot ist aus deutscher Sicht bemerkenswert, weil für Spenden an deutsche Parteien keinerlei Obergrenze besteht. Ebenso bemerkenswert ist, dass Spenden bereits ab einem Betrag über 500 Euro publiziert werden müssen (Art. 6 Buchst. b der Verordnung). In Deutschland erfasst die Publikationspflicht erst Spenden über 10 000 Euro (§ 25 Abs. 3 PartG). Die Regelungen hören sich gut an, stehen aber nur auf dem Papier. Es fehlen rechtliche Sanktionen bei

Verstößen gegen diese Vorschriften. Anders als in Deutschland müssen unzulässige oder nicht angegebene Spenden weder abgeführt werden, noch wird eine Buße in Höhe des Zwei- oder Dreifachen fällig, von einer Strafvorschrift (vergleichbar § 31d des deutschen Parteiengesetzes) ganz zu schweigen. Die Stückelung großer Spenden in Einzelbeträge, um sie vor der Öffentlichkeit zu verheimlichen, ist nach dem Wortlaut der Verordnung sogar ganz legal.[45]

8. Unausgewogenes Festsetzungsverfahren

Die Verordnung verschärft die Gefahr der Kartellierung und des Gleichheitsverstoßes noch dadurch, dass das Europäische Parlament auch für die Verwaltung der Zuschüsse zuständig ist. Es ermittelt die Empfangsberechtigten, setzt die Höhe der Zuwendung fest und zahlt diese aus. Insbesondere behält sich das Parlament die Prüfung vor, ob die Voraussetzungen für die Gewährung öffentlicher Mittel erfüllt sind. Wenn dies nicht der Fall ist, maßt sich das Parlament die Kompetenz an, den betreffenden Parteibund oder die betreffende Bürgerpartei von der Finanzierung auszuschließen (Art. 3 bis 5 der Verordnung). Dazu gehört auch die Entscheidung zum Teil noch offener Fragen, zum Beispiel, was unter »Regionalversammlung« zu verstehen ist.[46] Von der Beantwortung dieser Frage kann es abhängen, ob eine Europapartei Chancen hat, an der öffentlichen Finanzierung beteiligt zu werden oder nicht.

Bei derartigen Entscheidungen über die Anerkennung oder Verweigerung des Status als europäische politische Partei und damit auch über den Anspruch auf öffentliche Mittel kann das Europäische Parlament leicht in den Verdacht politischer Motivation geraten. Damit ergibt sich genau die Gefahr, die in Deutschland Art. 21 Abs. 2 GG bannen will: dass die Etablierten unliebsame Konkurrenten mit vorgeschobenen Gründen von der politischen Partizipation ausschließen. Die Gefahr erhöht sich noch, wenn das Präsidium die Entscheidung trifft und nicht das – öffentlich verhandelnde – Parlamentsplenum. Auch das Einschalten eines »Ausschusses, dem unabhängige Persönlichkeiten angehören« (Art. 5 Abs. 2, Unterabsatz 2 der Verordnung), kann die Gefahr nicht bannen, schon deshalb, weil er nur angehört wird. Zwar kann gegen eine negative Entscheidung des Parlaments der Europäische Gerichtshof angerufen werden. Bis er die Frage geklärt hat, kann es aber eventuell schon zu spät sein.[47]

9. Zusammenfassung und Folgerungen: Ein unmögliches Gesetz

Die vorgesehene Regelung überzeugt nicht. In ihr kulminiert das Demokratiedefizit des europäischen Systems, besonders die Bürgerferne und die fehlende politische Gleichheit. Kern der Regelung ist die Institutionalisierung und öffentliche Finanzierung eines schillernden Konstrukts: der »politischen Parteien auf europäischer Ebene.« Die Verordnung steht in krassem Widerspruch zu fast allen in Deutschland geltenden Standards für die Parteienfinanzierung, die das Bundesverfassungsgericht in zahlreichen Urteilen entwickelt hat: sowohl die überkommenen Grundsätze für die begriffliche Bestimmung von Parteien als auch die Grundsätze für ihre Finanzierung. Das scheint Europapolitiker aber nicht zu stören. Denn in Brüssel haben deutsche Verfassungsrichter nichts zu sagen. Wohl aber der Europäische Gerichtshof – und auch der wird die Verordnung kaum durchgehen lassen. Denn die Grundsätze der Demokratie, der Chancengleichheit und der Bürgernähe entfalten auch europarechtliches Gewicht. Eine Klage ist bereits anhängig.

Bei Konkretisierung der Maßstäbe dürfte das deutsche Parteienrecht erheblichen Einfluss auf den Europäischen Gerichtshof ausüben. Denn die Bundesrepublik hat damit die längste Erfahrung in Europa. Hier erhielten die Parteien im Jahre 1959 erstmals Staatszuschüsse. Das war eine europäische Premiere. Zugleich besteht mit dem Bundesverfassungsgericht eine Institution, die aus relativer Distanz zu den in eigener Sache entscheidenden Parteien in den Parlamenten vernünftige Beurteilungsgrundsätze entwickeln konnte,[48] die sich übrigens vielfach mit den einschlägigen Entschließungen des Europarats decken.[49]

V.

Die öffentliche Auseinandersetzung um die europäische Parteienfinanzierung

Die neue europäische Parteienfinanzierung, die Mitte 2004 in Kraft getreten ist, war von offizieller Seite weitgehend ausgeblendet worden. Sie kam wohl deshalb auch in der deutschen Öffentlichkeit lange überhaupt nicht vor – und schon gar nicht ihre Probleme und Schwachstellen. Selbst Public-watch-Organisationen wie »Transparency International« und der Bund der Steuerzahler hatten das Thema verschlafen. Auch die Brüsseler Korrespondenten der hiesigen Medien waren den beschwichtigenden Formulierungen der Parlamentarier aufgesessen und erkannten die Brisanz nicht oder wollten sie nicht erkennen.

Die Sache publik zu machen erwies sich allerdings als sehr viel schwerer, als dies bei den Diäten der Fall gewesen war. Einerseits war der Gegenstand weniger spektakulär, zumal das Parlament zunächst einmal relativ klein anfing: Im ersten Jahr waren für alle Parteienbünde zusammen Beträge von 8,4 Millionen Euro und im weiteren Verlauf der Diskussion sogar weniger vorgesehen. Dass die jährlichen Zahlungen mit der Zeit auf 100 Millionen Euro jährlich ansteigen sollten, äußerten Abgeordnete nur hinter vorgehaltener Hand und ließen es allenfalls in abgeschirmten Zirkeln verlauten. Zudem stand das Thema auch noch im Schatten der gleichzeitigen Diätendiskussion. Zwei große Themen gleichzeitig öffentlichkeitswirksam »aufzuspießen« wäre sicher auch publizistisch ungeschickt gewesen und hätte ohnehin die Kraft eines Einzelnen überstiegen. Immerhin gelang es mir, das Magazin *Der Spiegel* für die Sache zu interessieren, das im November 2003 einen Bericht veröffentlichte (»Kartell der Kassierer«). Da war das Statut allerdings schon verabschiedet, und auch der Rat hatte am 29. September 2003 zugestimmt. Der kritisch zugespitzte *Spiegel*-Bericht stellte zentrale Mängel der Verordnung heraus und brachte den Berichterstatter des Europäischen Parlaments für das europäische Par-

teienstatut, Jo Leinen, derart in Harnisch, dass er einen wütenden Leserbrief schrieb, in dem er dem »noblen Herrn Prof. von Arnim aus
Speyer, auf den sich der Spiegel bezieht«, vorwarf, er vergleiche Äpfel
mit Birnen. Das Magazin veröffentlichte den Brief mangels Substanz
allerdings nicht.

Angesichts dessen, dass mit dem Parteienstatut bereits Fakten gesetzt worden waren, erschien es umso wichtiger, das wissenschaftliche
Publikum für das Thema zu sensibilisieren, zumal inzwischen auch
eine Klage zahlreicher Abgeordneter gegen die Verordnung beim Europäischen Gerichtshof erhoben worden war. Eine umfassende Analyse der Parteienverordnung, die ich zusammen mit einem Mitarbeiter
erarbeitet hatte, erschien im Herbst 2004 (von Arnim/Schurig, »Die
EU-Verordnung über die Parteienfinanzierung«) und – in englischer
Fassung – Anfang 2005. Die Schrift kam zu dem Ergebnis, dass die
Verordnung mehrere Grundsätze missachtet, wie sie etwa das Bundesverfassungsgericht und der Europarat für eine angemessene öffentliche
Parteienfinanzierung entwickelt haben. Die Schrift, über die das Magazin *Stern* am 7.10.2004 ausführlich berichtete, wurde auch von der
Wissenschaft freundlich aufgenommen.[50] Sie stelle »jetzt die Grundlage und den Ausgangspunkt aller wissenschaftlichen Auseinandersetzung mit den europäischen Parteien dar«, schrieb der Direktor des
Instituts für deutsches und europäisches Parteienrecht, Martin Morlok.
Auch Christian Hillgruber, Öffentlichrechtler an der Universität Bonn,
stimmte in einer Besprechung in der *Frankfurter Allgemeinen Zeitung*
vom 1. März 2005 den sachlichen Ergebnissen der Schrift durchweg
zu: Die Kritik leuchte ein, »und daher liegt die Annahme nahe, dass die
der Verordnung zugrunde liegende Definition der politischen Partei
auf europäischer Ebene als ›Etikettenschwindel‹ mit dem Primärrecht
nicht in Einklang steht.« Auch die Kritik an der vorgesehenen Verteilung der Mittel unter die Parteien findet den Beifall des Rezensen-
ten: »Arnim sieht darin – wohl zu Recht – einen Verstoß gegen den
Grundsatz der Chancengleichheit der Parteien und, weil diese für die
Offenheit des politischen Prozesses von entscheidender Bedeutung ist,
auch gegen das Demokratieprinzip selbst«. Auch hiergegen meinte Jo
Leinen allerdings Stimmung machen zu müssen und meldete sich in
einem Leserbrief zu Wort. Er ging darin allerdings auf keinen der in-
haltlichen Kritikpunkte ein (FAZ vom 19.3.2005). Um das Thema

weiterhin einer breiten Öffentlichkeit nahe zu bringen, veröffentlichte ich in wissenschaftlichen Zeitschriften (*Neue Juristische Wochenschrift* und *European Law Review*) und in überregionalen Zeitungen (zum Beispiel in: *Die Zeit* vom 28. 10. 2004: »Meister der Raffgier« und *Wall Street Journal* vom 3. 2. 2005: »Party Time in Brussels«) Beiträge zum Thema.

C.

EUROPABEAMTE
IM SCHLARAFFENLAND

I.

Brüsseler Kaste:
Die üppige Besoldung von EU-Beamten

Klaus Regling, Horst Reichenbach, Roland Schenkel, Franz-Hermann Brüner, Klaus Welle, Dietmar Nickel und Klaus Gretschmann haben eines gemeinsam: Sie sind hohe europäische Beamte der Europäischen Union. Die sieben Deutschen stehen als Generaldirektoren (von insgesamt über 60) an der Spitze der Beamtenhierarchie der Europäischen Union. Der Dienst fern der Heimat wird überaus fürstlich honoriert.

1. Grundgehalt

Generaldirektoren erhalten ein Grundgehalt zwischen 13 101 und 16 095 Euro. (Besoldungsgruppen 15 oder 16, Dienstaltersstufen 1 bis 5, gem. der Tabelle in Art. 66 des Statuts der Beamten der Europäischen Gemeinschaften; unberücksichtigt bleiben die geltenden Übergangsregelungen.) Die Höhe des Grundgehalts nennt Art. 66 des Beamtenstatuts in Form einer Tabelle, die hier wiedergegeben wird. Derzeit gibt es sechzehn Besoldungsgruppen mit je fünf Dienstaltersstufen. Die höchste Besoldungsgruppe (16) hat nur drei Dienstaltersstufen. Die Gehaltstabelle reicht von 2325 Euro im Monat (Besoldungsgruppe 1, Dienstaltersstufe 1) bis 16 095 Euro (Besoldungsgruppe 16, Dienstaltersstufe 3). Dabei entspricht das Grundgehalt der höchsten Dienstaltersstufe einer Besoldungsgruppe jeweils der niedrigsten Dienstaltersstufe der nächsthöheren Gruppe.

Monatliches Grundgehalt der
europäischen Beamten in Euro

Besoldungsgruppen	Dienstaltersstufen				
	1	2	3	4	5
16 (Generaldirektor)	14 822,86	15 445,74	16 094,79		
15 (Generaldirektor/ Direktor	13 100,93	13 651,45	14 225,11	14 620,87	14 822,86
14 (z. B. Direktor, Referatsleiter)	11 579,04	12 065,60	12 572,62	12 922,41	13 100,93
13 (z. B. Referatsleiter, Ltd. Rat)	10 233,93	10 663,98	11 112,09	11 421,25	11 579,04
12 (Referatsleiter, Hauptrat)	9 045,09	9 425,17	9 821,23	10 094,47	10 233,93
11 (Referatsleiter, Hauptrat)	7 994,35	8 330,28	8 680,33	8 921,83	9 045,09
10 (Referatsleiter, Oberrat)	7 065,67	7 362,57	7 671,96	7 885,41	7 994,35
9 (Referatsleiter, Oberrat)	6 244,87	6 507,29	6 780,73	6 969,38	7 065,67
8 (Rat)	5 519,42	5 751,35	5 993,03	6 159,77	6 244,87
7 (Rat)	4 878,24	5 083,24	5 296,84	5 444,21	5 519,42
6 (Rat im Eingangsamt)	4 311,55	4 492,73	4 681,52	4 811,77	4 878,24
5 (Rat im Eingangsamt)	3 810,69	3 970,82	4 137,68	4 252,80	4 311,55
4 (Verwaltungs- sekretär im Eingangsamt)	3 368,02	3 509,54	3 657,02	3 758,76	3 810,69
3 (Verwaltungs- sekretär im Eingangsamt)	2 976,76	3 101,85	3 232,19	3 322,12	3 368,02
2 (Sekretariats- assistent)	2 630,96	2 741,52	2 856,72	2 936,20	2 976,76
1 (Sekretariats- assistent)	2 325,33	2 423,04	2 524,86	2 595,11	2 630,96

Stand: 1.1.2004.

2. Zulagen

Dazu kommen mehrere steuerfreie Zulagen. Da ist zunächst die sogenannte Haushaltszulage. Diese Zulage, die verheiratete Beamte oder
unverheiratete Beamte mit Kindern erhalten, beträgt zwei Prozent des
jeweiligen Grundgehalts plus 149 Euro. Das macht für die höchste Gehaltskategorie 471 Euro monatlich aus. Außerdem besteht Anspruch
auf die »Kinderzulage« in Höhe von 261 Euro pro Kind. (Die soll bis
Anfang 2009 auf 326 Euro steigen.) Hinzu kommt eine »Erziehungszulage« von bis zu 222 Euro monatlich. Sie wird für Kinder, die eine
Hochschule besuchen, ohne Nachweis der Kosten in voller Höhe gezahlt. Besonders ins Gewicht fällt die »Auslandszulage«, die – außer
den Belgiern – alle Beamten erhalten, das sind rund 80 Prozent der
EU-Beamten insgesamt. Die Auslandszulage beträgt 16 Prozent des
Grundgehalts, der Haushaltszulage und der Kinder- und Erziehungszulagen. Das kann für einen Beamten mit zwei Kindern der höchsten Gehaltskategorie steuerfreie Zulagen in Höhe von insgesamt
4241 Euro ausmachen, die noch zu seinem Grundgehalt dazukom-
men. Sein Gesamtgehalt beiträgt damit 20 336 Euro monatlich. Ohne
unterhaltspflichtige Kinder erhält der Generaldirektor 19 217 Euro.

Für die rund 35 500 Beamten und sonstigen Bediensteten der Europäischen Union gilt ein eigenes europäisches Beamtenstatut und ein
eigenes europäisches Steuerrecht. Diese Sonderrechte besitzen auch
deshalb große Bedeutung, weil sich auch die Bezahlung hoher Amtsträger danach richtet: Von den Kommissaren über die Mitglieder des
Europäischen Rechnungshofes bis hin zu den Richtern am Europäischen Gerichtshof – alle profitieren von den beamten- und steuer-
rechtlichen Privilegien. Alle sitzen also im selben Boot, wenn es um
die Gestaltung ihrer Bezüge geht. Über ihre finanziellen Privilegien
sind sie alle miteinander verbandelt. Das macht eine Reform und den
Abbau der Privilegien so schwierig. Nach dem Rücktritt der Santer-
Kommission wurde dennoch ein Versuch unternommen. Die Änderungen traten zum 1. Mai 2004 in Kraft mit Übergangsregelungen bis
zum 30. April 2006. Am Gehaltsgefüge europäischer Beamte hat die
Reform aber nichts Wesentliches geändert. Wir haben diesem Buch die
endgültigen, ab 2006 geltenden Regelungen zugrunde gelegt.

3. Vergleich mit deutschen Beamten und Amtsträgern

Es liegt aus deutscher Sicht natürlich nahe, diese Bezüge mit den Gehältern Berliner Ministerialbeamter zu vergleichen. Einem Generaldirektor der EU (Besoldungsgruppe 16) entspricht in Deutschland ein Abteilungsleiter in einem Bundesministerium (Ministerialdirektor der Besoldungsgruppe B 9).[1] Ein verheirateter Abteilungsleiter (ohne Kinder) bezieht 9347 Euro, also weniger als die Hälfte der 19 603 Euro des Generaldirektors. Ähnliche Relationen ergeben sich bei allen anderen Besoldungsordnungen. Die Gehälter von EU-Beamten sind durchweg also etwa doppelt so hoch wie die vergleichbarer deutscher Staatsdiener. Dabei sind die gewaltigen Steuerprivilegien, die EU-Bedienstete genießen und auf die wir gleich zu sprechen kommen, noch nicht einmal berücksichtigt.

Der Brüsseler Generaldirektor stellt mit seinem Gehalt sogar sämtliche Politiker in Deutschland in den Schatten: Der Bundespräsident als höchstbesoldeter deutscher Amtsträger erhält ein Amtsgehalt von rund 350 000 Euro im Jahr und damit rund 3000 Euro weniger als der Brüsseler Beamte.

II.

Die Brüsseler Steueroase

Die EU-Beamten und sonstigen Bediensteten sind von innerstaatlichen Steuern befreit. Stattdessen unterliegt ihr Gehalt der Gemeinschaftssteuer, die regelmäßig aber sehr viel niedriger ist. Die Zulagen sind ohnehin von der Steuer befreit; Zulagen für unterhaltsberechtigte Kinder werden sogar in doppelter Höhe abgezogen. Hinzu kommt ein zehnprozentiger Pauschalabschlag für Werbungskosten und persönliche Aufwendungen. Auch die Beiträge für die Alters- und Krankenversorgung und für sonstige soziale Vorsorge werden von der steuerlichen Bemessungsgrundlage abgezogen. Bei einem Beamten der Besoldungsgruppe 16 mit einem Grundgehalt von 16 095 Euro im Monat[2] und steuerfreien Zulagen von Euro 4170 Euro (Haushaltszulage: 471 Euro; Kinderzulage für zwei Kinder: 522 Euro; Erziehungszulage: 443 Euro; Auslandszulage: 2734 Euro) werden also vorab 2822 Euro (Pensionsbeitrag: 1489; Kranken- und Unfallversicherung: 290; Kinderfreibetrag: 1044 Euro) abgezogen, um das zu versteuernde Einkommen zu ermitteln, auf das die Steuertabelle angewendet wird. Das Grundgehalt von 16 095 Euro wird also erst einmal um 2823 Euro gekürzt. Das ergibt 13 272 Euro. Von diesem Betrag sind wiederum 10 Prozent des Grundgehalts als Werbungskosten und persönliche Aufwendungen abzuziehen, so dass das zu versteuernde Einkommen schließlich 11 663 Euro beträgt.

Art. 4 der Steuerverordnung enthält die Besteuerungstabelle in Monatsbeträgen, die nach einem geringfügigen Grundfreibetrag von derzeit 96,23 Euro mit 8 Prozent einsetzt. Der Höchststeuersatz von 45 Prozent wird bei einem zu versteuernden Einkommen von 6078,76 Euro erreicht.

Europäische Steuertabelle 2004

Zu versteuerndes Einkommen			Grenz-steuersatz	Grenz-steuer	Gesamt-ein-kommen	Gesamt-steuer	Durch-schnitts-steuersatz
Von	bis	Differenz-betrag					
0,01	96,23	96,23	0,00%	0,0000	96,23	0,00	0,00%
96,24	1698,70	1602,47	8,00%	128,20	1698,70	128,20	7,55%
1698,71	2339,73	641,03	10,00%	64,10	2339,73	192,30	8,22%
2339,74	2681,45	341,72	12,50%	42,72	2681,45	235,02	8,76%
2681,46	3044,81	363,36	15,00%	54,50	3044,81	289,52	9,51%
3044,82	3386,52	341,71	17,50%	59,80	3386,52	349,32	10,31%
3386,53	3717,80	331,28	20,00%	66,26	3717,80	415,57	11,18%
3717,81	4059,65	341,85	22,50%	76,92	4059,65	492,49	12,13%
4059,66	4390,92	331,27	25,00%	82,82	4390,92	575,31	13,10%
4390,93	4732,64	341,72	27,50%	93,97	4732,64	669,28	14,14%
4732,65	5063,91	331,27	30,00%	99,38	5063,91	768,66	15,18%
5063,92	5405,76	341,85	32,50%	111,10	5405,76	879,76	16,27%
5405,77	5737,04	331,28	35,00%	115,95	5737,04	995,71	17,36%
5737,05	6078,75	341,71	40,00%	136,68	6078,75	1132,40	18,63%
ab 6078,76			45,00%				

Stand: 1.1.2004.

Das Besondere der Gemeinschaftssteuertabelle ist, dass sie sozusagen »auf Räder« gestellt ist: Alle in ihr enthaltenen Beträge werden jedes Jahr um denjenigen Prozentsatz erhöht, um den auch die Gehälter der EU-Bediensteten angehoben werden. Entsprechend wächst der Koeffizient, mit dem die Beträge der Tabelle von 1968 zu multiplizieren sind, jedes Jahr und betrug zum 1.1.2004 4,833264.[3]

Die Steuerbelastung von EU-Beamten, besonders von Ledigen, ist deutlich niedriger als die ihrer Kollegen im deutschen öffentlichen Dienst. Das beruht vor allem auf den hohen steuerfreien Zulagen. Der Abstand wird allerdings dadurch verringert, dass die EU-Beamten zusätzliche Abgaben zu tragen haben, die in Deutschland nicht anfallen:

– die »Sonderabgabe« in Höhe von 2,5 Prozent[4] des Brutto-Satzes
  der Bemessungsgrundlage, das heißt vom Grundgehalt, abzüglich
  der Aufwendungen für die Sozialversicherung, der zu zahlenden
  Steuer[5] sowie eines Betrages in Höhe des Grundgehalts eines Beamten der Besoldungsgruppe 1, Dienstaltersstufe 1 (2325,33 Euro)
  und
– den Versorgungsbeitrag in Höhe von 9,25 Prozent des Grundgehalts.

Hinzu kommt, dass verheiratete deutsche Beamte das Ehegatten-
Splitting in Anspruch nehmen können, nicht aber EU-Beamte. Das
Splitting-Verfahren führt bei Einverdienerehen zu einer deutlichen
Steuerminderung. Die Vergleichsrechnungen gehen regelmäßig von
Verheirateten aus, weil dies als Normalfall gilt (siehe unten S. 220).

Ein zusätzliches Privileg für EU-Beamte ergibt sich bei der Besteuerung des Einkommens des Ehegatten oder des Zusatzverdienstes,
den der Beamte selbst neben seinem Gehalt bezieht. Dazu gehören
alle möglichen Einkommen, zum Beispiel aus freiberuflicher, selbstän-
diger oder abhängiger Tätigkeit, aus Vermietungen und Verpachtungen, auch Dividenden und Zinsen. Diese zusätzlichen Einkommen
werden zwar der nationalen Besteuerung unterworfen, dabei aber so
behandelt, als gäbe es das Beamtengehalt nicht. Der Beamte und sein
Ehegatte erhalten also bei der Berechnung der Steuer auf Zusatzverdienste noch einmal die beiden Grundfreibeträge, obwohl der Beamte
bei der Besteuerung seines EU-Gehalts auch schon in den Genuss sehr
niedriger steuerlicher Anfangssätze gekommen ist. Zudem bewegen
sich der Beamte und sein Ehegatte in einer niedrigeren Progressionsstufe, als wenn das EU-Einkommen und die weiteren Einkommen zusammengezählt würden (wie das bei einheitlicher Besteuerung nach
nationalem Steuerrecht grundsätzlich der Fall wäre).[6] Bei Zusatzeinkommen eines Beamten von beispielsweise 3000 Euro ergibt allein
dieser Effekt eine Steuerersparnis von rund 1000 Euro.

Dieses steuerliche Privileg gilt auch für das Ruhegehalt und die Hinterbliebenenversorgung. Das Privileg fällt hier noch stärker ins Gewicht als bei aktiven Beamten, weil der Ruhestandsbeamte und sein
Ehegatte dann meist in ihrem Heimatland leben und dort unbeschränkt
einem Einkommenserwerb nachgehen können. Da der Ruhestands-

beamte nun seinen Lebensmittelpunkt vollständig im Heimatland hat, macht es keinen rechten Sinn, ihn steuerlich gegenüber seinen Mitbürgern zu privilegieren.

III.

Krösus im Ruhestand

Ein Beamter oder sonstiger Bediensteter der Gemeinschaft erwirbt nach 10 Jahren Dienst bei der EU einen Versorgungsanspruch. Pro Jahr beträgt der Pensionsanspruch 1,9 Prozent des letzten Grundgehaltes. Die Höchstpension beträgt 70 Prozent des Endgrundgehalts und wird grundsätzlich nach 36,84 Dienstjahren erreicht. Der zu entrichtende Beitrag des Beamten macht 9,25 Prozent des Grundgehalts aus. Das Pensionsalter liegt bei 63 Jahren. Bleibt ein Beamter nach Vollendung des 63. Lebensjahres freiwillig im Dienst, erwirbt er pro Jahr 2 Prozent des letzten Grundgehalts als Versorgungsanspruch (Art. 5, Anhang VIII). Scheidet der Beamte vor Vollendung des 63. Lebensjahres aus dem Dienst, wird pro Jahr des vorzeitigen Ausscheidens eine Kürzung des Ruhegehalts um 3,5 Prozent des Grundgehalts vorgenommen (Art. 9, Anhang VIII). Die Mindestpension beträgt 4 Prozent des Grundgehalts der Besoldungsgruppe 1 in der ersten Dienstalterssstufe pro Dienstjahr. Scheidet ein Beamter also nach 10 Jahren aus dem Dienst aus, erhält er mindestens 40 Prozent dieser Besoldung als Versorgung, also zur Zeit 930 Euro im Monat.

Problematisch ist einmal das hohe Versorgungsniveau. Es bemisst sich ja nach der sehr hohen Endstufe des Grundgehalts, das meist sehr viel höher ist als das nationaler Beamter. Da der Beamte seinen Ruhestand in aller Regel zu Hause verbringen wird, ist auch überhaupt nicht einzusehen, warum er dort nicht mit dem Versorgungsniveau nationaler Beamter auskommen soll. Die überzogene Versorgung ist auch deshalb besonders prekär, weil sich die Kosten der EU für die Versorgung ihrer Bediensteten in den letzten zehn Jahren mehr als verdoppelt haben und auch in Zukunft weiter stark ansteigen werden, so dass die bisherige Finanzierungsform auf Dauer kaum gehalten werden kann.

Auch die Pensionen der Beamten unterliegen nicht der nationalen Besteuerung, sondern nur der Gemeinschaftssteuer. Der Europäische

Gerichtshof betrachtet die Pensionen der Beamten als zeitverschobene Dienstbezüge, weshalb auch sie unter das Steuerprivileg fallen und von der nationalen Steuer befreit sind.[7]

IV.

Bezahlung und Versorgung der Mitglieder der Kommission, des Europäischen Gerichtshofs, des Gerichts erster Instanz und des Rechnungshofs

Die Besoldung der hohen Amtsträger ist an die höchste Stufe der Beamtenbesoldung gekoppelt. Das waren zum 1.1.2005 16 207 Euro monatlich.

Mitglieder der Kommission, Richter am Europäischen Gerichtshof und Generalanwälte erhalten 112,5 Prozent davon (= 18 233 Euro), die Präsidenten beider Organe 138 Prozent (22 366 Euro), die Vizepräsidenten 125 Prozent (20 259 Euro) und der Kanzler des Gerichts 101 Prozent (16 369 Euro).

Die Mitglieder des Gerichts erster Instanz erhalten 104 Prozent (16 855 Euro), der Präsident dieses Gerichts 112,5 Prozent (18 233 Euro) und sein Kanzler 95 Prozent (15 397 Euro).[8]

Der Präsident des Europäischen Rechnungshofes erhält ein Grundgehalt von 115 Prozent (18 638 Euro), die übrigen Mitglieder von 108 Prozent (17 504 Euro).

Hinzu kommen bei allen ähnliche Zulagen wie bei den Beamten (Näheres S. 183 und 219 ff.).

V.

Das europäische Insichgeschäft:
Die Entscheidung über die Gehälter

Ein besonderes Problem stellt das Verfahren dar, in dem über die Bezahlung der EU-Bediensteten entschieden wird. Hier spielt die Kommission eine zentrale Rolle. Sie ist schon deshalb selbst an hohen Gehältern der EU-Bediensteten interessiert, weil ihre eigenen Bezüge daran gekoppelt sind. Zumindest besteht der böse Schein mangelnder Objektivität. Die Befangenheit wird noch dadurch verstärkt, dass die Kommission sich als Interessenwalter der EU-Bediensteten versteht, als deren Spitze sie quasi fungiert. Zudem hat die Kommission das Initiativ- und Vorschlagsmonopol hinsichtlich der Gesetzgebung, so dass an ihr vorbei Reformen zum Besseren nicht möglich sind. Es ist für den Rat nicht leicht, die Kommission überhaupt zu entsprechenden Initiativen zu bewegen.

Das erklärt, warum die Kommission die stetige Entwicklung der Bezüge der EU-Bediensteten nach oben getrieben und Reformvorschläge abgeblockt hat.

Die Kommission ist wesentlich dafür verantwortlich, dass die Privilegien der EG-Bediensteten immer weiter ausgedehnt wurden.[9] Der Rat hat die Kommission immer wieder, zum Beispiel mit Beschluss vom 20.12.1996 aufgefordert, insbesondere zum Zulagenwesen Änderungsvorschläge vorzulegen. Überdies sollte die Kommission Untersuchungen zur Begrenzung der Versorgungsausgaben anstellen.[10] »Die Kommission hat allerdings bereits zu erkennen gegeben, dass sie sich durch den Ratsbeschluss nicht verpflichtet fühlt, die erforderlichen Änderungsvorschläge vorzulegen.«[11] Das hat den Eindruck der Befangenheit noch verstärkt. Im Jahre 2004 kam zwar eine Reform des Beamtenrechts zustande. Aber auch diesmal überwogen wieder die beharrenden Momente.

Beschlüsse des Ministerrats zur Einschränkung der Bezahlung und Versorgung von EU-Bediensteten bedürfen der Einstimmigkeit. Dazu kommt es aber schon deshalb praktisch nicht, weil Luxemburg die eigentliche Schwachstelle für solch einstimmige Beschlüsse darstellt. In Luxemburg sind die nationalen Gehälter fast so hoch wie die der EU. Luxemburger Beamte reizt deshalb allenfalls die Auslandszulage von 16 Prozent. Es kommt hinzu, dass in Luxemburg mit seinen 450 000 Einwohnern alles mit EU-Angehörigen verschwippt und verschwägert ist. Die Stadt hat ein naheliegendes Interesse an hohen Einkommen der EU-Beamten. Überdies schlagen – über persönliche Beziehungen – auch die Interessen der in Luxemburg wohnenden EU-Beamten auf das Verhalten der Luxemburger Regierung im Ministerrat durch.

Dazu kommt, dass kleinere Länder von der Kommission und ihren Bediensteten leicht auch mit – manchmal ziemlich unverhohlenen – Subventionsversprechen korrumpiert werden. Angesichts der erforderlichen Einstimmigkeit von Ratsentscheidungen reicht das dann schon, um Reforminitiativen abzublocken.

D.

EUROPÄISCHE GROSSVERDIENER: WER KONTROLLIERT DIE KONTROLLEURE?

Die 25 Kommissare, die 25 Richter des Europäischen Gerichtshofs, die 25 Richter erster Instanz und die 25 Chef-Rechnungsprüfer gehören zu Europas Topverdienern. In schöner Eintracht darf jeder Mitgliedstaat unabhängig von seiner Größe und seiner Bevölkerung einen Vertreter oder eine Vertreterin in die hohen europäischen Organe entsenden. Damit haben die Kommission und die anderen Organe ihre optimale Größe weit überschritten. Hinzu kommen die acht Generalanwälte des EuGH und für jedes der beiden Gerichte ein Kanzler. Alle Richter und Generalanwälte werden von den Regierungen der 25 Mitgliedstaaten »im gegenseitigen Einvernehmen auf sechs Jahre ernannt«. Die Kanzler bestimmen die Gerichte selbst. Für den Rechnungshof erstellen die einzelnen Mitglieder eine Liste ihrer 25 Kandidaten, die nach Anhörung des Europäischen Parlaments vom Rat mit qualifizierter Mehrheit angenommen werden muss. Die Amtsperiode der obersten Rechnungsprüfer beträgt ebenfalls sechs Jahre, die der Kommissare fünf Jahre. Die Gerichte und der Rechnungshof wählen ihre Präsidenten aus ihrer Mitte für die Dauer von drei Jahren. Wiederwahl ist in allen Fällen unbeschränkt zulässig.

Geradezu ein Ungetüm an Kompliziertheit ist die Bestellung der Kommission:

– Zunächst hat der Rat in der Zusammensetzung der Staats- und Regierungschefs mit qualifizierter Mehrheit die Persönlichkeit zu *benennen*, die er zum Präsidenten der Kommission zu ernennen beabsichtigt; diese Benennung benötigt bereits die Zustimmung des Europäischen Parlaments.

– Sodann erstellt der designierte Präsident – entsprechend den Vorschlägen der einzelnen Mitgliedstaaten – eine Liste mit den anderen künftigen Kommissionsmitgliedern.

- Diese Liste bedarf wiederum der Zustimmung des Rats, der dabei mit qualifizierter Mehrheit entscheidet.
- Es folgt das Zustimmungsvotum des Parlaments zum Kommissionskollegium als Ganzem.
- Schließlich werden der Präsident und die übrigen Mitglieder der Kommission vom Rat mit qualifizierter Mehrheit ernannt.

Diesen überaus komplizierten Regelungen entspricht nicht unbedingt eine hohe Qualität der in diesem Verfahren gefundenen Persönlichkeiten. So gilt der seit 2004 amtierende Ratspräsident José Manuel Barroso nur als dritte Wahl. Präsident der Kommission sollte ursprünglich ein anderer werden. »Ausgeguckt« war Luxemburgs Premierminister Jean-Claude Juncker, Europas dienstältester Regierungschef, der auch auf europäischer Ebene höchstes Ansehen genießt. Juncker aber wollte seine Luxemburger Wähler nicht im Stich lassen. Erst als auch Guy Verhofstadt, Belgiens liberaler Ministerpräsident, nach dem Sieg der Konservativen bei der Europawahl 2004 nicht mehr mehrheitsfähig war, kam Barroso ins Spiel, ein Verlegenheitskandidat, an den vorher niemand gedacht hatte. Schon sein Start misslang. Mehrere seiner designierten Kommissionsmitglieder erwiesen sich als hochkontrovers und wurden vom Parlament abgelehnt, darunter der Italiener Rocco Buttiglione, der wegen abfälliger Äußerungen über die Rolle der Frau und über Homosexualität in die Schlagzeilen kam. Auch seine Einladung zu einer Schiffsreise durch einen Industriellen mit massiven wirtschaftlichen Interessen an bestimmten EU-Maßnahmen behandelte Barroso ohne jedes Verständnis für die Problematik, rückte die Details der Reise viel zu spät und unfreiwillig heraus und betonte gar trotzig, er werde derartige Einladungen auch in Zukunft wieder annehmen. Als ausgesprochen führungsschwach erwies sich Barroso schließlich in der Reaktion auf die Volksabstimmungen in Frankreich und den Niederlanden und auf das anschließende Scheitern des Brüsseler Gipfels. Schon vorher hatte er durch widersprüchliches Lavieren enttäuscht und massiv an Ansehen verloren.

I.

Die Aufblähung der Kommission
und des Gerichtshofs

Die Kommission ist mit 25 Mitgliedern übermäßig aufgebläht.[1] Darunter leidet ihre Arbeitsfähigkeit. Die übergroße Zahl von Kommissaren, von denen sich natürlich jeder profilieren möchte, fördert zudem einen rastlosen Aktionismus. Hier hat die der Europäischen Union vielfach vorgeworfene Überregulierung eine ihrer Ursachen.

Die Übergröße der Kommission entspringt keiner zwingenden Notwendigkeit (ebenso wenig wie etwa die Übergröße des Europäischen Parlaments) und resultiert allein aus eigensüchtigem Geschacher der nationalen Regierungen.

Früher war die Kommission sehr viel kleiner. Die EWG-Kommission und die Hohe Behörde der Europäischen Gemeinschaft für Kohle und Stahl bestanden aus jeweils neun Mitgliedern, die Euratom-Kommission hatte fünf. Das Abkommen zur Einsetzung eines gemeinsamen Rates und einer gemeinsamen Kommission (sogenannter Fusionsvertrag) vom 8. April 1965 setzte die Zahl der Mitglieder der gemeinsamen Kommission auf 9 fest (im Anschluss an eine dreijährige Übergangszeit, in der die Kommission 14 Mitglieder hatte). Mit den Erweiterungen der Gemeinschaft erhöhte sich die Mitgliederzahl zunächst auf 13, dann auf 14 und 17, schließlich auf 20 und jetzt auf 25. (Die deutsche Vereinigung 1990 führte zu keiner Änderung.) Mit der Osterweiterung am 1. Mai 2004 erhöhte sich die Zahl der damals 20 Kommissare vorübergehend sogar auf 30, wurde ab 1. November 2004 aber auf einen Kommissar je Mitgliedstaat, also auf derzeit 25, gesenkt. (Vorher hatten die fünf »Großen«, Deutschland, Frankreich, Großbritannien, Italien und Spanien, je zwei Kommissare gestellt. Darauf verzichteten sie immerhin in Nizza. Doch versäumte man, gleichzeitig auch das Recht eines jeden Mitgliedstaats auf einen Kommissar abzuschaffen.) Mit dem 2007 oder spätestens 2008 vorgesehenen Beitritt von Rumänien und Bulgarien wird die Kommission auf 27 Mitglieder anwachsen. Ab dem Amtsantritt der nächsten darauffolgenden Kommission soll die Zahl der Kommissionsmitglieder zwar unter die Anzahl der Mitgliedstaaten abgesenkt werden. Man wird aber sehen, ob es dabei bleibt. Die Festlegung muss schließlich durch einstimmigen Beschluss des Rats erfolgen.

Obwohl Beobachter schon früher empfahlen, die Kommission zu verkleinern oder wenigstens nicht weiter auszuweiten, wuchs sie mit jedem Beitritt an. »In Maastricht, Amsterdam und Nizza wurde das Thema der Mitgliederzahl von Kommission und Parlament zwar ausführlich diskutiert, dann aber jeweils verschoben. Im Anschluss an Maastricht wurde nur die Zahl der Parlamentarier, nicht der Kommissare angepasst, und in Nizza wurde nur vereinbart, dass nach der Erweiterung auf 27 Mitgliedstaaten die Zahl der Kommissare gekürzt werden müsse, die Festlegung der Zahl und der sonstigen Modalitäten aber auf jenen Zeitpunkt verschoben.«[2]

Zuletzt hat eine vom Kommissionspräsidenten Romano Prodi im Jahre 2002 eingesetzte Sachverständigenkommission unter dem Vorsitz von André Sapir eine deutliche Verringerung der Zahl der Kommissare vorgeschlagen.[3] Doch die Kommission wies die umfassenden, auf mehr Rationalität und Effizienz zielenden Vorschläge zurück. Wie wenig ihr dabei offenbar der Verkleinerungsvorschlag ins Konzept passte, zeigt sich auch daran, dass die Kommission seit Herbst 2003 bemüht ist, Umfragedaten zu produzieren, nach denen eine überwältigende Mehrheit der Bürger die Übergröße der Kommission scheinbar befürwortet. Um die gewünschten Antworten zu bekommen, schreckt Eurobarometer nicht einmal vor einseitigen, ja geradezu suggestiven Fragen zurück (siehe S. 98).

Es ist seit langem ein offenes Geheimnis, dass eine Kommission von 25 oder mehr Mitgliedern nur eingeschränkt arbeitsfähig ist. Ihre Größe sollte 12 Kommissare nicht überschreiten. 20, 25 oder gar 27 sind bei weitem zu viel[4] und werden von sachverständigen Beobachtern bisweilen geradezu als »selbstmörderisch« bezeichnet.[5] Das exekutive Kollegialorgan, welches die Kommission immer noch ist (siehe Art. 217 EG), obwohl dem Präsidenten durch die Vertragsrevisionen von Amsterdam und Nizza zusätzliche Befugnisse gegeben wurden, degeneriert immer mehr zu einer Versammlung. Das kollegiale Klima und das von gegenseitigem Vertrauen gekennzeichnete Eingehen aufeinander gehen leicht verloren. Schmitt von Sydow weist auf eine ganz praktische Konsequenz hin: »Wenn derzeit jeder Kommissar auf der wöchentlichen Sitzung in einem Fünf-Minuten-Statement seine Grundhaltung erläutert, so gehen zu jedem Tagesordnungspunkt fast zwei Stunden vorbei, bevor die eigentliche Debatte überhaupt begonnen hat.«[6] Und das bei dem riesigen Arbeitsumfang der Kommission. Sie fasst jedes Jahr bis zu 20 000 Beschlüsse. Das erklärt zu einem guten Teil auch das Ausweichen in Behelfsverfahren. Die Kommission hat im Laufe der Zeit eine Vielzahl von vereinfachten Beschlussverfahren herausgebildet. Nur zwei Prozent der Beschlüsse der Kommission werden wirklich noch in mündlicher Verhandlung gefasst. 98 Prozent werden im Umlaufverfahren entschieden oder auf bestimmte Kommissionsmitglieder oder sogar auf Beamte delegiert.

Mitte der neunziger Jahre hätten die Verantwortungsbereiche in zehn große Ressorts aufgeteilt werden können:[7]

1. Präsident, Gesamtkoordination der Kommission
2. Außenbeziehungen einschließlich Entwicklungspolitik
3. Wirtschaft einschließlich Wirtschafts- und Währungsunion
4. Umweltschutz
5. Verkehr und Regionalpolitik
6. Landwirtschaft und Fischerei
7. Industrie, Binnenmarkt und Energie
8. Wettbewerbsfähigkeit einschließlich Sozialpolitik, Erziehung und Forschung
9. Wettbewerbspolitik
10. Haushalt, Rechnungswesen, Personal- und Verwaltungsabteilung

Heute müssten die Ressorts umgegliedert werden, vielleicht kämen auch noch ein oder zwei Ressorts dazu. Aber mehr als zwölf bräuchten es nicht zu sein.[8]

Demgegenüber hat die Aufblähung der Zahl der Kommissionsmitglieder zur »Zerstückelung« an sich zusammengehöriger Bereiche geführt, allein aus dem Grund, jedem Kommissar ein Ressort mit einem Minimum an Kompetenzen zu geben.[9] So werden z. B. die auswärtigen Kompetenzen auf bis zu sechs verschiedene Kommissare verteilt und auf diese Weise völlig verzettelt.[10] Die Kompetenzen für Verkehr und Regionalpolitik (Bereich 5) sind auf den französischen Vizepräsidenten Jacques Barrot und die polnische Kommissarin Danuta Hübner verteilt. Die Kompetenz für Landwirtschaft und Fischerei (Bereich 6) sind auf den Malteser Joe Borg und die Dänin Mariann Fischer Boel gesplittet.

Die Kompetenzenüberlappungen und Reibungsverluste nehmen mit der Zahl der Kommissare exponentiell zu, der Koordinierungsbedarf wächst immer mehr und ist bei der bestehenden Übergröße praktisch kaum noch zu bewältigen.

Um die Koordination zu erleichtern, haben sich die Kommissare nach französischem Vorbild so genannte Kabinette zugelegt (Art. 16 der Geschäftsordnung der Kommission).[11] Das sind politische Beamte, die das besondere Vertrauen des Kommissars genießen und deren Amtszeit automatisch mit der des Kommissars endet. Jeder Kommissar hat sechs solche Mitarbeiter, alle Kommissare zusammen also 150. Als die Kommission noch aus neun Mitgliedstaaten bestand, entfielen auf jeden Kommissar zwei, so dass es insgesamt nur 18 Kabinettsmitglieder gab. Nicht weniger als 95 Prozent der Angelegenheiten der Kommission werden von den Kabinetten beschlossen. Deren Zusammenkünfte bereiten allerdings schon rein quantitative Probleme. Für die Sitzungen der Kabinette mussten, schon als die Kommission noch aus zwanzig Mitgliedern bestand, Fernsehbildschirme aufgestellt werden, damit sie einander noch sehen konnte.[12]

Eine Kommission mit 25 und mehr Mitgliedern ist nicht mehr vernünftig zu führen und muss fähige Persönlichkeiten geradezu abschrecken, das Präsidentenamt zu übernehmen. Jacques Delors, einer der anerkanntesten Präsidenten der Kommission, lehnte eine Verlängerung seines Amtes ab, weil die Kommission inzwischen von 17 auf 20 Mitglieder angewachsen war.

Die übermäßige Zahl von Kommissaren ist dazu angetan, die Produktion von Regelungen und sonstigen Maßnahmen anzuheizen, weil jeder seine Daseinsberechtigung nachzuweisen versucht.[13] Das Kollegium als Ganzes bildet kein ausreichendes Widerlager, weil alle Mitglieder so denken und die Angewiesenheit auf die Unterstützung der anderen bei den eigenen Projekten leicht verhindert, dass man sich dem Ehrgeiz der Kollegen bremsend in den Weg stellt. Dies gilt umso mehr, als die Kommission – trotz der rechtlichen Mehrheitsregel[14] – faktisch fast immer den Konsens sucht und einstimmig entscheidet.[15] Die dadurch begünstigte Tendenz übermäßiger Aktivitäten läuft dem Subsidiaritätsprinzip, das in der Theorie immer wieder beschworen wird, in der Praxis direkt entgegen.

Außerdem widerspricht die Regel, dass jeder Mitgliedstaat einen Kommissar stellt, dem Geist der Unabhängigkeit, die den Kommissaren ausdrücklich verbrieft ist und die die Verfolgung nationaler Interessen verhindern soll (Art. 213 Abs. 2 EG). Denn solange »jeder Staat einen eigenen Angehörigen in die Kommission schickt, fühlt dieser sich einem größeren moralischen Druck ausgesetzt, für die Interessen seines Landes zu kämpfen,«[16] ein Druck, dem sich »mancher Kommissar in der Vergangenheit nicht völlig entziehen konnte.«[17] Dies gilt umso mehr, als die öffentlichen Diskurse, soweit sie überhaupt die EU betreffen, typischerweise nicht europaweit erfolgen, sondern national segmentiert sind. Dabei stehen dann die jeweiligen nationalen Interessen ganz im Vordergrund. Dazu stellte schon die Spierenburg-Kommission klar:

> »Die Annahme, Kommissionsmitglieder sollten irgendwie die Ansichten des Mitgliedstaates, dem sie angehören, vertreten, steht zu ihrer Verpflichtung zu Unabhängigkeit in Widerspruch.«[18]

Die Unabhängigkeit wird – trotz aller entgegenstehenden Deklarationen im Vertrag – dadurch noch massiv weiter untergraben, dass Kommissionsmitglieder nach Ablauf ihrer fünfjährigen Amtszeit immer wieder erneut ernannt werden können (Art. 214 Abs. 1 Unterabs. 2). Angesichts des hohen Gehaltsniveaus bedeutet die Nichtwiederernennung, also faktisch die Abberufung, für fast alle Kommissionsmitglieder eine enorme Absenkung ihres finanziellen Status. Entsprechend groß ist die Versuchung, dem eigenen Land nicht wehzutun.

Die Kommission verhandelt nichtöffentlich.[19] Auch das soll die Unabhängigkeit der Mitglieder stärken und den Druck mildern, sich für spezifisch nationale Interessen seines Herkunftslandes einzusetzen (bedeutet aber andererseits eine schwere Hypothek für die auf Transparenz angewiesene Demokratie).

Die immer wieder versuchte Rechtfertigung der Aufblähung der

Kommission mit dem Hinweis, es gebe auch nationale Regierungen mit 25 oder mehr Mitgliedern,[20] überzeugt schon deshalb nicht, weil diese Regierungen meist mehr Aufgabenbereiche haben und jedenfalls nicht nach dem Kollegialprinzip arbeiten, sondern dem Ressortprinzip mit Richtlinienkompetenz des Regierungschefs und Ausrichtung nach einem Wahl-, Partei- oder Koalitionsprogramm.[21]

Alles in allem stellt die aus kurzsichtigen nationalen Egoismen immer mehr aufgeblähte Kommission eine schwere Belastung der Arbeit der Europäischen Union dar.

Gelegentlich hört man von Vertretern kleiner Staaten die Befürchtung, die Glaubwürdigkeit der EU würde Schaden nehmen, wenn nicht auch der kleinste Staat einen Vertreter in die Kommission entsenden könne, eine Befürchtung, die zum Beispiel der irische Außenminister 1995 äußerte:

> »If some member States did not nominate a Commissioner in Brussels, I believe there would be a significant loss of public confidence in the process of integration.«[22]

In Nizza wehrten sich die kleinen und mittleren Staaten mit Erfolg gegen die Absicht der großen Mitgliedstaaten, die Zahl der Kommissare aus Gründen der Effizienz auf deutlich weniger als 25 oder gar 27 zu begrenzen. Genannt wurde unter anderem eine Höchstzahl von zwölf. Doch die kleineren Staaten erklärten »ihr« Kommissionsmitglied für unverzichtbar, weil es die EU im jeweiligen Heimatland verkörpere. In Wahrheit fürchteten sie, wenn sie in der Kommission nicht mehr vertreten seien, »massiv an Einfluss zu verlieren.«[23] Obwohl Deutschland, um die Verkleinerung durchzusetzen, sogar eine gleichberechtigte Rotation unter kleinen und großen Mitgliedern angeboten hatte,[24] war dies gegen den Widerstand der kleineren Staaten nicht durchzusetzen. Das Effizienzargument blieb dabei auf der Strecke.[25]

Sehr überzeugend ist dies allerdings nicht, sondern nur die Verbrämung nationaler Eigeninteressen. Jean-Louis Bourlanges hat die »Sakralisierung« des Rechts jedes Mitgliedstaates, »über seinen Kommissar zu verfügen,« mit Recht gebrandmarkt.[26] Wenn man überhaupt auf die nationale Zugehörigkeit der Kommissionsmitglieder abhebt, ist es dann nicht noch viel unglaubwürdiger, wenn Staaten mit kaum einer halben Million Einwohnern wie Luxemburg und Malta genauso stark in der Kommission vertreten sind wie Deutschland mit über 82 Millionen? Die Ein-Kommissar-je-Mitgliedstaat-Regel steht damit auch im Widerspruch zum Demokratieprinzip: Wenn man schon ein Nationenquorum einführt, müsste dies die Größe der Staaten zumindest mitberücksichtigen.

Der EG-Vertrag verzichtet darauf, besondere Qualifikationen, also insbesondere Fachwissen und spezielle Befähigung, der Kommissionsmitglieder, zu verlangen. Das ist die eigentliche Bedeutung der Worte in Art. 213 Abs. 1, dass die 25 Mitglieder »auf Grund ihrer allgemeinen Qualifikation ausgewählt werden«.[27] Dieser Verzicht steht eigentlich in einem gewissen Gegensatz zur Konzeption der Kommission als rein sachorientierter Institution.

Die Zahl der (besser besoldeten) Vizepräsidenten, deren Aufgabe sich in der Vertretung des Präsidenten erschöpft,[28] ist im Laufe der Entwicklung ebenfalls gestiegen, allerdings nicht in dem Maße wie die Zahl der Kommissare. Der EWG-Vertrag sah ursprünglich zwei Vizepräsidenten vor, der Fusionsvertrag erhöhte auf drei. Bei der Norderweiterung wurde die Zahl auf fünf, bei der Süderweiterung auf sechs erhöht. Dies entsprach dem politischen Bestreben, jedem der drei großen Mitgliedstaaten je einen Vizepräsident und den Beneluxstaaten sowie den beiden Gruppen der Beitrittsstaaten ebenfalls je einen zu geben. Diese Linie wurde mit der Osterweiterung verlassen.[29] Derzeit gibt es – neben dem portugiesischen Präsidenten (Barroso) – nur fünf Vizepräsidenten: ein Deutscher (Verheugen), ein Franzose (Barrot), ein Italiener (Frattini), eine Schwedin (Wallstrom) und ein Este (Kallas). Könnte diese Beschränkung bei der Zahl der Vizepräsidenten nicht auch ein Vorbild sein für die Zahl der Kommissare insgesamt?

Eine mögliche Lösung, die sinnvollerweise auch die Größe der Mitgliedstaaten einbeziehen würde, könnte dahin gehen, für je 40 Millionen Einwohner (die beispielsweise fünf kleinere Staaten zusammengenommen haben) einen Kommissar vorzusehen, wobei aber den großen Staaten nicht mehr als einer zukäme.[30] Zugleich sollte die Befugnis des Kommissionspräsidenten bei der Auswahl seiner Kommissionsmitglieder weiter gestärkt werden.

Noch besser wäre es, den Präsidenten der Kommission direkt von den Bürgern der EU wählen zu lassen und ihm dann die Bestimmung

einer begrenzten Zahl von Kommissaren zu überlassen. Das würde
– neben anderen wichtigen Vorteilen (siehe S. 89) – die Aufblähung
der Kommission verhindern und dem Präsidenten die erforderliche
Koordinierung erleichtern.

Der Europäische Gerichtshof besteht derzeit ebenfalls aus 25 Richtern, je einer pro Mitgliedstaat, ohne dass dieser – anders als bei der
Kommission – aber unbedingt dessen Staatsangehörigkeit haben muss.
Ursprünglich waren es sieben Richter, einer mehr als die Zahl der
sechs Mitgliedstaaten. Man wollte zu einer ungeraden Zahl kommen,
um Stimmengleichheit zu vermeiden. Im Zuge der Erweiterungen
wurde die Zahl immer weiter erhöht, allerdings so, dass das Gericht
stets aus einer ungeraden Zahl von Richtern bestand. Sie war je nach
dem mit der Zahl der Mitgliedstaaten identisch oder um eine Einheit
höher.

Die Aufblähung des Gerichts entspricht keiner funktionellen Notwendigkeit. Das Gericht hatte selbst früher vor der Gefahr gewarnt,
mit der Vergrößerung würde allmählich die unsichtbare Grenze überschritten, die ein Rechtsprechungsorgan von einer beschlussfassenden
Versammlung unterscheide und jenseits derer eine Urteilsfindung im
eigentlichen Sinne nicht mehr möglich sei.[31] Statt aber die Zahl der
Richter zu begrenzen, wurde durch den Vertrag von Nizza die Möglichkeit geschaffen, Kammern von drei bis sieben Richtern zu bilden,
die bestimmte Fallgruppen vorbereiten oder entscheiden (Art. 221
Abs. 2 EG), eine Möglichkeit, von der das Gericht auch Gebrauch
machte (Art. 16 Abs. 4 und 5 der Satzung des Gerichts). Entscheidungen des Plenums wurden so massiv zurückgedrängt. Dadurch ergibt
sich aber andererseits die Gefahr einer Zersplitterung der Rechtsprechung. Es ist zwar einzuräumen, dass es Vorteile haben mag, wenn je
ein mit der Rechtsordnung jedes Mitgliedstaats vertrauter Richter dem
Gericht angehört. Aber spätestens mit der Aufteilung in Kammern
entfällt die Gewähr, dass ein solcher auch jeweils in der »richtigen«
Kammer mitwirkt.[32] Zudem dürften aus großen, bevölkerungsreichen
Staaten mit Millionen Unternehmen sehr viel mehr Klagen beim Gericht eingehen als aus kleinen Staaten. Wenn der Vertrautheit mit dem
jeweiligen nationalen Recht schon Gewicht beigemessen wird, dann
wäre dieses Argument hinsichtlich des Rechts eines großen Staates
jedenfalls sehr viel gewichtiger.

Hier hat sich überall nationaler Egoismus durchgesetzt. Dass es auch anders geht, bestätigt der Umstand, dass die Zahl der Generalanwälte mit der Osterweiterung der EU nicht ausgeweitet wurde. Generalanwälte beim Europäischen Gerichtshof wurden ursprünglich nach französischem Vorbild eingeführt. Zunächst gab es nur zwei, einen Deutschen und einen Franzosen. Nach der ersten Erweiterung wurde die Zahl auf vier erhöht, je einer für die vier großen Mitgliedstaaten. Als Griechenland dazukam, erhöhte sich die Zahl auf fünf, nach dem Beitritt Spaniens und Portugals auf sechs und nach dem Beitritt Finnland, Österreichs und Schwedens auf acht. Seitdem stellt auch Spanien einen ständigen Generalstaatsanwalt. Mit dem Ostbeitritt änderte sich die Zahl der Generalanwälte nicht. Die Begrenzung der Zahl könnte durchaus ein Vorbild auch für die Bemessung der Stellen von Richtern und Kommissaren sein.

Doch inwieweit sind derartige Vorschläge realisierbar? Das demokratische Hauptproblem liegt bereits in einem Vorstadium, nämlich bei der Verfassungs*gebung*. Hier herrscht – trotz der unmittelbaren und vorrangigen Geltung des EU-Rechts – nach wie vor der völkerrechtliche Grundsatz, dass selbst die kleinsten Staaten ebenso viel Gewicht haben wie die größten, der in Verbindung mit dem weiteren Grundsatz der Einstimmigkeit dazu führt, dass die demokratische Gleichheit und die Effizienz zu kurz kommen.

II.

Der Europäische Rechnungshof: zu groß, träge und ineffektiv?

Der Europäische Rechnungshof hat seinen Sitz in Luxemburg. Er wurde 1975 gegründet. Sein Status und seine Zuständigkeiten wurden dann mit jeder Änderung der Verträge erweitert. Seit dem Maastricht-Vertrag besitzt er – ebenso wie der Rat, die Kommission und das Parlament – die Stellung eines Organs der EU (siehe Art. 246 bis 248 EG). Der Rechnungshof kontrolliert die gesamten Finanzen der EU von jährlich weit über 100 Milliarden Euro. Sämtliche Einnahmen und Ausgaben sind von ihm auf Rechtmäßigkeit und Wirtschaftlichkeit zu überprüfen. Dies bedeutet nicht nur die Finanzkontrolle der anderen Organe der EU, insbesondere der Kommission und ihrer nachgeordneten Verwaltungen, sondern auch die Kontrolle nationaler Behörden, da die EU-Mittel zum großen Teil von den Mitgliedstaaten verwaltet werden. Angesichts des Zusammenwirkens tief gestaffelter und ganz unterschiedlicher nationaler und supranationaler Verwaltungen ist die Gefahr von Misswirtschaft und Unterschleif in der EU besonders groß. Die volle Funktionsfähigkeit des Rechnungshofes ist deshalb von großer Bedeutung. An ihr aber sind erhebliche Zweifel anzumelden.

Die Regel, dass der Rechnungshof »aus einem Staatsangehörigen je Mitgliedstaat« besteht (Art. 247 Abs. 1 EG), ist bei 25 und bald mehr Mitgliedstaaten auch hier inakzeptabel. Schon vor der Osterweiterung der EU kritisierte ein Ausschuss des britischen Parlaments in einem ebenso sorgfältigen wie ungeschminkten Bericht den aufgeblähten Europäischen Rechnungshof:[33] Ein Hof mit über 20 Mitgliedern sei fast zwangsläufig »träge, faul und ineffektiv«. Der Wunsch aller Staaten nach nationaler Repräsentation könnte auch auf ganz andere Weise erfüllt werden, nämlich durch Errichtung eines Aufsichtsgremiums, das nebenamtlich wahrgenommen wird und sich beispielsweise aus den Präsidenten der nationalen Rechnungshöfe zusammensetzt. Die durch den Vertrag von Nizza eingeführte Möglichkeit, Kammern zu bilden (Art. 248 Abs. 4 Unterabs. 4 EG), ist nach Auffassung des genannten Ausschusses »bloß ein Mechanismus, die Mitglieder zu beschäftigen, ohne ihre Effizienz zu verbessern.«

Auch hinsichtlich der Qualität und Unabhängigkeit der Mitglieder wird in dem genannten Bericht massive Kritik geübt. Viele Rechnungshofmitglieder haben keinerlei Prüfungserfahrung. Art. 247 Abs. 2 EG verlangt zwar in erster Linie die Bestellung von Persönlichkeiten, »die in ihren Ländern Rechnungsprüfungsorganen angehören oder angehört haben«, lässt aber auch andere Kandidaten zu. Dieser Mangel wird durch sogenannte Kabinette aus persönlichen Referenten, die sich die Mitglieder (ähnlich wie die Kommissare) zugelegt haben, zwar teilweise kompensiert. Das aber führt nur zu weiterer Aufblähung. Jo Carey, früher selbst britisches Mitglied des Europäischen Rechnungshofs, sprach (noch vor der Osterweiterung) in aller Offenheit von »15 überbezahlten, unterbeschäftigten Amtsträgern«.

Was die für den Rechnungshof unverzichtbare Unabhängigkeit seiner Mitglieder anlangt, legen Insider-Berichte ebenfalls Skepsis nahe: Die Mitglieder sähen in ihrem Amt oft auch eine politische Funktion. Ihre Zuständigkeitsbereiche spiegelten häufig die besonderen Interessen ihrer Mitgliedstaaten wider. Gerade wenn sie wieder ernannt werden wollten, fühlten sie sich – trotz aller in Art. 247 Abs. 4 EG niedergelegten Unabhängigkeitsgarantien – einem immensen Druck ausgesetzt, die Interessen ihres Mitgliedstaats zu schützen. Ganz offiziell wird über bilaterale Absprachen innerhalb des Rechnungshofes gesprochen, die darauf abzielen, seine Berichte zu entschärfen, um die betroffenen Verwaltungen und ihre politischen Spitzen zu schonen.

Das alles trägt – neben anderen Mängeln wie der inadäquaten Auswahl des sonstigen Personals – dazu bei, dass der Wert der Jahresberichte des Rechnungshofs relativ gering ist, obwohl ihnen als Grundlage für die Entlastung der Kommission eigentlich die größte Bedeutung zukommen müsste.[34] Die mangelnde Effektivität des Rechnungshofes zeigt sich auch am Beispiel der europäischen Politikfinanzierung. So hat der Rechnungshof die rechtswidrige und verschwenderische Spesenreiterei von Mitgliedern des Europäischen Parlaments und die Selbstbewilligung von Alters- und Krankenversorgung durch das Präsidium des Parlaments (siehe unten S. 268f.) oft nur halbherzig oder überhaupt nicht gerügt. Er hat sie bisher jedenfalls nicht mit dem erforderlichen Nachdruck angeprangert.

Aus allen diesen Gründen empfiehlt der genannte Ausschuss eine radikale Reform der Organisation des Rechnungshofes: An seiner Spitze sollte ein hochqualifizierter Amtschef stehen, der in einem entpolitisierten Ernennungsverfahren zu bestellen wäre und der Kontrolle des genannten wirklich unabhängigen Aufsichtsgremiums unterliegen müsste.

Beim Europäischen Rechnungshof stellt sich die alte Frage, wer eigentlich die Kontrolleure kontrolliert, mit besonderer Dringlichkeit. Deshalb empfiehlt der Ausschuss weiter, das Management des Rechnungshofs selbst sollte – auf europäischer Ebene – von unabhängigen Dritten evaluiert werden.

III.

Der Europäische Zentralbankrat: völlig überdimensioniert?

Die Europäische Zentralbank besitzt wichtige Kompetenzen im Bereich der Währungspolitik. Sie bestimmt das umlaufende Geldvolumen und entscheidet letztlich über die Höhe der Zinsen. Dabei ist es ihr vorrangiges Ziel, Preisstabilität zu gewährleisten (Art. 105 Abs. 1 EG). Die wichtigsten Entscheidungen der Bank trifft der Europäische Zentralbankrat (Art. 107 Abs. 3 EG). Er besteht aus dem sechsköpfigen Direktorium und den Präsidenten derjenigen nationalen Zentralbanken, die der Europäischen Währungsunion, d. h. der Euro-Zone, angehören (Art. 112 EG). Derzeit sind dies zwölf Staaten. Großbritannien, Dänemark, Schweden und die zehn neuen Mitglieder sind noch nicht dabei. Wenn der Währungsunion in absehbarer Zeit aber alle diese Staaten angehören und zusätzlich noch Bulgarien und Rumänien, insgesamt also 27 Staaten, wird der Zentralbankrat aus nicht weniger als 33 Mitgliedern bestehen – und ist dann völlig aus den Fugen geraten.

Ein Ausschuss des britischen House auf Lords bemerkte dazu trocken: »Wenn jedes Mitglied nur zehn Minuten bräuchte, um seinen Standpunkt darzulegen, würde das allein mehr als fünf Stunden dauern.«[35] Die Zahl der Teilnehmer könnte sogar noch größer sein, weil auch der Präsident des Rats und ein Mitglied der Kommission ohne Stimmrecht an den Sitzungen des Zentralbankrates und an der Diskussion teilnehmen dürfen (Art. 113 Abs. 1 EG). Es ist ziemlich offensichtlich, dass ein derart großes Gremium nicht das geeignete Forum ist für die raschen Entscheidungen, die der Zentralbankrat im Bereich der Geldpolitik oft zu treffen hat. Die Übergröße des Gremiums beeinträchtigt seine Effizienz und steht in krassem Missverhältnis zu seiner Funktion, auf Änderungen der ökonomischen Lage rasch zu reagieren. Darüber bestand auch unter allen Sachverständigen Einigkeit, die der genannte Ausschuss anhörte.

Um der Problematik abzuhelfen, wurde kürzlich eine Reform beschlossen. Dabei wurde aber lediglich die Satzung der Europäischen Zentralbank geändert, nicht auch der EG-Vertrag selbst, der die Größe des Zentralbankrates festlegt. Die Satzung sieht nunmehr eine Begrenzung der Zahl der stimmberechtigten Mitglieder des Zentralbankrates auf 21 vor. Sobald mehr als 15 Staaten der Währungsunion angehören werden, ist hinsichtlich des Stimmrechts der dann mindestens 16 nationalen Zentralbankpräsidenten ein Rotationsverfahren vorgesehen. Zugleich wird ihr Stimmrecht gewichtet, so dass große Staaten mehr Einfluss bekommen.

Dieses Verfahren, das Art. 10 der Zentralbank-Satzung im Einzelnen regelt, ist allerdings von nicht zu überbietender Kompliziertheit und deshalb kaum geeignet, das nötige Vertrauen, das eben Transparenz voraussetzt, zu schaffen. Zudem wird nur die Zahl der Stimmen begrenzt und ihr Gewicht differenziert, nicht aber der Zentralbankrat verkleinert. Das Problem der Übergröße bleibt bestehen.

Ein Sachverständiger formulierte dies in der erwähnten Anhörung so: »In einer vergrößerten Euro-Zone werden 27 nationale Notenbankpräsidenten bei den Sitzungen des Zentralbankrats anwesend sein, plus sechs Mitglieder des Direktoriums, macht zusammen 33 Mitglieder. Sie beteiligen sich alle an der Diskussion, auch wenn nur 21 abstimmungsberechtigt sind. Das ist so, als würden drei Fußballmannschaften diskutieren und zwei Mannschaften, von denen ein Spieler vom Platz gestellt wäre, abstimmen. Das ist einfach zu groß.«

Der Ausschuss selbst kam zu folgendem vernichtenden Urteil:

»Die beschlossene Reform, die auf einem hyperkomplexen Rotationsmodell beruht, wird die fundamentalen Probleme nicht lösen, die die Vergrößerung der Euro-Zone für das Funktionieren des Zentralbankrates mit sich bringt ... Sie schafft keinen effizienten Mechanismus zur Festsetzung der Zinssätze in der Euro-Zone; sie begrenzt nur die Zahl der stimmberechtigten Mitglieder des Zentralbankrats – und das auf einem viel zu hohen Niveau; sie ist nicht transparent; sie ist überkompliziert und schwierig zu vermitteln, so dass es extrem schwer sein wird, damit das Vertrauen der Öffentlichkeit zu gewinnen. Weiterhin verletzt sie die Grundsätze, auf denen die Zentralbank beruht. Danach sitzen die nationalen Zentralbankpräsidenten als unabhängige Experten im Zentralbankrat, nicht als Repräsentanten ihrer Länder. Alles in allem erwarten wir nicht, dass die vorgesehene Regelung befriedigend funktionieren wird. Es ist äußerst enttäuschend, dass über eine solch wichtige Reformmaßnahme viel zu schnell und ohne die Möglichkeit, zu beraten, zu diskutieren und parlamentarisch zu überprüfen, entschieden wurde.«

Vor diesem Hintergrund schlägt der Ausschuss eine grundlegende Reform vor: Die Europäische Zentralbank sollte einen kleinen »Geldpolitischen Vorstand« erhalten, der aus den sechs Mitgliedern des Direktoriums und höchstens sechs externen Fachleuten besteht. Letztere sollen nicht vollzeitbeschäftigt sein und allein aufgrund ihrer fachlichen Qualitäten in einem offenen und transparenten Verfahren ernannt werden. Ihre Staatsangehörigkeit sollte dabei keine Rolle spielen. Der Geldpolitische Vorstand hätte alle zinspolitischen Maßnahmen zu treffen, insbesondere die Zinssätze festzulegen, zu denen sich die Geschäftsbanken refinanzieren können. Der derzeitige Zentralbankrat, in dem alle nationalen Notenbankpräsidenten vertreten sind, bliebe bestehen, um dem Wunsch der Staaten nach nationaler Vertretung gerecht zu werden. Er würde weiterhin vor allem die geldpolitische Strategie der Europäischen Zentralbank formulieren, die der Geldpolitische Vorstand unter der Aufsicht des Zentralbankrates von Fall zu Fall umzusetzen hätte.

IV.

Der Europäische Gerichtshof – ein politisches Gericht: schwach legitimiert und ungleich besetzt

Der Europäische Gerichtshof hat nach Art. 220 EG die Aufgabe, das Recht bei der Auslegung und Anwendung des EG-Vertrags zu sichern. Die derzeit 25 Richter, die von den Regierungen der Mitgliedstaaten im gegenseitigen Einvernehmen ernannt werden, dürfen nach Ablauf ihrer sechsjährigen Amtszeit ein- oder mehrmals wiedergewählt werden. Der Gerichtshof kann – wie jedes Gericht – natürlich nur auf Antrag tätig werden. (Das daneben bestehende Gericht erster Instanz interessiert hier nicht weiter.)

Das Gericht hat sich im Laufe der Jahrzehnte durch seine Rechtsprechung eine außerordentlich starke Position verschafft. Seine Stellung gleicht nationalen Verfassungsgerichten wie dem deutschen Bundesverfassungsgericht und dem amerikanischen Supreme Court, die bekanntlich nicht mechanisch die Verfassung auslegen, sondern, genauso genommen, selbst rechtsetzend tätig werden.[36] Ja, der Europäische Gerichtshof ist sogar noch stärker.[37] Ein Gericht kann sich umso besser entfalten und in Szene setzen, je vager und generalklauselartiger die Bestimmungen sind, die es auszulegen hat. Bei den Artikeln des europäischen Primärrechts ist die Konturenschärfe besonders gering. Es handelt sich vornehmlich um Ziele, deren Interpretation dem Gericht weite Spielräume lässt, zumal die Ziele sich zum Teil widersprechen. Der Spielraum wurde noch dadurch erweitert, dass die Gemeinschaft sich von Anfang an als dynamisch und entwicklungsoffen verstand. So erklärten die vertragschließenden Regierungen bereits in der Präambel des EG-Vertrags von 1957 ihren »festen Willen, die Grundlagen für einen *immer engeren* Zusammenschluss der europäischen Völker zu schaffen«, und in der Präambel des EU-Vertrags von 1992 bestätigten sie ihre Entschlossenheit, »den Prozess der Schaffung einer *immer engeren* Union der Völker Europas«[38] weiterzuführen.

Das Gericht hat die Spielräume durch eine ausgesprochen aktive und weit ausgreifende Rechtsprechung voll genutzt, ja sie bisweilen vielleicht sogar überschritten.[39] Beispiele von grundlegender Bedeutung waren die Dekretierung der unmittelbaren Geltung des Gemeinschaftsrechts für alle Bürger und Unternehmen der Mitgliedstaaten und die Erklärung seines Vorrangs vor allem nationalen Recht. Das Gericht erstreckte die unmittelbare Geltung auch auf einzelne Artikel des EG-Vertrages selbst.[40] Das geschah gegen den erklärten Willen der Regierungen der Mitgliedstaaten,[41] also der nominellen »Herren der Verträge«. Anfangs war die Rechtsprechung denn auch hoch umstritten. Der frühere französische Ministerpräsidenten Michel Debre legte sogar einen Gesetzentwurf vor, der eine Bestrafung von französischen Richtern vorsah, falls diese sich an Entscheidungen des Europäischen Gerichtshofs halten sollten.[42] Die Schaffung einer unmittelbar geltenden, widersprechendes Staatenrecht verdrängenden Rechtsordnung, die bis dahin Bundesstaaten vorbehalten war, durch Richterrecht war – in Anbetracht des lediglich völkerrechtlichen Grundlage der Gemeinschaftsverträge – alles andere als selbstverständlich. Sie war praktisch der »Urknall« für das Entstehen der Gemeinschaft als supranationale Rechtsgemeinschaft.[43] Rechtshistorisch gesehen, bereitete der Gerichtshof damit jene »stille Revolution«[44] vor, die »ihm letztlich die uneingeschränkte Herrschaft über die Interpretation des Gemeinschaftsrechts sicherte«[45] und auf diese Weise seinen vielen späteren – das Recht fortbildenden – Urteilen ihre gewaltige Durchschlagskraft und Breitenwirkung sicherte. Das Gericht verschaffte sich seinen großen Einfluss und seinen gewichtigen Status also selbst – im Wege einer Art von richterlichem Imperialismus. Dass dies möglich wurde, liegt auch daran, dass es niemanden gibt, der über dem Gericht steht. Auf die uralte Frage, wer die Kontrolleure kontrolliert, gibt es in Bezug auf das Gericht keine befriedigende Antwort. Das Gericht entscheidet im Zweifel selbst über die Reichweite seiner Kompetenzen, es beansprucht, zumindest faktisch, die sogenannte Kompetenz-Kompetenz.[46]

Ein Beispiel für Rechtsetzung durch den Gerichtshof ist auch die Umwandlung von sogenannten Richtlinien, die von Mitgliedstaaten nicht rechtzeitig umgesetzt werden, in unmittelbar geltendes Gemeinschaftsrecht, falls sie hinreichend konkret formuliert sind. Aus (dem jetzigen) Art. 249 Satz 4 EG, wonach Richtlinien sich lediglich an die

Mitgliedstaaten richten und für diese nur hinsichtlich des erreichenden Ziels verbindlich sind, ist die unmittelbare Geltung für die Menschen in den Mitgliedstaaten nur schwer zu entnehmen. Deshalb verweigerte zum Beispiel der deutsche Bundesfinanzhof dem EuGH zunächst auch die Gefolgschaft und musste erst vom Bundesverfassungsgericht dazu gebracht werden.[47]

Andere Beispiele sind die (in den Verträgen nicht ausdrücklich enthaltenen) Gemeinschaftsgrundrechte, die der Gerichtshof im Wege der Rechtsfortbildung seit Ende der sechziger Jahre geschaffen hat und schützt.[48] Heute sind die Gemeinschaftsgrundrechte, bei deren Entwicklung der Gerichtshof sich unter anderem auf die gemeinsamen Verfassungstraditionen der Mitgliedstaaten stützte, als Teil des primären EU-Rechts allgemein anerkannt.

Ein weiteres Beispiel ist die Begründung der Staatshaftung von Mitgliedstaaten für Verstöße gegen das Gemeinschaftsrecht. Auch davon ist in den Verträgen keine Rede. Das entsprechende Urteil von 1991[49] wurde deshalb von Staatsrechtslehrern als »geradezu revolutionär« (Ulrich Everling) und »als überraschender dezisionärer Kraftakt« (Fritz Ossenbühl) bezeichnet. Das Urteil könne »der Kritik nicht leicht« standhalten (Christian Tomuschat), da die vom Gericht entschiedene Frage der »richterlichen Rechtsfortbildung nicht zugänglich« sei (Thomas von Danwitz).[50]

Schließlich muss der Gerichtshof sich ganz allgemein eine ausgesprochen »integrationsfreundliche« Rechtsprechung vorhalten lassen, die bewirkt, dass das inzwischen im EG-Recht verankerte sogenannte Subsidiaritätsprinzip tatsächlich bloß auf dem Papier steht. Dieses Prinzip besagt in seiner strengen Form, dass die Gemeinschaft grundsätzlich nur tätig werden darf, soweit die Mitgliedstaaten die verfolgten Ziele nicht selbst erreichen können. Die schwammige Formulierung des Subsidiaritätsprinzips in Art. 5 Abs. 2 EG belässt dem Gerichtshof hingegen einen weiten Spielraum.

Die Beispiele zeigen, dass der Gerichtshof immer wieder Entscheidungen getroffen hat, die auch der Gesetzgeber, also vor allem der Rat, oder sogar der Vertragsgeber hätte treffen können und vielleicht auch müssen. Das Gericht schlüpfte auch deshalb in die Rolle eines Ersatzgesetzgebers oder gar eines Ersatzverfassungsgebers, weil die Staaten sich nicht zu einem entsprechenden gesetzgeberischen oder politischen Handeln entschließen konnten und deshalb der Gerichtshof meinte, »in die Bresche springen« zu müssen.[51] Es ist also nicht ohne Berechtigung, wenn gelegentlich von der »Herrschaft der Richter« in der Europäischen Union gesprochen wird.[52]

Die überaus extensive Rechtsprechung des Europäischen Gerichtshofes ist unter Demokratiegesichtspunkten höchst problematisch. Wie wir oben gesehen haben, ist es schon bedenklich, durch völkerrechtliche Verträge eine Art von Verfassung zu schaffen, die innerhalb der Staaten mit Vorrang gilt und insoweit die nationalen Verfassungen verdrängt (siehe S. 45).

Wenn das Gericht aber noch darüber hinausgeht und sich an die Stelle der Mitgliedstaaten setzt, sich insoweit also selbst zur Herrin über die Verträge aufschwingt, fehlt es auch noch an dem im Vertrag selbst vorgesehenen Verfahren für Vertragsänderungen: der Mitwirkung der demokratisch legitimierten Regierungen am Vertragsschluss und die Ratifizierung durch die Parlamente der Mitgliedstaaten. Vor diesem Hintergrund hat das deutsche Bundesverfassungsgericht im Maastricht-Urteil eine eindringliche Warnung an die Adresse des Europäischen Gerichtshofs gerichtet: Angesichts der vom Gerichtshof mit allerlei methodischen Kunstkniffen[53] forcierten »Vertragsauslegung im Sinne einer größtmöglichen Ausschöpfung der Gemeinschaftsbefugnisse« bestehe die Gefahr, dass die angebliche Auslegung der Verträge in Wahrheit eine Vertragserweiterung darstelle. Das aber dürfe nicht sein. Eine solche Auslegung »würde für Deutschland keine Bindungswirkung entfalten«,[54] weil sie die vorgesehenen Verfahren durch extensive Rechtsprechung umgeht. Hier stellt sich allerdings die schwierige Frage der Abgrenzung zwischen einer Rechtsfortbildung innerhalb der Verträge, die auch das Bundesverfassungsgericht dem Europäischen Gerichtshof noch zubilligt,[55] und »einer deren Grenzen sprengenden, vom geltenden Verfassungsrecht nicht gedeckten Rechtssetzung«.[56] Bei dieser Grenzziehung besitzt der Europäische Gerichtshof wieder selbst die Vorhandstellung. Zudem würde die eventuelle Verweigerung der rechtlichen Gefolgschaft durch Deutschland nur für dieses Land gelten.

Hinzu kommt die problematische personelle Legitimation. Diese ist schon deshalb fraglich, weil die Regierungen die Richter in einem völlig undurchsichtigen Verfahren auswählen. Das Erfordernis des »gegenseitigen Einvernehmens« aller Mitgliedstaaten (Art. 223 Abs. 1 EG) bietet keine wirksame Kontrolle. Denn es ist »zur bloßen Formalie degeneriert.«[57] Während des ganzen Bestehens des Gerichts ist der Vorschlag eines Mitgliedstaats noch nie am Widerspruch anderer gescheitert.[58] Die Mitgliedstaaten treffen also die eigentliche Entscheidung, wer sie im Europäischen Gerichtshof vertritt, ganz allein. Diese Entscheidung erfolgt aber regelmäßig hinter den Kulissen in einem vor der Öffentlichkeit strikt abgedunkelten Raum. In den meisten Staaten ist das Verfahren nicht einmal gesetzlich geregelt. Auch die deutsche Regierung trifft ihre Auswahlentscheidungen trotz ihrer immensen Bedeutung im gesetzfreien Raum. Umso mehr blühen Kungelei und parteiliche Patronage, also Kriterien, die der Qualität nicht unbedingt förderlich sind und sich deshalb auch öffentlich nicht darstellen lassen. Es ist nicht einmal gesichert, dass die in diesem Verfahren Ausgewählten der Verkehrssprache des Gerichtshof, des Französischen, ausreichend mächtig sind. Bei der Ernennung spielt das Parteibuch eine wesentliche Rolle, und die Wiederernennung nach Ablauf der sechsjährigen Amtszeit kann daran scheitern, dass jetzt einer anderen Partei das »Zugriffsrecht« zusteht. So wurde Manfred Zuleeg (Amtszeit 1988-1994) Nachfolger von Ulrich Everling (Amtszeit 1980-1988), weil nun die SPD am Zuge war, obwohl Everling zu einer weiteren Amtszeit bereit gewesen wäre. »Der so unter maßgeblichem Einfluß des Parteienproporzes gewählte Manfred Zuleeg war allerdings nicht davor geschützt, nach einer Neubestimmung der politischer Prioritäten schon nach einer Amtsperiode durch Günter Hirsch als einem Kandidaten anderer politischer Couleur ersetzt zu werden.«[59] Der von der CSU bestimmte Hirsch amtierte 1994 bis 2000, um dann auf Betreiben der damaligen Bundesjustizministerin Däubler-Gmelin (SPD) von Ninon Colneric ersetzt zu werden, die vorher Präsidentin des Landesarbeitsgerichts Schleswig-Holstein gewesen war. Zwei Jahre zuvor war ihre Ernennung zur Bundesverfassungsrichterin am Widerspruch der CSU gescheitert.[60] Derartige Mauscheleien sind auch keineswegs auf die Auswahl der deutschen Mitglieder des Gerichtshofs beschränkt. Der italienische Justizminister Trabucchi schreckte nicht einmal davor zurück, seinen Bruder zum Richter am Europäischen Gerichtshof zu machen. Auch der Umstand, dass kein belgisches Mitglied des Gerichtshofs berufsrichterliche Erfahrung aufweist – im Gegensatz etwa zu allen britischen Richtern –, wird allgemein als Indiz für die starke Politisierung des Auswahlverfahrens in Belgien angesehen.[61] Zur Herstellung eines Mindestmaßes an Transparenz wäre es sinnvoll, ein öffentliches Anhörungsverfahren zu installieren, wie es bisher schon in einigen Ländern bei der Bestellung von nationalen Verfassungsrichtern praktiziert wird.[62]

Der Mangel an demokratischer Legitimation wird durch die fehlende Proportionalität noch verschärft. Die Regel »Je ein Richter pro Mitgliedstaat« widerspricht wieder einmal dem Grundsatz der demokratischen Gleichheit. Große Länder haben zu wenig Einfluss, kleine viel zu viel. Die Behauptung der Mitgliedstaaten, es ginge ihnen gar nicht um politischen Einfluss, wird durch das beharrliche Festhalten selbst der kleinsten Mitgliedstaaten an »ihrem« Richter im Europäischen Gerichtshof widerlegt. Und dass Mitgliedstaaten über die Personalauswahl indirekt auch Einfluss auf die Richtung der Rechtsprechung nehmen können, wird durch die relativ kurzen Amtszeiten der Richter und die zulässige Wiederwahl ermöglicht. Gerichte, die nur das vom Gesetz schon Vorbestimmte erkennen, die also sozusagen nur der Mund sind, der die Worte des Gesetzgebers ausspricht (Montesquieu: »la bouche, qui prononce les paroles de la loi«), haben keinerlei politisches Gewicht (sind also mit den Worten Montesquieus »en quelque facon nulle«). Wäre der Europäische Gerichtshof ein derartiges Gericht, wäre der unproportionale Einfluss der Staaten auf seine Besetzung sicher unproblematisch. Aber er ist denkbar weit von diesem Montesquieuschen Richterbild entfernt. Angesichts der Aktivitäten des Gerichts als Ersatzgesetzgeber und sogar als Ersatzverfassungsgeber stellt sich nachdrücklich die Frage, ob nicht zumindest die Überlegungen, die zu einer Gewichtung der Stimmen im Rat und der Mandate im Parlament entsprechend der Bevölkerungszahl der Staaten auch im Hinblick auf das Gericht durchgreifen müssten. Bei einem politischen Gericht wie dem Europäischen Gerichtshof erscheint die Besetzungsregel also nicht weniger problematisch als etwa bei der Kommission (siehe S. 197).

Schließlich ist auch die inhaltliche demokratische Legitimation der Entscheidungen des Europäischen Gerichtshofs schwach. Die Möglichkeit der Mitgliedstaaten, die Urteile im Falle mangelnder Akzeptanz durch Änderung des zugrunde liegenden Verfassungsrechts zu korrigieren, wie sie im nationalen Bereich durchaus besteht, steht beim Europäischen Gerichtshof aus praktischen Gründen bloß auf dem Papier.[63] Politische Korrekturen von Richtersprüchen sind angesichts des aufwendigen Vertragsänderungsverfahrens kaum vorstellbar (siehe S. 45). Das erhöht das Gewicht der Entscheidungen des Gerichts noch weiter und lässt das intransparente Berufungsverfahren und die Besetzungsregel (ein Richter pro Mitgliedstaat) erst recht problematisch erscheinen.

V.

Die üppige Besoldung
der Amtsträger

Die Gehälter, Vergütungen und Ruhegehälter der Mitglieder der Kommission, der Gerichte und des Rechnungshofs werden vom Rat mit qualifizierter Mehrheit festgesetzt (Art. 210, 247 Abs. 8 EG). Die auf dieser Grundlage ergangenen Verordnungen des Rats sehen Folgendes vor:

Die *Aktivenbezüge* setzen sich aus drei Bestandteilen zusammen: dem Grundgehalt, den Zulagen und der Aufwandsentschädigung.

Das *Grundgehalt* ist an die Beamtenbesoldung gekoppelt und beträgt einen bestimmten Prozentsatz des Grundgehalts des höchsten Beamten, nämlich eines Generaldirektors der Besoldungsstufe A 16 (höchste Dienstaltersstufe). Das sind zur Zeit (2005) 16 207 Euro im Monat.

Die Mitglieder des Gerichts erster Instanz erhalten 104 Prozent dieses Betrages als Grundgehalt, also 16 855 Euro, der Präsident 112,5 Prozent (18 233 Euro) und der Kanzler 95 Prozent (15 397 Euro).

Die Mitglieder der Kommission, die Richter am Europäischen Gerichtshof und die Generalanwälte erhalten 112,5 Prozent dieses Betrages als Grundgehalt, also 18 233 Euro monatlich. Der Kanzler am EuGH bekommt 101 Prozent (16 369 Euro).

Die Präsidenten der Kommission und des EuGH erhalten 138 Prozent (22 366 Euro monatlich), die Vizepräsidenten 125 Prozent (20 259 Euro monatlich).

Das Grundgehalt der Mitglieder des Rechnungshofes beträgt 108 Prozent (17 504 Euro), das des Präsidenten des Rechnungshofes 115 Prozent (18 638 Euro).

Zum Grundgehalt kommen bestimmte *Zulagen* hinzu, und zwar die Residenzzulage, die Haushaltszulage und gegebenenfalls Kinderzulagen sowie Erziehungszulagen. Diese lehnen sich weitgehend an die Zulagen von Beamten an. Die *Residenzzulage*, die in etwa der 16-prozentigen Auslandszulage von Beamten entspricht, beträgt 15 Prozent des Grundgehalts, für Kommissare und EuGH-Richter also 2735 Euro monatlich, für die Präsidenten der Kommission und des EuGH 3355 Euro.

Die Familienzulagen umfassen die Haushaltszulage und gegebenenfalls Kinder- und Erziehungszulagen. Die *Haushaltszulage* macht zwei Prozent des Grundgehalts plus einen Pauschalbetrag von 149 Euro (Zahl von 2004) aus und wird – wie bei Beamten – Amtsträgern gezahlt, die verheiratet sind oder mindestens ein unterhaltsberechtigtes Kind haben. Sie beträgt für Mitglieder der Kommission und des EuGH 514 Euro, für die Präsidenten 596 Euro. Kinder- und Erziehungszulagen richten sich nach Voraussetzungen und Höhe nach dem Beamtenrecht.

Die *Aufwandspauschale* hat für den Präsidenten der Kommission und des EuGH eine Höhe von monatlich 1418 Euro (Zahlen von 2004), für Kommissare und Richter am EuGH 608 Euro.

Analog zu den Bestimmungen im Beamtenstatut haben auch Kommissare und Richter Anspruch auf eine *Einrichtungshilfe* bei Antritt des neuen Amtes. Diese Einrichtungshilfe beträgt zwei Monatsgrundgehälter, also z. Zt. 44 732 Euro für die Präsidenten und 36 466 Euro für Kommissare und Richter. Beim Ausscheiden aus dem Amt wird Kommissaren und Richtern eine Zulage in Höhe von einem Monatsgrundgehalt (22 366 Euro für die Präsidenten und 18 233 Euro für die Kommissare und Richter) gewährt. Für Mitglieder des Rechnungshofs gilt das entsprechend.

Schließlich wird den Kommissaren und Richtern ein Tagegeld für Dienstreisen gewährt, welches sich seit 1981 ebenfalls an den Sätzen für die Beamten der Gemeinschaft orientiert. Für die Kommissare und Richter wird der Tagegeldsatz für einen Beamten der höchsten Besoldungsgruppe als Referenzwert definiert. Der Tagegeldsatz beläuft sich auf 105 Prozent dieses Wertes.[64]

Zählt man alles zusammen, so ergeben sich für einen verheirateten Kommissar oder EuGH-Richter (ohne unterhaltspflichtige Kinder) folgende Gesamtbezüge:

Grundgehalt	**18 233 Euro**
Residenzzulage (15 Prozent des Grundgehaltes)	2 735 Euro
Haushaltslage	
(149 Euro plus 2 Prozent des Grundgehalts)	514 Euro
Gesamtbezüge	**21 482 Euro**

Der Vergleich mit deutschen Amtsträgern ergibt Erstaunliches: Richter am Bundesgerichtshof verdienen mit monatlich rund 7700 Euro kaum mehr als ein Drittel ihrer Luxemburger Kollegen und Richter am Bundesverfassungsgericht mit rund 9500 Euro weit weniger als die Hälfte. Das erscheint besonders problematisch, weil die EU-Richter den größten Teil des Jahres nicht am Sitz des Gerichts, sondern zu Hause zubringen, so dass nicht einzusehen ist, warum sie so viel höher besoldet werden als ihre nationalen Kollegen.

Ebenso ungleich ist der Vergleich der Bezüge der Mitglieder der Rechnungshöfe.

Nicht weniger krass fällt der Vergleich mit den Bezügen der Ratsmitglieder, also den *Mitgliedern der nationalen Regierungen*, aus. Ihre Grundgehälter weist die folgende Tabelle aus.[65]

	Grundgehalt der Regierungschefs	Grundgehalt der Minister
Belgien		13 934 Euro
Dänemark	14 705 Euro	11 764 Euro
Deutschland	14 794 Euro	12 721 Euro
Estland	2 430 Euro	2 226 Euro
Finnland	9 251 Euro	7 709 Euro
Frankreich	15 617 Euro	10 411 Euro
Griechenland		
Großbritannien	14 410 Euro	9 614 Euro
Irland	11 063 Euro	7 460 Euro
Italien		12 930 Euro
Lettland	3 432 Euro	3 120 Euro
Litauen		

Luxemburg	13 689 Euro	11 723 Euro
Malta	3 222 Euro	2 734 Euro
Niederlande	9 422 Euro	9 422 Euro
Österreich	18 838 Euro	17 587 Euro
Polen	2 942 Euro	2 547 Euro
Portugal		
Schweden	11 473 Euro	9 200 Euro
Slowakische Republik	1 853 Euro	1 320 Euro
Slowenien	6 280 Euro	5 290 Euro
Spanien	6 672 Euro	5 855 Euro
Tschechische Republik		
Ungarn	4 370 Euro	3 460 Euro

Der Vergleich zeigt, dass die Mitglieder der Europäischen Kommission sehr viel mehr als ihre nationalen Minister verdienen, bisweilen geradezu ein Vielfaches. Dasselbe gilt für den Präsidenten der Kommission im Vergleich mit den nationalen Regierungschefs.

Natürlich bietet sich auch ein Vergleich mit den *Einkommen der Bürger* der Mitgliedstaaten an, die letztlich über ihre Steuern alles bezahlen müssen. Ihre Durchschnittseinkommen zeigt die folgende Tabelle:[66]

	Durchschnittseinkommen
Belgien	2774 Euro
Dänemark	3255 Euro
Deutschland	2791 Euro
Estland	374 Euro
Finnland	2104 Euro
Frankreich	2113 Euro
Griechenland	1279 Euro
Großbritannien	2353 Euro
Irland	2145 Euro

Italien	1227 Euro
Lettland	242 Euro
Litauen	282 Euro
Luxemburg	3727 Euro
Malta	845 Euro
Niederlande	2121 Euro
Österreich	2117 Euro
Polen	438 Euro
Portugal	603 Euro
Schweden	2628 Euro
Slowakische Republik	276 Euro
Slowenien	781 Euro
Spanien	1317 Euro
Tschechische Republik	370 Euro
Ungarn	339 Euro

An *Versorgung* erhalten europäische Amtsträger Übergangsgeld, Altersversorgung und gegebenenfalls Dienstunfähigkeits- und Hinterbliebenenversorgung. Die Struktur der Regelungen ist für alle Amtsträger dieselbe.

Nach dem Ausscheiden aus dem Amt haben ehemalige Kommissare, Richter und Mitglieder des Rechnungshofes drei Jahre lang Anspruch auf Fortzahlung eines Teils ihres Grundgehalts. Die Höhe dieses *Übergangsgeldes* richtet sich nach der Dauer der Amtsausübung. Bei einer Amtszeit von weniger als zwei Jahren beträgt das Übergangsgeld 40 Prozent des Grundgehalts. Der Prozentsatz steigt bis 65 Prozent des Grundgehaltes ab einer Amtszeit von 15 Jahren. Bis 1973 hatte der Satz noch maximal 50 Prozent betragen. Hinzu kommen Familienzulagen in voller Höhe. Andere Einkünfte werden nur angerechnet, wenn der frühere Amtsträger eine Tätigkeit bei der Europäischen Union übernimmt oder soweit sie die früheren Bruttobezüge des Amtsträgers überschreiten, also bei ehemaligen Kommissaren oder EuGH-Richtern erst ab 21 482 Euro monatlich.

Als Ruhegehalt können Mitglieder der Kommission und des Rechnungshofs sowie Richter am EuGH und am Gericht erster Instanz für jedes volle Jahr der Amtsausübung 4,5 Prozent des letzten Grundgehalts beanspruchen. Für jeden weiteren Monat wird ein Zwölftel dieses Betrages angesetzt. Eine Mindestdienstzeit besteht nicht. Das Ruhegehalt beginnt mit Vollendung des 65. Lebensjahres, kann jedoch bereits ab dem 60. Lebensjahr in Anspruch genommen werden; dann sind Abschläge hinzunehmen.[67] Das ist zehnmal so viel, wie das Durchschnittseinkommen in manchen Mitgliedstaaten der EU beträgt.

Im Gegensatz zu Beamten leisten die Amtsträger keinen eigenen Beitrag zur Finanzierung ihrer Altersversorgung. Die Versorgungsleistungen werden in vollem Umfang aus dem Haushalt der Gemeinschaft finanziert.

Im Falle von Dienstunfähigkeit haben ehemalige Kommissare, Richter und Rechnungshofmitglieder Anspruch auf Dienstunfähigkeitsversorgung. Diese berechnet sich ebenso wie das Ruhegehalt nach der Amtszeit des Mitglieds, beträgt jedoch mindestens 30 Prozent des letzten Grundgehalts. Ursprünglich war für Kommissare eine Dienstunfähigkeitsversorgung in Höhe vom maximal 25 Prozent des letzten Grundgehalts vorgesehen, dieser Satz wurde 1970[68] auf 30 Prozent angehoben und ist seither unverändert.

Die Regelungen für die Kranken- Unfall- und Hinterbliebenenversorgung für Kommissare und Richter sowie für Mitglieder des Rechnungshofes entsprechen denen der Beamten. Danach haben sie – ebenso wie ehemalige Mitglieder – Anspruch auf Erstattung ihrer Aufwendungen im Krankheitsfall bis zu einer Höhe von 80 Prozent. In bestimmten Fällen wird dieser Erstattungsanspruch auf 85 Prozent erhöht. Zur Finanzierung der Krankenversicherung leistet der Amtsträger einen Beitrag in Höhe von höchstens 2 Prozent seines Grundgehalts (zur Zeit 1,7 Prozent), die Europäische Union steuert einen Finanzierungsanteil in doppelter Höhe bei.

Für die Unfallversicherung fällt ein Beitrag in Höhe vom maximal 0,1 Prozent des Grundgehalts an.

Auf das Übergangsgeld, die Alterversorgung, die Invaliditätsversorgung sowie die Hinterbliebenenversorgung wird ein sogenannter Berichtigungskoeffizient angewandt, wie er im Statut für die Beamten der Gemeinschaften für die verschiedenen Dienstorte definiert wurde. Dies bedeutet, dass die Beträge mit einem Vom-Hundert-Satz multipliziert werden, der das Preisniveau der verschiedenen Länder der Europäischen Union berücksichtigt. Grundlage der Berechnung dieses Berichtigungskoeffizienten ist ein Warenkorb, der die Verbrauchsgewohnheiten der Beamten der Europäischen Gemeinschaften berücksichtigt und der durch das Statistische Amt der Europäischen Gemeinschaft in Zusammenarbeit mit den nationalen statistischen Ämtern berechnet wird.[69]

Für Belgien, den Sitz der Kommission, sowie für Luxemburg, den Sitz des europäischen Gerichtshofes, wird ein Berichtigungskoeffizient von 100 festgesetzt. Je nach Kaufkraftniveau variiert der Berichtigungskoeffizient von 69,9 für Lettland bis 139,6 für das Vereinigte Königreich.[70]

Strittig ist die Frage, inwieweit Kommissare und Richter auch Teile ihres Aktivengehalts unter Anwendung des Berichtigungskoeffizienten in ein anderes Land als das Dienstland Belgien bzw. Luxemburg transferieren lassen können. Das Statut der Beamten sieht eine solche Möglichkeit für solche Beamte vor, die beispielsweise schulpflichtige Kinder in einem anderen als ihrem Dienstland zu unterhalten haben. Analog zu diesen Bestimmungen haben es auch die europäische Kommission, der EuGH sowie der Rechnungshof ihren Mitgliedern gestattet, Teile ihrer Bezüge unter Anwendung des Berichtigungskoeffizienten in ein anderes Mitgliedsland zu transferieren. Je nach Land kann es so zu gewissen Einkommenserhöhungen kommen.[71]

Der Gerichtshof sowie der Rechnungshof (vgl. unten) begründen dies mit der seit langem bestehenden Praxis, Art. 17 des Anhangs VII des Beamtenstatuts, der die Anwendung der Berichtigungskoeffizienten für die Beamten regelt, analog auf die Richter und die Mitglieder des Rechnungshofes anzuwenden.[72] Ferner, so der Gerichtshof, erlaube Art. 4a der Verordnung 422/67 die Anwendung der Berichtigungskoeffizienten auch auf die Aktivengehälter.[73] Dies sei vom Verwaltungsausschuss des Gerichtshofes im September 2002 überprüft und bestätigt worden. Auch der Europäische Rechnungshof beschloss Ende 2002, seinen Mitgliedern weiterhin Teile ihrer Dienstbezüge unter Anwendung der Berichtigungskoeffizienten in ein anderes als das Dienstland zu überweisen, nachdem sein Verwaltungsrat die Zulässigkeit dieser Praxis überprüft habe. Nach Auskunft des Rechnungshofes wird der Berichtigungskoeffizient jedoch nur für Zahlungen der Mitglieder angewendet, die sich auf weniger als 16 Prozent des Grundgehalts der Mitglieder belaufen;[74] damit bewegt sich die Praxis im Rahmen der durch Art. 17 des Anhangs VII des Beamtenstatuts vorgesehenen Regelung für die Beamten, die vorsieht, dass Beamte einen Teil ihrer Bezüge, der die Auslandszulage in Höhe von 16 Prozent nicht übersteigt, in ihr Herkunftsland überweisen lassen können.

Der Rechnungshof hatte zu dieser Regelung noch im Jahre 2001 festgestellt, dass »die Regelungen für die Bezüge der Mitglieder der Organe [...] keine spezifische Rechtsgrundlage für derartige Überweisungen«[75] enthalten. Das Europäische Parlament forderte daraufhin die betroffenen Organe in einer Entschließung auf, eine entsprechende Rechtsgrundlage zu schaffen und bis dahin die Zahlungen einzustellen.[76]

Die Gehälter und Versorgungen unterliegen sämtlich dem Steuerstatut der Europäischen Union.[77] Die Steuer wird monatlich erhoben und erfasst allein das Grundgehalt der Kommissionsmitglieder, Richter und Rechnungshofmitglieder. Steuerfrei sind sämtliche Familienzulagen, Beihilfen aus sozialen Gründen oder sonstige Zulagen, die in Zusammenhang mit der Ausübung der dienstlichen Tätigkeit stehen. Ferner werden für Werbungskosten und persönliche Aufwendungen pauschal 10 Prozent des Grundgehaltes von der Bemessungsgrundlage abgezogen. Dafür besteht keine Möglichkeit, eventuell höhere Werbungskosten oder Ähnliches steuerlich geltend zu machen. Dennoch ist diese Vorschrift für die Kommissare und Richter problematisch, erhalten sie doch bereits bis zu 1400 Euro an monatlicher steuerfreier Aufwandspauschale. Eine doppelte Berücksichtigung der persönlichen Aufwendungen erscheint nicht gerechtfertigt.

Schließlich werden Beiträge zum europäischen Sozialversicherungssystem ebenfalls von der Bemessungsgrundlage abgezogen.

Auf die so ermittelte Bemessungsgrundlage wird ein Stufentarif angewandt, der von 8 bis 45 Prozent reicht. Ab einem geringen Freibetrag von zur Zeit 93,26 Euro setzt die Besteuerung mit dem Mindestsatz von 8 Prozent ein. Der Spitzensteuersatz von 45 Prozent wird bei gut 6000 Euro erreicht.

Bemerkenswert ist die Tatsache, dass dieser Stufentarif sich der jährlichen Einkommensentwicklung, wie sie vom Rat für die Beamten beschlossen wird, anpasst. Bei jeder Angleichung der Dienstbezüge wer-

den die Beträge der Steuertabelle ebenfalls um dieselbe Höhe angehoben. Dadurch wird die sogenannte »kalte Progression« verhindert,
die Erhöhungen der Einkommen im nationalen Steuerrecht teilweise
wieder wegsteuert.

Hinsichtlich des Verfahrens der Steuererhebung ist darauf hinzuweisen, dass die Steuer an der Quelle erhoben wird, das heißt die jeweilige Anstellungsbehörde den Steuerabzug durchführt.

Seit 1981 besteht zusätzlich zur Gemeinschaftssteuer eine sog. besondere Abgabe,[78] die sich zuletzt auf 5,83 Prozent belief. Allerdings
wurde diese Abgabe nur auf einen Teil des Einkommens erhoben. Seit
2004 ist die Abgabe in Sonderabgabe umbenannt worden und beläuft
sich nur noch auf 2,5 Prozent.[79]

Da das europäische Steuersystem keinerlei weitere Abschreibungs-
möglichkeiten und Sondertatbestände kennt, ist die fällige Steuer ohne
großen Aufwand zu berechnen.

E.

DIE ALS-OB-VOLKSVERTRETER

I.

Das Europäische Parlament: zersplittert, undemokratisch gewählt, aufgebläht

1. Vorbemerkung

Wahlen sind die Schlüssel für die Legitimation von Demokratien.[1] Das gilt besonders für ein rein repräsentatives System wie die Europäische Union, in der – mangels direktdemokratischer Elemente – Wahlen das einzige Instrument sind, mit dem die Gesamtheit der Bürger Einfluss auf die Entscheidungen, auf die Organe der EU und ihre Politik nehmen und ihnen demokratische Legitimation verschaffen kann. Die befriedigende Ausgestaltung der Parlamentswahlen ist somit ein zentraler Prüfstein der Demokratie in Europa.

Doch wie sieht es mit diesem demokratischen Fundamentalrecht der Bürger in der Praxis aus? Was kann der Bürger mit seiner Stimme wirklich ausrichten? Die Parteien treffen ja fast alle wichtigen Entscheidungen ganz allein – vor und nach den Wahlen. Darüber wird offiziell wenig gesprochen. Die politische Bildung, der sich die politische Klasse seit langem bemächtigt hat, hat es bisher wohlweislich versäumt, den Bürgern das tatsächliche Funktionieren unseres Wahlsystems nahe zu bringen. Kaum ein Wähler, der sein demokratisches Grundrecht der Wahl ausübt, kennt die genauen Konsequenzen.[2]

Die Abgeordneten des Europäischen Parlaments »werden in allgemeiner unmittelbarer Wahl gewählt«. So heißt es in Art. 190 Abs. 1 EG, und der sogenannte Direktwahlakt in der Fassung von 2002 ergänzt in Art. 1 Abs. 3: »Die Wahl erfolgt allgemein, unmittelbar, frei und geheim.« Das sind vier der fünf klassischen Wahlgrundsätze, wie sie sich etwa in Art. 28 und 38 Grundgesetz finden. Bis dahin war es ein wei-

ter Weg. Der wichtigste Grundsatz, der auch den Kern des Demokratieprinzips ausmacht, fehlt allerdings – auch heute noch – in den
Verträgen: die Gleichheit der Wahl. Der Grund liegt darin, dass die
Wahlen zum Europäischen Parlament von extremer Ungleichheit gekennzeichnet sind. Es bestehen immer noch 25 unterschiedliche Wahlsysteme, und man traut sich nicht zu, diese demokratischen Funda-
mentalmängel zu beheben. Niemals hat es in der Parlamentsgeschichte
etwas Vergleichbares gegeben. Alle Versuche, diese offenste aller offenen Flanken der europäischen Demokratie zu schließen, sind bisher
gescheitert. Stattdessen wurde die Zahl der Sitze im Parlament im
Laufe der Jahre immer stärker aufgebläht und die Versorgung der Abgeordneten gewaltig ausgeweitet.[3]

2. Das angestrebte einheitliche Wahlverfahren – gründlich verfehlt: Der Weg beständigen Versagens

Ursprünglich hatten die drei Europäischen Gemeinschaften, also die
Montangemeinschaft, die Atomgemeinschaft und die Wirtschaftsgemeinschaft, eine gemeinsame Versammlung, in der 142 Vertreter der
damaligen sechs Mitgliedstaaten (Deutschland, Frankreich, Italien und
die drei Beneluxstaaten) saßen. Diese wurden nicht direkt von den
Bürgern gewählt, sondern aus den nationalstaatlichen Parlamenten ernannt. Sie hatten Doppelmandate in ihrem nationalen Parlament und
in der EG-Versammlung inne. Die künftig einzuschlagende Richtung
war allerdings schon damals in den Verträgen[4] vorgezeichnet, wo es
hieß:

> »Die Versammlung arbeitet Entwürfe für allgemeine unmittelbare
> Wahlen nach einem einheitlichen Verfahren in allen Mitglied-
> staaten aus. Der Rat erlässt einstimmig die entsprechenden Be-
> stimmungen und empfiehlt sie den Mitgliedstaaten zur Annahme
> gemäß ihren verfassungsrechtlichen Vorschriften.«

Der daraufhin von der Versammlung erarbeitete Entwurf von 1960
blieb allerdings liegen. Eine einstimmige Entscheidung des Rates zu
erlangen, erwies sich als illusorisch, besonders angesichts der Abnei-

gung de Gaulles gegen jegliche supranationale Integration. 1969 erwog die Versammlung, die sich 1962 kurzerhand den Namen »Europäisches Parlament« gegeben hatte, sogar eine Organklage gegen den Rat, sah davon aber schließlich ab, als sich – nicht zuletzt mit dem Rücktritt de Gaulles – der politische Wind zu drehen begann. Auf dem Pariser Gipfel von 1974 erklärten die Staats- und Regierungschefs unter Leitung des neuen französischen Staatspräsidenten Giscard d'Estaing, sie beabsichtigten, auf Vorschlag des Parlaments bis 1976 ein Verfahren für allgemeine Wahlen zu beschließen, die dann 1978 erstmals stattfinden sollten.

Den alsbald erstellten Entwurf der Versammlung von 1975 übernahm der Rat mit einigen Abänderungen. Das Ergebnis war der Akt »Zur Einführung allgemeiner unmittelbarer Wahlen der Abgeordneten der Versammlung« vom 20. 9. 1976 (sogenannter Direktwahlakt, kurz: DWA). Um die politischen Widerstände gering zu halten, fiel die Vereinheitlichung der Wahlen allerdings extrem restriktiv aus: Zunächst sollte nach nationalen Wahlsystemen gewählt werden. Dies war allerdings nur als vorübergehendes Provisorium gedacht, auf das später die Vereinheitlichung folgen sollte. Dementsprechend verpflichtete Artikel 7 DWA die Versammlung unter Bezugnahme auf die oben zitierten Vertragsvorschriften weiterhin, »den Entwurf eines einheitlichen Wahlverfahrens« auszuarbeiten. Bis zu seinem Inkrafttreten aber sollte sich »das Wahlverfahren in jedem Mitgliedstaat nach den innerstaatlichen Vorschriften« richten.

Nach der Ratifizierung des Direktwahlakts und dem Erlass der nationalen Europawahlgesetze durch die Mitgliedstaaten konnte schließlich vom 7. bis 10. Juni 1979 die erste sogenannte Direktwahl der Versammlung durchgeführt werden. Die Wahlgesetze der Länder orientieren sich zumeist an den Regelungen für die Wahl der nationalen Parlamente, und diese waren höchst unterschiedlich. So wurden in Großbritannien auch die Europaabgeordneten in relativer Mehrheitswahl gewählt (welche 1997 allerdings auch dort durch die Verhältniswahl ersetzt wurde). Nur in Frankreich wurde sogleich anstelle der für die Assemblée Nationale geltenden absoluten Mehrheitswahl für Europawahlen die Verhältniswahl eingeführt. Die sogenannte Direktwahl der Europäischen Versammlung erfolgte also – entgegen der ursprünglichen Intention – »ganz uneinheitlich à la carte.«[5]

Um das Provisorium zu überwinden, kam die neugewählte Versammlung alsbald dem Auftrag des Art. 7 DWA nach. Sie erarbeitete im Laufe der Jahre sogar eine ganze Reihe von Entwürfen für ein einheitliches Wahlrecht, die aber alle nicht die erforderliche Einstimmigkeit im Rat fanden, obwohl sie in Wahrheit nur Rahmenregelungen enthielten und die Anforderungen an ein »einheitliches« Wahlverfahren immer weiter senkten. Die als Provisorium gedachte Regelung des Jahres 1979 erstarkte damit immer mehr zur normativen Kraft des Faktischen.

Zum Schluss blieb scheinbar nur noch die Kapitulation vor den Widerständen: Angesichts des Scheiterns aller Bemühungen, die normative Vorgabe zu erfüllen, wurde diese nun ihrerseits massiv geschleift. Auf der Regierungskonferenz von Amsterdam im Jahre 1997 wurde Art. 190 Abs. 4 EG entschärft. Nun wurde ausdrücklich erlaubt, dass die Direktwahl statt »nach einem einheitlichen Verfahren in allen Mitgliedstaaten« alternativ auch bloß »im Einklang mit allen Mitgliedstaaten gemeinsamen Grundsätzen« erfolgen könne. (Zugleich wurde für die Regelung – neben dem Entwurf des Parlaments und dem einstimmigen Ratsbeschluss – auch die Zustimmung des Parlaments »mit der Mehrheit seiner Mitglieder« verlangt.) Diese opportunistische Anpassung des Soll-Zustandes an den Ist-Zustand bedeutete praktisch den Verzicht auf das ursprünglich für unerlässlich gehaltene einheitliche Wahlverfahren.

Damit war der Weg frei für eine, allerdings sehr bescheidene, Neuregelung. Das Europäische Parlament reagierte wiederum rasch und billigte am 15. Juli 1998 per Entschließung den sogenannten Anastassopoulos-Bericht,[6] der nach der griechischen Vorsitzenden des zuständigen Ausschusses benannt worden war. Darin waren immerhin noch Reste eines einheitlichen Wahlverfahrens vorgesehen. So wurde unter anderem empfohlen, ab 2009 10 Prozent der Abgeordneten über europaweite Listen in einem einheitlichen transnationalen Wahlkreis wählen zu lassen. Zudem sollte das Wahlgebiet bei einer Einwohnerzahl von mehr als 25 Millionen in Wahlkreise unterteilt werden, um den Wählern den Überblick über die Parteien und Kandidaten zu erleichtern. Auch dieser Vorschlag des Parlaments stieß allerdings auf keine große Gegenliebe beim Rat und blieb zunächst liegen.

Erst Jahre später raffte sich der Rat auf, so dass es schließlich im Jahre 2002 zu einer Änderung des Direktwahlakts kam, der damit seine heutige Gestalt erhielt. Diese war ausgesprochen enttäuschend, wie nach der Entschärfung der normativen Vorgaben auch nicht anders zu erwarten war. Transnationale Listen, wie vom Anastassopoulos-Bericht vorgeschlagen, waren darin nicht vorgesehen. Stattdessen beließ man es bei den national unterschiedlichen Wahlsystemen. Der Direktwahlakt schrieb nun lediglich die Verhältniswahl verbindlich vor, die aber inzwischen ohnehin in allen Mitgliedstaaten praktiziert wurde. Im Übrigen wurde weder die Präferenzstimmgebung zwingend vorgegeben (sondern nur fakultativ erlaubt), die dem Wähler Einfluss auf die Auswahl der Personen gibt (siehe S. 252), noch die Unterteilung der nationalen Wahlgebiete in mehrere Stimmkreise (vielmehr wurde sie nur fakultativ zugelassen). Ebenso wenig wurden Sperrklauseln untersagt (sondern im Gegenteil bis zur Höhe von fünf Prozent nunmehr ausdrücklich gestattet). Der Direktwahlakt war in Wahrheit nichts anderes als die Sanktionierung des Status quo und verlangte deswegen in keinem Mitgliedstaat irgendwelche Reformen. Dennoch oder gerade deshalb stimmte das Europäische Parlament dem vom Rat beschlossenen Wortlaut mit der erforderlichen absoluten Mehrheit zu, so dass er nach der Ratifizierung durch die Mitgliedstaaten in Kraft treten konnte. Der jahrelange Kampf um das einheitliche Wahlverfahren ging letztlich aus wie das Homberger Schießen. Die Unzahl von Sitzungen, Kommissionen und Berichten – alles war vergeblich. Ein zentraler demokratischer Mangel besteht fort.

Als kleiner Trost blieb: Der Rat hat eine Überprüfung des Direktwahlaktes vor der zweiten Direktwahl nach seinem Inkrafttreten, also vor den Wahlen im Jahre 2009, in Aussicht gestellt.[7] Das Parlament griff dies auf und mahnte zumindest die Übernahme der im Anastassopoulos-Bericht empfohlenen transnationalen Elemente für die Zukunft an.[8] Eine durchgreifende Beseitigung des krassen Unterschieds im Stimmgewicht der EU-Bürger ist nach der Entschärfung des Vereinheitlichungsgebots durch den Vertrag von Amsterdam vorerst ohnehin nicht zu erwarten.

3. Der zersplitterte Ist-Zustand

a) 25 unterschiedliche Wahlsysteme

Die Wahlsysteme aller nunmehr 25 Mitgliedstaaten sind in der folgenden Übersicht in ihren Kernelementen dargestellt.

Wahlsysteme für das Europaparlament in den Mitgliedstaaten der EU

Land	Sitze	Wahlsystem	Wahlkreiseinteilung	Listenform/ Stimmgebung	Sitzzuteilung
1	2	3	4	5	6
Belgien	24	Verhältniswahl (VW)	3 Wahlkreise (4 ethnisch-geogr. Regionen)	Lose gebundene Listen (Wahlpflicht)	D'Hondt
Dänemark	14	VW	Nat. Einheitswahlkreis	Lose gebundene Listen	D'Hondt
Deutschland	99	VW mit 5%-Klausel	Bundeslisten oder Landeslisten/Verrechnung auf nat. Ebene	Starre Listen	Hare-Niemeyer
Estland	6	VW	Nat. Einheitswahlkreis	Starre Listen und Einzelkandidaturen	D'Hondt
Finnland	14	VW	Nat. Einheitswahlkreis	Lose gebundene Listen	D'Hondt
Frankreich	78	VW mit 5%-Klausel (je Region)	8 regionale Wahlkreise	Starre Listen	D'Hondt
Griechenland	24	VW mit 3%-Klausel	Nat. Einheitswahlkreis	Starre Listen (Wahlpflicht)	Eniskhimeni Analogiki
Großbritannien	75+3	VW (Nordirland: VW mit STV [single transferable vote])	11 Wahlkreise plus 1 STV-Wahlkreis in Nordirland mit 3 Mandaten	Starre Listen/ NIRL: STV	D'Hondt NIRL: STV-Droop
Irland	13	VW STV	4 unverbundene Wahlkreise	STV	STV-Droop

Italien	78	VW	5 reg. Wahlkreise/ Verrechnung auf nat. Ebene	Lose gebundene Listen	LR-Hare
Lettland	9	VW mit 5%-Klausel	Nat. Einheitswahlkreis	Lose gebundene Listen	Sainte-Laguë
Litauen	13	VW mit 5%-Klausel	Nat. Einheitswahlkreis	Lose gebundene Listen	Hagenbach-Bischoff
Luxemburg	6	VW	Nat. Einheitswahlkreis	Offene Listen mit Panaschieren (Wahlpflicht)	Hagenbach-Bischoff
Malta	5	VW/STV	Nat. Einheitswahlkreis	STV	STV-Droop
Niederlande	27	VW	Nat. Einheitswahlkreis	Lose gebundene Listen	D'Hondt
Österreich	18	VW mit 4%-Klausel	Nat. Einheitswahlkreis	Lose gebundene Listen	D'Hondt
Polen	54	VW mit 5%-Klausel	13 regionale Wahl- kreise/Verrechnung auf nat. Ebene	Lose gebundene Listen	D'Hondt/ LR-Hare
Portugal	24	VW	Nat. Einheitswahlkreis	Starre Listen	D'Hondt
Schweden	19	VW mit 4%-Klausel	Nat. Einheitswahlkreis	Lose gebundene Listen	Mod. Sainte-Lague
Slowenien	7	VW	Nat. Einheitswahlkreis	Lose gebundene Listen	D'Hondt
Slowakei	14	VW mit 5%-Klausel	Nat. Einheitswahlkreis	Lose gebundene Listen	Hagenbach-Bischoff
Spanien	54	VW	Nat. Einheitswahlkreis	Starre Listen	D'Hondt
Tschechien	24	VW mit 5%-Klausel	Nat. Einheitswahlkreis	Lose gebundene Listen	D'Hondt
Ungarn	24	VW mit 5%-Klausel	Nat. Einheitswahlkreis	Starre Listen	D'Hondt
Zypern	6	VW	Nat. Einheitswahlkreis	Lose gebundene Listen (Wahlpflicht)	LR-Hare

Quelle: Jan Scheffler, One man – one vote – one value?, 2005, S. 63.

Die Übersicht zeigt, dass das Europäische Parlament in allen Mitgliedstaaten nach Verhältniswahl gewählt wird. Das verschafft den politischen Parteien eine zentrale Rolle bei der Wahl. Einen großen Unterschied macht allerdings, dass die Wähler zusätzlich zur Auswahl der Partei in mehr als zwei Dritteln der Mitgliedstaaten noch einen Einfluss auf die Personen besitzen, die sie im Parlament vertreten sollen, und so ihre Präferenzen hinsichtlich der jeweiligen Kandidaten zum Ausdruck bringen können. Das ist bei »lose gebundenen Listen« der Fall wie z.B. in Finnland, Italien und zwölf weiteren Staaten. Hier kann der Bürger in der von ihm gewählten Parteiliste für den von ihm bevorzugten Kandidaten stimmen. Bei »offenen Listen« mit der Möglichkeit des Panaschierens wie in Luxemburg kann der Bürger Kandidaten verschiedener Listen wählen, und bei der sogenannten Single Transferable Vote wie in Irland, Malta und Nordirland kann er seine Präferenzen sogar hinsichtlich aller Kandidaten zum Ausdruck bringen. Dagegen kann der Wähler in Staaten wie Deutschland, Frankreich und Spanien nur von den Parteien vorgegebene starre Listen ankreuzen, muss also deren Personalangebot in der festgelegten Reihung akzeptieren, ohne daran irgendetwas ändern zu können.

Ein weiterer Unterschied besteht darin, dass in Belgien, Griechenland, Luxemburg und Zypern Wahlpflicht besteht, nicht aber in den anderen Mitgliedstaaten. Wer in jenen vier Ländern nicht zur Wahl geht, ohne dafür eine triftige Entschuldigung zu haben, muss mit rechtlichen Sanktionen rechnen. Das erklärt dort die hohe Wahlbeteiligung.

Sperrklauseln finden sich in den Wahlgesetzen von elf Mitgliedstaaten. Sie betragen zumeist 5 Prozent (so auch in Deutschland), in Schweden und Österreich 4 Prozent und in Griechenland 3 Prozent der abgegebenen gültigen Stimmen. Andere Staaten wie etwa Italien, Großbritannien und Spanien kommen dagegen gänzlich ohne Sperrklauseln aus. In kleineren Ländern kann die geringe Anzahl von Abgeordneten, die sie ins Europäischen Parlament entsenden, jedoch faktisch wie eine Sperrklausel wirken.

In der letzten Spalte sind die verschiedenen Methoden zur Umrechnung der abgegebenen Stimmen in Parlamentssitze wiedergegeben, die jeweils nach dem Namen ihrer »Erfinder« genannt werden.

Diese kurze Übersicht zeigt bereits die gewaltigen Unterschiede, die die nationalen Wahlgesetze bei der Wahl zum Europäischen Parlament aufweisen.

b) Parlamentssitze: zu viel und ungleich verteilt

aa) Das Parlament wird größer und größer

Der EG-Vertrag teilt jedem Mitgliedstaat eine bestimmte Zahl von Abgeordnetensitzen zu. Diese Kontingente beruhen auf politischen Machtkalkülen und sind im Übrigen Fortschreibungen ihres jeweiligen Vorgängermodells, wobei der Ursprung sogar auf eine rein zwischenstaatliche Organisation zurückgeht: die parlamentarische Versammlung des Europarats. Die Sitzverteilung der EG-Versammlung lehnte sich zunächst eng an die der Versammlung des Europarats an.[9] Dass in solchen Versammlungen die Gleichheit des Wahlrechts der Bürger – anders als bei Parlamenten – kein leitendes Prinzip darstellt, erklärt bis zu einem gewissen Grad auch die ursprünglich in dieser Hinsicht bestehende Nonchalance der »Europamacher«.

Allerdings wurde nur die Relation der Sitze übernommen. Ihr lag die Erwägung zugrunde, die drei großen Staaten Deutschland, Frankreich und Italien sollten mit je 18 Sitzen gleichgroße Vertretungen haben. Die drei kleinen Staaten Belgien (7 Sitze), Niederlande (7 Sitze) und Luxemburg (3 Sitze) sollten zusammen ähnlich viele Sitze haben wie jeder der großen, wobei das auf Luxemburg entfallende Quorum daraus resultierte, dass jede der dortigen drei größeren Parteien die Möglichkeit bekommen sollte, einen Sitz zu erlangen.

Dagegen wurden die absoluten Zahlen verdoppelt: Aus den 71 Sitzen der Versammlung des Europarats wurden 142 Sitze der Versammlung der Europäischen Gemeinschaften. Dementsprechend hieß es in Art. 138 Abs. 2 EWGV: »Die Zahl der Abgeordneten wird wie folgt festgesetzt:

Belgien	14
Deutschland	36
Frankreich	36

Italien   36
Luxemburg   6
Niederlande   14.«

Mit dem Beitritt von drei weiteren Ländern im Jahr 1973 erhöhte sich die Zahl. Großbritannien erhielt wie die anderen drei Großen 36 Sitze, Dänemark und Irland erhielten je 10 Sitze, womit die Versammlung auf insgesamt 198 Sitze anwuchs.

Mit der Einführung der Direktwahl wurde die Versammlung mit einem Schlag weiter ausgeweitet. Die Zahl der Sitze wurde mehr als verdoppelt und betrug nunmehr 410. Eine nachvollziehbare Begründung dafür ist nicht ersichtlich. Bieber und Haag erwähnen in der Kommentierung des EG-Vertrages zwar, für die Ausweitung seien zum einen »parlamentarische Arbeitserfordernisse« angeführt worden, zum zweiten sei die Ausweitung damit begründet worden, dass nur eine hinreichend große Zahl der in jedem Mitgliedstaat zu wählenden Abgeordneten »das Interesse an der Wahl wecken könnte.«[10] Doch diese Begründung war nur vorgeschoben. Dass die große Zahl die parlamentarische Arbeit erleichtere oder der Wahl größeres Gewicht gebe und das öffentliche Interesse daran steigere, trifft nicht zu. Eher ist das Gegenteil der Fall, wie man zum Beispiel am Senat der USA sieht, der mit nur 100 Mitgliedern nicht nur die parlamentarische Arbeit bewältigt, sondern auch ein hohes Ansehen besitzt. Möglicherweise mag die Arbeitslast für Abgeordnete mit Doppelmandat, wie es auch nach 1979 noch einige Zeit verbreitet war, zu hoch sein. Doch auch diese – unausgesprochene – Begründung verlor mit dem allmählichen Verschwinden der Doppelmandate ihre Grundlage.

Im Zuge weiterer Beitritte richtete man sich nach zwei ungeschriebenen Grundsätzen. Einmal blieb es dabei, dass die großen Staaten Deutschland, Frankreich, Großbritannien und Italien stets dieselbe Zahl von Sitzen im Parlament bekamen. Der andere Grundsatz lautete, die nach dem Beitritt neuer Mitgliedstaaten erforderliche neue Gewichtung dürfe niemals dazu führen, dass ein Mitgliedstaat weniger Sitze als vorher bekomme. Beide Grundsätze mussten die Sitzzahlen zwangsläufig weiter aufblähen. Die Beitritte von Griechenland (1981), das wie das einwohnergleiche Belgien 24 Sitze erhielt, von Portugal

(1986), dem wegen ähnlicher Einwohnerzahl wie Belgien und Griechenland ebenfalls 24 Mandate gegeben wurden, und Spanien (ebenfalls 1986), das 60 Mandate bekam, vergrößerten das Europäische Parlament auf insgesamt 518 Sitze.

Die weitere Entwicklung führte allerdings dazu, dass die beiden
erwähnten Grundsätze sich nicht mehr in vollem Umfang aufrechterhalten ließen. Nach der deutschen Vereinigung und der dadurch be-
wirkten Vergrößerung Deutschlands war der erste Grundsatz offenbar unhaltbar geworden, so dass die Regierungschefs auf dem Gipfel
von Edinburgh im Dezember 1992 Deutschlands Mandatszahl um
18 auf 99 anhoben: Gleichzeitig glaubten sie allerdings, diese Erhöhung durch die Aufstockung der Kontingente von Frankreich, Italien und Großbritannien um jeweils sechs Sitze (insgesamt also um
18) und die Aufstockung der Sitze von Spanien um 4 Sitze und von
Belgien, Portugal und Griechenland um je einen Sitz (zusammen also
um weitere 7 Sitze) »ausgleichen« zu müssen. Damit stieg die Größe des Parlaments auf 562 Sitze. Auf der Grundlage dieses ausge-
weiteten Verteilungsschlüssels wurden dann im Zuge der Beitritte
von Finnland (16 Sitze), Schweden (22 Sitze) und Österreich (21 Sitze)
im Jahre 1995 auch deren Sitzzahlen festgesetzt. Das Parlament
wuchs auf insgesamt 626 Sitze an. Der zweite Grundsatz wurde erst
mit dem Vertrag von Nizza aufgegeben. Es war zu offensichtlich,
dass andernfalls die mit der EU-Osterweiterung drohende Aufblähung des Parlaments geradezu monströse Dimensionen angenommen
hätte.

Die Aufblähung, die sich von Mal zu Mal steigerte, ist gleichwohl
gewaltig – und dies sogar nach den eigenen Maßstäben der EU. In
Amsterdam hatte man im Hinblick auf die anstehende Erweiterung
für die Zukunft noch eine absolute Obergrenze von maximal 700 Sitzen festgelegt (Art. 189 EG in der damaligen Fassung).[11] Dadurch
sollte »verhindert werden, dass die Arbeitsfähigkeit des Europäischen
Parlaments nach Beitritt weiterer Staaten durch eine unbegrenzte Ausweitung der Sitze beeinträchtigt wird.«[12] Im Vertrag von Nizza wollte
man davon aber nichts mehr wissen. »Entgegen allen vorherigen Be-
teuerungen und Absichtserklärungen«[13] wurde die Sitzzahl in einem
absolut intransparenten Verfahren[14] auf 732 erhöht. So hatte sich zum
Beispiel Luxemburg als kleinster Mitgliedstaat erfolgreich gegen eine

Reduktion seiner Sitze auf vier mit dem aberwitzigen Argument zur Wehr gesetzt, für eine derart geringe Zahl von Parlamentssitzen würde sich eine Wahl kaum noch lohnen.[15] Luxemburg hat deshalb weiterhin sechs Sitze, was natürlich auch die Bemühungen, die Sitze aller anderen Mitgliedstaaten zu senken, insbesondere auch der vielen kleinen Staaten, die 2004 der EU beigetreten sind, weitgehend zum Scheitern verurteilt.

732 Sitze ist denn auch die derzeitige Größe des Europäischen Parlaments. Doch war diese Zahl eigentlich erst nach dem Beitritt von Rumänien (das 33 Mandate erhalten soll) und Bulgarien (17 Mandate) vorgesehen. Als sich aber herausstellte, dass diese beiden Staaten noch nicht mit den anderen zehn »Neuen« zum 1. Mai 2004 beitreten konnten, unterblieb eine entsprechende Absenkung. Die für Rumänien und Bulgarien vorgesehenen 50 Mandate wurden stattdessen vor Beginn der Wahlperiode 2004–2009 auf die bestehenden Mitgliedstaaten aufgeteilt, allerdings so, dass die in der Legislaturperiode 1999–2004 bestehende Sitzzahl jedes Staates nicht überschritten wurde. Deutschland und Luxemburg erhielten deshalb keine zusätzlichen Sitze, wohl aber alle anderen. Wenn nun Rumänien und Bulgarien, wie vorgesehen, 2007 oder spätestens 2008 beitreten, kommen die ihnen zustehenden 50 Sitze noch bis zum Ende der laufenden Wahlperiode hinzu. Das Parlament wird dann vorübergehend 782 Mitglieder umfassen. Und ob die Zahl dann ab 2009 wirklich wieder auf 732 zurückgeht, ist mehr als fraglich. Denn Tschechien und Ungarn waren in Nizza zu wenige Sitze zugesprochen worden, so dass sie unverständlicherweise weniger Mandate hatten als Länder mit geringerer Bevölkerung. Im Zuge der Aufteilung der 50 Sitze von Rumänien und Bulgarien konnte dieser Lapsus behoben werden, indem jeder der beiden Staaten zwei zusätzliche Mandate erhielt. Diese Aufwertung der beiden Staaten wird sich kaum rückgängig machen lassen.[16]

Ein weiterer Aufblähungseffekt hatte sich unmittelbar nach dem Beitritt der zehn »Neuen« am 1. Mai 2004 ergeben. Da die Europawahl erst sechs Wochen später stattfand, entsandten die Beitrittsländer in der Übergangszeit 162 Abgeordnete nach Brüssel, die zu den 626 Abgeordneten der 15 bisherigen Staaten hinzukamen, so dass das Europäische Parlament vorübergehend sogar 788 Abgeordnete umfasste.

Die Aufblähung des Parlaments weit über die von den EU-Organen früher selbst gesetzten Grenzen hinaus hat höchst schädliche Konsequenzen. Erst einmal leiden das Budget und die Arbeitsfähigkeit des Europäischen Parlaments. Die Überzahl von Abgeordneten führt dazu, dass die Redezeiten im Plenum des Parlaments radikal begrenzt sind. Die meisten müssen, wenn sie überhaupt zu Wort kommen, ihren Redeschwall in Statements von einer Minute pressen. In so kurzer Zeit lässt sich kaum ein Gedanke vernünftig entwickeln. Was wir an Stellungnahmen im Fernsehen immer kritisieren, die 30- oder 60-Sekunden-Statements, die nur Plakatives zulassen, ist in Straßburg zum schlechten parlamentarischen Brauch geworden. Selbst Fraktionsvorsitzende haben regelmäßig nur wenige Minuten für ihre Darlegungen. Dieses durch die große Zahl der Abgeordneten vorgegebene enge zeitliche Korsett ist gerade im Europäischen Parlament besonders misslich. Denn die Parlamentsmehrheit muss – anders als in den parlamentarischen Demokratien der Nationalstaaten – keine Regierung stützen, und die Opposition muss diese nicht ständig attackieren. Der Rat und die Kommission sind unabhängig vom Parlament. Deshalb sind die Fronten zwischen den Fraktionen durchlässiger und der Fraktionszwang weniger ausgeprägt, so dass dem freien Mandat sehr viel mehr Raum gegeben werden kann als in parlamentarischen Demokratien. Umso fruchtbarer könnten die Debattenbeiträge der Abgeordneten sein, wenn sie denn ein Minimum an Zeit hätten. Das sieht man etwa an den Debatten des amerikanischen Senats (100 Mitglieder) und des amerikanischen Repräsentantenhauses (435 Mitglieder), die ebenfalls keine Regierung zu wählen und zu stützen haben. Voraussetzung aber wäre eine durchgreifende Verringerung der Zahl der Mitglieder des Europäischen Parlaments. Die unaufhaltsam wachsende Zahl der Abgeordneten wurde ja auch niemals stichhaltig begründet, weil die wahren Gründe nicht öffentlich vorzeigbar sind: die Ausweitung der lukrativen Posten aus Eigeninteresse der politischen Klasse und aus nationalem Prestigedenken.

bb) Ungleiche Verteilung der Kontingente

Die Mandate sind so auf die einzelnen Länder verteilt, dass große Länder im Verhältnis zur Zahl ihrer Wahlberechtigten erheblich weniger Mandate erhalten als kleine. Das zeigt die folgende Übersicht, wobei anstelle der Wahlberechtigten die leichter zu ermittelnde Zahl der Einwohner angegeben ist.

EP-Mandate und Einwohner der 25 EU-Mitgliedstaaten

Land	Einwohner (in Tausend)	Mandate 2004–2009	Einwohner (in Tausend) pro MEP
1	2	3	4
Deutschland	82 539	99	833,7
Frankreich	59 901	78	768,0
Ver. Königreich	59 516	78	763,0
Italien	57 804	78	741,1
Spanien	42 198	54	781,4
Polen	38 191	54	707,2
Niederlande	16 255	27	602,0
Griechenland	11 041	24	460,0
Portugal	10 475	24	436,5
Belgien	10 396	24	433,2
Tschech. Republik	10 212	24	425,5
Ungarn	10 117	24	421,5
Schweden	8 976	19	472,4
Österreich	8 114	18	450,8
Dänemark	5 398	14	385,6
Slowakei	5 380	14	384,3
Finnland	5 220	14	372,9
Irland	4 025	13	309,6
Litauen	3 446	13	265,1
Lettland	2 319	9	257,7
Slowenien	1 996	7	285,1
Estland	1 351	6	225,2

Zypern	731	6	121,8
Luxemburg	452	6	75,3
Malta	400	5	80,0
Gesamt	**456 453**	**732**	

Quelle: Jan Scheffler, a. a. O.

Aus der Tabelle ist ersichtlich, dass ein Luxemburger EU-Abgeordneter 75 300 Personen, ein Abgeordneter aus Estland 225 200, ein Abgeordneter aus Dänemark 385 600 und ein deutscher Volksvertreter 833 700 Menschen in Straßburg und Brüssel repräsentiert (siehe auch S. 63). Die Anzahl der Wählerstimmen, die für die Erlangung eines Mandats erforderlich ist, weist riesige Unterschiede auf. In Deutschland benötigt ein Abgeordneter rund zwölfmal so viele Stimmen wie in Luxemburg. Das Stimmgewicht eines Luxemburgers ist somit zwölfmal so hoch ist wie das eines Deutschen. Das ist im Ergebnis so, als ob ein Luxemburger zwölf Stimmen hätte, ein Deutscher aber nur eine. Anders ausgedrückt: Luxemburg hat sechs Abgeordnete, das sehr viel bevölkerungsreichere Bremen aber nur einen einzigen. Oder: Die elf kleinsten EU-Staaten mit zusammen 30,7 Millionen Einwohnern verfügen über 107 Mandate. Deutschland mit seinen 82,5 Millionen Einwohnern aber nur über 99. Damit spotten Europawahlen allen demokratischen Regeln.

Die starren Kontingente führen auch dazu, dass die Wahlbeteiligung keine Auswirkungen auf die Sitzverteilung hat. Selbst wenn in einem Land prozentual doppelt so viele Wähler zur Wahl gehen wie in einem anderen Land mit gleichhohem Kontingent, verändert sich die Zahl der Mandate nicht. Ganz anders etwa bei der Wahl zum Deutschen Bundestag: Hier richtet sich die Zahl der Mandate, die auf jedes Bundesland entfallen, nach der Zahl der dort abgegebenen Stimmen und damit auch nach der jeweiligen Wahlbeteiligung.

Zudem kann die ungleiche Kontingentierung bewirken, dass eine Fraktion des Europäischen Parlaments bzw. ein europäischer Parteienbund weniger Sitze erhält als ein anderer, obwohl er mehr Wählerstimmen bekommen hat, einfach deshalb, weil sie bzw. er die Stimmen schwergewichtig in großen Staaten bekommen hat, wo sie weniger wert sind. Ein Beispiel dafür ist die Europäische Volkspartei, die bei der zweiten Direktwahl 1984 mit 31 Millionen Wählerstimmen zwar »Wahlsieger war, aber nur 110 Abgeordnete stellte, während der Sozialistische Bund, der nur 30,2 Millionen Stimmen erlangt hatte, 130 Mandate bekam.«[17]

Bei Bewertung des extremen Ungleichgewichts der Stimmen der EU-Bürger kann man sich nicht damit beruhigen, im Völkerrecht seien alle Staaten stets gleichwertig. Denn die EU ist keine völkerrechtliche, sondern eine suprastaatliche Institution. Solange das Europäische Parlament noch nichts Wesentliches zu sagen hatte, konnte man die Ungleichheit noch getrost in Kauf nehmen. Das hat sich aber mit der gewaltigen Zunahme seiner Kompetenzen, insbesondere seiner vielfach gleichberechtigten Stellung mit dem Rat bei der Gesetzgebung und seiner Mitwirkung etwa an der Bestellung der Kommission, grundlegend geändert.[18] Die Ungleichheit widerspricht denn auch elementaren Grundsätzen, die die EU sich selbst auf die Fahne geschrieben hat: dem Gleichheitssatz einschließlich dem Verbot, Unionsbürger auf Grund ihrer Staatsangehörigkeit zu diskriminieren, und dem Demokratieprinzip.

Die Geltung des Gleichheitssatzes, der gerade im Zusammenhang mit Parlamentswahlen besonders großes rechtliches Gewicht besitzt und streng eingehalten werden muss,[19] ist im EU-Recht unbestritten. Die Wahlrechtsgleichheit ist in allen Mitgliedstaaten Teil der Verfassungstradition.[20]

Auch das Demokratieprinzip, zu dessen wichtigsten Bestandteilen die Wahlrechtsgleichheit gehört, ist in den Verträgen ausdrücklich verankert. Schon in der Präambel des EU-Vertrags findet sich das Bekenntnis »zu den Grundsätzen der Freiheit, der Demokratie und der Achtung der Menschenrechte und Grundfreiheiten« und der »Wunsch, Demokratie und Effizienz in der Arbeit der Organe weiter zu stärken«. Art. 6 Abs. 1 EUV bestätigt dies dann:

»Die Union beruht auf den Grundsätzen der Freiheit, der Demokratie, der Achtung der Menschenrechte und Grundfreiheiten sowie der Rechtsstaatlichkeit; diese Grundsätze sind allen Mitgliedstaaten gemeinsam.«

Die Einhaltung des Demokratieprinzips ist auch ein zentrales Kriterium für die Aufnahme von Beitrittskandidaten in die EU.[21] Ein Staat, der bei der Wahl seines Parlaments derart unterschiedliche Stimmgewichte zuließe, wie sie bei Wahl des Europäischen Parlaments bestehen, hätte nicht die geringste Chance, aufgenommen zu werden.

Der Grundsatz der Unionsbürgerschaft erlaubt es jedem Unionsbürger in dem Mitgliedstaat, in dem er seinen Wohnsitz hat, sich an der Wahl des Europäischen Parlaments zu beteiligen, aktiv als Wähler und passiv als Kandidat. Auf Grund dieser Regelung kann theoretisch ein Deutscher durch Verlegung seines Wohnsitzes nach Luxemburg sein Stimmgewicht bei Europawahlen multiplizieren bzw. die für eine erfolgreiche Kandidatur erforderliche Stimmenzahl massiv reduzieren.

Diese Verzerrung der Stimmgewichte konnte früher sogar als Widerspruch zum geltenden europäischen Primärrecht angesehen werden.[22] Zwar war auch damals bereits eine zahlenmäßige Kontingentierung der Sitze vorgesehen. Diese stand aber nur im Direktwahlakt, und dieser war von geringerer Rechtsgeltung als die vorrangigen Grundsätze der EG-Verträge (Gleichheit und Demokratieprinzip)[23] und musste deshalb diesen entsprechen. Zwar fehlte von Anfang an der Grundsatz der gleichen Wahl. Er war nirgendwo ausdrücklich niedergelegt. Stattdessen war nur von allgemeinen unmittelbaren Wahlen die Rede. Doch dies ließ sich damit ohne weiteres erklären, dass es zunächst nur um die Einführung der Direktwahl des Europäischen Parlaments ging.[24] Die Geltung des Gleichheitssatzes brauchte dadurch noch keineswegs ausgeschlossen zu sein.

Nachdem nunmehr aber nicht nur das Vereinheitlichungsgebot verwässert ist, sondern die Sitzkontingente der Mitgliedstaaten im EG-Vertrag selbst niedergelegt sind, ließe sich die Auffassung von der Rechtswidrigkeit der geltenden Mandatskontingentierung nur noch aufrechterhalten, wenn man dem Demokratieprinzip und dem Gleichheitssatz überpositive oder auf andere Weise vorrangige Geltung beimessen würde, an die auch die EU gebunden ist.[25] Diese Ansicht mag durchaus etwas für sich haben.[26] Fest steht aber in jedem Fall, dass es rechts- und europa*politisch* geboten ist, die krassen Ungleichheiten zu beseitigen und ein einheitliches Wahlverfahren einzuführen. Dies auch deshalb, weil man nur durch einheitliche europäische Wahlen der erforderlichen europäischen Integration näher kommen kann, die eine Grundvoraussetzung für die Entwicklung eines europäischen Wir-Gefühls, also einer echten europäischen Integration, ist.

4. Sperrklauseln

Sperrklauseln stellen eine große Ungerechtigkeit dar. Das lässt sich am Beispiel der Fünfprozentklausel im deutschen Europawahlgesetz demonstrieren. Am 13. Juni 2004 gingen in Deutschland von den 61,7 Millionen Wahlberechtigten 26,5 Millionen (43 Prozent) zur Europawahl. Fünf Prozent davon sind 1,325 Millionen Stimmen. Eine Partei, die dieses Ergebnis erzielt, hat mindestens vier der 99 deutschen Sitze im Europäischen Parlament zu beanspruchen. Bei einem *knapp darunter* liegenden Ergebnis schließt die Sperrklausel allerdings die Partei und ihre Kandidaten völlig aus. Knapp 1,325 Millionen Stimmen gehen verloren. Diese an sich schon harte Folge erscheint noch gravierender, wenn man einen Vergleich mit kleineren Mitgliedstaaten anstellt, in denen aufgrund der Kontingentierung sehr viel weniger Stimmen für ein Mandats erforderlich sind. Die fast 1,325 Millionen Stimmen, die in Deutschland verloren gehen können, sind mehr als bei der letzten Europawahl in Lettland oder Slowenien für alle dort kandidierenden Parteien zusammen abgegeben wurden (und den Parteien dieser beiden Länder immerhin 9 beziehungsweise 7 Sitze im Europäischen Parlament einbrachten). Es sind auch mehr Stimmen, als in Zypern, Luxemburg und Malta zusammen abgegeben wurden (und diesen drei Staaten nicht weniger als 17 Mandate eintrugen). Theoretisch könnte das geschilderte Szenario in Deutschland sogar zwei oder mehr Parteien treffen, die alle knapp unter der Sperrklausel blieben, mit der Folge, dass die Zahl der unter den Tisch fallenden Wählerstimmen und Kandidaten noch größer wäre.

Sperrklauseln stellen einen empfindlichen Eingriff in die Gleichheit des Wahlrechts dar, der allenfalls zu rechtfertigen wäre, wenn dafür ein zwingender Grund spräche. Ein solcher ist aber nicht ersichtlich. Italien und Spanien kommen bei der Europawahl denn auch ohne Sperrklausel aus. Im derzeitigen Europäischen Parlament sind ohnehin 153 Parteien, zum Teil auch recht kleine, vertreten. Damit ist klar, dass der Ausschluss von Parteien und Kandidaten durch Sperrklauseln nicht mehr als zwingend geboten hingestellt und gerechtfertigt werden kann. Das gilt erst recht in Deutschland, wo eine Partei mit 4,9 Prozent immer noch sehr viel mehr Stimmen erhält als alle Parteien in einem kleinen Mitgliedstaat zusammen. Im Übrigen kommt es auch ohne Sperrklausel in aller Regel gar nicht zu Zersplitterungen, weil im Europäischen Parlament nationenübergreifende Fraktionen fast aller politischen Schattierungen vorhanden sind, denen die Abgeordneten kleiner Parteien sich anschließen können. So hätten sich zum Beispiel die drei Abgeordneten, die die FDP, die 1999 mit 3,1 Prozent an der Sperrklausel scheiterte, nach Brüssel gebracht hätte (wenn es keine Sperrklausel gäbe), der ELDR-Fraktion angeschlossen, der drittstärksten Fraktion im Europäischen Parlament. Auf eine Partei mehr oder weniger kommt es auch deshalb gar nicht an, weil das Europäische Parlament – anders als im parlamentarischen System – keine Regierung wählt und deshalb die Gefahr, dass die Vielzahl der Parteien die Regierungsbildung erschwert oder lähmt, die als wesentlicher Grund für die Sperrklausel gilt, hier von vornherein nicht auftreten kann. Die beiden größten Fraktionen, die EVP und die SPE, arbeiten wegen der häufig notwendigen absoluten Mehrheiten und dem häufigen Fehlen vieler Abgeordneter ohnehin regelmäßig zusammen. Aus allen diesen Gründen sind Sperrklauseln auf Europaebene nicht erforderlich. Schon gar nicht besteht dafür ein zwingender Grund.

Eine gewisse Parallele gibt es im deutschen Kommunalwahlrecht. Auch hier bestanden in den meisten Bundesländern Fünfprozentklauseln. Ihre Berechtigung entfiel mit der Einführung der Direktwahl von Bürgermeistern und Landräten in den 1990er Jahren. Solange diese von den Stadträten und Kreistagen gewählt worden waren, hatte man die Sperrklauseln damit gerechtfertigt, sie sollten einer Zersplitterung der politischen Kräfte vorbeugen, um die Konstituierung eines zentralen kommunalen Organs nicht zu gefährden. Mit Einführung der Direktwahl entfiel dieses Argument, zumal ja Baden-Württemberg und Bayern, wo die Bürgermeister schon immer direkt gewählt werden, von Anfang an ohne jede Sperrklausel auskommen. Deshalb stellten mehrere Landesverfassungsgerichte fest, dass die Fünfprozentklausel im Kommunalrecht nicht mehr zu rechtfertigen und deshalb verfassungswidrig ist. Die Sperrklausel ist deshalb bereits in fast allen Bundesländern abgeschafft.

Auf der Europaebene ist die Situation ganz ähnlich. Auch hier wird die Spitze der Exekutive nicht vom Parlament gewählt. Auch hier besteht keine feste Regierungs-Oppositions-Struktur. Die Mehrheiten bilden sich vielmehr von Fall zu Fall über die Parteigrenzen hinweg. Auch wird bei Europawahlen in einigen Ländern schon immer ohne jede Sperrklausel gewählt, ohne dass dies zu größeren Unzuträglichkeiten geführt hätte.

Das Bundesverfassungsgericht erklärte zwar 1979 die Fünfprozentklausel des deutschen Europawahlgesetzes für verfassungsgemäß.[27] Dieses Urteil ist aber mit Recht auf große Kritik gestoßen.[28] Auch die Ermächtigung zum Erlass von Sperrklauseln bis zur Höhe von 5 Prozent, die sich seit 2002 im Direktwahlakt findet, ändert an der Rechtswidrigkeit nichts, soweit man dem Gleichheitssatz höheres Gewicht beimisst.[29] In jedem Fall erscheint es rechts*politisch* geboten, Sperrklauseln im Europawahlrecht abzuschaffen.

5. Ein einheitliches und gerechtes Wahlsystem für ein arbeitsfähiges Europäisches Parlament

Die Kardinalfehler des derzeitigen Wahlrechts sind seine Ungerechtigkeit, seine Zersplitterung und die ungeheure Zahl der Parlamentsmandate insgesamt. Die Ungerechtigkeit könnte dadurch beseitigt werden, dass die Wahlen nach einem einheitlichen Verfahren nationenübergreifend organisiert würden. Man könnte sogar daran denken, einer bestimmten Zahl von Wählerstimmen je ein Mandat zuzuteilen, so dass die Gesamtzahl der Mandate je nach Wahlbeteiligung variieren würde, wie dies etwa bei der Wahl des Reichstags in der Weimarer Republik der Fall war. Dann hätten die Parteien einen starken Anreiz, für eine hohe Wahlbeteiligung zu kämpfen.

Zumindest sollten die auf jedes Land entfallenden Sitzkontingente an die Größe der Bevölkerung angepasst werden. Große Staaten müssen also relativ mehr und kleine Staaten relativ weniger Sitze erhalten als bisher. Um eine Mindestvertretung im Europäischen Parlament zu sichern, könnten allerdings jedem Staat unabhängig von seiner Größe vorab ein, zwei oder drei Grundmandate gegeben werden. Jan Scheffler hat auf dieser Basis folgenden Vorschlag gemacht.

Mandatskontingentierung im Europäischen Parlament: Modell nach dem gültigen EG-Vertrag und bei gerechter Verteilung und mit drei Grundmandaten

Land	Mandate nach Nizza	Mandate nach Sainte-Laguë mit 3 Grund- mandaten	Mandate nach D'Hondt mit 3 Grund- mandaten
1	**2**	**3**	**4**
Belgien	24	18	18
Dänemark	14	11	10
Deutschland	99	121	124
Estland	6	5	4
Finnland	14	10	10
Frankreich	78	89	91
Griechenland	24	19	19
Irland	13	9	8
Italien	78	86	87
Lettland	9	6	6
Litauen	13	8	8
Luxemburg	6	4	3
Malta	5	4	3
Niederlande	27	26	26
Österreich	18	15	14
Polen	54	58	59
Portugal	24	18	18
Schweden	19	16	16
Slowakei	14	11	10
Slowenien	7	6	5

Spanien	54	64	64
Tschech. Rep.	24	18	18
Ungarn	24	18	17
Ver. Königreich	78	88	90
Zypern	6	4	4
Gesamt	**732**	**732**	**732**

Quelle: Jan Scheffler, a.a.O., S. 80.

Wie man sieht, begünstigt die Mandatsverteilung nach der Methode d'Hondt (Spalte 4) große Länder zum Nachteil der kleinen. Deshalb sollte die Mandatsverteilung nach der Methode Sainte-Laguë (Spalte 3) vorgenommen werden.

Sperrklauseln in den Wahlgesetzen sollten beseitigt werden.

Um den Bürgern auch Einfluss auf die Personen zu geben, die sie im Parlament vertreten, sollte zumindest ein System »lose gebundener Listen« vorgesehen werden, bei dem die Wähler die von den Parteien vorgegebene Reihenfolge der Kandidaten nach ihren Vorstellungen verändern können. In Frage kämen auch freie Listen, bei denen der Wähler auch Kandidaten anderer Listen und bisher von keiner Liste vorgesehene Kandidaten wählen könnte. Im Interesse der Vereinfachung sollte der Wähler aber auch die Möglichkeit erhalten, den Vorschlag einer Partei unverändert zu übernehmen. Eine solche Reform entspräche dem demokratischen Grundwert der Bürgermitwirkung[30] und hätte zugleich zur Folge, dass die Parteien die Selektionskriterien der Wähler schon bei Aufstellung der Listen antizipierten,[31] und ferner, dass es sich für die Mandatsträger lohnte, intensiven Kontakt mit den Wählern zu halten und in der Bürgerschaft bekannt und anerkannt zu sein. Im Hinblick auf die politische Mitwirkung der Bürger und die Bürgernähe der Abgeordneten hätte die vorgeschlagene Reform also einen dreifach positiven Effekt.

Auch bei grundsätzlichem Festhalten an der länderweisen Kontingentierung sollte aber zumindest ein Teil der Mandate auf transnationalen Listen vergeben werden. Der Anastassopoulos-Bericht hatte dies für zehn Prozent der Sitze vorgeschlagen, ein Anteil, der von Wahl zu Wahl erhöht werden könnte. Die Wähler hätten dann zwei Stimmen:

eine für die Vergabe ihres jeweiligen nationalen Kontingents und eine für die transnationalen Listen.

Um der Aufblähung des Parlaments entgegenzuwirken, müsste die Gesamtzahl der Mandate von 732 im Interesse der Arbeitsfähigkeit des Parlaments auf eine vernünftige Größe zurückgefahren werden. Dies könnte durch proportionale Kürzung der in Tabelle S. 249, Spalte 3, angegebenen Zahl der Mandate eines jeden Staats etwa um ein Drittel (unter entsprechender Verminderung auch der Grundmandate von 3 auf 2) erfolgen, so dass sich insgesamt etwa 488 Sitze ergäben.

II.

Wahlen ohne Auswahl:
Parteifunktionäre statt Volksvertreter in Brüssel

Nach dem in Deutschland vorherrschenden Wahlsystem haben die Parteien nicht nur das Monopol für die Aufstellung der Kandidaten. Sie haben die Regeln vielmehr so gestaltet, dass sie den Bürgern teilweise sogar die Wahl selbst abnehmen. Die Parteien entscheiden praktisch, welchen Kandidaten bei den Wahlen der Erfolg von vornherein garantiert ist, indem sie sie auf sichere Listenplätze setzen,[32] also auf solche, die selbst dann zum Zuge kommen, wenn die Partei schlecht abschneidet. Bei Aufstellung der Listen ist das innerparteiliche Gerangel deshalb besonders groß. Hier fallen die eigentlichen Karriereentscheidungen. Das macht die Härte und Intensität verständlich, mit der auf Parteiversammlungen um die aussichtsreichen Listenplätze gerungen wird. Wer keinen sicheren Listenplatz ergattert, kann nur noch auf ein gutes Wahlergebnis seiner Partei hoffen, und ab einer bestimmten Platzierung bestehen überhaupt keine Chancen mehr.

Bei den Europawahlen ist die Entmachtung der Bürger besonders krass. Während bei Bundes- und Landtagswahlen der Wähler – neben der Listenwahl mit der Zweitstimme – immerhin noch die Hälfte der Kandidaten mit seiner Erststimme im Wahlkreis bestimmen kann, haben Deutsche bei Europawahlen nur eine Stimme. Es besteht ein reines Verhältniswahlrecht mit starren, geschlossenen Listen. Die meisten Parteien stellen eine Bundesliste auf, nur die Union geht – aus Rücksicht auf die CSU – mit Landeslisten ins Rennen. Auf Grund der starren Listen kann der deutsche Wähler nur die Größe der auf die einzelnen Parteien entfallenden Zahl von Abgeordneten, nicht aber deren personelle Zusammensetzung beeinflussen. Von den 99 Abgeordneten, die Deutschland am 13. Juni 2004 nach Brüssel entsandte, konnten 75, also mehr als drei Viertel, schon lange vorher ihres Einzugs ins Europäische Parlament sicher sein, weil ihre Parteien sie auf sichere Listenplätze gesetzt hatten. Die Entscheidungen, die formal in die

Hand des Wählers gelegt sind, waren also vor dem eigentlichen Wahltermin längst getroffen. Auf diese Weise verhindern Berufspolitiker ihre Abwahl durch die Bürger. Die vermeintliche Volkswahl der Abgeordneten wird zur Farce. So waren zum Beispiel *Martin Schulz*, der die Bundesliste der SPD anführte, und *Klaus-Heiner Lehne*, der auf Platz 6 der nordrhein-westfälischen CDU-Liste stand, mit der Nominierung durch ihre Parteien faktisch schon gewählt, obwohl sie bei der Auseinandersetzung um die EU-Diäten die Öffentlichkeit durch Falschmeldungen getäuscht hatten (siehe S. 355) und manche Wähler sie deshalb vielleicht nicht mehr im Parlament sehen mochten. Dasselbe gilt für Elmar Brok, der auf Platz 1 der CDU-Liste Nordrhein-Westfalens stand und damit ebenfalls dem Votum der Wähler über seine Person entzogen war, obwohl seine bezahlte Lobbytätigkeit für den Bertelsmann-Konzern mit der Unabhängigkeit eines Abgeordneten eigentlich unvereinbar ist (siehe S. 303).

Wenn die Wahl und die Wiederwahl und damit der Einstieg in die gut dotierte berufspolitische Laufbahn – und natürlich auch ihre Fortsetzung – von den Parteien und nicht von den Wählern abhängen, werden innerparteiliche Verbindungen und der parteiinterne Goodwill des Abgeordneten zu entscheidenden Kriterien für die politische Karriere. Die Anerkennung im Volk und die Bewährung als Abgeordneter in den Augen der Bürger werden dagegen zweitrangig. Damit verkehrt sich die demokratische Idee: Sein Ansehen bei den Wählern kann dem angehenden Abgeordneten gleichgültig sein, wenn er nur in seiner Partei die nötige Unterstützung erfährt, die ihm eine aussichtsreiche Nominierung sichert. So begünstigen starre Listen, die die Partei mit ihrem Monopol zur beherrschenden Instanz für die Wahl und die Wiederwahl eines Mandatsträgers machen, eine primäre Binnenorientierung der Abgeordneten. Die Parteien und ihre wichtigsten Exponenten tendieren dann dazu, sich mit sich selbst zu beschäftigen und ihre Funktion, Mittler zwischen Bürgerschaft und EU zu sein, zu vernachlässigen. Darin liegt sicher eine Ursache für die große Bürgerferne von Europapolitikern. Ist die Bürgerferne nicht geradezu vorprogrammiert, wenn das Votum der Wähler für die EU-Abgeordneten und ihre politische Karriere völlig ohne Belang ist? Die Entmachtung der Wähler bei der Auswahl der Abgeordneten ist auch ein Grund für das geringe Ansehen der so genannten Volksvertreter. Von den Parteien aufgezwungene Repräsentanten begegnen die Bürger natürlich eher mit Misstrauen und Vorbehalten als frei und unmittelbar von ihnen gewählten.

Auch der verbreitete Versuch von Politikern und Feuilletonisten, dem Volk den Schwarzen Peter zurückzuspielen, wird auf Dauer scheitern. Diese Ideologie kleidet sich meist in die Behauptung, wir hätten nun mal die Politiker, die wir verdienten. Mit anderen Worten: Wir seien selbst schuld. Diese These wäre aber nur dann schlüssig, wenn wir unsere Abgeordneten wirklich selbst wählen könnten, und dies ist eben nicht der Fall – aufgrund von Wahlregeln, die sich die politische Klasse im eigenen Sekuritätsinteresse auf den Leib geschneidert hat.

Dass das selbst gezimmerte Wahlsystem große Probleme mit sich bringt, ist ein offenes Geheimnis, auch wenn darüber viel zu wenig gesprochen und geschrieben wird. Die langjährige Ochsentour in den Parteien, die man in der Regel durchlaufen muss, um Aussicht auf ein lukratives Mandat auf Bundes-, Landes- oder Europaebene zu bekommen, verlangt viel Zeit und macht Ortswechsel praktisch unmöglich. Qualifizierte, viel gefragte Leute können sich das kaum leisten. Dagegen tendieren diejenigen, die die jahrzehntelange Ochsentour durchlaufen und die entsprechende Sozialisierung erfahren haben, dem Typus nach zu »Parteisoldaten«, wie der frühere SPD-Politiker Hans Apel aus eigener Erfahrung feststellt. Da sie ihrer Partei alles verdanken, agieren sie im Zweifel im Sinne der Parteiräson, auch wenn sie etwas ganz anderes für richtig halten.

Diese Zusammenhänge werden übersehen, wenn mehr Geld für Politiker gefordert wird, angeblich um qualifiziertere Persönlichkeiten zur Kandidatur zu bewegen, ohne die Änderung des Wahlsystems als Vorbedingung mit zu fordern.[33] Entscheiden Verbindungen und Bündnisse auf Gegenseitigkeit und nicht Leistung, steigern höhere Bezüge nur die finanziellen Prämien auf parteiinterne Kungelei, ohne Seiteneinsteigern wirklich den Weg frei zu machen. Dennoch sitzen viele Kommentatoren – wegen Vernachlässigung der parteiinternen Rekrutierungsmuster – immer wieder dem Missverständnis auf, auch in der Politik gälte der marktwirtschaftliche Grundsatz, je mehr Geld man zahle, desto bessere Leute könne man gewinnen. Ob das bei der Besetzung von Spitzenpositionen in der Wirtschaft tatsächlich stimmt, sei hier dahingestellt. In der Politik jedenfalls trifft dieser Grundsatz gerade nicht zu. Die Nominierungsentscheidungen sind völlig vermachtet. Es herrscht kein offener Markt mit fairem Wettbewerb.

Und vor allem: Unser Wahlsystem nimmt dem Wähler die Möglichkeit, schlechte Politiker zur Verantwortung zu ziehen und sie durch Abwahl bei den nächsten Wahlen zu »bestrafen«. Selbst zwischen den einzelnen Parteien, die sich sowieso immer ähnlicher werden, zu unterscheiden und sie für bestimmte politische Maßnahmen verantwortlich zu machen, wird für den Wähler zunehmend unmöglich. Das gilt in ganz besonderem Maße auf europäischer Ebene. Das Europäische Parlament hat zwar in den letzten Jahren und Jahrzehnten an Kompetenzen und Entscheidungsbefugnissen hinzugewonnen. Andererseits hat es weiterhin weder die Hauptgesetzgebungskompetenz (die liegt beim Rat) noch das Initiativrecht (das liegt bei der Kommission) noch die uneingeschränkte Kompetenz, eine europäische Exekutive zu wählen. Es gibt ja auch keine einheitliche europäische Wahl. Diese ist vielmehr national segmentiert. Die 25 »Völker der in der Gemeinschaft zusammengeschlossenen Staaten« (Art. 189 EGV) bestimmen in 25 national organisierten und geregelten Wahlen ihre jeweiligen Vertreter im Europäischen Parlament (siehe S. 234). Die Parteien stimmen häufig nationenmäßig ab.[34] In anderen Fällen bilden zumindest die beiden großen Parteiengruppierungen des Europäischen Parlaments, EVP und SPE, eine Einheitsfront,[35] und in Sachen Politikfinanzierung ist sich die große Mehrheit ohnehin im eigenen Interesse meist einig. Welche Partei will der düpierte Bürger dann noch abwählen, wenn alle beteiligt sind?

Hier kann der Wähler deshalb erst recht nicht erkennen, welche Partei oder Parteiengruppierung für welches Projekt Verantwortung trägt, ein Faktor, der die Abgehobenheit des »Raumschiffs Brüssel«[36] mit begründet und auch in der immer weiter sinkenden Beteiligung an Europawahlen seinen Ausdruck findet (siehe S. 96). Umso wichtiger wäre es, dass die Bürger wenigstens die Personen auswählen könnten, die sie im Europäischen Parlament vertreten sollen. Doch genau diese Kompetenz wird ihnen durch das Wahlgesetz vorenthalten. Die einzelnen Abgeordneten kann der Bürger, zumindest in Deutschland, nicht verantwortlich machen und gegebenenfalls abwählen bezie-

hungsweise nicht wiederwählen. Wenn auf Grund der starren Partei-
listen bei Europawahlen mehr als drei Viertel der deutschen Abgeordneten auf sicheren Listenplätzen sitzen, kann der Wähler ihnen nichts
mehr anhaben.

So verflüchtigt sich die politische Verantwortlichkeit der Parteien
und der Abgeordneten in Sachen Europapolitik. Was bleibt, ist ein
System organisierter Unverantwortlichkeit. Es fehlt deshalb an jenem
demokratischen Minimum, das Karl Raimund Popper daran fest-
macht, dass die Bürger schlechte Politiker »ohne Blutvergießen wieder
loswerden können.« Demokratie sollte dadurch gekennzeichnet sein,
dass Politiker, die in den Augen der Bürger versagen, dafür verantwortlich gemacht und abgewählt beziehungsweise nicht wiedergewählt werden können. Doch genau daran fehlt es in der EU, gerade
aus deutscher Sicht. Die Bürger können weder die Parteien noch die
Politiker verantwortlich machen oder abwählen.

Starre Listen sind nicht nur demokratiepolitisch ein Unding, sie verstoßen meines Erachtens auch gegen den im europäischen Primärrecht niedergelegten Grundsatz der Unmittelbarkeit der Wahl der Abgeordneten. Nach Art. 190 Abs. 1 EG müssen »die Abgeordneten der
Völker der in der Gemeinschaft vereinigten Staaten im Europäischen
Parlament … in allgemeiner unmittelbarer Wahl gewählt« werden.

Würde die zeitliche Reihenfolge vertauscht und würden die Bürger
zuerst die Parteien wählen und diese erst danach festlegen, welche Personen die auf sie entfallenden Mandate erhielten, wäre der Verstoß gegen die Unmittelbarkeit offensichtlich.[37] Die Wahl der Abgeordneten
erfolgte dann unmittelbar durch die Parteien, nicht unmittelbar durch
das jeweilige Volk, wie Art. 190 Abs. 1 EG dies verlangt. Soll es hinsichtlich der sicheren Mandate aber einen wesentlichen Unterschied
machen, *wann* die Parteien festlegen, wer sie bekommt? Ob dies vor
oder nach der Wahl geschieht, ändert ja nichts am Ergebnis: Die Partei
und nicht das Volk verteilt die Mandate.

Die Politik pflegt dieses Manko totzuschweigen, es sei denn, seine
Thematisierung passt ihr ausnahmsweise einmal ins Konzept. So zum
Beispiel geschehen bei der Abstimmung des Bundestags über den Einsatz deutscher Truppen in Afghanistan, als man die so genannten Ab-
weichler der Regierungspartei SPD zur Raison bringen wollte. Da
scheuten sich Gerhard Schröder und Franz Müntefering nicht, heraus-

zustellen, »dass alle potentiellen Nein-Sager nicht direkt gewählt wurden, sondern über Landeslisten ins Parlament einrückten und sich deshalb nicht auf einen direkten Wählerauftrag berufen können.«[38] Hier räumen Politiker also selbst ein, dass keine direkte Wahl der Listenabgeordneten vorliegt.

Eine reine Verhältniswahl mit starren Listen wie bei der Europawahl gab es schon bei der Reichstagswahl in Weimarer Zeit und stieß dort früh auf Kritik. Deshalb legte die Regierung im Jahre 1924 einen Reformentwurf vor. Zu seiner Begründung führte sie aus:

> »Wortlaut und Geist der Verfassung erfordern eine Änderung dieses Zustandes … die Mängel sind so augenfällig, dass nach den tatsächlichen Verhältnissen die Vorschrift der Verfassung, dass das Wahlrecht ein unmittelbares sein soll, durch das Wahlsystem nicht mehr erfüllt wird.«[39]

Sehr klar äußerte sich auch der Rechtswissenschaftler Carl Mierendorff:

> »Die eigentliche Entscheidung über die Wahl der Volksvertreter erfolgt nicht im Wahlgang selbst, sondern bei der Kandidatenaufstellung im Schoße der von den Parteien dazu eingesetzten Gremien. Mindestens gilt dies für 80-90 Prozent der Abgeordneten, die auf sicheren Plätzen der Liste stehen, nur für den kleinen Rest ist ein Unsicherheitskoeffizient bis zur Abstimmung vorhanden. Für die überwiegende Mehrzahl der Abgeordneten ist der Wahlkampf also bereits lange vor der Wahl entschieden, wenn sie durch die Partei auf den Schild gehoben sind. … Indem mit der Benennung der Kandidaten zugleich ihre Ernennung erfolgt, beschränkt sich die Tätigkeit des Wählers nur noch auf eine Entscheidung zwischen der Gesamtheit der Kandidaten dieser oder jener Partei. Die Wahl wird zur ›Akklamation‹, wie schon Delbrück 1913 zutreffend festgestellt hat.[40] Der Abstimmungsakt gleicht daher mehr der Unterzeichnung eines vorher festgelegten Sachverhalts, um diesem Rechtskraft zu verleihen, als einer Wahl im eigentlichen Sinn. Wenn der Staatsbürger aber nicht mehr die Volksvertreter auszuwählen hat, sondern wenn das ausschließlich durch

vor- und zwischengeschaltete Körperschaften (die Parteiorganisationen) geschieht, verliert der Wahlakt den verfassungsmäßig festgelegten Charakter der Unmittelbarkeit.«[41]

Damals fehlte es allerdings noch an einer etablierten Normenkontrolle
durch ein Verfassungsgericht.

Dass es, genau genommen, an der verfassungsrechtlich zwingend
vorgeschriebenen Unmittelbarkeit der Parlamentswahl fehle, wenn die
eigentliche Entscheidung nicht bei der Wahl durch das Volk, sondern
bei der parteiinternen Nominierung der Kandidaten auf sicheren Listenplätzen fällt, hat der Verfassungsrechtler Gerhard Leibholz auch nach
1949 für das neue Bundestagswahlrecht nachdrücklich betont. Er hat
sich dabei auch auf die soeben genannten Quellen gestützt:[42]

»Tatsächlich ist die Wahl beim Verhältniswahlsystem weitgehend
zu einer mittelbaren Wahl geworden. Denn von einer solchen
muss man nicht nur dann sprechen, wie dies bei uns auf Grund
historischer Erfahrungen in der Regel geschieht, wenn zwei
förmliche Wahlgänge stattfinden, ein Wahlgang, bei dem die Wähler die Wahlmänner, und ein zweiter Wahlgang, bei dem die Wahlmänner die Abgeordneten wählen, sondern schon dann, wenn
der Aktivbürgerschaft die Möglichkeit genommen ist, selbsttätig
die künftigen Abgeordneten zu bestimmen. Man hat daher nicht
mit Unrecht das heute weitgehend oligarchisch organisierte Be-
nennungsrecht der Parteien bei den Kandidatennominierungen,
das zu einem reinen Kooptationsrecht werden kann, wenn die
Parteien die Kandidaten an sicherer Stelle placieren, als ein lediglich die übliche Reihenfolge der mittelbaren Wahl umkehrendes
Wahlsystem bezeichnet, bei dem der sonst zu zweit vorgenommene Wahlakt zuerst und zwar in den Delegiertenversammlungen
der Parteien auf lokaler oder zentraler Ebene stattfindet.«[43] »Ob
die einzelnen Wahlbewerber dabei wie in der Regel vor der Wahl
oder … nach der Wahl … von den Parteien benannt werden, ist
sachlich nicht von entscheidender Bedeutung. … Bei der Frage
– ob Unmittelbarkeit oder Mittelbarkeit der Wahl – (könne) nicht
entscheidend auf den zufälligen Zeitpunkt abgestellt werden …,
in dem die Parteien ihr Nominationsrecht ausüben. Bei … der

nachträglichen Benennung der Abgeordneten durch die Partei
tritt die Zurückdrängung des unmittelbaren Einflusses der Aktivbürgerschaft in Wirklichkeit nur besonders deutlich in Erscheinung.«[44]

Damit widerspricht die starre Listenwahl bei der Europawahl dem
Grundsatz der Unmittelbarkeit des Art. 190 Abs. 1 EG. Leibholz konnte diese Konsequenz für das Bundestagswahlrecht nur dadurch in Ab-
rede stellen, dass er dem Grundsatz der Unmittelbarkeit die Geltung
absprach. Er erklärte ihn schlicht für obsolet, weil durch den Grundsatz der Parteienstaatlichkeit verdrängt,[45] und das Bundesverfassungsgericht, dessen einflussreiches Mitglied Leibholz damals war, folgte
ihm dabei.[46] Dies überzeugt aber schon für die Bundestagswahl nicht.[47]
Für die Europawahl gilt es ohnehin nicht, weil hier von einer Ver-
drängung des Grundsatzes der Unmittelbarkeit durch ein alles beherrschende Prinzip der Parteienstaatlichkeit keine Rede sein kann. Auch
aus Art. 191 EG, der den Parteien auch auf Europaebene eine gewisse
Rolle zuweist (siehe S. 162 ff.), lässt sich Derartiges nicht herauslesen.

III.

Demokratie spielen –
ein europäisches Scheinparlament?

Die institutionelle Aufwertung des Europäischen Parlaments beruht durchweg auf seiner eigenen Initiative. Sie ist ganz wesentlich von den Interessen des Parlaments am Ausbau seines Status bestimmt. Die sogenannte Direktwahl, die schrittweise Ausdehnung seiner Kompetenzen – alles wurde vom Parlament selbst initiiert und durch immer wieder erneute Vorstöße schließlich auch durchgesetzt. Nach außen propagiert wurde dies stets mit der These, durch die Entfaltung des Parlaments würde das europäische Demokratiedefizit abgebaut. Je mehr Kompetenzen das angeblich direkt gewählte Parlament bekomme, desto demokratischer werde die EU. Doch ist dies nicht alles nur ein So-tun-als-ob? Präsentiert hier nicht das Parlament (und die EU insgesamt), wie in Andersens Märchen der Kaiser, seine neuen demokratischen Kleider, obwohl es in Wahrheit nackt dasteht? Ist das Europäische Parlament, das diese Bezeichnung ursprünglich einfach usurpiert hat, nicht in Wahrheit nur ein Scheinparlament, wie Michael Borchmann schrieb,[48] das den Namen »Parlament« ebenso wenig verdient wie den Namen »Volksvertretung«?

Zweifel ergeben sich auf normativer Ebene und auf faktischer Ebene. Normativ:

– Die Abgeordneten werden, jedenfalls in Deutschland, gar nicht direkt gewählt. Die Parteien bestimmen, wer ins Parlament kommt (siehe S. 64).
– Es besteht keine Gleichheit des aktiven und passiven Wahlrechts. Der Fundamentalsatz der Demokratie wird missachtet. Ein Luxemburger hat das Vielfache des Stimmgewichts eines Deutschen (siehe S. 62).
– Die mangelnde Gleichheit kommt auch darin zum Ausdruck, dass kein einheitliches europäisches Wahlrecht besteht. Das Europäische

Parlament wird von 25 verschiedenen Völkern in 25 verschiedenen Wahlen bestimmt (siehe S. 316).

– Und vor allem: Das Europäische Parlament ist – mangels des erforderlichen demokratischen Unterbaus (europäische Öffentlichkeit, wirkliche europäische Parteien etc.) – strukturell gar nicht in der Lage, die demokratische Funktion, die Parlamenten auf nationaler Ebene zukommt, zu erfüllen. Es existiert kein europäisches Volk (siehe S. 65).

Das strukturelle Defizit ließe sich nur wirksam beheben durch wirkliche Direktwahlen, durch gleiche Wahlen und vor allem durch einheitliche europäische Wahlen und europaweite Volksabstimmungen. Derartige institutionelle Reformen, die allmählich auch den demokratischen Unterbau schaffen könnten, sind aber nicht in Sicht. Einheitliche Wahlen waren früher sogar zwingend im EG-Vertrag vorgeschrieben, ohne dass es dazu kam (siehe S. 245). Stattdessen hat man schließlich die Norm entschärft. Die Direktwahl des Kommissionspräsidenten und EU-weite Volksabstimmungen wurden nach den gescheiterten Referenden über den Verfassungsvertrag in Frankreich und den Niederlanden zwar verschiedentlich vorgeschlagen, ohne dass aber auf absehbare Zeit Realisierungschancen bestünden.

Empirisch: Mit der Zunahme der Kompetenzen des Europäischen Parlaments ist seine Akzeptanz in der Bevölkerung (und die Akzeptanz der EU insgesamt) nicht gestiegen, sondern teilweise sogar gefallen. Das lässt sich an zwei Datenreihen festmachen:

– Die Wahlbeteiligung ist seit der ersten sogenannten Direktwahl im Jahre 1979 von Wahl zu Wahl ständig gesunken (siehe S. 96).
– Umfragen zeigen trotz der wachsenden Befugnisse des Parlaments keine zunehmende Akzeptanz der EU und des Parlaments. Die verharrt vielmehr bei methodisch korrekter Durchführung der Umfragen auf niedrigem Niveau (siehe S. 98).

Das Eigeninteresse des Parlaments war nicht nur der eigentliche Motor beim stetigen Ausbau seiner gesetzgeberischen und sonstigen Befugnisse, sondern auch beim exzessiven Ausbau des finanziellen Status seiner Mitglieder (siehe S. 268 f.). Ja, die Einführung der Direktwahlen

und die Erweiterung der Kompetenzen haben geradezu als Vorwand
für die Aufbesserung der Finanzen gedient. In Wahrheit hat die Stärkung des Parlaments das Demokratiedefizit nicht behoben, sondern
statt dessen die Kompliziertheit und Undurchsichtigkeit der politischen Willensbildung in der EU noch gesteigert. Und der gewaltige
Missbrauch bei der Bezahlung und Versorgung der Abgeordneten hat
dem Ansehen des Parlaments schwer geschadet.

IV.

Ungewählte Repräsentanten:
Elite der Nation? Oder: Hast du einen Opa,
schick ihn nach Europa!

Werner Langen, geboren am 27. 11. 1949, ist Europaabgeordneter der CDU seit 1994. Vorher war er von 1983 bis 1994 Landtagsabgeordneter in Rheinland-Pfalz. Nach dem Sturz von Bernhard Vogel als CDU-Landesvorsitzenden und seinem Rücktritt als Ministerpräsident schien Langens große Stunde zu schlagen. Er wurde Agrarminister von Rheinland-Pfalz, wenn auch nur für elf Monate von Juni 1990 bis Mai 1991, was aber immerhin ausreichte, um ihm ab dem Alter von 55 Jahren, also seit dem 27. November 2004, eine üppige Minister-pension von fast 6000 Euro im Monat zu verschaffen. Als der glück-lose Nachfolger von Vogel als Ministerpräsident, Carl-Ludwig Wagner, die Wahl gegen den Herausforderer Rudolf Scharping verlor, ging die Macht, die die CDU in diesem ländlich strukturierten Bundesland seit vielen Jahren gepachtet zu haben schien, an die SPD über, die seitdem dort zusammen mit der FDP regiert. Die Hoffnung der CDU auf eine Rückkehr zur Macht in Rheinland-Pfalz rückte nach der Niederlage in weite Ferne. Dazu trug – nach dem Rückzug von Wagner aus der Politik – die unentschiedene Führungskonkurrenz zweier Politiker bei, beide ohne große politische Ausstrahlung: Hans-Otto Wilhelm, CDU-Fraktionsvorsitzender in Mainz, und eben Werner Langen, in-zwischen Landesvorsitzender der rheinland-pfälzischen CDU (1992 bis 1993). Der Machtkampf dieser Männer, denen beide die Schuhe von Bernhard Vogel viel zu groß waren, lähmte die Partei und trübte ihr Erscheinungsbild in der Öffentlichkeit. Deshalb versuchte die CDU einen neuen Anfang. Der aus Rheinland-Pfalz stammende Bundes-kanzler Helmut Kohl sprach ein Machtwort und inthronisierte Johan-nes Gerster als CDU-Spitzenmann in Rheinland-Pfalz. Dazu mussten die beiden Streithähne Langen und Wilhelm entmachtet werden. Wil-helm wurde mit einem Bundestagsmandat abgefunden und ging nach

Bonn. Langen erhielt zum Trost ein Europamandat und ging nach Brüssel, wo er immer noch tätig ist.

Die »Karriere« von Werner Langen ist typisch für deutsche Europaabgeordnete, obwohl es natürlich auch andere Karriereverläufe gibt, wie zum Beispiel die Laufbahn der Europaabgeordneten Silvana Koch-Mehrin zeigt. Ein Mandat in Brüssel gilt in Deutschland und anderen Mitgliedstaaten als nicht besonders attraktiv. Es dient nicht selten dazu, Politiker, die man wegloben möchte oder für die sich aus anderen Gründen im Lande keine Verwendung mehr findet, zu »entsorgen«. Von daher auch der zynische Spruch »Hast du einen Opa, schick ihn nach Europa!«, der lange als Motto deutscher Parteistrategien galt. Darin kommt die allgemeine Geringschätzung des Europäischen Parlaments zum Ausdruck, dessen Befugnisse nach wie vor sehr viel beschränkter sind als etwa die es Deutschen Bundestags oder des britischen *House of Commons*. Es wählt weder die Regierung noch hat es bei der Gesetzgebung das Initiativrecht oder die alleinige Entscheidungsmacht. Die Hauptgesetzgebungsbefugnis liegt nach wie vor beim Rat, die Handlungsinitiative, auch hinsichtlich der Gesetzgebung, bei der Kommission. Die politische Klasse scheint deshalb kein Risiko einzugehen, wenn sie Politiker nach Brüssel abschiebt. Wer nach Brüssel geht, gilt auch deshalb als wenig ambitioniert, weil Aufstiegsmöglichkeiten fehlen, wie sie etwa Bundestags- und Landtagsabgeordnete haben, die zum Minister oder parlamentarischen Staatssekretär avancieren können. Auch die geringe Rolle, die die Europapolitik in der Berichterstattung der Medien spielt, ist nicht gerade dazu angetan, ihre Repräsentanten zu beflügeln. Das alles trägt dazu bei, dass das Europaparlament, wie Oldag und Tillack bestätigen,[49] »nicht immer die brillantesten Geister« anzog. Dies waren vielmehr oft Personen, die nichts mehr werden wollen, ihre Karriere schon hinter sich haben, aber noch zu jung sind für das Altenteil oder einfach nur versorgt werden müssen. Denn andererseits werden einfache Europaabgeordnete – nicht zuletzt mit Hilfe der »legalisierten Spesenreiterei« – außerordentlich gut bezahlt, noch sehr viel besser als Bundestagsabgeordnete. Ein Europamandat ist ein echtes Zuckerbrot. Wie wir aus der gerichtlich bestätigten Spesenabrechnung eines deutschen EU-Abgeordneten wissen, können die Tagegelder (monatlich rund 3500 Euro steuerfrei) und die allgemeine Kostenpauschale (monatlich rund 3800 Euro steuerfrei) praktisch zur freien Verfügung stehen (siehe S. 273). Rechnet man diese Zahlungen in steuerpflichtige Beträge um, so ergibt sich zusammen mit dem normalen Gehalt von rund 7000 Euro ein monatliches Gesamteinkommen von brutto rund 20 000 Euro, fürwahr ein fürstliches Salär, das sogar manchen Bundesminister vor Neid erblassen lässt. Auf diese Weise werden ausgediente oder gescheiterte Politiker für ihr glückloses Agieren auf Bundes- und Landesebene also auch noch belohnt, jedenfalls finanziell. Dagegen bekommen selbst die hervorgehobensten Funktionsträger wie Parlamentspräsidenten und Fraktionsvorsitzende – anders als etwa in deutschen Parlamenten – keine finanziellen Zuschläge, ein Faktor, der ebenfalls nicht dazu geeignet ist, das Mandat für fähige Leute attraktiver zu machen.

Weitere Beispiele sind:

– Cem Özdemir, »ein anatolischer Schwabe«, geboren am 21. Dezember 1965 in Bad Urach, war 1994 über die baden-württembergische Landesliste der Grünen in den Bundestag gekommen und konnte sein Mandat 1998 erneuern. Ein Skandal zwang ihn 2002 zum Rücktritt und zum Verzicht auf eine neuerliche Kandidatur. Özdemir hatte bei dem umstrittenen PR-Berater Moritz Hunzinger einen Kredit über 80 000 Mark aufgenommen und geriet darüber in Erklärungsnot. Als im Zusammenhang mit der Bonusmeilen-Affäre neue Vorwürfe gegen ihn laut geworden waren, die er nicht entkräften konnte, trat Özdemir schließlich am 26. Juli 2002 zurück und kündigte an, nicht mehr für den nächsten Bundestag zu kandidieren. Gut ein Jahr später wurde Özdemir auf der Bundesdelegiertenkonferenz der Grünen in Dresden für die Europawahl nominiert. Er erhielt den Listenplatz 6 auf der Bundesliste der Grünen und zog am 13. Juni 2004 ins Europäische Parlament ein.

– Hans Modrow, geboren am 27. Januar 1928, PDS, Ministerpräsident der DDR von 1989 bis 1990, war von 1999 bis 2004 Mitglied des Europäischen Parlaments. Modrow war am 27. Mai 1993 vom Landgericht Dresden für schuldig befunden worden, bei den letzten DDR-Kommunalwahlen im Mai 1989 Weisung zur Wahlmanipulation gegeben zu haben. Darüber hinaus war er am 16. Dezember 1996 vom Dresdner Landgericht des fahrlässigen Meineids für schuldig befunden und zu einer zehnmonatigen Bewährungsstrafe verurteilt worden.

- Alfred Gomolka, CDU, geboren am 21. Juli 1942, stammt aus der DDR und engagierte sich, besonders nach der Wende im Herbst 1989, in der Ost-CDU, wurde deren Spitzenkandidat bei der Wahl zum Landtag von Mecklenburg-Vorpommern und schließlich, am 27. Oktober 1990, zum Ministerpräsidenten dieses Landes gewählt. Doch nach partei- und regierungsinternen Querelen musste Gomolka bereits am 16. März 1992 als Ministerpräsident zurücktreten, behielt aber sein Landtagsmandat. Er bewarb sich daraufhin mit Erfolg um die Spitzenkandidatur auf der Europa-Wahlliste der CDU von Mecklenburg-Vorpommern und zog 1994 erstmals ins Europäische Parlament ein. 1999 und 2004 wurde sein Mandat erneuert.

- Jo Leinen, SPD, geboren am 6. April 1948, Rechtsanwalt, war 1985 erster Umweltminister im Saarland geworden. Diese und die nächste Amtszeit ab 1990 war von zahlreichen Problemen und Pannen begleitet, so dass der BUND-Chef Joachim Götz kurz nach der Landtagswahl vom 16. Oktober 1994 Leinens Rücktritt und eine »ökologische Neuorientierung im Saarland« forderte. Der saarländische Ministerpräsident Oskar Lafontaine ließ Leinen daraufhin fallen und setzte ihn nach fast zehnjähriger Amtszeit »vor die Tür«, wie die Frankfurter Rundschau am 21. November 1994 schrieb. Darauf kündigte der einstige »Bürgerschreck« Leinen, Mitbesitzer von drei Bienenvölkern, an, sich in Zukunft der europäischen Umweltpolitik widmen zu wollen. Zunächst begnügte er sich aber mit dem Vorsitz des Europaausschusses im Saarbrücker Landtag, bevor er 1999 eines der 33 SPD-Mandate im Europäischen Parlament ergatterte.

- Angelika Beer, geboren am 24. Mai 1957, hatte eine Ausbildung zur Arzthelferin und zur Rechtsanwalts- und Notarsgehilfin absolviert. 1987 kam sie als zweitjüngste Abgeordnete für die Grünen in den Bundestag und wurde 1994 nochmals gewählt. (1990 hatten die Grünen im Westen die fünf Prozent-Grenze verfehlt.) Im April 2002 erlitt Beer einen herben Rückschlag. Ihre Kandidatur für die Bundestagswahl 2002 fand auf der Landesdelegiertenkonferenz der schleswig-holsteinischen Grünen nicht die nötige Unterstützung.

Daraufhin wurde sie am 8. Dezember 2002 zusammen mit Reinhard Bütikofer zur Bundesvorsitzenden der Grünen gewählt. Ihre Vorgänger Claudia Roth und Fritz Kuhn hatten dafür den Weg freigemacht, weil eine Abstimmung auf dem Parteitag der Grünen im Grundsatz bestätigt hatte, dass Parteivorsitzende nicht gleichzeitig Bundestagsabgeordnete sein dürfen. Doch als Parteivorsitzende agierte Beer glücklos, so dass in der Partei offen über mögliche Nachfolger nachgedacht wurde. Beer ergriff die Flucht nach vorn und kandidierte für die Europawahl, bekam am 29. November 2003 auf der Bundesdelegiertenkonferenz der Grünen in Dresden allerdings nur den Listenplatz 5, der sie gleichwohl sicher ins europäische Parlament beförderte.

– Sahra Wagenknecht, geboren am 16. Juli 1969 in Jena, war seit der Wende Wortführerin der radikal-marxistischen Linken innerhalb der PDS. Sie geriet in eine immer stärkere Außenseiterposition, als die PDS unter Gregor Gysi und Lothar Bisky eine Annäherung an die SPD und Regierungsbeteiligungen in Bund und Ländern anstrebte. Wagenknecht verlor ihren Sitz im Vorstand der PDS, nervte die Parteispitze aber, weil die attraktive und redegewandte Frau als »stalinistisches Teufelchen« durch die Medien geisterte. Das neue Parteiprogramm der PDS, in dem Unternehmertum und Gewinnstreben zum ersten Mal als treibende Kraft für Innovation und Effizienz bezeichnet wurden, lehnte Wagenknecht als »völlig unzureichend« ab. In dieser Situation bot sich für die Partei an, Wagenknecht ein Mandat im Europaparlament zu verschaffen und sie so von der bundesrepublikanischen Innenpolitik einigermaßen fernzuhalten. Sie erhielt auf der Wahlliste der PDS den Platz 5 und zog 2004 ins Brüsseler Parlament ein.

Alle diese Abgeordneten sind, wie die anderen deutschen »Volksvertreter« in Brüssel, nicht wirklich vom Volk gewählt, sondern von den Parteien bestimmt, die mittels Platzierung der Kandidaten auf vorderen Listenplätzen deren Einzug ins Parlament sichern (siehe S. 252 ff.).

V.

Ein System finanzieller Exzesse

1. Überblick

Europaparlamentarier werden seit eh und je aus zwei Quellen bezahlt: In ihrer Heimat bekommen sie dasselbe Gehalt (und meist auch dieselbe Altersversorgung) wie die Mitglieder ihrer nationalen Parlamente. Deutsche EU-Abgeordnete etwa erhalten – wie ihre Kollegen im Bundestag – derzeit 7009 Euro monatlich, englische (umgerechnet) 7107 Euro. Französische EU-Parlamentarier haben eine Grundentschädigung von 5205 Euro. Lediglich die Niederlande haben seit 1996 die Bezüge ihrer Europaabgeordneten eingefroren und nur die ihrer eigenen Parlamentarier angehoben, und Ungarn hat das Gehalt seiner Europaabgeordneten auf rund 3000 Euro angehoben.[50]

Zusätzlich zu diesem Heimatgehalt haben sich die EU-Abgeordnete großzügige Kostenerstattungen aus dem europäischen Haushalt verschafft, mit denen sich nicht nur in Straßburg und Brüssel gut leben und arbeiten lässt, sondern die ihnen zumeist ein heimliches Zusatzeinkommen bescheren. Alle Abgeordneten erhalten, unabhängig davon, aus welchem Mitgliedstaat sie kommen, einheitlich: ein steuerfreies Tagegeld von derzeit 268 Euro pro Tag (einschließlich »Brückentagen« und »freien Freitagen«), eine üppige Versorgung bei Krankheit des Abgeordneten und seiner Familie und (auf Nachweis) monatlich bis zu 14 865 Euro für Mitarbeiter, von ihren eingerichteten Büros ganz abgesehen. Hinzu kommt eine steuerfreie Kostenpauschale von monatlich 3785 Euro. Alles zusammen kann einen Gesamtbetrag von über 20 000 Euro im Monat ergeben. Dabei ist die Erstattung der Kosten für die Reisen nach Straßburg oder Brüssel noch gar nicht mitgerechnet. Alle diese Regelungen hat das Präsidium des Parlaments in über 60 Seiten umfassenden »Kostenerstattungs- und Vergütungsregelungen« festgelegt.

Im Folgenden werden zunächst die üppigen Spesenregelungen be-

handelt. An ihnen ändert auch das Mitte 2005 beschlossene Abgeordnetenstatut nichts. Lediglich die Spesenreiterei bei Abrechnung der
Kosten für Reisen zum Sitz des Parlaments soll in Zukunft unterbunden werden, indem nur noch »die tatsächlich entstandenen Kosten« erstattet werden (Art. 20 Abs. 2 des Statuts). Das Statut tritt aber erst im
Jahr 2009 in Kraft (Art. 30). Sodann werden wir die Versorgungen darstellen, die sich das Parlament etwas außerhalb der Legalität verschafft
hat und die auch nach 2009 für einen großen Teil der Abgeordneten
fortbestehen werden. Schließlich werden wir die Regelungen des
neuen Statuts kommentieren.

2. Kostenerstattung I

a) 268 Euro Tagegeld ohne Tagung

Wenn in Brüssel Parlamentssitzungen sind, bietet sich an Freitagen stets
dasselbe Bild: Abgeordnete hasten am frühen Morgen in den Raum
mit der Anwesenheitsliste, leisten kurz ihre Unterschrift und lassen
sich dann vom parlamentseigenen Fuhrpark direkt zum Flughafen
Richtung Heimat chauffieren. Bei dieser Praxis, die übrigens nicht nur
freitags, sondern auch mitten in der Woche geübt wird, wurden immer wieder auch deutsche Abgeordnete beobachtet. Der Grund ist das
Tagegeld, das die Unterschrift vergoldet und das selbst für Freitage gezahlt wird, obwohl an diesen grundsätzlich keine Sitzungen stattfinden.

Europaabgeordnete erhalten nach Art. 11 und 12 der Kostenerstat-
tungs- und Vergütungsregelung ein steuerfreies Tagegeld von pauschal
268 Euro. Dies ist vor allem für Verpflegung und Übernachtung in
Brüssel und Straßburg und für die dortigen örtlichen Verkehrsmittel
bestimmt und wird stets voll ausgezahlt – unabhängig vom tatsächlichen Aufwand. Das Tagegeld macht normalerweise rund 3500 Euro
im Monat aus. Wer Billigunterkünfte frequentiert, spart große Teile des
Tagegeldes. Bei Parlamentssitzungen in Straßburg übernachten viele
Abgeordnete im benachbarten Kehl, etwa im Gasthof »Zum Schwan«
für 52 Euro, Frühstück inklusive. In Brüssel, wo die meisten Sitzungen
des Parlaments stattfinden, pflegen Abgeordnete sich ein Appartement

zu mieten, um die teuren Hotels zu vermeiden, und behalten so ein beträchtliches steuerfreies Zusatzeinkommen übrig. Andere lassen sich von Lobbyisten zum Essen einladen oder speisen billig in der Parlamentskantine. Örtliche Fahrkosten fallen – angesichts des vom Parlament vorgehaltenen Fahrdienstes – ohnehin kaum an. Zudem werden den Abgeordneten neuerdings auch kostenlose Taxigutscheine zur Verfügung gestellt.

Das Tagegeld wird für jeden Sitzungstag des Parlaments, seiner Ausschüsse und seiner anderen Organe gezahlt, an denen der Abgeordnete teilnimmt. Die Teilnahme wird durch Unterschrift in einer der ausliegenden Anwesenheitslisten »nachgewiesen«. Tagegeld wird auch für »Brückentage« zwischen den Sitzungstagen einer Arbeitswoche gezahlt sowie eben auch für jeden sogenannten »freien Freitag«, wenn der Abgeordnete am Vortag an einer offiziellen Sitzung teilgenommen hat. Er erhält dann, wie eingangs geschildert, Tagegeld, wenn er sich am Freitag früh in die Anwesenheitsliste einträgt, auch wenn er sogleich abreist. Tagegeld wird häufig sogar für Sitzungen gezahlt, die gar nicht stattfinden, weil sie abgesagt wurden, desgleichen für Sitzungen von Fraktionen des Europäischen Parlaments außerhalb Brüssels oder Straßburgs – etwa in Palermo oder Berlin. So fand zum Beispiel am 9. Mai 2001 in Berlin eine Sitzung der sozialistischen Fraktion des Europäischen Parlaments statt. Die ursprünglich auch für den folgenden Tag anberaumte Sitzung wurde abgesagt. Dennoch trugen sich zahlreiche Mitglieder der SPE-Fraktion am Morgen des 10. Mai in die Anwesenheitsliste ein und kassierten ein zweites volles Tagegeld, darunter zum Beispiel auch die deutschen Abgeordneten Görlach, Hänsch, Leinen und Martin Schulz.

Das Tagegeld wird um die Hälfte gekürzt für jeden Sitzungstag, an dem der Abgeordnete bei über der Hälfte aller namentlichen Abstimmungen abwesend war. Die Abstimmungen finden »jeweils am Dienstag, Mittwoch und Donnerstag der Tagung in Straßburg und am zweiten Tag der Tagung in Brüssel« statt (Art. 11 Abs. 4 der Kostenerstattungs- und Vergütungsregelung). Diese Regelung dürfte ein Grund für die merkwürdige Praxis des Europäischen Parlaments sein, dass Abstimmungen geblockt werden: Sie finden nicht unmittelbar im Anschluss an die behandelte Materie statt, wie es organisatorisch sinnvoll wäre (und beispielsweise auch im Bundestag geschieht). Die Abstimmungen über Vorlagen ganz unterschiedlicher Art werden vielmehr zu einer bestimmten Zeit zusammengezogen und finden nacheinander in einem Abstimmungsmarathon statt. So können die Abgeordneten Abzüge ihres Tagesgelds vermeiden, auch wenn sie bei Behandlung der Materie, über die abgestimmt wird, gar nicht präsent waren.

Parlamentskenner äußern sogar den Verdacht, die ungewöhnlich große Zahl von Sitzungen, die das Parlament, seine Ausschüsse und Fraktionen das Jahr über veranstalten, hänge ebenfalls mit der Tagegeldregelung zusammen.[51] Eine ähnliche Tendenz war auch in deutschen Volksvertretungen beobachtet worden und hatte dazu geführt, dass die Ausschuss- und Fraktionssitzungen, für die Tagegeld abgerechnet werden durfte, begrenzt wurde, was ihre Zahl wieder deutlich verringerte.

Das Tagegeld erhalten selbstverständlich alle EU-Abgeordneten in derselben Höhe von 268 Euro pro Tag, auch die Vertreter der osteuropäischen Mitgliedstaaten. Dies ausdrücklich festzuhalten ist deshalb besonders wichtig, weil die mit dem geplanten Abgeordnetenstatut angestrebte Angleichung der Heimatgehälter regelmäßig damit begründet wird, in Brüssel sei das Leben besonders teuer. Doch dies ist ein Scheinargument. Denn das üppig bemessene Tagegeld ist ja gerade dafür bestimmt, das Leben und Arbeiten in Brüssel und Straßburg in vollem Umfang zu finanzieren, ohne dass es eines Rückgriffs auf das Heimatgehalt bedarf. Hier sind Abgeordnete aus Polen, Ungarn oder anderen Niedriglohnländern also ihren westlichen Kollegen finanziell völlig gleichgestellt.

b) Legalisierter Betrug: Die Abrechnung von Pseudoreisekosten erbringt bis zu 10 000 Euro im Monat

Der finnische EU-Abgeordnete Reino Paasilinna macht jede Woche bei seinem Flug von Helsinki zum Sitz des Europaparlaments ein Riesengeschäft. Er kann für den Hin- und Rückflug bei der Parlamentsverwaltung über 2000 Euro abrechnen, auch wenn er einen Billigflug für 200 Euro benutzt. Denn bei Flügen nach Straßburg oder Brüssel werden den Abgeordneten pauschal die Kosten für die höchste Stufe des Economy-Class-Tarifs erstattet. So sehen es die Art. 1 ff. der Kostenerstattung- und Vergütungsregelung ausdrücklich vor. Das ermög-

licht auch deutschen Abgeordneten großen Reibach: Für einen Hin-
und Rückflug Berlin-Brüssel erstattet die Parlamentsverwaltung rund
1000 Euro. Da Flüge für weniger als 200 Euro zu haben sind, ist schon
dadurch ein steuerfreier Zusatzverdienst von 800 Euro pro Woche
ohne weiteres drin. Solche Spesenreiterei, zu der auch noch eine sogenannte Entfernungspauschale hinzukommt, die je nach Länge des
Fluges zwischen 112 und 558 Euro beträgt, kann deutschen Abgeordneten an die 30 000 Euro im Jahr einbringen.[52] Jeder normale Mensch,
der zu hohe Reisekosten abrechnet, muss den Staatsanwalt fürchten.
Nicht so Europaabgeordnete. Das Parlament hat sich eine Regelung
geschaffen, die zum Betrug geradezu einlädt und ihn gleichzeitig legalisiert.[53]

Man kann übrigens auch Reisen per Pkw abrechnen. Ob tatsächlich gereist oder das Wochenende zu privaten Zwecken in Brüssel
verbracht wird, überprüft niemand. Eine persönliche Erklärung des
Abgeordneten genügt. Dann steht ihm – neben der Entfernungspauschale – ein Kilometergeld von 0,67 Euro für die ersten 500 Kilometer
und von 0,28 Euro für die restliche Strecke zu.

Das Präsidium hat die Regelung über die Kostenerstattung von Flug-
reisen mit Beschluss vom 28. 5. 2003 geändert. Die Änderung sollte zusammen mit dem ursprünglich geplanten Abgeordnetenstatut alsbald
in Kraft treten, bleibt nun aber, nach dem Scheitern dieses Statuts im
Januar 2004, weiterhin suspendiert – bis zum Inkrafttreten des neuen
Statuts im Jahre 2009. Ohnehin erscheint die neue Regelung ihrerseits
problematisch. Bisher dürfen Abgeordnete nur den »unrestricted normal fare« der Economy Class abrechnen. In Zukunft sollen sie Busi-
ness-Class-Tarife abrechnen können, wenn auch nicht mehr pauschal,
sondern gegen Vorlage der Belege. Das wird für den Steuerzahler dann
vermutlich noch teurer als bisher. Es ist auch nicht einzusehen, warum
Abgeordnete, wenn es um die Einsparung von Mitteln zum eigenen
Vorteil geht, Billigflüge nutzen, dies aber nicht mehr tun müssen, wenn
die niedrigeren Kosten den Steuerzahler entlasten. Erst recht ist nicht
einzusehen, warum Reisen zum bisherigen »unrestricted normal fare«
der Economy Class nicht genügen, sondern nun auch Business-Class-
Flüge abgerechnet werden können.

c) Kostenerstattung ohne Kosten:
3785-Euro-Monatspauschale

Europaabgeordnete erhalten für die Kosten, die in der Heimat entstehen, jeden Monat eine Pauschale von 3785 Euro, zwölfmal im Jahr – egal, wie viel sie wirklich ausgeben. Bei deutschen EU-Abgeordneten zum Beispiel kommt der Bundestag für viele mandatsbedingte Kosten auf, so dass regelmäßig ein beträchtliches steuerfreies Zubrot übrig bleibt. Ein Beispiel ist Werner Münch (CDU-Europaabgeordneter von 1984 bis 1990). Er hatte – mangels entsprechender Kosten – nicht nur sämtliche Tagegelder, sondern auch den größten Teil der Kostenpauschale zur freien Verfügung. Das ist sogar aktenkundig geworden. Das Oberverwaltungsgericht Sachsen-Anhalt stellte in einem Urteil vom 3. Dezember 1997 fest, dass dem Abgeordneten Münch wegen der umfangreichen Sachleistungen und sonstigen Privilegien, die er als Abgeordneter genoss,»die Tagegelder vollständig und die Aufwandsentschädigung fast vollständig zur freien Verfügung« standen. Münch wurde später Finanzminister (1990 bis 1991) und dann Ministerpräsident von Sachsen-Anhalt (1991 bis 1993). Die dortige Regelung sah vor, dass Regierungsmitglieder aus dem Westen mindestens ihre bisherige Bruttovergütung weiter beziehen sollten. Münch hatte deshalb zu seinem steuerpflichtigen Abgeordnetengehalt von damals 9464 Mark auch die Kostenpauschale von 4768 Mark und die Tagegelder von monatlich 4176 Mark (bei durchschnittlich zwölf Sitzungstagen pro Monat) hinzuaddiert, was insgesamt eine Vergütung von über 18 000 Mark ergab. Dies hatte der Rechnungshof von Sachsen-Anhalt gerügt. Er war davon ausgegangen, zur Bruttovergütung gehöre nur das steuerpflichtige Gehalt, und er errechnete auf dieser Basis eine Überzahlung der Amtsbezüge von fast 300 000 Mark, die daraufhin das Land Sachsen-Anhalt von Münch zurückverlangte. Münch klagte dagegen vor den Verwaltungsgerichten, und das Oberverwaltungsgericht Sachsen-Anhalt schloss sich seiner Argumentation an, eben weil der Europaabgeordnete Münch die Tagegelder und fast die gesamte Kostenpauschale nicht benötigte und diese deshalb sein Gehalt entsprechend erhöhten und er als Regierungsmitglied von Sachsen-Anhalt sonst schlechter gestellt gewesen wäre. Die Ausführungen des Oberverwaltungsgerichts lesen sich im Wortlaut so:

»Der Kläger [Münch][54] hat dargelegt, dass die pauschalierten Entschädigungen der Europaabgeordneten (Aufwandsentschädigung, Tagegelder, Reisekostenvergütung) insgesamt großzügig bemessen waren. Er habe außerdem auf weitere Vergünstigungen zurückgreifen können (unentgeltliche Büros in Straßburg und Brüssel, kostenfreie Benutzung von Fax- und Telefongeräten, Personalkosten, Jahresnetzkarte der Deutschen Bahn AG, Fahrdienste an den Parlamentssitzen). Im Ergebnis hätten ihm die Tagegelder vollständig und die Aufwandsentschädigung fast vollständig zur freien Verfügung gestanden. Der Senat hat keinen Anlass, diese Angaben zu bezweifeln … Es drängt sich hiernach die Frage auf, ob die Steuerfreiheit der Abgeordnetenentschädigung in ihrer bisherigen Form sachlich noch zu rechtfertigen ist. Dies ist jedoch nicht Gegenstand des vorliegenden Verfahrens.«[55]

Nach Art. 13 Abs. 1 der Kostenerstattungs- und Vergütungsregelung ist die Pauschale, die im Jahre 2005 3785 Euro beträgt, »unter anderem zur Deckung folgender Kosten im Mitgliedstaat bestimmt:

— Kosten für Reisen und damit verbundene Nebenkosten;
— Bürounterhaltungskosten, namentlich Büromiete und Nebenkosten (Heizung, Strom, Versicherung, Reinigung);
— Kosten für den Kauf oder die Miete von Büroausstattungsgeräten;
— Telefonrechnungen, Porto;
— Kauf von Büromaterial;
— Kauf von Büchern, Zeitschriften und Zeitungen;
— Kosten für die Benutzung öffentlicher Netze zum Abruf von Daten;
— die Ausstattung der Mitglieder des Europäischen Parlaments mit EDV-Geräten – z. B. Kauf oder Miete eines Computers, eines Modems oder einer Kommunikationssteckkarte, eines Druckers, von Kommunikations-, Textverarbeitungs-, Dateiverwaltungs- und Tabellenkalkulationsprogrammen usw. und alle damit zusammenhängenden Anschaffungen sowie Kosten für Wartung dieser Geräte;
— Kosten eines Internet-Anschlusses und eines Anschlusses an gebührenpflichtige Datenbanken;
— Kosten für den Kauf sowie für die Benutzung oder Wartung eines Fernkopierers.«

Der größte Teil dieser Kosten wird deutschen EU-Abgeordneten aber bereits vom Bundestag erstattet. So bekommen deutsche Abgeordnete eine komplette Ausstattung, insbesondere mit Informationstechnologie, vom Bundestag gestellt, und das nicht nur am Sitz des Bundestags in Berlin, sondern auf Antrag auch zu Hause.[56] Damit entfallen für sie fünf der oben genannten zehn Ausgabenbereiche, für die die Kostenpauschale eigentlich bestimmt ist. Hinzu kommt, dass auch ein großer Teil der Reisekosten in Deutschland entfällt: Die Fahrt mit der Bahn erster Klasse sowie Flüge sind frei, in Berlin stehen Taxis zur freien Verfügung etc. Damit fällt noch ein weiterer großer Ausgabenbereich weitgehend aus, für den die 3785-Euro-Pauschale eigentlich gedacht ist. Dies wird auch nach Inkrafttreten des neuen Abgeordnetenstatuts im Jahre 2009 so bleiben.[57] Dagegen müssen zum Beispiel britische EU-Abgeordnete ihre Reisen zu Hause aus der Pauschale bezahlen[58] und erhalten auch keine Amtsausstattung vom House of Commons.[59]

An wesentlichen Kostenbereichen bleiben, jedenfalls für deutsche EU-Abgeordnete, lediglich Fahrten mit dem eigenen Pkw in Deutschland – die Fahrten zum Europäischen Parlament und zurück werden von diesem ohnehin erstattet – und eventuell die Miete eines Büros zu Hause. Dafür aber ist die monatliche Pauschale von 3785 Euro regelmäßig weit überhöht. Ein starkes Indiz für die Überhöhung der Pauschale liefert auch die Verwaltungspraxis selbst: Den Beitrag der Abgeordneten zur freiwilligen zusätzlichen Altersversorgung des Parlaments von monatlich immerhin 942 Euro (2004) zieht die Parlamentsverwaltung direkt von der Kostenpauschale ab – noch vor ihrer Auszahlung. Dies ist – sogar nach der Kostenerstattungs- und Vergütungsregelung selbst – rechtswidrig. Denn die Pauschale darf erklärtermaßen nicht für persönliche Zwecke verwendet werden. In Art. 13 Abs. 1, Unterabschnitt 4 heißt es:

»Diese Vergütung darf nicht dazu verwendet werden, persönliche Ausgaben zu decken oder Beihilfen bzw. Spenden zu politischen Zwecken zu finanzieren.«

Genau dies, nämlich die Verwendung der pauschalen Vergütung für persönliche Ausgaben, geschieht bei deutschen EU-Abgeordneten aber massenhaft. Damit könnten deutsche Abgeordnete möglicherweise sogar wegen Untreue gemäß § 266 Strafgesetzbuch von Staatsanwälten und Gerichten belangt werden. In ihrer Selbstverpflichtungserklärung von 2004 wird die Pauschale nicht erwähnt, so dass davon auszugehen ist, dass alle die Pauschale weiterhin ungekürzt beziehen.

Für EU-Abgeordnete aus den östlichen Mitgliedstaaten ist die Pauschale erst recht weit überhöht. Dort ist das Einkommensniveau sehr niedrig. In Polen beträgt das monatliche Durchschnittseinkommen kaum mehr als 400 Euro, in sechs anderen Ländern liegt es sogar unter 400 Euro. Entsprechend niedrig sind die Preise und die Ausgaben der Abgeordneten. Diesen steht damit der Löwenanteil der Pauschale als steuerfreies Zusatzeinkommen zur Verfügung.

Darüber, dass die Kostenpauschale der Spesenreiterei geradezu Vorschub leistet, reden Abgeordnete zwar ungern, der Rechnungshof und eine Art Diätenkommission tun dies aber umso beredter: »Das Problem der geltenden Regelung besteht darin, dass keinerlei Belege betreffend die Verwendung des Geldes erforderlich sind«, stellte eine »Gruppe hochrangiger Persönlichkeiten« richtig fest, die die Diäten von EU-Abgeordneten beurteilen sollte.[60] Die Pauschale »stützt sich nicht auf genaue Zahlenangaben über die einzelnen übernommenen Kosten«, moniert der Europäische Rechnungshof. Mit anderen Worten: Die Pauschale ist aus der Luft gegriffen, »ohne in angemessenem Bezug zu der tatsächlichen Lage oder den tatsächlichen Kosten zu stehen«.[61] Sie orientiert sich also nicht an dem typischerweise entstehenden und auf plausible Weise ermittelten Aufwand, wie es eigentlich erforderlich wäre.[62]

3. Kostenerstattung II: Aufforderung zur Korruption oder Scheinbeschäftigung von Mitarbeitern auf Kosten der Steuerzahler

a) Vetternwirtschaft in eigener Sache

Der Skandal war da, und das Ende kam rasch. Der Europaabgeordnete Karsten Hoppenstedt, Tierarzt aus Bugwedel bei Hannover, verlor seinen sicheren Platz auf der niedersächsischen CDU-Liste für die Europawahl 1999. Damit war sein Ausscheiden aus dem Europaparlament besiegelt und seine politische Karriere beendet. Der Stein des Anstoßes: Hoppenstedt hatte seine Ehefrau als Mitarbeiterin im »Wahlkreisbüro« für 2500 Mark monatlich beschäftigt – auf Kosten der EU. Die Presse hatte davon Wind bekommen und groß über diesen Fall von »Vetternwirtschaft« berichtet. Seitdem geloben deutsche EU-Abgeordnete, keine Ehegatten oder Verwandten mehr auf EU-Kosten einzustellen. Bundestagsabgeordneten ist dies ohnehin ausdrücklich verboten.

Von solchem Wohlverhalten sind die Volksvertreter vieler anderer Mitgliedstaaten allerdings weit entfernt. In der letzten Wahlperiode sind solche Fälle von Nepotismus besonders bei Abgeordneten des Vereinigten Königreichs bekannt geworden. So beschäftigte der britische EU-Abgeordnete Robert Atkins von den Konservativen seit langem seine Frau Lady Dulcie Mary Atkins als Mitarbeiterin in seinem Wahlkreis für ein Monatsgehalt von sage und schreibe 8333 Euro. Das ist mehr, als der Abgeordnete selbst erhält. Auch die britischen Abgeordneten John Bovis (Konservative), Malcolm Harbour (Konservative), Ian Hudghton (Schottische Nationalisten) und Gary Titley (Sozialisten) beschäftigten ihre Ehefrauen auf Kosten der EU. Der britische konservative Abgeordnete Roy Perry bezahlt seine Töchter Caroline und Elizabeth aus der EU-Kasse. Da alle diese Abgeordneten auch in der jetzigen, im Jahr 2004 begonnenen Wahlperiode noch im Europäischen Parlament sind, ist davon auszugehen, dass sie ihre Praxis beibehalten.

Dies alles ist nach Art. 14 ff. der Kostenerstattungs- und Vergütungsregelung, die die sogenannte Sekretariatszulage betreffen, »ganz legal«, und darauf berufen sich alle Betroffenen.

b) Steigerungsraten wie im Schlaraffenland

Unter der Bezeichnung »Zulage für parlamentarische Assistenz« stehen jedem einzelnen Europaabgeordneten für die Beschäftigung von Mitarbeitern im Jahre 2005 bis zu 14 865 Euro monatlich zur Verfügung. Diese Zulage beruht, wie alle Kostenerstattungsregelungen, auf Beschlüssen des Präsidiums. Auch der Höchstbetrag der Zulage wird jeweils vom Präsidium festgelegt, und die entsprechenden Mittel werden dann im Haushaltsplan bewilligt. Ein Verbot, Verwandte oder Ehegatten zu beschäftigen, besteht nicht.

Die für die Beschäftigung von Mitarbeitern bestimmten Haushalts-

mittel sind im Laufe der Zeit stark angestiegen: von 13,3 Millionen
Euro im Jahre 1980 auf 95,8 Millionen im Jahre 2003.[63] Selbst wenn
man die durch die Vergrößerung des Parlaments bedingten Mehrkos-
ten herausrechnet, also den Aufwand pro Abgeordneten ermittelt, ergeben sich immer noch gewaltige Steigerungen. Allein in den Jahren
1991 bis 1994 betrugen die jährlichen Steigerungsraten zweimal rund
20 Prozent, einmal 12 und einmal 15 Prozent. Insgesamt wuchsen die
Pro-Kopf-Beträge von 32 346 Euro (1980) auf 142 731 Euro (2002),
also in 22 Jahren auf den viereinhalbfachen Ausgangsbetrag. Für das
Jahr 2003 ist ein Anstieg des Pro-Kopf-Betrages auf 153 000 (plus
7,2 Prozent) und 2004 sogar auf 165 396 Euro (plus 8,1 Prozent) vorgesehen. Diese gewaltigen Steigerungen werden, wie der Europäische
Rechnungshof mit Recht feststellt, »in keiner Weise transparent erläutert«.[64]

c) Qualifikation? Überflüssig!

Die Auswahl seiner Mitarbeiter liegt allein in der Hand des Abgeordneten. Er, nicht das Parlament ist Vertragspartner des Assistenten.
Neuerdings müssen Abgeordnete zwar die Beschäftigungsverträge ihrer Assistenten dem Parlament vorlegen.[65] Aber Einzelheiten der Verträge, wie Arbeitsstunden und Gehaltshöhe, liegen allein in der freien
Entscheidung des Abgeordneten. Über Fähigkeiten und Verwendung
der Mitarbeiter verlangt niemand Rechenschaft. Es gelten keine Min-
destqualifikationen. Schon gar nicht ist ein Concours-Verfahren mit
dem Ziel der Bestenauslese vorgesehen, wie es für sonstige Bedienstete
der Europäischen Union üblich ist. Man stellt sich offenbar auf den
Standpunkt, der Abgeordnete werde schon im eigenen Interesse Personen auswählen, die ihr Geld auch wert sind. Bis zu einem gewissen
Grad mag das auch zutreffen. Andererseits werden auf diese Weise auch
Missbrauchsmöglichkeiten immer größer und verlockender (siehe unten S. 280 f.). Das gilt erst recht für die zusätzliche Möglichkeit des Abgeordneten, im Rahmen seiner Sekretariatszulage auch »Forschungs-,
Dokumentations- und Sekretariatsarbeiten« zu vergeben. Hier ist es
unerheblich, ob ein Vertrag vorliegt und welchen Inhalt er hat. Die
Kosten werden gegen die bloße Vorlage der Rechnung erstattet.[66]

d) Absicherung der Mitarbeiter – unsozial

Bei der Absicherung der Mitarbeiter geht es ebenfalls nicht mit rechten Dingen zu. Es fehlt die Gewährleistung eines sozialen Minimums. Bei Abschluss eines »Arbeitsvertrages« muss der Abgeordnete zwar auch Angaben über das soziale Sicherheitssystem machen, dem der Assistent zugehören soll,[67] ohne dass aber die Rechtswirksamkeit entsprechender Vereinbarungen überprüft wird. Derartige Angaben sind schon gar nicht erforderlich, wenn mit dem Assistenten lediglich ein »Vertrag über die Erbringung von Dienstleistungen« geschlossen wird,[68] und erst recht natürlich nicht bei der Vergabe von Forschungs-, Dokumentations- oder Sekretariatsarbeiten. Auch gesetzliche oder tarifliche Mindestlohnvorschriften oder Ähnliches, die auf die Assistenten von Europaabgeordneten anwendbar wären, gibt es nicht. Hier sollen die jeweiligen nationalen Regelungen angewandt werden. Es ist aber – wegen der atypischen Beziehung zwischen Abgeordneten und ihren Hilfskräften – unklar, welche dies sind, von einer effektiven Kontrolle ganz abgesehen. Der Deutsche Bundestag hat deshalb für die Mitarbeiter von Bundestagsabgeordneten besondere Vorschriften erlassen, die diesen ein Mindestmaß an sozialem Schutz sichern sollen.[69] Entsprechende Vorschriften fehlen auf europäischer Ebene. Alle dahin gehenden Anläufe sind bisher an den entgegenstehenden Interessen vieler Abgeordneter gescheitert.[70]

Einige der Assistenten und Forscher, die Europaabgeordnete beschäftigen, bekommen kaum mehr als 10 000 Euro im Jahr.[71] Die Abgeordneten könnten sich – angesichts der großzügigen »Sekretariatspauschale« – durchaus eine angemessene Bezahlung leisten. Viele scheinen es aber vorzuziehen, Mitarbeiter »zum äußersten Minimum zu engagieren«.[72] Sie profitieren dabei von der Bereitschaft vieler jungen Leute, alles zu geben, um Assistent zu werden, nicht zuletzt, weil sie glauben, dies mache sich gut in ihrem Lebenslauf und nütze ihrer künftigen Karriere.[73] Alle sozialen Errungenschaften gehen an solchen Mitarbeitern vorbei. Wer nur einen Dienstleistungsvertrag hat, ist »vogelfrei« wie ein Arbeitnehmer in der Frühzeit des Kapitalismus. Mancher Abgeordnete, der öffentlich lautstark für die Verbesserung der Arbeitsbedingungen eintritt, vergisst alle guten Grundsätze, wenn es um die Beschäftigung seiner eigenen Mitarbeiter geht.[74]

e) Ein System der Steuervermeidung

Assistenten von Abgeordneten sind keine EU-Beamten. Ihre Einkünfte unterliegen deshalb nicht der EU-Besteuerung. Dahin gehende Be-
strebungen sind zwar im Gange[75] wären – angesichts der sehr niedrigen EU-Steuersätze aber ihrerseits problematisch. In Betracht kommt
deshalb sinnvollerweise nur die jeweilige nationale Besteuerung, im
Falle von deutschen Mitarbeitern von Abgeordneten also grundsätzlich das deutsche Steuerrecht.[76] Dieses findet aber nur Anwendung,
wenn der Mitarbeiter einen festen Wohnsitz oder seinen gewöhnli-
chen Aufenthalt in Deutschland hat. Wohnt er normalerweise nicht in
Deutschland, sondern pendelt etwa zwischen Deutschland, Frankreich, Luxemburg und Belgien hin und her, so unterliegt er überhaupt
keiner Steuer, weder in Deutschland[77] noch in einem anderen Land
der EU. Das ist eine ganz raffinierte Variante: Die Bezahlung, die der
Assistent erhält, ist dann, ganz legal »brutto für netto«.[78] Aber auch unabhängig vom Steuerrecht werden Assistenten in der Praxis häufig
»bar und schwarz« bezahlt. In Kreisen des Europäischen Parlaments ist
das ein offenes Geheimnis.[79]

f) Zweckentfremdung von Steuergeld – leicht gemacht

Der Abgeordnete kann seine Mitarbeiter am Parlamentssitz, in der
Heimatstadt des Abgeordneten oder irgendwo sonst einsetzen. Ein bestimmter Ort oder ein bestimmter Zweck für die Verwendung der
Sekretariatszulage bzw. der mit ihr bezahlten Assistenten ist in den Beschlüssen des Präsidiums nicht vorgeschrieben. Dagegen darf ein deutscher Bundestagsabgeordneter vom Parlament bezahlte Mitarbeiter
nur »zur Unterstützung bei der Erledigung seiner parlamentarischen
Arbeit« beschäftigen. So heißt es ausdrücklich im deutschen Abgeordnetengesetz.[80] Eine entsprechende Vorschrift fehlt für Europaabgeordnete, und die Mehrheiten im Parlament und seinen Ausschüssen
haben bisher auch derartige Zwecksetzungen vermieden.[81] Das darf
jedoch nicht bedeuten, dass die Abgeordneten rechtlich völlig frei wären und ihre Mitarbeiter auch für Zwecke einsetzen dürften, für die
die Zulage, die ja schließlich aus Steuermitteln bezahlt wird, nicht bestimmt sein kann. Derartige Zweckentfremdungen erfolgen gleich-

wohl vielfach. Das wird dadurch erleichtert, dass es an jeder klärenden
Vorschrift fehlt, wofür die Sekretariatszulage verwendet werden soll,
von einer größenmäßigen Aufschlüsselung der Kosten, die der Bemessung der Pauschale zugrunde liegen, ganz zu schweigen.[82]

aa) *Öffentliche Parteienfinanzierung durch die Hintertür*

Die Mitarbeiter werden nicht selten im Wahlkampf eingesetzt oder
ganz allgemein für Parteizwecke. Dafür spricht auch, dass die Steigerungsraten der Haushaltsmittel für Mitarbeiter in Wahljahren oder in
den unmittelbar vorausgehenden Jahren regelmäßig besonders groß
waren.[83]

Das kann in den osteuropäischen Mitgliedstaaten zu spezifischen
Problemen führen. Dort herrscht ein sehr viel niedrigeres Lohnniveau
als bei uns. Die allen EU-Abgeordneten in derselben Höhe zustehen-
de »Sekretariatszulage« ermöglicht es deshalb Abgeordneten aus Polen,
der Slowakei oder Ungarn, zu Hause ein ganzes Heer von Mitarbeitern zu beschäftigen.[84] Diese können dann leicht auch für Parteizwecke
eingesetzt werden, weil niemand ihre Verwendung kontrolliert. In Ungarn etwa ist das Einkommensniveau so niedrig, dass ein EU-Abgeordneter 30 oder mehr Personen zum dortigen Durchschnittseinkommen
beschäftigen könnte.[85] Wenn diese Mitarbeiter auch in den nationalen
Parteien eingesetzt werden, entsteht ein doppeltes Problem.

Einmal wird einer verschleierten öffentlichen Parteienfinanzierung
in riesigem Umfang Vorschub geleistet. Bei der neuen, Mitte Januar
2004 in Kraft getretenen EU-Parteienverordnung,[86] die gemäß Art. 191
Abs. 2 EG nur unter Mitwirkung des Rats und der Kommission zustande kommen kann, legte man größten Wert darauf, dass die EU-
Zahlungen an die Europaparteien nicht nationalen Parteien zugute
kommen, weder direkt noch indirekt. So steht es jetzt ausdrücklich in
der Verordnung.[87] Vergleichbare Vorkehrungen fehlen dagegen bei der
Verwendung der »Sekretariatszulage« völlig. Bedenkt man das unterschiedliche finanzielle Gewicht – für die öffentliche Finanzierung von
Europaparteien waren im Jahr 2004 8,4 Millionen Euro in den EU-
Haushalt eingestellt, für die Bezahlung von Abgeordneten dagegen mit
rund 96 Millionen Euro fast der elffache Betrag –, so wird deutlich,
dass das Verbot der Querfinanzierung nationaler Parteien aus dem EU-
Haushalt gerade dort faktisch unterlaufen zu werden droht, wo es um

die größten Summen geht. Hier steht eine Umgehungsmöglichkeit offen, groß wie ein Scheunentor.

Zum Zweiten ergibt sich innerhalb der Parteien ein Demokratieproblem: Ein oder zwei EU-Abgeordnete können mit ihrer aus der »Sekretariatszulage« gespeisten Manpower den gesamten hauptberuflichen Stab ihrer Partei stellen. Der ist dann aber von den Abgeordneten persönlich abhängig. Damit können die Abgeordneten ihre Partei faktisch von oben dominieren. Innerhalb der nationalen Parteien droht sich so die Willensbildung, die eigentlich von unten nach oben verlaufen sollte, in ihr Gegenteil zu verkehren. Wenn Abgeordnete aus den Niedriglohnländern ihre gewaltige Kaufkraft für die Bezahlung von Parteigenossen einsetzen, schafft das einen personellen Wasserkopf, der den Grundsatz der innerparteilichen Demokratie aufs Höchste gefährdet. Der dominante Einfluss des Abgeordneten erstreckt sich dann natürlich auch auf die für ihn wichtigsten Entscheidungen: die Nominierung bzw. Wiedernominierung der Kandidaten bei den nächsten Wahlen, besonders den Europawahlen. Der Einsatz der Mitarbeiter verschafft dem Amtsinhaber einen schier uneinholbaren Vorsprung vor allen möglichen Herausforderern, was mit dem Grundsatz der Chancengleichheit kaum zu vereinbaren ist.

bb) Nepotismus: Ganze Familien auf der EU-Gehaltsliste

Die Verträge mit den Abgeordnetenmitarbeitern werden nicht von der Verwaltung, sondern vom Abgeordneten abgeschlossen. Er ist, wie schon erwähnt, rechtlich nicht daran gehindert, Ehegatten, Verwandte und Verschwägerte einzustellen. Deutschen Bundestagsabgeordneten ist dies, wie ebenfalls erwähnt, ausdrücklich untersagt,[88] und die deutschen EU-Abgeordneten haben sich gleichfalls dazu verpflichtet. Parlamentarier anderer EU-Länder nutzen dagegen, oft ganz ungeniert, die legale Möglichkeit, das Familieneinkommen beträchtlich aufzustocken.[89] Diese Form der Vetternwirtschaft hat teilweise massive Ausmaße angenommen. Was in Straßburg jeder Insider weiß, kommentierte der britische Europaabgeordnete Daniel Hannan sarkastisch:

»Dann gibt es noch die Sekretärinnenpauschale. Sie beträgt 20 230 DM (jetzt: 14 865 Euro) im Monat. Das ist natürlich genug Geld, um sich eine Sekretärin und einen Forschungsmitarbeiter

leisten zu können. Naja, und es langt, damit Sie trotzdem noch
satte 150 000 DM im Jahr übrig haben für Ihre Frau. Sie müssen
sie einfach nur als Ihre zweite Sekretärin eintragen. ›Ihr Briten‹,
bemerkte kürzlich ein französischer Kollege, ›stellt Eure Frauen
ein und schlaft mit Euren Mitarbeitern.‹«[90]

Das dürfte allerdings nicht so zu verstehen sein, dass Derartiges etwa
bei französischen Abgeordneten nicht vorkäme. Auch Brüsseler Journalisten wie Nicola Smith kritisierten, Abgeordnete hielten »ihr Geld
innerhalb der Familie, indem sie ihre Ehegatten beschäftigen«.[91] Dasselbe gilt natürlich auch für Kinder, Neffen, andere Verwandte und
sonstige Favoriten.[92] Das System ist eben in hohem Maße offen für
Nepotismus, ja es scheint ihn geradezu herauszufordern. Wenn niemand überprüft, was die auf EU-Kosten eingestellten Familienangehörigen eigentlich tun, ist die Versuchung groß, bloße Scheinverträge
abzuschließen, um auf diesem Wege das Familieneinkommen aufzustocken. Der Mangel an Kontrolle ist unentschuldbar. Millionen Euro
Steuerzahlergelder werden so verschwendet. Die Unbekümmertheit
der Abgeordneten in eigener Sache widerspricht allgemeinen Grundsätzen über die Bekämpfung von Korruption. Danach ist bereits der
Gefahr des Missbrauchs zu wehren und der böse Schein zu unterbinden.

In osteuropäischen Mitgliedsländern kann die Möglichkeit des Missbrauchs zu noch groteskeren Ergebnissen führen als im Westen. Was
oben für die indirekte Parteienfinanzierung gesagt wurde, gilt auch
für die Einstellung von Familienangehörigen. Abgeordnete aus Tschechien, der Slowakei oder anderen osteuropäischen Mitgliedstaaten
können – auf Grund des niedrigen Preis- und Einkommensniveaus –
mit ihren 14 865 Euro einen Mitarbeiter in Brüssel und zusätzlich 15
oder 20 Mitarbeiter zu Hause zum dortigen Durchschnittseinkommen
einstellen. Sie verfügen damit über ein Vielfaches der »Manpower« von
westlichen Abgeordneten. In den Beitrittsländern dürfte – angesichts
der dort zum Teil sehr hohen Arbeitslosigkeit und des niedrigen Lebensstandards – die Versuchung, Familienangehörige nur pro forma zu
beschäftigen, besonders groß sein. Warum sollten tschechische oder
ungarische EU-Abgeordnete nicht voller Begeisterung nachmachen,
was westliche Abgeordnete seit langem vormachen? Ist ein Szenario,

in dem etwa polnische Abgeordnete ihre ganze Familie auf Steuer-
zahlerkosten einstellen, ganz abwegig?

cc) *Verführung zur Untreue: Einsatz von Mitarbeitern*
   für private Zwecke

Schließlich geraten Abgeordnete in Versuchung, ihre Mitarbeiter für
ihre privaten Aktivitäten einzusetzen. Europaabgeordnete dürfen – neben dem Mandat – ihren Beruf ohne jede Nebentätigkeitsgenehmigung weiterführen, und viele tun das, wenn auch meist eingeschränkt
(siehe S. 303). Auch ein Einsatz der vom Steuerzahler finanzierten Mitarbeiter für ihren Privatberuf stellt natürlich eine Zweckentfremdung
dar und ist unzulässig, möglicherweise sogar strafbare Untreue. Bloß:
Wo kein Kläger, da auch kein Richter.

g) Flucht aus der Öffentlichkeit

Angesichts der geschilderten Manipulations- und Missbrauchspraxis ist
es kein Zufall, dass um die Assistenten ein großes Geheimnis gemacht
wird. Offiziell ist zwar vorgeschrieben, eine Namensliste der Assistenten zu erstellen und der Öffentlichkeit zugänglich zu machen.[93] Doch
das stößt auf den hinhaltenden Widerstand vieler Abgeordneter, so
dass man sich nur auf halbherzige Maßnahmen verständigen konnte.
Auf Grund eines Beschlusses des Präsidiums vom 10. 2. 2003 wird »die
Liste der akkreditierten Assistenten[94] unter Angabe des Abgeordneten,
mit dem der Assistent einen Vertrag geschlossen hat, auf der Website
des Parlaments veröffentlicht.«[95] Sie enthält über 1000 Angaben. Es
gibt jedoch – auf Grund vorgeschobener datenschutzrechtlicher Argumente[96] – eine Unzahl von Ausnahmen. Assistenten, die wichtige
Gründe geltend machen, werden nicht veröffentlicht, wobei die Entscheidung über die Ausnahme in der Hand des Präsidiums und nicht
etwa einer unpolitischen Stelle liegt. Ebenso wenig wurden bisher veröffentlicht: alle nicht akkreditierten Assistenten und sämtliche Dienst-
leistungserbringer und Assistenten mit kurzfristigen Verträgen[97], von
der Veröffentlichung der Verträge selbst ganz zu schweigen.

   Um die Veröffentlichung zu hintertreiben, scheut man anscheinend
auch nicht vor regelrechten Tricks zurück. So monierte der Abgeordnete Gerard M. Onesta, der Rechtsausschuss (der datenschutzrecht-

liche Einwände gelten gemacht hatte) hätte sicher anders entschieden, wenn er die Abstimmung zum vorgesehenen Zeitpunkt vorgenommen und sie nicht vorgezogen hätte.[98] In der Tat war das ursprünglich als hinterer Tagesordnungspunkt vorgesehene Thema »Register der Assistenten: Stellungnahme für den Präsidenten« (vom Vorsitzenden Giuseppe Gargani unter Befürwortung der Abgeordneten Medina und Lehne und unter Widerspruch der Abgeordneten Hautala) vorgezogen worden – unter nachdrücklichem und zu Protokoll gegebenem Protest der Abgeordneten Astrid Thors. So konnten »einige Abgeordnete nicht an dieser Abstimmung teilnehmen.«[99]

h) Quintessenz: Einladung zur Selbstbedienung

Die »Zulage für parlamentarische Assistenz« gem. Art. 14 ff. der Kostenerstattungs- und Vergütungsregelung in Höhe von 180 000 Euro im Jahr kommt in ihrer praktischen Auswirkung einer Einladung der Abgeordneten zur Selbstbedienung gleich. Nepotismus gehört ohne Wenn und Aber verboten. Ob das Familienmitglied tatsächlich die volle Gegenleistung erbringt (was betroffene Abgeordnete immer wieder zu ihrer Rechtfertigung vorbringen) oder die Einstellung nur der Erhöhung des Familieneinkommens dient, lässt sich meist ohnehin nicht feststellen. Bisweilen wird versucht, die Praxis mit dem Argument zu verteidigen, man könne ja auch die Einstellung einer Freundin oder eines Geliebten des oder der Abgeordneten nicht verhindern, schon weil derartige persönliche Beziehungen meist nicht erkennbar seien. Doch auch dieser Einwand schlägt nicht durch. Die Verschaffung einer mit öffentlichen Mitteln bezahlten Anstellung aus persönlichen Gründen bleibt amts- und pflichtwidrig unabhängig davon, ob sie bekannt wird oder nicht. Man kann sie nicht mit den Schwierigkeiten der Aufdeckung einer Fallgruppe rechtfertigen. Das wissen wir aus der Korruptionsbekämpfung. Dies muss erst recht gelten, wenn auf diese Weise auch alle benachbarten illegitimen Fallgruppen legalisiert werden sollen.

Genau so korrupt ist der Einsatz der öffentlich bezahlten Mitarbeiter für Parteizwecke und die dadurch ermöglichte Parteienfinanzierung durch die Hintertür. Auch hier sind, wie oben erwähnt, Kontrollen unerlässlich, weil Abgeordnete allzu leicht in Versuchung geraten, auf diese Weise ihren Einfluss in der Partei zu erhöhen und so ihre Wiedernominierung zu sichern. Alle diese Formen von Zweckentfremdung öffentlicher Mittel laufen leicht auf Untreue hinaus, die, jedenfalls nach deutschem Recht, unter Strafe steht.

Die rechtliche Grauzone, die die ganze Regelung umgibt, erfasst auch die Frage der Besteuerung und der sozialen Sicherung der Abgeordnetenmitarbeiter. Auch hier werden die normalen Standards unterschritten. Der Steuerhinterziehung und dem krassen Unterlaufen der üblichen sozialen Grundsätze wird geradezu Vorschub geleistet.

Die Urheber der mangelhaften Regelung scheinen, wenn sie nicht von vornherein die missbräuchliche Verwendung der Mittel für eigene Zwecke der Abgeordneten ermöglichen wollten, auf eine Art politische Selbststeuerung zu hoffen. Man erwartet offenbar, der Abgeordnete werde aus den ihm anvertrauten finanziellen Ressourcen schon das für sein Mandat Beste machen, denn er wolle ja schließlich wiedergewählt werden. Doch diese Philosophie einer wirksamen Kontrolle durch die Wähler passt nicht für die Wirklichkeit. Einmal ist die Partei für die politische Karriere regelmäßig wichtiger als die Wähler, so dass die Selbststeuerung eher eine Tendenz in Richtung indirekte Parteienfinanzierung erwarten lässt. Zum Zweiten sind die Verhältnisse meist derart wenig durchschaubar, das ein Abzweigen von Mitteln zur privaten Bereicherung nicht auffällt und deshalb auch nicht sanktioniert wird. Schließlich muss der Selbststeuerungsmechanismus völlig versagen, wenn der Abgeordnete gar nicht wiedergewählt werden will, sondern am Ende der Wahlperiode ohnehin aus dem Parlament ausscheidet.

Die schlaraffenländischen Möglichkeiten der Abgeordneten, sich aus ihren Mitarbeiterfonds selbst zu bedienen, erklären, zumindest zum Teil, warum die dafür vorgesehenen öffentlichen Mittel im Laufe der Zeit so gewaltig zugenommen haben, weit stärker als alle möglichen Vergleichsgrößen. Schließlich entscheiden die Abgeordneten ja selbst über das Volumen der Fonds, die sie sich bewilligen. Zugleich erklärt sich daraus die Flucht aus der Öffentlichkeit. Größere Transparenz würde die Selbstbedienung natürlich erschweren und wird deshalb nach Kräften verhindert.

4. Kostenerstattung III: Luxuskrankenversorgung

In allen Staaten Europas müssen die Gesundheitsleistungen radikal eingeschränkt werden. Denn das nachlassende Wirtschaftswachstum und die hohe Arbeitslosigkeit machen es immer schwerer, die – aufgrund des demographischen Wandels und des medizinischen Fortschritts – rasant ansteigenden Krankheitskosten noch zu finanzieren. Auch in Deutschland steht die Sanierung des Gesundheitssystems auf der politischen Tagesordnung.

EU-Abgeordnete bleiben von diesen Sparzwängen völlig unberührt. Sie genießen nach wie vor die selbstbewilligten üppigen Leistungen im Krankheitsfall, die ohne Beiträge der Abgeordneten allein aus dem EU-Haushalt bezahlt werden. Nach Art. 21 der »Kostenerstattung- und Vergütungsregelung« werden den Abgeordneten wie Privatpatienten alle Arzt- und Krankenhauskosten erstattet sowie alle ärztlich verordneten Arzneimittel. Auch teure Zahnbehandlungen und Zahnersatz, die Kosten von Brillen und von Kontaktlinsen alle zwei Jahre sind innerhalb großzügiger Margen erstattungsfähig. Hinzu kommt die Kostenerstattung von Akupunkturbehandlungen, die Gewährung von Tagegeldern nicht nur bei Genesungskuren, sondern auch bei Badekuren und vieles mehr, wovon Otto Normalverbraucher nur träumen kann.

Für alle Abgeordneten, ihre Ehepartner und jedes Kind können jeweils bis zu 30 000 Euro im Jahr aus der EU-Kasse erstattet werden, bei einer vierköpfigen Familie also bis zu 120 000 Euro. Die EU zahlt zwar nur achtzig Prozent der Gesamtkosten. Zusammen mit der nationalen Kostenerstattung, auf die Europaabgeordnete meist ebenfalls Anspruch haben, genießen sie aber eine völlig kostenfreie Luxuskrankenversorgung. Das gilt auch für deutsche Mitglieder des Europäischen Parlaments. Sie können wie Beamte und Bundestagsabgeordnete eine sogenannte Beihilfe erhalten,[100] die mindestens 50 Prozent der Krankheitskosten beträgt. Hinzu kommen aber eben noch die EU-Leistungen, so dass die Vollversorgung im Krankheitsfall gesichert ist.[101]

Während also alle Menschen Einschnitte hinnehmen müssen, koppeln sich die Brüsseler Volksvertreter mit ihrer selbstgemachten »Kostenerstattung- und Vergütungsregelung« von dieser Entwicklung ab und schöpfen aus dem Vollen. Dies zeigt einmal mehr die Abgeho-

benheit des Europäischen Parlaments von den Sorgen und Nöten ihrer
Wähler.

Mit dem Inkrafttreten des neuen Statuts im Jahre 2009 wird die
Kostenerstattung auf ehemalige Abgeordnete und versorgungsberech-
tigte Hinterbliebene ausgedehnt (Art. 18 des Abgeordnetenstatuts).
Gleichzeitig wird der Erstattungssatz allerdings auf zwei Drittel reduziert.[102]

5. Illegale Doppel- und Dreifachversorgung – meist ohne jede Anrechnung

a) Anfechtbare Regelungen

Im November 2003 berichtete das schwedische Fernsehen über die
Doppelversorgung von schwedischen EU-Abgeordneten: Maj-Brit
Theorin (SPE), Inger Schörling und Peer Gahrton (Die Grünen) und
Karl-Erik Olsson (ELDR) hätten Anspruch auf hohe EU-Versorgun-
gen, die zu ihren nationalen Pensionen noch hinzukämen und sogar
steuerfrei seien. Gleichzeitig wurden andere Abgeordnete genannt wie
Per Stenmarck (EVP) und Marit Paulsen (ELDR), die es abgelehnt
hatten, an dem europäischen Versorgungssystem teilzunehmen, weil es
zu vorteilhaft sei und ihren Überzeugungen widerspreche.

Die EU-Regeln über die Versorgung von Abgeordneten sind in der
Tat höchst anfechtbar und wollen sich so gar nicht in die allgemeine
politische Landschaft einfügen. Überall in Europa bangen die Menschen um ihre Altersversorgung, viele gehen deshalb sogar auf die Straße. Aufgrund demografischer und anderer Faktoren werden emp-
findliche Einschränkungen unvermeidbar sein. Davon völlig unberührt
haben sich Europaabgeordnete – unter Bruch der Europäischen Verträge – Doppel- und Dreifachversorgungen und andere Privilegien
verschafft. Und diese wurden mit der Osterweiterung der EU nun
auch noch auf die Abgeordneten der Beitrittsländer übertragen.

Abgeordnete des Europäischen Parlaments haben drei verschiedene
Altersversorgungssysteme. In den meisten Mitgliedstaaten erhalten sie
Versorgung nach den selben Regeln wie die Mitglieder ihrer jeweili-
gen nationalen Parlamente. Die Versorgung ist national geregelt und

wird aus dem nationalen Budget finanziert. Anders ist es in Frankreich und Italien. In Italien erhalten EU-Abgeordnete keine Altersversorgung, in Frankreich erhalten sie eine bescheidenere Altersversorgung als ihre nationalen Kollegen. Um dies auszugleichen, richtete das Erweiterte Präsidium des Europäischen Parlaments mit Beschluss vom 4. November 1981 ein (ersatzweises) Ruhegehaltssystem ein. Danach erhalten derart versorgungsmäßig zu kurz gekommene Mitglieder des Europäischen Parlaments auf Antrag ein »provisorisches Altersruhegehalt« aus EU-Mitteln in derselben Höhe und nach denselben Bedingungen, nach denen ihre nationalen Kollegen versorgt werden. Doch damit nicht genug. Neun Jahre später führte das Präsidium des Europäischen Parlaments durch Beschluss vom 12. Juni 1990 ein »zusätzliches (freiwilliges) Altersversorgungssystem« ein, das alle EU-Abgeordneten in Anspruch nehmen können, auch die Italiener und Franzosen. Die Finanzierungslasten werden geteilt: Ein Drittel tragen die Abgeordneten selbst, zwei Drittel trägt das Europäische Parlament. Eine Verrechnung der EU-Pension mit der Heimatpension findet meist nicht statt.

b) Heimatversorgung: Sinnvolle Unterschiede

Normalerweise werden EU-Abgeordnete von ihren Heimatländern versorgt. Die meisten EU-Staaten gewähren ihren Vertretern in Brüssel eine Altersversorgung nach denselben Regeln wie ihren nationalen Abgeordneten. Natürlich weisen die nationalen Versorgungssysteme von Staat zu Staat ähnlich große Unterschiede auf wie die Gehälter der Abgeordneten, an die die Altersversorgungen anknüpfen. Sehen wir einmal von Italien ab, dessen EU-Abgeordnete ein Monatsgehalt von rund 12 000 Euro, aber keine Altersversorgung erhalten, so reicht die Höhe der monatlichen Entschädigung von rund 9000 Euro für österreichische EU-Abgeordnete über rund 3300 Euro für spanische Abgeordnete bis zu kaum 1000 Euro für Abgeordnete mancher östlicher Beitrittsstaaten.[103] Anders als in Deutschland müssen die Abgeordneten allerdings in fast allen Mitgliedstaaten durch eigene Leistungen zur Finanzierung ihrer Altersversorgung beitragen. Die Beiträge machen meist zwischen sechs und neun Prozent des Gehalts aus.

Die Unterschiede in der Höhe der Versorgung spiegeln – genau wie die Gehaltsunterschiede – die jeweiligen nationalen Vorstellungen über die angemessene Bezahlung von Abgeordneten wider, die ihrerseits natürlich auch von der unterschiedlichen Höhe der Einkommen des Normalbürgers mitgeprägt sind. Die Abgeordneten eines osteuropäischen Landes können bei der Bemessung ihrer Gehälter natürlich nicht unberücksichtigt lassen, dass das Durchschnittseinkommen ihrer Wähler nur einen kleinen Bruchteil des westlichen Niveaus beträgt und deshalb auch die Preise und damit die zur Lebensführung erforderlichen Ausgaben entsprechend niedriger sind. Die Gehaltsunterschiede machen also durchaus Sinn. Das gilt erst recht für die Versorgung. Sie wird von Personen bezogen, die nicht mehr in Straßburg oder Brüssel aktiv sind, sondern als ehemalige Parlamentarier und deren Familien in ihrem Heimatland leben und allein dort ihren Lebensmittelpunkt haben. Der zutreffende Referenzrahmen für ihr Einkommen ist also ganz eindeutig das jeweilige nationale Einkommensniveau der dortigen Bürger und der dortigen nationalen Abgeordneten, das aber eben von Land zu Land riesige Unterschiede aufweisen kann. Deshalb ist eine Angleichung der Versorgungen, unabhängig davon, aus welchem Land der Abgeordnete kommt, erst recht widersinnig.

c) Ergänzendes EU-Ruhegehalt für italienische und französische EU-Abgeordnete

Das Anfang der 80er Jahre eingeführte subsidiäre Ruhegehaltsystem[104] gibt (ehemaligen) EU-Abgeordneten, für die das nationale Recht keine oder eine schlechtere Versorgung vorsieht, als sie die Mitglieder des jeweiligen nationalen Parlaments genießen, einen Ausgleich. Davon profitieren französische und italienische EU-Abgeordnete. Die Höhe und die Bedingungen dieses ergänzenden EU-Altersruhegehalts sind identisch mit den Regelungen, die für die Mitglieder der nationalen Parlamente von Italien beziehungsweise von Frankreich gelten. Auch die Eigenbeträge, die die EU-Abgeordneten beider Länder zu leisten haben, entsprechen denen ihrer nationaler Kollegen.

Da italienische EU-Abgeordnete von »zu Hause« keine Altersversorgung bekommen, zahlt ihnen stattdessen der europäische Steuerzahler über das ergänzende System die sehr hohe Altersversorgung, die ihre römischen Kollegen genießen. Sie erwerben bereits nach fünf Mandatsjahren einen Versorgungsanspruch von 25 Prozent der Entschädigung von 12 007 Euro, das sind monatlich 3002 Euro, fällig ab dem 65. Lebensjahr, und nach zehn Jahren 38 Prozent, das sind 4563 Euro, fällig ab Alter 60. Die Höchstpension, die nach 30 Mandatsjahren erreicht wird, beträgt 80 Prozent des Gehalts.[105] Zur Finanzierung tragen sie nur mit einem Eigenbetrag von 8,6 Prozent ihrer Entschädigung bei, der Löwenanteil wird aus EU-Mitteln bezahlt.

Auch die Versorgung der französischen EU-Abgeordneten folgt nicht den Regeln für die Versorgung der nationalen Abgeordneten. Sie werden nach Art. 7 des Gesetzes über die Entschädigung der französischen Abgeordneten des Europäischen Parlaments in das allgemeine Rentenversicherungssystem der Sozialversicherung eingegliedert und unterstehen damit den gleichen Regeln wie jeder abhängig Beschäftigte. Zusätzlich erhalten ehemalige Europaabgeordnete Leistungen aus dem Versorgungssystem des öffentlichen Dienstes. Das ergibt – bei monatlichen Beiträgen von 468 Euro – etwa nach 10 Beitragsjahren eine monatliche Rente von 1239 Euro. Diese Versorgung wird nun durch das ergänzende europäische System auf die hohe Versorgung der Mitglieder der Nationalversammlung angehoben. Französische EU-Abgeordnete erwerben auf diesem Wege bereits nach zwei Legislaturperioden einen Gesamtversorgungsanspruch von 45 Prozent der Entschädigung von 5232 Euro; das sind 2354 Euro. Nach drei Legislaturperioden beträgt der Pensionsanspruch 67,5 Prozent der Grundentschädigung, zur Zeit etwas mehr als 3532 Euro. Die Pensionsansprüche der *Assemblée Nationale* können generell ab dem 55. Lebensjahr in Anspruch genommen werden. Auch französische Abgeordnete leisten einen Eigenbeitrag, der aber nur einen kleinen Teil der Kosten der Versorgung deckt.

Dieses System der ergänzenden Altersversorgung führt zu dem merkwürdigen Resultat, dass die Italiener mit gut 12 000 Euro nicht nur das höchste Monatsgehalt aller EU-Abgeordneten erhalten, sondern das ergänzende EU-System ihnen auch noch die höchste Altersversorgung finanziert – auf Kosten der europäischen Steuerzahler. Auch die französischen EU-Abgeordneten erhalten mit Hilfe von EU-Mitteln schon nach zwei Wahlperioden eine sehr hohe Versorgung. Es ist aber nicht einzusehen, warum deutsche und andere Steuerzahler italienischen und französischen EU-Abgeordneten eine Versorgung zahlen müssen, die diese Länder ihren Abgeordneten vorenthalten. Erst recht ist nicht einzusehen, dass diese Versorgung auch noch sehr viel höher ist als diejenige, die die Zahlerländer ihren eigenen Abgeordneten gewähren.

Die Ausgaben des Europäischen Parlaments für diese Form der Versorgung ehemaliger italienischer und französischer EU-Abgeordneten sind im Laufe der Jahre rasant in die Höhe geschnellt. Im Haushaltsplan 2005 wurden 10,3 Millionen Euro veranschlagt, 2004 waren es noch 8,7 Millionen. Das ist fast so viel, wie für das zusätzliche (freiwillige) Versorgungssystem veranschlagt werden, obwohl dieses rund zweieinhalbmal so viele Mitglieder hat. Diese Zahlen spiegeln die außerordentliche Großzügigkeit der Versorgungsregelungen für Abgeordnete der beiden begünstigten Länder wider.

d) Zusätzliche EU-Altersversorgung

Seit 1990 gibt es daneben noch ein zusätzliches Altersversorgungssystem, das allen Parlamentariern offen steht, auch denjenigen, deren Versorgung bereits (durch nationale Regelungen oder durch das soeben erwähnte ergänzende EU-Versorgungssystem) voll gesichert ist.[106] Daran nehmen im Jahr 2003 rund 400 der damals 626 Abgeordneten teil; gut 100 Ruhegehaltsempfänger waren bereits vorhanden.[107]

Die Mitglieder des Fonds haben Anspruch auf ganz konkret festgelegte Versorgungsleistungen, deren Höhe über einen komplizierten Schlüssel an das Grundgehalt eines Richters am EuGH gekoppelt ist, also von Jahr zu Jahr ansteigt. Mindestvoraussetzung ist eine Mitgliedschaft von drei Jahren. Pro Mandatsjahr erwirbt der Abgeordnete (nach dem Stand des Jahres 2004) einen monatlichen Versorgungsanspruch von 253 Euro,[108] was dem Durchschnittseinkommen in vielen Beitrittsländern entspricht. Eine Legislaturperiode von fünf Jahren erbringt somit 1265 Euro monatliche Versorgung, die grundsätzlich mit dem vollendeten 60. Lebensjahr beginnt. Das ist mehr, als die meisten aktiven EU-Abgeordneten aus den neuen Mitgliedstaaten als Entschädigung erhalten werden. Nach deren Beitritt kommt es somit zu absurden Verzerrungen zwischen Einkommen und Ruhegehalt. Bei 20 Mandatsjahren ist die Höchstversorgung von monatlich 5060 Euro erreicht, ein Betrag, der sogar die Entschädigung vieler aktiver Abgeordneter aus den alten Mitgliedsländern in den Schatten stellt. Die Kosten werden zu einem Drittel aus Beiträgen der Parlamentarier (im Jahr 2004: 942 Euro),[109] zu zwei Dritteln vom Parlament finanziert.

Diese Versorgungsleistungen kommen fast überall zur nationalen Versorgung (oder der ergänzenden EU-Versorgung) noch hinzu. Eine Verrechnung findet meist nicht statt, so dass den Begünstigten aus derselben Mandatszeit zwei Versorgungen zufließen. In Deutschland allerdings ist eine Anrechnung vorgesehen.

Die hohe und auch noch zweifache Versorgung führt zu dem absurden Ergebnis, dass die Ruhegehälter ehemaliger Abgeordneter in den meisten Mitgliedstaaten der EU sehr viel höher sein können als die Einkommen ihrer aktiven Kollegen.

Die Einrichtung des freiwilligen zusätzlichen Pensionsfonds beruht auf einem Beschluss des Parlamentspräsidiums vom 12. 6. 1990.[110] Die Ausführung oblag dem Kollegium der Quästoren, die im November 1991 eine »Gesellschaft ohne Erwerbscharakter« (»Association But Lucratif«) nach luxemburgischem Recht errichteten. Dieser Fonds installierte seinerseits im März 1994 eine Investmentgesellschaft mit variablem Kapital (»Société d'Investissement à Capital Variable«) ebenfalls nach luxemburgischem Recht. Der Fonds verwaltet das Vermögen des Versorgungssystems und ernennt u. a. den Investmentberater, den Depotverwalter, den Versicherungsmathematiker, die Rechnungsführer und die Rechnungsprüfer. Finanziell wird der Fonds zum Teil durch die Dienststelle »Ruhegehälter des Personals, Ruhegehälter und Versicherungen der Mitglieder« verwaltet, einer Einheit innerhalb des Europäischen Parlaments; sie berechnet Beiträge und Ruhegehaltszahlungen, behält die Beiträge ein und führt die Akten. Im Jahre 2003 wurden aus dem Haushaltsposten 1033 des Europäischen Parlaments 8,2 Millionen Euro an den Fonds gezahlt; von den Abgeordneten wurden zusätzliche 4,1 Millionen entrichtet. Für das Jahr 2004 waren 10,3 Millionen und für das Jahr 2005 11,9 Millionen Euro in den Haushalt eingestellt.

Das Gesamtvermögen des Fonds hatte sich noch Ende 1998 auf 95,1 Millionen ECU belaufen. Die Pensionsverbindlichkeiten hatten

Versicherungsmathematiker auf 93,1 Millionen ECU veranschlagt.[111] Diese Relation hat sich inzwischen massiv verschlechtert. Zum 31. Dezember 2002 betrug der Vermögensbestand des Fonds rund 117 Millionen Euro, die Rückstellungen für Ruhegehälter und ähnliche Verpflichtungen waren hingegen mit rund 158 Millionen Euro ausgewiesen, woraus sich ein versicherungsmathematischer Negativsaldo in Höhe von 41 Millionen Euro ergibt. (Ende 2001 hatte der Negativsaldo rund 8 Millionen Euro betragen.)[112] Das veranlasste das Präsidium des Europäischen Parlaments mit Beschluss vom 13. 5. 2003, den Beitrag um drei Prozent zu erhöhen, wovon zwei Prozent auf das Parlament und ein Prozent auf die Mitglieder entfallen. Die Mitglieder haben deshalb seit dem 1. Januar 2003 (statt bisher 12 Prozent) 13 Prozent der Bemessungsgrundlage (40 Prozent des Grundgehalts eines Richters am Europäischen Gerichtshof) zu entrichten.

e) Invaliditäts- und Hinterbliebenenversorgung

Dazu kommt eine großzügige Versorgung des Abgeordneten bei Dienstunfähigkeit und – im Falle seines Todes – der Hinterbliebenen. Hier trägt das Europaparlament die gesamte Finanzierung. Zahlungen aus nationaler Invaliditäts- oder Hinterbliebenenversorgung werden angerechnet.

Bei Dienstunfähigkeit erhält der Abgeordnete ein Ruhegehalt auf Lebenszeit in Höhe von 30 Prozent des Grundgehalts eines Richters beim Gerichtshof der Europäischen Gemeinschaften, wobei sich das gezahlte Ruhegehalt für jedes unterhaltsberechtigte Kind um 5 Prozent des genannten Grundgehalts erhöht.[113] Danach erhält ein dienstunfähiger Abgeordneter nach derzeitigem Stand monatlich rund 5400 Euro und für jedes unterhaltsberechtigte Kind weitere rund 900 Euro, bei drei Kindern also insgesamt über 8000 Euro. Wie unmäßig hoch diese Zahlungen sind, ersieht man auch daraus, dass das neue Statut ab 2009 bei Invalidität nur noch ein Ruhegehalt in Höhe von 13,475 Prozent des Grundgehalts eines Richters und selbst bei sehr langen Abgeordnetenzeiten ein Ruhegehalt von maximal 26,95 Prozent des Grundgehalts vorsieht.[114]

Stirbt der oder die Abgeordnete, erhält der überlebende Ehegatte ein monatliches Hinterbliebenensalär von 25 Prozent des Grundgehalts eines Richters am Europäischen Gerichtshof. Das sind derzeit rund 4500 Euro, die mit dem eigenen Einkommen nicht verrechnet werden, und für jedes unterhaltsberechtigte Kind gibt es noch einmal 5 Prozent, derzeit rund 900 Euro. Das ist wiederum weit mehr, als nach dem Statut ab 2009 an Hinterbliebenenversorgung vorgesehen ist. Danach wird zum Beispiel der hinterbliebene Ehegatte zwischen 11,55 Prozent und 16,17 Prozent des Richtergehalts bekommen.[115]

f) Fortbestehen der Regelungen über das Jahr 2009 hinaus

Sämtliche Versorgungsregelungen bestehen bis zum Inkrafttreten des neuen Abgeordnetenstatuts fort, also bis 2009, der freiwillige Pensionsfonds (siehe S. 292) auch darüber hinaus, jedenfalls für diejenigen Abgeordneten, die vor dem Inkrafttreten des Statuts erstmals in das Europäische Parlament gewählt werden (Art. 27 Statut). Ebenso bleibt die Ersatzaltersversorgung für die italienischen und französischen Abgeordneten erhalten, die dafür votiert haben (siehe S. 290) und weiterhin die nationale Entschädigung in Anspruch nehmen (Art. 25 Statut).[116]

6. Das Entscheidungsverfahren:
öffentlichkeitsscheu und rechtswidrig

a) Kontrolldefizit

Der vorstehende Überblick zeigt: Die »Kostenerstattungs- und Vergütungsregelung« führt zu untragbaren Auswüchsen. Zudem ist sie in weiten Teilen überkompliziert, unklar und kaum verständlich formuliert, mit vielen fallbezogenen Ausnahmen und Sonderregelungen. Derart mangelhafte Bestimmungen konnten überhaupt nur deshalb zustande kommen, weil krasse Kontrollmängel bestehen. Die Regelungen werden in einem Verfahren getroffen, das überhaupt fast jeder Kontrolle entbehrt: Darüber entscheidet nicht das Parlament in öffentlicher Sitzung, sondern das Präsidium in nichtöffentlicher Abgeschiedenheit. Das deutsche Bundesverfassungsgericht hat deutschen Parlamenten Derartiges nicht durchgehen lassen, sondern verlangt, dass

Entscheidungen, die den finanziellen Status von Abgeordneten betreffen, im Plenum des Parlaments öffentlich verhandelt und entschieden
werden. Denn bei Entscheidungen des Parlaments in eigener Sache sei
Öffentlichkeit die einzige wirksame Kontrolle. Deshalb sei das Parlamentspräsidium nicht befugt, über die finanzielle Ausstattung von Abgeordneten zu entscheiden.[117]

Auch eine Kontrolle durch den Rat findet nicht statt. Die entsprechenden Mittel müssen zwar in den Haushaltsplan eingestellt werden,
dem auch der Rat zustimmen muss. Zwischen Parlament und Rat hat
sich jedoch seit langem die Praxis eingespielt, dass jeder den Einzelplan
des anderen als dessen alleinige Angelegenheit betrachtet und unkri-
tisch »durchwinkt«. Dieses *Gentlemen's agreement* ist zwar hochproble-
matisch, weil bei Entscheidungen des Parlaments in eigener Sache die
Kontrolle durch den Rat umso dringender wäre. Da das Verfahren
jedoch für beide beteiligten Organe bequem ist und die üppige Ausstattung ermöglicht, ist mit einer freiwilligen Änderung dieser Praxis
nicht zu rechnen.

Es bleibt die Kontrolle durch den Rechnungshof, der in der Tat auch
an den Kostenerstattungs- und Vergütungsregelungen Kritik geübt
hat. Seine Bemerkungen werden aber nur allzu leicht vom Parlament
vom Tisch gewischt und verhallen dann unbeachtet. Dies zeigt, um ein
Beispiel zu nennen, gerade die Auseinandersetzung um die freiwillige
zusätzliche Altersversorgung. Der Rechnungshof hatte bereits in seiner Stellungnahme vom 20. 5. 1999 davor gewarnt, dass sich bei Finanzierung des zusätzlichen Versorgungssystems ein Defizit ergeben
könnte, und klare Regeln verlangt, die eine Eventualhaftung des Parlaments ausschließen. Solche Regeln sollten noch »vor der Annahme
des vorgeschlagenen neuen Statuts für die Mitglieder des Europäischen
Parlaments« erlassen werden.[118] Das ist nicht geschehen. Der Rechnungshof hat diesen Punkt deshalb in seinem Jahresbericht für das
Haushaltsjahr 2002 erneut aufgegriffen und nunmehr »so rasch wie
möglich eine ausreichende Rechtsgrundlage« gefordert, und zwar unabhängig davon, ob das Statut für die Mitglieder des Europäischen Parlaments in Kraft tritt oder nicht.[119] Doch das Parlament reagierte aus-
weichend. Dieser Vorgang zeigt, wie wenig der Rechnungshof – selbst
beim Aufzeigen klarer Mängel – sich durchzusetzen in der Lage ist. Er
ist nur ein »Ritter ohne Schwert«.

Das Abgeordnetenstatut von 2005 sieht nun die Fortführung des Pensionsfonds vor (Art. 27), enthält aber keinen Ausschluss der Haftung des Parlaments und gilt im übrigen ja auch erst ab 2009.

Dass bei Entscheidung des Parlaments in eigener Sache wirksame Kontrollen besonders wichtig sind, unterstreicht auch Art. 190 Abs. 5 EG, indem er für »die Regelungen und allgemeinen Bedingungen für die Wahrnehmung der Aufgaben« der Abgeordneten drei Bedingungen aufstellt:

- die Entscheidung durch das Plenum des Parlaments
- nach Anhörung der Kommission
- mit Zustimmung des Ministerrats, der mit qualifizierter Mehrheit entscheidet.

An allen drei Bedingungen fehlt es bei Erlass der Kostenerstattungs- und Vergütungsregelung. Sie ist vom Präsidium und nicht vom ganzen Parlament erlassen worden, und dies geschah ohne Anhörung der Kommission und ohne Zustimmung des Rats. Dabei wäre die Einhaltung des vorgeschriebenen Verfahrens im Interesse einer ausgewogenen Willensbildung und Entscheidung eigentlich besonders wichtig.

Die öffentliche Verhandlung im Parlamentsplenum und die Veröffentlichung der Ergebnisse im Amtsblatt sichern ein Minimum an öffentlicher Kontrolle, die bei Entscheidungen durch das Präsidium nicht gewährleistet ist. Die Bewilligung im Haushaltsplan reicht nicht aus, weil die Beschlussfassung des Parlaments über den eine Unzahl von Titeln enthaltenden Haushalt regelmäßig pauschal erfolgt. Aus demselben Grund hat, wie erwähnt, das Bundesverfassungsgericht die Regelung von Teilen der Abgeordnetenentschädigung nur durch ein Parlamentspräsidium als verfassungswidrig beanstandet, auch wenn die Mittel im Haushaltsplan vom Parlament bewilligt worden sind. Trifft das Präsidium die eigentliche Entscheidung, kann zudem der einzelne Abgeordnete seine Hände scheinbar in politischer Unschuld waschen, ganz abgesehen davon, dass jedenfalls der deutsche Wähler ihn – auf Grund des starren Listenwahlrechts – ohnehin für die missbräuchlichen Regelungen nicht zur Verantwortung ziehen kann.

Mit der vorgeschriebenen Anhörung der Kommission und der Zustimmung des Rats, der aus den Regierungen der Mitgliedstaaten besteht und mit qualifizierter Mehrheit entscheiden muss, baut Art. 190 Abs. 5 EG weitere, besonders wichtige Kontrollinstanzen gegen Machtmissbrauch in das Entscheidungsverfahren ein. Alle diese Kontrollen und Gegengewichte werden allerdings ausgehebelt, wenn das Parlamentspräsidium entscheidet, wie dies seit langem der Fall ist.

b) Verstoß gegen Art. 190 Abs. 5 EG und das Demokratieprinzip (Art. 6 Abs. 1 EU-Vertrag)

Die Entscheidung über alle genannten Regelungen durch einfachen Beschluss des Präsidiums des Europäischen Parlaments ist nicht nur ein politisches, sondern auch ein rechtliches Problem. Dieses Verfahren genügt dem EG-Vertrag in gar keiner Weise. Zur scheinbaren Rechtfertigung beruft sich das Europäische Parlament auf Vorschriften seiner Geschäftsordnung, die das Präsidium zum Erlass derartiger Vorschriften ermächtigten.[120] Dabei wird aber ignoriert, dass die Geschäftsordnung und die darauf beruhende Kostenerstattungs- und Vergütungsregelung des Präsidiums natürlich nicht gegen das höherrangige Recht des Art. 190 Abs. 5 oder andere Vorschriften des EG-Vertrages verstoßen darf. Das Europäische Parlament beruft sich des weiteren auf ein Urteil des Europäischen Gerichtshofs vom 15. 9. 1981, das einen Fall aus den Jahren 1975/76 betrifft.[121] Inzwischen hat sich die Situation aber völlig verändert: Damals hatten die Kostenerstattungen noch nicht im Entferntesten den heutigen Umfang erreicht. Vor allem gab es den Art. 190 Abs. 5 EG noch nicht. Dieser ist erst durch den am 1. Mai 1999 in Kraft getretenen Vertrag von Amsterdam in den EG-Vertrag eingefügt worden. Art. 190 Abs. 5 weist nunmehr dem Europäischen Parlament, und zwar seinem Plenum, die Kompetenz zu, »die Regelungen und allgemeinen Bedingungen für die Wahrnehmung der Aufgaben seiner Mitglieder festzusetzen«, und sieht dafür ausdrücklich die Anhörung der Kommission und die Zustimmung des Rats vor. Es ist nicht ersichtlich, warum dazu nicht auch die Regelungen über die Erstattung der mandatsbedingten Kosten gehören sollen. Dies gilt erst recht, weil die »Kostenerstattungen« ganz gezielt überdimensioniert sind und deshalb, wie das Parlament auch offen einräumt, in erheblichem Maße Einkommen enthalten, dessen Regelung zweifelsfrei dem Verfahren des Art. 190 Abs. 5 EG unterliegt. Der Europäische Gerichtshof hat selbst bestätigt, dass Regelungen, die »die angemessenen Grenzen einer Erstattung der Reise- und Aufenthaltskosten überschreiten«, rechtswidrig sind. Der Pauschalbetrag darf, wie das Gericht fortführt, nicht »zu hoch« sein. Es sei, so stellt das Gericht fest, unzulässig, wenn es sich bei dem Pauschalbetrag »in Wirklichkeit teilweise um ein verschleiertes Entgelt und nicht um eine Erstattung von Kosten handelt«. Mit derart überzogenen Kostenpauschalen greife das Parlament in die Rechte der Mitgliedstaaten ein, »da das Entgelt der Mitglieder des Parlaments beim gegenwärtigen Stand des Gemeinschaftsrechts nicht Sache der Gemeinschaftsorgane, sondern des innerstaatlichen Rechts« sei.[122] Inzwischen wurde das Gemeinschaftsrecht bekanntlich fortentwickelt. Art. 190 Abs. 5 EG ermächtigt die Gemeinschaftsorgane, nunmehr auch das Entgelt der Parlamentsmitglieder festzusetzen. Dann muss dabei aber das dort vorgesehene Verfahren eingehalten werden.

Schließlich verlangt auch das Demokratieprinzip, das in Art. 6 Abs. 1 EU-Vertrag wie in allen Mitgliedstaaten niedergelegt ist, in Deutschland zum Beispiel in Art. 20 GG, zwingend die Mitwirkung des Rats bzw. der Regierungen im Rat, die ihrerseits den demokratisch legitimierten nationalen Parlamenten verantwortlich sind. Das hat, für Deutschland, das Maastricht-Urteil des Bundesverfassungsgerichts von 1993 klargestellt.[123] Das Europäische Parlament allein besitzt – mangels Gleichheit des Wahlrechts und mangels demokratischer Infrastruktur, wie etwa einer europäischen öffentlichen Meinung – keine ausreichende demokratische Legitimation für so tiefgreifende Regelungen, wie sie sein Präsidium unter der Bezeichnung Kostenerstattung erlassen hat.[124]

Hinsichtlich der Alters-, Invaliditäts- und Hinterbliebenenversorgungen, die zweifelsfrei Einkommen darstellen und deren Regelung das oben genannte Urteil des Europäischen Gerichtshofs von 1981 von vornherein gar nicht betraf, ist es ohnehin klar, dass die Regelung nach Art. 190 Abs. 5 EG getroffen werden muss und ein Beschluss des Parlamentspräsidiums nicht ausreicht. Auch der Europäische Rechnungshof hat eine dem Art. 190 Abs. 5 EG genügende Regelung nachdrücklich angemahnt.[125]

Damit entbehrt die gesamte Kostenerstattungs- und Vergütungsregelung der erforderlichen Rechtsgrundlage. Daran können auch gewisse

Ermächtigungen des Parlaments im neuen Statut nichts ändern. Ganz abgesehen davon, dass das Statut und damit auch die Ermächtigungen erst 2009 in Kraft treten, können jedenfalls pauschale Blankettnormen die Verschaffung von steuerfreien Zusatzeinkommen und von Doppelversorgungen nicht rechtfertigen.

c) Formenmissbrauch: Verstoß gegen Art. 230 Abs. 2 EG

Die vom Präsidium getroffenen Regelungen sollen nicht nur die mandatsbedingten Kosten erstatten, sondern zielen teilweise auch darauf ab, die Einkommensunterschiede der verschiedenen nationalen Regelungen auszugleichen. Aus diesem Ziel wird etwa bei der Erstattung der Flugkosten gar kein Hehl gemacht. Die durch Inanspruchnahme von Billigflügen mögliche Erzielung eines steuerfreien Zusatzeinkommens wurde schon vor dem Beitritt der zehn Neuen damit gerechtfertigt, man wolle Abgeordneten mit niedrigem Heimateinkommen, etwa aus Spanien (monatlich 3289 Euro), Portugal (4024 Euro) oder Finnland (4970 Euro), einen Zuschuss verschaffen. Auf dieselbe Weise werden auch Tagegeld und Kostenpauschale gerechtfertigt, die ebenfalls ein steuerfreies Zusatzeinkommen erlauben. Eine derartige Argumentation ist aber weder angemessen noch sonst begründet. Sie ist nicht angemessen, weil sie nicht rechtfertigen kann, warum zum Beispiel auch Abgeordnete aus Deutschland, Italien oder Österreich trotz ihrer hohen Heimatgehälter in den Genuss der legalisierten Spesenreiterei kommen. Das Argument ermangelt auch sonst der Grundlage. Denn vor Ort, also in Brüssel oder Straßburg, sind Abgeordnete – unabhängig von ihrem heimischen Gehalt – auch bei korrekter Abrechnung ausreichend und in gleicher Weise finanziell ausgestattet, so dass sie dort keinen Ausgleich brauchen. Denn für die Abdeckung der Lebenshaltungskosten der Abgeordneten an den Parlamentssitzen erhalten alle das einheitlich hohe Tagegeld. Hinsichtlich des Gehalts, das für den Lebensunterhalt der Abgeordneten (und ihrer Familien) in ihren Heimatländern bestimmt ist, ist eine Angleichung ohnehin nicht angezeigt. Solange keine Gleichheit des Wahlrechts besteht und die Einkommensverhältnisse und der Lebensstandard in den Mitgliedstaaten derart große Unterschiede aufweisen, wie dies derzeit der Fall ist, gibt es keine Veranlassung, ausgerechnet das Heimatgehalt der Abgeordneten auf hohem Niveau anzugleichen. Damit würden nicht nur die Abgeordneten in den meisten Mitgliedstaaten einkommensmäßig von ihren Wählern viel zu weit entfernt, sondern auch das dortige Gehaltsgefüge von Politikern völlig durcheinander gebracht. In jedem Fall verstößt es gegen das Missbrauchsverbot des Art. 230 Abs. 2 EG, Abgeordneten unter dem Etikett einer Spesenregelung in Wahrheit Einkommen verschaffen zu wollen.[126]

d) Verstoß gegen Wirtschaftlichkeitsgebot und Steuergerechtigkeit

Die Kostenerstattungsregelungen, die den Abgeordneten vielfach steuerfreie Zusatzeinkommen verschaffen, sind, rechtlich gesehen, öffentliche Verschwendung und verstoßen gegen das Wirtschaftlichkeitsgebot.[127] Dieser Grundsatz ist – ebenso wie das Missbrauchsverbot – verbindliches Recht der Europäischen Union.

Auch die Gewährung von Doppelversorgungen für dieselbe Mandatszeit ist unangemessen und verstößt gegen das Wirtschaftlichkeitsgebot und, soweit dadurch die unterschiedliche Höhe der Heimatgehälter kompensiert werden soll, gegen das Missbrauchsverbot.

Die Steuerfreiheit der in den überzogenen Pauschalen enthaltenen Einkommensbestandteile verstößt gegen den Grundsatz der Steuergerechtigkeit, der Teil des in Art. 6 Abs. 1 EU-Vertrag vorgeschriebenen Gleichheitssatzes ist. Deshalb sind die Mitgliedstaaten berechtigt, derartige Einkommensbestandteile zu besteuern. Das hat auch der Europäische Gerichtshof so festgestellt: Soweit es sich bei den Kostenpauschalen »um ein verschleiertes Entgelt und nicht um eine Erstattung von Kosten handelt, sind die Mitgliedstaaten berechtigt, ein solches Entgelt der innerstaatlichen Einkommensteuer zu unterwerfen, da das Entgelt der Mitglieder des Parlaments beim gegenwärtigen Stand des Gemeinschaftsrechts nicht Sache der Gemeinschaftsorgane, sondern des innerstaatlichen Rechts ist.«[128] Dabei bleibt es auch, solange die Gemeinschaftsorgane von der Ermächtigung des Art. 190 Abs. 5 EG noch keinen Gebrauch gemacht und noch keine entsprechende Regelung in Kraft gesetzt haben. Damit ist das Entgelt von EU-Abgeordneten immer noch Sache der nationalen Gesetzgeber und die Besteuerung durch innerstaatliches Recht weiterhin zulässig. Das Gericht geht zwar davon aus, die Frage, »ob die vom Parlament festgesetzten Pauschalsätze möglicherweise zu hoch sind«, sei »allein nach Gemeinschaftsrecht zu beurteilen.[129] Doch da das Parlament die Überhöhung inzwischen selbst einräumt, können auch die nationalen Gesetzgeber davon ausgehen. Die Besteuerung dürfte sogar geboten sein: Die Steuerfreiheit überhöhter Pauschalen und der dadurch geschaffenen verschleierten Einkommen widerspricht dem Verfassungsgrundsatz der steuerlichen Gerechtigkeit[130] und begründet damit einen zusätzlichen Unrechtstatbestand, den die Mitgliedstaaten auszuräumen verpflichtet sind, auch die Bundesrepublik Deutschland.

VI.

Diener zweier Herren: Geschmierte
Abgeordnete verkaufen ihre Unabhängigkeit

Elmar Brok kam 1980 im Alter von 34 Jahren als Abgeordneter nach Straßburg. Als Europaabgeordneter bezieht er – außer seinem Gehalt – die hohen steuerfreien Pauschalen, den Fonds für Mitarbeiter und Ansprüche auf Versorgung wie alle seine Kollegen. Neben alledem hat Elmar Brok seit 1992 zusätzlich noch einen höchst einträglichen Zweitjob: Er ist fest angestellt beim Bertelsmann-Konzern. Als dessen »Europabeauftragter« und Leiter des mit mehreren Mitarbeitern besetzten Brüsseler Lobbybüros erhält er ein hohes Zusatzsalär von geschätzten 200 000 Euro im Jahr.[131] Hier hatte Helmut Kohl seine Finger im Spiel und soll Brok nicht etwa in die Schranken verwiesen, sondern ihn umgekehrt noch ermutigt haben, sich in die Abhängigkeit des Konzerns zu begeben.[132] Kohl hatte daran natürlich nichts Anstößiges finden können, stand er doch selbst noch zu seiner Zeit als CDU-Fraktionsvorsitzender im rheinland-pfälzischen Landtag auf der Gehaltsliste des Ludwigshafener Chemieverbandes.

Abgeordnete genießen ein einzigartiges Privileg. Sie dürfen – ohne jede Nebentätigkeitsgenehmigung – ihren Beruf ganz oder teilweise fortführen. Das gilt für Mitglieder des Europaparlaments ebenso wie für Mitglieder der nationalen Parlamente. Solange das Mandat ein Ehrenamt oder eine Teilzeitbeschäftigung war, wie in früheren Zeiten, verstand sich dies von selbst. Heute geht man aber davon aus, das Mandat sei zu einem Fulltimejob geworden – und entsprechend wird es bezahlt –, ohne dass indes die Berechtigung, neben dem Mandat noch einen Beruf auszuüben, entfallen wäre. Diese ist damit zu einem Privileg geworden. Eine Verrechnung der Einkommen aus Beruf und Mandat findet nicht statt. Der Abgeordnete kann vielmehr von Rechts wegen beides unbegrenzt kumulieren.

Die Amerikaner sind nach der Watergate-Affäre einen anderen Weg gegangen: Mitgliedern des Kongresses ist es seitdem grundsätzlich verboten, nebenher noch ein Berufseinkommen zu beziehen. Gleichwohl plädiere ich nicht für die Übernahme des amerikanischen Modells. Ein berufliches Standbein stärkt die Unabhängigkeit des Abgeordneten – nicht zuletzt gegenüber der eigenen Partei, speist Berufserfahrung ins Parlament ein und erleichtert es auch Hochqualifizierten, ein Mandat zu übernehmen. Man sollte deshalb nicht versuchen, die Fortführung des Berufs zu unterbinden. Andererseits kann die Besoldung von Abgeordneten sinnvollerweise nicht gewürdigt werden, ohne ihre Möglichkeit, zusätzlich Berufseinkommen zu erwerben, in die Betrachtung mit einzubeziehen.

Hoch problematisch werden Zusatzeinkommen allerdings, wenn sie von Interessenten herrühren. Lässt ein Abgeordneter sich von einem Unternehmen oder einem Verband für die Wahrnehmung von dessen politischen Interessen bezahlen, so besteht die Gefahr, dass er seinen politischen Einfluss verkauft. Er ist dann natürlich nicht mehr unabhängig. Abgeordnete erhalten ihr Gehalt aber gerade »zur Sicherung ihrer Unabhängigkeit«.[133] Wenn Abgeordnete ihre Unabhängigkeit meistbietend verkaufen und sich in die finanzielle Abhängigkeit von Interessenten begeben, ist dies letztlich nichts anderes als (eine sublime Form von) Korruption, die es nachdrücklichst zu verhindern gilt.

Dennoch ist es Europaabgeordneten (wie auch den Volksvertretern in vielen nationalen Parlamenten der Mitgliedstaaten der Europäischen Union) nicht verboten, sich in die bezahlten Dienste von – an der Europapolitik interessierten – Unternehmen oder Verbänden zu begeben.

So sind etwa Mitglieder des englischen Unterhauses rechtlich nicht daran gehindert, sich als Lobbyisten zu verdingen, was allerdings in den letzten Jahren erhebliche öffentliche Kritik hervorgerufen[134] und dazu geführt hat, dass die seit 1985 bestehende Pflicht zur Registrierung von auswärtigen Aktivitäten der Abgeordneten verschärft wurde. Solche Aktivitäten müssen dann, wenn diese mit der Parlamentstätigkeit in Zusammenhang stehen,

- schriftlich in Vertragsform festgehalten,
- beim Parliamentary Commissioner for Standards niedergelegt und
- einschließlich der Größenordnung der Bezahlung
- der Öffentlichkeit zugänglich gemacht werden.[135]

Das Europäische Parlament sieht lediglich ein Register vor, in dem
»jedes Mitglied

a) seine berufliche Tätigkeit sowie alle sonstigen gegen Entgelt aus-
   geübten Funktionen oder Tätigkeiten,
b) jegliche finanzielle, personelle oder materielle Unterstützung, die
   dem Mitglied zusätzlich zu den vom Parlament bereitgestellten
   Mitteln im Rahmen seiner politischen Tätigkeit von Dritten gewährt wird, wobei die Identität dieser Dritten anzugeben ist, anzugeben hat.«[136]

»Das Register ist öffentlich. Es kann der Öffentlichkeit auf elektroni-
schem Wege zugänglich gemacht werden.«[137]

Zudem muss ein Abgeordneter, wenn berufliche und parlamentarische
Interessen kollidieren, dies mündlich mitteilen.

Doch diese Vorschriften sind unvollständig und lassen sich zudem
leicht umgehen. Vor allem gibt es praktisch keine Sanktionen im Falle
ihrer Verletzung. Deshalb geben gerade die Abgeordneten, deren Einkommen für die Öffentlichkeit von besonderem Interesse wäre, nur
an, was sie selbst für opportun halten. Die Höhe der Einkünfte braucht
ohnehin nicht angegeben zu werden, so dass nur eine kleine Minderheit ihre Einkommenssituation offen legt – und natürlich nicht die
Großverdiener im Nebenjob.

Die laxen Regeln begünstigen bezahlten Lobbyismus durch Par-
lamentarier. Prominentes Beispiel ist der eingangs schon erwähnte
Elmar Brok, CDU-Abgeordneter aus Gütersloh, Vorsitzender des
Auswärtigen Ausschusses des Europaparlaments und Vorstandsmitglied
der Europäischen Volkspartei. »Der gesellige Busenfreund Helmut
Kohls«[138] ist einer der mächtigsten EU-Parlamentarier mit exzellenten
Kontakten in höchste europäische Politiker- und Wirtschaftskreise.
Dass Brok als »Senior Vice President Media Development« der Ber-
telsmann AG auf deren Gehaltsliste steht, veröffentlicht er, nicht aber
die Höhe seiner Bezüge. Brok behauptet, »Mandat und Lobbying
messerscharf zu trennen«. Bei Abstimmungen über Mediengesetze
verlasse er das Plenum. Doch damit lenkt er nur vom Wesentlichen ab.
Denn der direkte Einfluss auf parlamentarische Entscheidungen durch
Stimmenkauf steht für Unternehmen ohnehin nicht im Vordergrund.

Das Insiderwissen der Abgeordneten ist Unternehmen ebenfalls viel
Geld wert. Und manchmal spielen die Volksvertreter auch nur Türöff-
ner, indem sie den Zugang zu anderen wichtigen Politikern, das heißt
den »Zugang zum Machthaber«, vermitteln. Oft wirkt sich der Einfluss
wichtiger Abgeordneter auch außerhalb des formellen parlamentarischen Verfahrens aus, zum Beispiel in Gesprächen und Verhandlungen
mit anderen Abgeordneten oder mit Vertretern der Kommission und
des Rats. Auch hierin ist Brok ein Meister. Das ergibt sich aus den
Vierteljahresunterlagen des Brüsseler Bertelsmann-Büros, dem Brok
vorsteht, in denen Broks Arbeitgeber Bertelsmann detailliert Bericht
über das Wirken in Brüssel erstattet wird. Beispiel Medienkonzentra-
tion:»Unsere Lobbyaktivitäten haben … erreicht, dass die ursprüngli-
che Formulierung … abgeschwächt wurde.« Beispiel Sponsoring:»Der
Berichterstatter … hat seinen Bericht im Europäischen Parlament
zurückgezogen. … Das bedeutet, dass dieses Thema auf europäischer
Ebene derzeit nicht weiter verfolgt wird. Wir hatten uns in Gesprächen
mit dem Berichterstatter, Beratern der Fraktionen und Mitgliedern
des Kulturausschusses gegen den unternehmensfeindlichen Ansatz des
Berichtes gewehrt.« Datenschutz:»Dank unserer Lobby gegenüber
der Europäischen Kommission … wurde das … Verfahren (im Sinne
von Bertelsmann) verbessert.« Arbeitszeit:»In die … Arbeitsrichtlinie
wurde auf unser Betreiben die Filmindustrie in den Katalog der Indus-
triezweige, für die Ausnahmevorschriften gelten sollen, aufgenommen. Die Ausnahmen gelten auch für Rundfunk und Fernsehen.«
Brok betreibt auch ganz gezielt Lobbying gegen den öffentlich-recht-
lichen Rundfunk. Wie Hans Leyendecker von der *Süddeutschen Zeitung*
berichtet, sei im Interesse der Bertelsmann AG, die Mehrheitsge-
sellschafter des Privatsenders RTL ist, 1998 eine »Task-Force« damit
beauftragt worden, in Brüssel eine Debatte über den öffentlich-recht-
lichen Rundfunk anzuschieben. Brok habe dieser Task-Force zuge-
arbeitet, seinen Einfluss geltend gemacht und »sein als Abgeordneter
erworbenes Wissen an den Arbeitgeber« weitergegeben, man kann
auch sagen: verkauft.[139] Die Unterlagen, aus denen hier zitiert wurde
und die dem Verfasser vorliegen, sind zwar schon einige Jahre alt. Doch
die Entscheidungen, um die es ging, wirken bis heute fort. Es ist auch
nicht zu erwarten, dass Brok und sein Brüsseler Büro in der Zwischen-
zeit ihre Arbeitsweise geändert haben. Alles das zeigt, dass von der be-

haupteten »messerscharfen Trennung« von Mandat und Lobbying bei Brok keine Rede sein kann. Beide Funktionen vermischen sich, wie das für Diener zweier Herren typisch ist. Broks Doppeltätigkeit ist Korruption, wenn auch legal, solange die nötigen gesetzlichen Vorschriften fehlen. Wer sich von großen Unternehmen bezahlen lässt, kann sein Mandat nicht mehr frei und unabhängig ausüben. Solches Verhalten ist und bleibt ein krasser Verstoß gegen elementare Grundsätze der Demokratie.

Brok ist natürlich nicht der einzige Abgeordnete mit finanziellen Interessen an den Entscheidungen europäischer Organe. So arbeiten einige britische Mandatsträger für die Finanzbranche in der Londoner City, Luxemburger Parlamentarier stehen im Sold von RTL oder CTL-Ufa, und Forza-Italia-Abgeordnete haben Posten im Medienimperium des italienischen Ministerpräsidenten Silvio Berlusconi. In den Selbstauskünften der Abgeordneten findet sich davon allerdings keine Spur. Der CDU-Abgeordnete Klaus-Heiner Lehne hat als Koordinator der Konservativen im Rechtsausschuss einen Schlüsselposten. In der letzten Legislaturperiode hat er die EU-Übernahmerichtlinie zu Fall gebracht. Lehne ist in einer Düsseldorfer Anwaltskanzlei tätig und gefragter Firmenberater.

Was Broks Verhalten aber noch über das anderer Lobbyabgeordneter hinaushebt, ist die Skrupellosigkeit, mit der er seine exzellenten Verbindungen nutzt, um kritische Medienberichte zu unterbinden. Lutz Mücke enthüllt in *Message*, einer Fachzeitschrift für Journalismus, detailliert, wie Brok durch polternde Ausfälle gegen recherchierende Journalisten und durch Anrufe bei deren Chefredakteuren massiven Druck ausübt. Dabei wird auch der lange Arm in die Chefetagen von Zeitungen und Rundfunksendern ausgespielt, an denen Bertelsmann beteiligt ist. Und nicht nur in diese: Hajo Friedrich, FAZ-Mann in Brüssel, darf nach eigenen Angaben nur noch sehr eingeschränkt für die *Frankfurter Allgemeine* berichten, seitdem er am 11. Januar 2005 einen kritischen Artikel über Brok mit dem Titel »Nebeneinnahmen im Zwielicht« veröffentlicht hat. Brok soll »seine guten Beziehungen in die FAZ-Herausgeberetage genutzt und dort gegen Friedrich interveniert« haben.[140] Doch nicht immer hatten Broks Interventionen Erfolg. Fernsehberichte der ARD und des WDR über Broks zwei Gesichter konnte er trotz wütender Proteste und trotz massiver Drohungen »mit seinen wunderbaren Kontakten« (so WDR-Studioleiter Michael Thamm) nicht verhindern, ebenso wenig die erwähnten Veröffentlichungen von Hans Leyendecker und Lutz Mücke. Es wird Zeit, dass die Bertelsmann AG endlich die Konsequenz zieht und nicht länger zulässt, dass die Demokratieförderung, die die Bertelsmann-*Stiftung* sich auf die Fahne geschrieben hat, durch die Praxis der Bertelsmann *AG* ständig konterkariert wird.

F.

REFORMVERSUCHE ZUM SCHLECHTEREN: DAS EUROPÄISCHE ABGEORDNETENSTATUT

I.

Erfolglose Versuche seit 20 Jahren. Scheitern des Abgeordnetenstatuts auch Anfang 2004

Seit über zwei Jahrzehnten versucht sich das Europäische Parlament an einem Statut, das den Status seiner Mitglieder, besonders in finanzieller Hinsicht, einheitlich regeln soll. Ein solches Statut gehört wegen seiner grundlegenden Bedeutung für das Verhältnis zwischen Bürger und Staat zum Verfassungsrecht im materiellen Sinn. Es muss deshalb in die aktuelle Diskussion um eine europäische Verfassung einbezogen werden. Mehrere Vorentwürfe[1] sind gescheitert, nicht zuletzt am Widerstand des Rats, der sogar einen Gegenentwurf vorlegte,[2] sehr zur Entrüstung des Parlaments.[3] Im Jahre 2003 war es wieder einmal so weit. Das Europäische Parlament beschloss am 3. Juni 2003, die Diäten seiner 626 (und inzwischen 732) Mitglieder zu vereinheitlichen[4] – auf Rekordniveau und bestätigte diesen Beschluss nach Stellungnahme der Kommission am 4. Juni 2003.[5] Das Statut sollte gleichzeitig mit der neuen EU-Verfassung in Kraft treten.[6] Der Rat zögerte allerdings einmal mehr mit seiner Zustimmung. Daraufhin unternahm das Parlament kurz vor Weihnachten 2003 einen erneuten Versuch. Das Einverständnis des Rats sollte durch Zugeständnisse erkauft werden, die sich bei genauem Hinsehen aber als Mogelpackungen erwiesen – bis hin zur Erpressung. Es war deshalb unseres Erachtens nur konsequent, dass die Regierungen von Deutschland, Frankreich, Österreich und Schweden am 26. Januar 2004 mit ihrem Nein die erforderliche Zweidrittelmehrheit im Rat verhinderten. Der anstehende Beitritt von zehn neuen Mitgliedstaaten aus Mittel- und Osteuropa ließ nun den Geburtsfehler, den die ganze Konstruktion von Anfang an aufweist, die Vereinheitlichung der Heimatgehälter nämlich, besonders deutlich ins Auge springen. Damit war das Abgeordnetenstatut erneut gescheitert. Dazu hat der Verfasser dieses Buches durch seine Anfang des Jahres 2004 in englischer und deutscher Sprache veröffentlichten Analysen beigetragen. Seine Kritik wurde von den Medien aufgegriffen und verbreitet. Sie wurde damit zur Grundlage der kritischen Berichterstattung im Inland und Ausland.

Das Europäische Parlament hatte seinen Plan trotzdem nicht aufgegeben und in der Mitte 2004 beginnenden Wahlperiode einen neuen Anlauf unternommen, der schließlich auch Erfolg hatte. Das Parlament erhielt zu einer immerhin etwas abgespeckten Version Mitte 2005 schließlich die Zustimmung des Rates. Das Statut wird allerdings erst zu Beginn der nächsten Wahlperiode, also im Jahre 2009, in Kraft treten. Dabei verschließt Brüssel aber die Augen vor den unsäglichen Konsequenzen der Regelung: Für fast alle Abgeordneten werden sich hohe Gehaltssteigerungen ergeben. Sie werden in vielen Ländern weniger Steuern zahlen als ihre Wähler. Abgeordnete aus den Beitrittsländern werden voraussichtlich mehr verdienen als ihre Ministerpräsidenten. Und die größte Ungeheuerlichkeit: Die völlig überzogenen Spesenregelungen, die auf nichtveröffentlichten Erlassen des Parlamentspräsidiums beruhen und den Abgeordneten durch so bezeichnete Pauschalregelungen riesige steuerfreie Nebeneinnahmen ermöglichen, bestehen fort und sollen selbst nach dem Inkrafttreten des neuen Diätengesetzes zum großen Teil weiter gelten.

Zum Skandal im Skandal wurde die heuchlerische Reaktion von Europaabgeordneten auf die Kritik. Für das Scheitern ihres Diätencoups Anfang 2004 wurde eine angebliche Hetzkampagne bestimmter Medien verantwortlich gemacht. Sprecher des Parlaments manipulierten die Zahlen, täuschten die Öffentlichkeit und diffamierten die Kritiker. Sie konstruierten sogar eine richtiggehende Dolchstoßlegende, um vom eigenen Fehlverhalten abzulenken. Eine deutsche Boulevardzeitung habe, munitioniert mit falschen Zahlen und Argumenten des Verfassers dieses Buches, Druck auf den deutschen und den österreichischen Bundeskanzler ausgeübt und sie dadurch in der Vorwahlzeit zum Nein bewegt, dem sich dann auch zwei andere Mitgliedstaaten anschlossen. Doch es gibt noch Richter in Hamburg: Die gezielte Desinformation durch das Parlament, die der Verfasser ebenfalls aufgedeckt hatte, wurde auf Grund einstweiliger Verfügungen des Landgerichts Hamburg gestoppt.

Im Folgenden soll der Kampf um das Statut geschildert werden. Dabei wird nicht nur sein Inhalt ausgebreitet, sondern auch die politischpublizistische Auseinandersetzung und ihr Einfluss auf die öffentliche Meinung nachgezeichnet. Wenn Abgeordnete ihren finanziellen Status regeln, also in eigener Sache entscheiden, stellt sich ein besonderes Kontrollproblem. Hier sei Öffentlichkeit »die einzige wirksame Kontrolle«, hat das Bundesverfassungsgericht in sein Diätenurteil von 1975 geschrieben. Auf Europaebene besteht zwar mit dem Ministerrat ein mögliches Gegengewicht. Andererseits scheint die öffentliche Kontrolle des »Raumschiffs Brüssel« nur schwach ausgeprägt. Beide Kontrollinstanzen mussten in Sachen Abgeordnetenstatut denn auch erst »zum Jagen getragen« werden.

II.

Einheitliches Heimatgehalt für Europaabgeordnete?

1. Die derzeitige Regelung

Europaparlamentarier werden von Anfang an aus zwei Quellen bezahlt: In ihrer Heimat bekommen sie dasselbe Gehalt (und meist auch dieselbe Altersversorgung) wie die Mitglieder ihrer nationalen Parlamente. Das wird in 25 nationalen Diätengesetzen geregelt.

Zusätzlich zu diesem Heimatgehalt haben sich die EU-Abgeordneten großzügige und für alle einheitliche Zusatzleistungen und Versorgungen aus dem europäischen Haushalt bewilligt. Alle Abgeordneten erhalten ein steuerfreies Tagegeld von derzeit 268 Euro pro Tag, eine üppige Versorgung bei Krankheit des Abgeordneten und seiner Familie und monatlich bis zu 14 865 Euro für Mitarbeiter, von ihren eingerichteten Büros ganz abgesehen. Hinzu kommt eine steuerfreie Kostenpauschale von monatlich 3785 Euro. Alles zusammen kann einen Gesamtbetrag von über 20 000 Euro im Monat ergeben, wobei die Kostenerstattung für Flug- und Pkw-Reisen nach Straßburg und Brüssel noch nicht einbezogen ist. Dies wurde bereits ausführlich erörtert (siehe S. 269 f.). Im Folgenden geht es um die Frage, ob die vorgesehene Vereinheitlichung der Heimatgehälter der Abgeordneten überhaupt sinnvoll ist.

2. Der Geburtsfehler des Statuts: Gleiche Behandlung von Ungleichem

Kern des Statuts ist die Einführung eines einheitlichen Heimatgehalts (»Entschädigung«) für alle Europaabgeordneten, unabhängig davon, woher sie kommen. Das mag zunächst harmlos klingen. Ja, es könnte auf den ersten Blick vielleicht sogar gerecht erscheinen, allen EU-Parlamentariern dasselbe Gehalt zu zahlen. Die Angleichung auf hohem Niveau führt in Wahrheit aber zu horrenden, für die Bürger Europas nicht mehr akzeptablen Konsequenzen.[7]

a) Sprengen des nationalen Gehaltsgefüges: EU-Parlamentarier mit dreifachem Ministerpräsidentengehalt

Der 2004 gescheiterte Statutsentwurf hatte vorgesehen, dass Europaabgeordnete ein Einheitsgehalt in Höhe von 50 Prozent der Grundbezüge eines Richters am Europäischen Gerichtshof erhalten sollten. Das wären 9053 Euro im Monat gewesen. Das Statut von 2005, das 2009 in Kraft tritt, sieht 38,5 Prozent der Richterbezüge vor. Das sind nach derzeitigem Stand rund 7000 Euro. Dafür fällt aber der Eigenbeitrag des Abgeordneten zur Altersversorgung, der im Entwurf von 2003 vorgesehen war und rund 1200 Euro betragen hätte, weg. Zudem sollen die sogenannten Parteisteuern abgeschafft werden (Art. 9 Abs. 3 Statut), die die meisten Abgeordneten derzeit an ihre Parteiorganisationen abführen müssen und die bei deutschen EU-Abgeordneten im Durchschnitt rund 500 Euro ausmachen. Das rechtlich zu unterbinden, ist, wie es in der Begründung des Statuts heißt, »erforderlich, weil Parteien häufig erwarten«, dass ein Teil der Entschädigung »für ihre Zwecke verwendet wird. Diese Form der Parteienfinanzierung ist zu verurteilen«.[8]

Auch die 7000 Euro, die von Jahr zu Jahr mit den Beamtenbezügen steigen werden, führen also dazu, dass die meisten EU-Abgeordneten eine Erhöhung ihrer Gehälter erfahren werden. Besonders krass wird die Einkommensteigerung für Europaabgeordnete aus Ländern mit niedrigem Lebensstandard und bescheidenem Einkommensniveau. Sie werden in Zukunft ein Vielfaches ihrer Kollegen in den nationalen Parlamenten verdienen. So werden – etwa gleiche Einkommensentwicklungen unterstellt – spanische Mitglieder des EU-Parlaments, die ein relativ niedriges Heimatgehalt bekommen, weil die Mitglieder des spanischen Parlaments in Madrid auch nicht mehr erhalten, in Zukunft ihr Einkommen mehr als verdoppeln. Bei den neuen Mitgliedstaaten wird die Erhöhung noch viel gewaltiger ausfallen: Europaabgeordnete etwa aus Slowakei werden mehr als achtmal so viel verdienen wie ihre Kollegen im nationalen Parlament und 27-mal so viel wie Durchschnittsverdiener ihres Landes. In vielen Ländern werden EU-Parlamentarier sogar mehr verdienen als ihre nationalen Minister, so etwa in Spanien, von den neuen Mitgliedsländern ganz zu schweigen. Dort können die Bezüge von Europaabgeordneten sogar die von Ministerpräsidenten und Staatspräsidenten bei weitem in den Schatten stellen. Polnische, estnische oder slowakische EU-Abgeordnete können sogar mehr als das doppelte Gehalt ihrer Ministerpräsidenten[9] und zwanzig oder fünfundzwanzig mal so viel wie Durchschnittsverdiener in ihren Ländern erhalten. Sie werden zum Krösus im eigenen Land. Das Parlamentsmandat kann wirtschaftlich einem Lottogewinn gleichkommen. Das gilt auch für die Pension: Ein EU-Abgeordneter wird schon nach einer fünfjährigen Legislaturperiode eine Anwartschaft auf Altersversorgung in Höhe von über 1200 Euro (nach derzeitigem Stand) erwerben, so viel wie vier Durchschnittsverdiener zusammen in den meisten Beitrittsländern als Aktivengehalt bekommen. Das sind dann wirklich Abgeordnetenverhältnisse wie im Schlaraffenland. Die Bürger dieser Länder allerdings dürften dafür voraussichtlich nicht das geringste Verständnis haben – und diejenigen, die das Ganze vornehmlich bezahlen müssten, die Steuerzahler Europas, erst recht nicht.

Das Europäische Parlament versucht diesen Einwand zu kontern, indem es jedem Mitgliedstaat die Option eröffnet, ihre EU-Abgeordneten für eine Übergangzeit von zwei Wahlperioden niedriger zu bezahlen (Art. 29 Abs. 1 des Statuts). Doch diese Regelung hat einen Pferdefuß. Wer von der Option Gebrauch macht, wird fiskalisch bestraft. Der betreffende Staat muss seine EU-Vertreter dann nämlich aus seinem eigenen nationalen Haushalt finanzieren (Art. 29 Abs. 3), während die Diäten aller anderen EU-Abgeordneten aus dem Europabudget bezahlt werden. Die Beitrittsländer wären deshalb schlecht beraten, wenn sie darauf eingingen. Die Option steht somit nur auf dem Papier. Das wurde übrigens auch in Brüssel hinter vorgehaltener Hand nicht anders gesehen: In einem »non-paper« der schwedischen Ratspräsidentschaft von 2001 war ausdrücklich betont worden, die Belastung des eigenen nationalen Haushalts würde Mitgliedstaaten »davon abhalten«, von solchen Optionen Gebrauch zu machen.[10]

b) Gleicher Lohn für gleiche Arbeit?

Das Europäische Parlament versucht die Vereinheitlichung der Gehälter mit dem Prinzip »Gleicher Lohn für gleiche Arbeit«[11] und dem Verbot von Diskriminierung aus Gründen der Staatsangehörigkeit (Art. 12 EGV) zu begründen. Dabei wird aber übersehen, dass die Entschädigung für den Unterhalt der Abgeordneten und ihrer Familien *zu Hause* bestimmt ist, weil es für das Leben und Arbeiten in Straßburg und Brüssel ja großzügige Zahlungen aus dem Parlamentshaushalt gibt, die alle Parlamentarier in gleicher Höhe erhalten. In Ländern mit niedrigem Preis- und Einkommensniveau, vor allem also in den Beitrittsländern, hat die Einheitsentschädigung einen entsprechend höheren realen Wert.[12] Die Verhältnisse in den zehn Beitrittsstaaten sind deshalb völlig andere als etwa in der Bundesrepublik Deutschland. Der Gleichheitssatz gebietet aber nicht nur, Gleiches gleich, sondern verlangt auch, relevante Unterschiede zu berücksichtigen, das heißt ungleiche Sachverhalte verschieden zu behandeln. Mit anderen Worten: Der Gleichheitssatz verbietet auch, Ungleiches gleich zu behandeln.[13] Die Gewährung eines einheitlichen Heimatgehalts und einer einheitlichen Pension behandelt Ungleiches gleich und widerspricht damit dem Gleichheitssatz. Die Situation der Abgeordneten aus 25 Mitgliedstaaten ist nun einmal völlig unterschiedlich. Ein Beispiel: Das Statut wird etwa Europaabgeordneten aus Großbritannien das Dreifache des Durchschnittseinkommens ihrer Wähler verschaffen, Europaabgeordnete aus Litauen und der Slowakei aber das Fünfundzwanzigfache. Das ist einfach unanständig und für die Repräsentierten inakzeptabel. Das gilt auch für die Ruhegehälter, die nach dem Ende des Straßburger Mandats anfallen (siehe S. 288f.) und deshalb in der Regel allein im Heimatland konsumiert werden; hier besteht erst recht kein Grund für eine Vereinheitlichung.[14] Die noch bis 2009 geltende Regelungsstruktur, die EU-Abgeordneten dieselben Heimatgehälter wie ihren nationalen Kollegen gibt, ist deshalb völlig in Ordnung und sollte eigentlich beibehalten werden.

c) Ein Parlament von 25 Völkern

Dass die Vereinheitlichung der Gehälter von EU-Abgeordneten in Wahrheit ein Fremdkörper im System der europäischen Verträge ist, zeigt sich auch darin, dass das Europäische Parlament nicht etwa ein einheitliches europäisches Volk vertritt. Es besteht vielmehr »aus Vertretern der Völker der in der Gemeinschaft zusammengeschlossenen Staaten«, wie es ausdrücklich in Art. 189 EG heißt.[15] Deutsche EU-Abgeordnete vertreten also das deutsche Volk, französische Abgeordnete das französische, und polnische EU-Abgeordnete vertreten das polnische Volk. Das bedeutet aber, dass die Abgeordneten sich, auch was ihre Bezahlung anlangt, nach dem Referenzrahmen ihres jeweiligen Herkunftslandes richten sollten und nicht nach einheitlichen gesamteuropäischen Maßstäben, die es ebenso wenig gibt wie ein einheitliches europäisches Volk.

d) 25 Wahlrechte

Es besteht auch kein einheitliches europäisches Wahlrecht. Europaabgeordnete werden nach 25 unterschiedlichen nationalen Wahlgesetzen gewählt.[16] Die Wahl erfolgt in jedem der 25 Mitgliedstaaten gesondert – nach *nationalen* Listen (siehe S. 234). Auch der Grundsatz der Gleichheit der Wahl ist offensichtlich nicht gewahrt, weshalb dieser Grundsatz im europäischen Wahlakt ja auch ganz bewusst nicht mit aufgeführt ist.[17] Deshalb repräsentieren die Abgeordneten aus den verschiedenen Ländern ganz unterschiedlich viele Männer und Frauen, und das soll auch in Zukunft so bleiben (dazu oben S. 230f.). Es besteht also beim wichtigsten demokratischen Akt, nämlich bei der Wahl, die den Abgeordneten und dem Parlament insgesamt ihre Legitimation verschaffen soll, gar keine Gleichheit der Wähler und Abgeordneten der verschiedenen Völker, sondern nur Gleichheit unter den Abgeordneten ihres jeweiligen Wahlvolkes. Angesichts der krassen Ungleichheit der Wahl besteht auch nicht die geringste Veranlassung, ausgerechnet die Heimatgehälter der Abgeordneten zu vereinheitlichen, die für den – von Land zu Land ganz unterschiedlich aufwendigen – Lebensunterhalt der Abgeordneten und ihrer Familie zu Hause bestimmt sind. Konsequenterweise kann sich das Gleichheitsgebot richtigerweise nur auf die Bezüge der Abgeordneten des jeweiligen Volkes beziehen. Die angestrebte allgemeine Angleichung der Gehälter aller Abgeordneten, unabhängig davon, in welchem Land sie gewählt sind, steht damit in Widerspruch.

e) Kein Angleichungsgebot aus Art. 190 EGV

Art. 190 Abs. 5 EG-Vertrag schreibt auch keineswegs ein einheitliches, gleich hohes Heimatgehalt für alle EU-Abgeordnete vor. Art. 190 Abs. 5 EG lautet: [18]

»Das Europäische Parlament legt nach Anhörung der Kommission und mit Zustimmung des Rates, der mit qualifizierter Mehrheit beschließt, die Regelungen und allgemeinen Bedingungen für die Wahrnehmung der Aufgaben seiner Mitglieder fest. Alle Regelungen und Bedingungen, die die Steuerregelung für die Mitglieder oder ehemaligen Mitglieder betreffen, sind vom Rat einstimmig festzulegen.«

f) Abgeordnete sind keine Beamten

Auch die immer wieder bemühte Parallele zu EU-Beamten, die schon lange gleich hohe Gehälter erhalten, egal aus welchem Mitgliedstaat sie kommen, ist nicht stichhaltig und kann die Angleichung von Abgeordnetengehältern nicht rechtfertigen. Beamte und ihre Familien wohnen in der Regel das ganze Jahr in Brüssel, so dass sich ihre Bezahlung den dort bestehenden und für alle gleichen Standards an Einkommen und Lebenshaltung anpassen müssen. Hinzu kommt, dass die Beamten keine einheitlichen, zusätzlichen Tagegelder erhalten und nicht unbeschränkt viele EU-bezahlte Heimreisen in Anspruch nehmen dürfen. Deshalb ist es gerecht, ihnen allen ohne Rücksicht auf ihr Herkunftsland dasselbe Gehalt zu zahlen. Dagegen haben Abgeordnete ihren Lebensmittelpunkt nach wie vor überwiegend in ihrem jeweiligen Heimatland, wo auch ihre Familien zu Hause sind und wo auch sie selbst einen großen Teil des Jahres leben und arbeiten. Leben die EU-Beamten dagegen in einem anderen Land als Brüssel, so werden ihre Einkommen – entsprechend den dortigen Lebenshaltungskosten – entsprechend erhöht oder gesenkt. Auch diese Indexierung spricht gegen einheitliche Gehälter für alle Abgeordnete unabhängig von ihrem Heimatland.

Zudem werden Beamte – anders als Abgeordnete – nicht von den Bürgern ihres Heimatlandes gewählt, als deren Repräsentanten und Exponenten sie fungieren. Eine übermäßig hohe Bezahlung von Europaabgeordneten würde – gerade in den ärmeren Ländern – die EU noch viel weiter von den Bürgern entfernen, als dies heute schon der Fall ist – und das ausgerechnet beim Parlament, das eigentlich den direktesten Kontakt zu den Bürgern haben sollte.

g) Verkehrter Ansatz

Die Vereinheitlichung der Heimatgehälter von Europaabgeordneten stellt somit einen von Grund auf falschen Ansatz dar, solange sich die Einkommensverhältnisse und Lebensstandards in der Europäischen Union nicht angeglichen haben und solange kein gleiches Wahlrecht besteht. Dies wird voraussichtlich noch Jahrzehnte so bleiben, selbst wenn das Sozialprodukt der östlichen Staaten doppelt oder dreifach so rasch wachsen sollte wie das der westlichen. Dennoch hat es das Straßburger Parlament, das diesen Ansatz von Anfang an verfochten hatte,[19] geschafft, das suggestive Schlagwort »Gleiches Geld für gleiche Arbeit« in den Köpfen vieler Menschen zu verankern, auch in den Köpfen vieler Straßburger und Brüsseler Journalisten. Der Vereinheitlichungsgrundsatz hat aus der Sicht von Abgeordneten auch den Vorteil, dass sich damit scheinbar jede Diätenerhöhung rechtfertigen lässt. So antwortete der Berichterstatter des Europäischen Parlaments zum Abgeordnetenstatut auf die Frage, ob er die im Statutsentwurf von 2003 geplante Erhöhung der Entschädigung für deutsche EU-Abgeordnete für angebracht halte:

»Wir reden nicht über eine Erhöhung der Diäten, sondern wir reden über eine Harmonisierung der Entschädigung. Das ist etwas ganz anderes.«[20]

Praktisch läuft die Vereinheitlichung dann leicht auf den größten (oder jedenfalls einen sehr großen) gemeinsamen Nenner hinaus. Denn sonst drohen zu viele Abgeordnete ihre Zustimmung zu versagen.

Die Unhaltbarkeit des Vereinheitlichungsansatzes wurde in voller

Schärfe allerdings erst deutlich, seitdem Beitrittsländer in den Blick gekommen sind, deren Einkommen nur einen Bruchteil desjenigen westlicher Länder beträgt, und seitdem unsere Untersuchung das ganze Ausmaß der Einkommensdivergenzen publik gemacht hat.

III.

Dubiose Maßstäbe

Dennoch sollen die Gehälter vereinheitlicht werden, wenn auch erst ab 2009. Der Betrag steht allerdings nicht im Statut, sondern ergibt sich aus einem komplizierten Schlüssel. Das Gehalt von EU-Abgeordneten soll nach Art. 10 des Statuts 38,5 Prozent des Grundgehalts eines Richters am Europäischen Gerichtshof betragen, der seinerseits 112,5 Prozent des Grundgehalts der höchsten Stufe eines Beamten der höchsten Kategorie erhält. Nach dem Stand von 2005 ergibt diese ziemlich verschachtelte Koppelung einen Betrag von rund 7000 Euro. Im Jahre 2005 wird es – aufgrund des Wachstums der Bezugsgröße – erheblich mehr sein.

Dass es bei der Vereinheitlichung der Diäten für viele nur um die Erhöhung der Entschädigung geht, signalisiert auch die bisherige Entwicklung: Das Parlament hat die Bezugsgrößen, an denen es zur Bestimmung der Diätenhöhe Maß nahm, von Entwurf zu Entwurf durch immer neue, immer höhere ersetzt: Ursprünglich war es der (ungewichtete) Durchschnitt der Diäten in allen 15 Mitgliedstaaten (das ergab Diäten in Höhe von 5677 Euro),[21] darauf der gewichtete Durchschnitt (6226 Euro),[22] dann der Durchschnitt in den vier größten Ländern Deutschland, Frankreich, Großbritannien und Italien (7420 Euro),[23] dann ein Betrag von 8420 Euro[24] und schließlich das halbe Gehalt von Richtern des Europäischen Gerichtshofs (9053 Euro).[25] Was dabei am Ende herausgekommen wäre, ist etwas völlig anderes als die anfangs angekündigte Bildung eines Durchschnitts,[26] den das Europäische Parlament ursprünglich noch ausdrücklich als »den gerechtesten« Ansatz bezeichnet hatte,[27] nämlich eine, zum Teil dramatische, Erhöhung für sämtliche Europaabgeordnete mit Ausnahme der Italiener und Österreicher, die aber an ihrer hohen Entschädigung hätten festhalten dürfen.

Das Scheitern des Statutsentwurfs von 2003 hat zwar zu einer gewissen Mäßigung geführt, indem die Entschädigung nach dem neuen

Statut nur noch 38,5 Prozent der Richterbezüge beträgt, also statt gut 9000 Euro rund 7000 Euro. Da aber der im Statutsentwurf noch vorgesehene Eigenbetrag der Abgeordneten zur Altersversorgung wegfällt und Parteisteuern unterbunden werden sollen, ist der Unterschied sehr viel geringer, als es auf den ersten Blick erscheint.

Das hohe Gehalt italienischer Abgeordneter, die mit 12 007 Euro scheinbar die europäische Spitze einnehmen, hat dem Parlament stets als Argument für die Anhebung der Diäten gedient. Dabei wurde jedoch verschwiegen, dass Italien – im Gegensatz zu anderen Mitgliedstaaten – seinen EU-Abgeordneten keinerlei Altersversorgung zubilligt und deshalb ersatzweise die EU einspringt.[28] Das relativiert die Höhe der Aktivenbezüge ganz erheblich. Ähnliches gilt übrigens für französische EU-Parlamentarier, denen ihr Heimatland nur eine ungleich bescheidenere Pension zubilligt als den Mitgliedern der Assemblée Nationale.[29]

Schon immer blickten EU-Parlamentarier ziemlich neidisch auf die hohen Gehälter von EU-Beamten und deren automatische Erhöhung von Jahr zu Jahr. Brüsseler Beamte verdienen sehr viel mehr als etwa deutsche Beamte (siehe S. 184). Vor diesem Hintergrund scheinen auch EU-Abgeordnete nichts Anstößiges dabei zu finden, ihre Kollegen in den nationalen Parlamenten finanziell auszustechen, auch wenn Abgeordnete und Beamte sich in Wahrheit gerade in diesem Punkt nicht vergleichen lassen (siehe S. 317).

Wie widersinnig die Erhöhung der Bezüge für die meisten EU-Abgeordnete ist, sieht man auch daran, dass das Europäische Parlament sehr viel weniger Kompetenzen besitzt als nationale Parlamente. Das wichtigste Gesetzgebungsorgan der EU ist ja nach wie vor der Rat, und das eigentliche Initiativorgan ist die Kommission, und daran würde sich auch dann nichts Grundsätzliches ändern, wenn die geplante EU-Verfassung und die darin vorgesehene weitere Aufwertung des Parlaments doch noch zustände käme. Die Niederlande haben daraus die Konsequenz gezogen: Ihre Europaabgeordneten verdienen ganz bewusst deutlich weniger als die Mitglieder ihres nationalen Parlaments in Den Haag,[30] sollten durch das Statut nun aber plötzlich mehr als diese erhalten. Bei den deutschen Europaabgeordneten kommt hinzu, dass die meisten hierzulande völlig unbekannt sind, weil keiner von ihnen direkt in Wahlkreisen, sondern alle nur auf starren Listen gewählt werden, auf denen nicht einmal die Kandidaten vollständig aufgeführt sind. Dass das Europäische Parlament vielleicht auch deshalb in den Augen vieler Bürger kaum mehr Gewicht besitzt als Landtage oder Provinzialvertretungen, signalisiert auch die erschreckend geringe Wahlbeteiligung, die bei der letzten Europawahl in manchen Mitgliedstaaten weniger als 25 Prozent betrug (siehe S. 97).

Sobald das Statut in Kraft tritt, dürfte das Brüsseler »Vorbild« auch Rückwirkungen auf die Bezahlung vieler nationaler Parlamentarier entfalten. Ihre massive Erhöhung dürfte dann kaum mehr lange auf sich warten lassen. Das neue europäische Abgeordnetenstatut droht so zum Auslöser einer europaweiten Erhöhungswelle für Politiker zu werden.

IV.

Koppelung an Richterbezüge

Was in der Bundesrepublik 1995 mit großem Eklat scheiterte, nämlich der Versuch der Bundestagsabgeordneten, ihr Gehalt zu erhöhen und an das Gehalt von Bundesrichtern anzukoppeln,[31] wurde nun für Europaabgeordnete beschlossen. Durch die Koppelung an die Bezüge von Richtern des Europäischen Gerichtshofs wird eine automatische, von der Öffentlichkeit unbemerkte Anhebung von Jahr zu Jahr bewirkt.[32] Wie undurchsichtig das Ganze dadurch wird und wie sehr die Befürchtung heimlicher Erhöhungen zutrifft, zeigte sich über die Jahreswende 2003/04 darin, dass über die wahre Höhe des geplanten Gehalts von EU-Abgeordneten lange Verwirrung herrschte und nicht einmal der Berichterstatter des Parlaments die beträchtliche Erhöhung zum 1. Januar 2004 bemerkt hatte (siehe S. 346).

Die Anlehnung an Richterbezüge ist auch aus einem anderen Grund inadäquat und vergleicht Äpfel mit Birnen: Richter dürfen grundsätzlich keine Nebentätigkeit ausüben, während für Abgeordnete keinerlei Einschränkung besteht (siehe S. 303). Die offizielle Begründung für die geplante Höhe der Entschädigung und ihre Koppelung an Richterbezüge, dass nämlich der Abgeordnete »auf eine private berufliche Laufbahn« verzichte,[33] trifft in den vielen Fällen, in denen Abgeordnete ihren Beruf ganz oder teilweise fortführen, also nicht oder nur mit Einschränkungen zu. Im Falle von Lobbyisten wird ihre »private berufliche Laufbahn« sogar umgekehrt durch das Abgeordnetenmandat oft erst ermöglicht.

V.

Luxusaltersversorgung

1. Überblick

Die einheitliche Entschädigung schlägt auch auf das Ruhegehalt wegen Alters oder Invalidität, auf die Hinterbliebenenversorgung und auf das Übergangsgeld durch. Was für die Entschädigung gesagt wurde, gilt in noch stärkerem Maße für die Versorgung: Hier macht die Vereinheitlichung der Beträge auf hohem Niveau unabhängig vom Herkunftsland erst recht keinen Sinn. Ruhegehalt, Versorgung und Übergangsgeld werden sämtlich von Personen bezogen, die nicht mehr im Parlament in Straßburg oder Brüssel aktiv sind, sondern als ehemalige Parlamentarier und deren Familien oder Hinterbliebene ausschließlich in ihrem Heimatland leben und allein dort ihren Lebensmittelpunkt haben. Der zutreffende Referenzrahmen für ihr Einkommen ist also noch viel eindeutiger das jeweilige nationale Einkommensniveau der dortigen Bürger und der dortigen Abgeordneten, das aber eben von Land zu Land riesige Unterschiede aufweisen kann. Deshalb ist eine Gleichstellung ehemaliger EU-Abgeordneter mit ihren früheren Kollegen aus anderen Herkunftsländern (oder deren Hinterbliebenen) erst recht sinnwidrig. Die einheitliche Entschädigung auf sehr hohem Niveau wird vielmehr dazu führen, dass ehemalige Europaabgeordnete und selbst ihre Hinterbliebenen in vielen Ländern sehr viel mehr Geld als aktive nationale Abgeordnete erhalten – und in manchen Ländern sogar mehr als Minister und Regierungschefs. Ruhegehalt, Versorgung und Übergangsgeld werden in vielen Ländern also erst recht schlaraffenländischen Charakter erhalten.

2. Ruhegehalt und Hinterbliebenenversorgung

Das Altersruhegeld wird nach dem Statut ohne Erfordernis einer Min-
destmandatszeit in Höhe von 3,5 Prozent der Entschädigung je Mandatsjahr ab dem 63. Lebensjahr gezahlt (Art. 14). (Der Rat und die
»Gruppe hochrangiger Persönlichkeiten« waren für einen Zahlungs-
beginn erst ab dem 65. Lebensjahr eingetreten.[34] Die »Gruppe« war
zudem von einer erforderlichen Mindestdauer von fünf Abgeordne-
tenjahren ausgegangen.[35] Bundestagsabgeordnete müssen mindestens
acht Jahre im Parlament gewesen sein.) Nach 20 Abgeordnetenjah-
ren werden Europaabgeordnete also den Höchstanspruch von 70 Prozent der Entschädigung erwerben. Das sind nach derzeitigem Stand
4900 Euro monatlich, also mehr als *aktive* nationale Abgeordnete in
Schweden und Finnland und sämtliche nationalen Abgeordneten der
zehn Beitrittsländern zur Zeit erhalten. Da keine Mindestdauer festgelegt ist, bekommen Abgeordnete beispielsweise nach zwei Mandatsjahren eine Ruhegehaltsanwartschaft von 7 Prozent der Entschädigung,
also monatlich 490 Euro und damit mehr, als das Durchschnittseinkommen in vielen Beitrittsländern beträgt. Hinzu kommt im Falle der
Invalidität des Abgeordneten ein sofort fälliges Ruhegehalt von mindestens 35 Prozent der Entschädigung (= 2450 Euro) (Art. 15) und
eine großzügige Hinterbliebenenversorgung (Art. 17), die auch bei
Wiederverheiratung des überlebenden Ehegatten erhalten bleibt
(Art. 17 Abs. 3 Satz 2) und in deren Genuss auch die Partner aner-
kannter Lebensgemeinschaften kommen (Art. 17 Abs. 9). Die Anrechnung anderer Einkünfte der Hinterbliebenen, von der die »Gruppe
hochrangiger Persönlichkeiten« noch ausgegangen war,[36] ist im Statut
nicht vorgesehen.

An der Finanzierung der Ruhegehälter und der Versorgung brauchen sich die Abgeordneten nicht zu beteiligen. Die Finanzierung erfolgt vollständig aus öffentlichen Mitteln.

Ob derartige Ruhegehälter und Versorgungen in die allgemeine
politische Landschaft passten, schien die Mehrheit des Parlaments wenig zu interessieren. In vielen Ländern der Europäischen Union ist
– auch aufgrund demographischer Wandlung und allgemeiner Wachs-
tumsschwäche – die Finanzierung der Renten und Pensionen der Bevölkerung in Gefahr, so dass zu ihrer Sicherung massive Einschnitte

vorgenommen werden müssen. In Österreich und Frankreich wurde dagegen sogar gestreikt. Und just zu dieser Zeit beschließen europäische Parlamentarier für sich selbst üppige Versorgungen.

3. Übergangsgeld

Das Übergangsgeld wird nach Ende des Mandats in voller Höhe der Entschädigung von derzeit 7000 Euro – je nach Mandatsdauer – 6 bis 24 Monate lang bezahlt (Art. 13). (Ursprünglich war eine Höchstdauer von einem Jahr vorgesehen.[37]) Das Übergangsgeld entfällt bei Übernahme eines anderen Parlamentsmandats oder eines öffentlichen Amts (Art. 13 Abs. 3); auch die EU-Pension soll angerechnet werden (Art. 16), nicht aber andere Einkünfte. Das Übergangsgeld, das »die Zeit zwischen dem Ende des Mandats und einem beruflichen Neuanfang überbrücken« soll[38], soll also selbst dann bezahlt werden, wenn der ehemalige Abgeordnete ausreichend hohe private Einkommen bezieht, also gar keine finanziellen Übergangsprobleme hat. Auch die Pension aus einem früheren Amt oder einem anderen Mandat wird regelmäßig nicht verrechnet, obwohl es für ein Übergangsgeld in den Ruhestand keinen Grund gibt.

VI.

Das Steuerprivileg

Das Abgeordnetenstatut wird für viele europäische Volksvertreter nicht nur die Bruttoeinkommen erhöhen, sondern erst recht ihre Nettoeinkommen. Dies liegt am Wegfall des Eigenbeitrags zur Altersversorgung, den bisher die Abgeordneten der meisten EU-Länder zu zahlen haben, und an den vorgesehenen steuerlichen Regelungen. Europäische Beamte haben ein eigenes Steuerstatut,[39] und das soll nun auch auf die Abgeordneten angewendet werden, und zwar auf ihr Gehalt, Ruhegehalt, Übergangsgeld und ihre Versorgung (Art. 12 des Statuts). Bisher unterliegen Europaabgeordnete der nationalen Besteuerung. (Sämtliche Kostenerstattungen sind ohnehin steuerfrei und bleiben es auch in Zukunft.[40])

1. Die politische Sensibilität der Steuerfrage

Eine steuerliche Privilegierung von Abgeordneten ist deshalb so heikel, weil sie nach demokratischen Grundsätzen eigentlich denselben Regeln unterworfen sein sollten wie die Bürger, und das vor allem im Steuerrecht. Dies war denn auch ein Grund, warum die skandinavischen Länder und Großbritannien im Rat früheren Entwürfen nicht zugestimmt hatten.[41] Im Nizza-Vertrag wurde aus dem Erfordernis der Einstimmigkeit der Ratsentscheidung zwar eine Mehrheitsentscheidung gemacht, um die Zustimmung des Rats zu erleichtern. Bei Fragen des Steuerrechts bleibt es aber beim Erfordernis der Einstimmigkeit (Art. 190 Abs. 5 EG).

2. Besteuerung der Entschädigung zum halben Satz

Wäre der Statutsentwurf von 2003 in Kraft getreten, hätte zum Beispiel ein deutscher Europaabgeordneter nur etwa die Hälfte der Steuern zu zahlen, die für die geplante Entschädigung von 9053 Euro nach deutschem Steuerrecht fällig gewesen wären. Dazu hätten die Freibeträge für »Werbungskosten und persönliche Aufwendungen« und die Kinderfreibeträge von Beamten beigetragen, die auch Abgeordnete genießen sollten. Nicht zuletzt der öffentlichen Kritik, die durch die Arbeiten des Verfassers ausgelöst wurde, ist es zu verdanken, dass das neue Statut Abgeordneten diese Freibeträge nicht mehr gewährt (Art. 12 Abs. 2).

Um den Mitgliedstaaten die Möglichkeit zu geben, verbliebene Steuerprivilegien ihrer EU-Abgeordneten zu beseitigen, fügte das Europäische Parlament eine Regelung an, die es den Mitgliedstaaten erlauben soll, eine nationale Zusatzsteuer auf die vereinheitlichte Entschädigung zu erheben (Art. 12 Abs. 3). Diese Option hatte zum Ziel, den Regierungen im Ministerrat die Zustimmung zum Abgeordnetenstatut zu erleichtern. Doch die Sache hat wiederum einen Pferdefuß: Es besteht keinerlei Gewähr, dass die Staaten, wenn das Statut in Kraft tritt, von dieser Möglichkeit auch wirklich Gebrauch machen. Zudem wurde in der Plenardebatte des Europäischen Parlaments vom 17. Dezember 2003 die Vereinbarkeit einer solchen nationalen Steuer mit europäischem Primärrecht nachdrücklich bestritten.[42] Inwieweit diese Bedenken durchgreifen, mag hier dahinstehen.[43] In jedem Fall ist zu befürchten, dass die Bedenken zu gegebener Zeit als Argument gegen die Einführung einer nationalen Ergänzungssteuer verwendet werden, so dass ihre Einführung erst recht in Frage steht.

3. Niedrigbesteuerung von Zusatzeinkommen

Ein weiteres Privileg ergibt sich bei der Besteuerung des Einkommens des Ehegatten oder des Zusatzverdienstes, den der Abgeordnete selbst neben seinem Mandatsgehalt bezieht. Dazu gehören alle möglichen Arten von Einkommen, zum Beispiel aus freiberuflicher, selbstständiger oder abhängiger Tätigkeit, aus Vermietungen und Verpachtungen, auch Dividenden und Zinsen. Diese zusätzlichen Einkommen werden zwar der nationalen Besteuerung unterworfen, dabei aber so behandelt, als gäbe es das Abgeordnetengehalt nicht. Der Abgeordnete und sein Ehegatte werden also bei Berechnung der Steuer auf Zusatzverdienste etwa nach deutschem Steuerrecht noch einmal die beiden Grundfreibeträge erhalten, obwohl der Abgeordnete auch bei der Besteuerung seines Gehalts schon in den Genuss niedriger steuerlicher Anfangssätze kommt. Zudem bewegten der Abgeordnete und sein Ehegatte sich in einer niedrigeren Progressionsstufe, als wenn das Einkommen aus dem Mandat und die weiteren Einkommen zusammengezählt würden (wie das bei einheitlicher Besteuerung nach nationalem Steuerrecht grundsätzlich der Fall wäre). Dieser Effekt ergibt eine erhebliche Steuerersparnis, die bei Abgeordneten deshalb so sehr ins Gewicht fällt, weil Abgeordnete – anders als Beamte – rechtlich unbeschränkt dazuverdienen dürfen. Hinzu kommt, dass solche Zusatzverdienste für Abgeordnetenhaushalte im Heimatort in viel größerem Umfang auch faktisch möglich sind als für Beamtenhaushalte, die regelmäßig in Brüssel oder sonst im Ausland angesiedelt sind und für die das europäische Steuerstatut eigentlich gedacht ist (siehe oben S. 317 f.). Diese problematischen Zusatzverdienste sollen nun also auch noch steuerlich besonders begünstigt werden! Das Statut behält den Mitgliedstaaten zwar die Möglichkeit vor, »die Entschädigung bei der Festsetzung des Steuersatzes für andere Einkommen zu berücksichtigen« (Art. 12 Abs. 2).[44] Ob aber Deutschland oder andere Länder davon Gebrauch machen werden, steht in den Sternen. Es ist auch nicht einzusehen, warum die Privilegien für EU-Abgeordnete anderer Staaten, die von dieser Möglichkeit keinen Gebrauch machen, bestehen bleiben sollten, obwohl sie dort genauso unberechtigt sind.

VII.

Mehrfachbezüge durch Nichtanrechnung

Das Statut begründet zusätzliche Privilegien, indem eine Anrechnung anderer Bezüge nicht vorgesehen ist, auch dann nicht, wenn sie aus öffentlichen Kassen fließen. Auf die Entschädigung von EU-Abgeordneten will das Statut nur eine Entschädigung aus einem anderen gleichzeitig wahrgenommenen Abgeordnetenmandat anrechnen (Art. 11), nicht aber zum Beispiel Versorgungsansprüche aus einem früheren Amt als Beamter oder Minister im Heimatland. Ein Beispiel ist der frühere Landesminister Jo Leinen (SPD). Leinen war neuneinhalb Jahre lang Umweltminister im Saarland und erhält dafür seit Vollendung seines 55. Lebensjahres eine hohe Pension. Eine hohe Ministerversorgung erhält wohl auch Willi Görlach (SPD) für seine sechsjährige Zeit als hessischer Minister. Ebenso erhält Werner Langen (CDU) seit seinem 55. Geburtstag im November 2004 eine hohe Ministerpension, obwohl er das Ministeramt im Land Rheinland-Pfalz nicht einmal ein Jahr ausgeübt hat. Das deutsche Abgeordnetengesetz sieht zwar seit Beginn der laufenden Wahlperiode des Europäischen Parlaments eine verstärkte Anrechnung der Pension auf die Abgeordnetenentschädigung vor. Diese Regelung wird aber die Grundlage entzogen werden, sobald das Statut in Kraft tritt.[45]

Hinzu kommt beim Ruhegehalt die Nichtanrechnung »von jedem anderen Ruhegehalt« (Art. 14 Abs. 3). In seinen Gegenvorstellungen zu einem früheren Entwurf des Statuts hatte der Rat zumindest eine Anrechnung von Ruhegehältern durchsetzen wollen, die gleichzeitig mit dem Ruhegehalt eines EU-Parlamentariers erworben worden sind.[46] Das war vom Europäischen Parlament als geradezu »böswilliger« Akt zurückgewiesen worden.[47] Wer Ruhegehaltsansprüche als früherer Beamter oder Minister hat, wird deshalb nach bisherigem Stand beide Versorgungsansprüche ungekürzt kumulieren können.

Zudem werden Zeiten »der Mandatsausübung im Europäischen Parlament oder in einem nationalen Parlament«, die nach den einzel-

staatlichen Regelungen keinen Anspruch auf Ruhegehalt auslösen,
»bei der Berechnung des Ruhegehalts auf der Grundlage dieses Statuts
berücksichtigt« (Art. 28 Abs. 2).

Für bisherige EU-Abgeordnete wird sogar die Möglichkeit geschaffen, ihre bereits nach bisherigem Recht erworbene EU-Zusatzversorgung (siehe S. 292) neben der nunmehr neu eingeführten Versorgung zu beziehen (Art. 28). Das kann dazu führen, dass die Versorgung an die Entschädigung heranreicht, ja diese sogar übersteigt.

VIII.

Fehlen notwendiger Einschränkungen im Statut

Das Abgeordnetenstatut bringt für die meisten Abgeordneten eine Erhöhung ihrer Bezahlung (Entschädigung, Versorgung, Besteuerung, Nichtanrechnung). Wer bisher eine höhere Entschädigung bezogen hat, wie die Italiener oder Österreicher, kann diese auch nach Inkrafttreten des Statuts behalten (Art. 25). Dagegen fehlen zumeist Einschränkungen im Statut, obwohl sie dringend erforderlich wären. Das läuft auf »Rosinenpickerei« hinaus.

1. Kostenerstattung ohne Belege

So fehlen im Statut vor allem konkrete Regelungen über die Erstattung mandatsbedingter Kosten. Zwar wird der Anspruch der Abgeordneten »auf Erstattung der Kosten, die ihnen durch die Ausübung des Mandats entstehen«, dem Grunde nach ausdrücklich niedergelegt (Art. 20 Abs. 1). Deren Ausgestaltung und Höhe soll aber weiterhin allein vom Parlament (Art. 20 Abs. 4), das heißt praktisch: vom Parlamentspräsidium,[48] und damit unter Ausschluss der Öffentlichkeit festgelegt werden. Auch die pauschale Erstattung wird abgesegnet (Art. 20 Abs. 3). Der Rat hatte dagegen ursprünglich konkrete Regelungen in seinen Gegenentwurf eines Abgeordnetenstatuts aufgenommen.[49] Dies lehnte das Parlament aber ab und entzog die Kostenerstattungsregelungen damit der Zustimmungsbedürftigkeit durch den Rat und der Kontrolle durch die Kommission und die Öffentlichkeit. Abgesehen von der rechtlichen Fragwürdigkeit dieses Verfahrens (siehe S. 295), ergibt sich dabei auch ein gravierendes politisches Problem. Denn so behalten sich die Parlamentarier die Möglichkeit vor, sich durch überhöhte Festsetzungen von Pauschalen ein verschleiertes zusätzliches Entgelt zu verschaffen, wie dies auch bisher schon vielfach erfolgt: etwa durch Gewährung der allgemeinen Kostenpauschale von monatlich

3785 Euro auch an Abgeordnete, die gar kein Büro außerhalb von Straßburg oder Brüssel unterhalten oder durch Einsparung des pauschalen Tagegeldes von 268 Euro durch Billigübernachtungen. Der Rat und die »Gruppe hochrangiger Persönlichkeiten« wollten die Erstattung nur auf Einzelnachweis erlauben. Die Beschäftigung von Mitarbeitern wird vom Statut abgesegnet (Art. 21), ohne dass aber die Einstellung von Ehegatten und Verwandten auf Parlamentskosten unterbunden würde.

Das neue Statut untersagt zwar die Spesenreiterei bei Abrechnung der Flugkosten, indem nach Art. 20 Abs. 4 »für Reisen zu und von den Arbeitsorten und für sonstige Dienstreisen … die tatsächlich entstandenen Kosten« erstattet werden. Selbst dieser offensichtliche Missstand wird aber erst mit Inkrafttreten des Statuts, also im Jahre 2009, beseitigt.[50] Es spricht jedem Rechtsgefühl Hohn, dass die jahrelange missbräuchliche Praxis nicht schon längst beseitigt wurde. Den selbst geschaffenen und am Leben gehaltenen Missstand jetzt auch noch weitere Jahre beizubehalten, erscheint unerträglich.

Man versucht in Brüssel, die Spesenreiterei bei den Flugkosten als legitime Kompensation für EU-Abgeordnete mit niedrigerem Einkommen, etwa aus Spanien, Portugal und den ost- und mitteleuropäischen Mitgliedstaaten, zu rechtfertigen, ja man sieht darin geradezu ihren eigentlichen Sinn. Diese Argumentation kann aber schon deshalb nicht überzeugen, weil sie nicht rechtfertigen kann, warum zum Beispiel auch Abgeordnete aus Deutschland oder Italien in den Spesengenuss kommen. Das Argument ermangelt aber auch sonst gänzlich der Grundlage, weil die Abgeordneten vor Ort, also in Brüssel oder Straßburg, neben ihrem heimischen Gehalt schon immer völlig gleiche, und zwar sehr großzügige Entschädigungen erhalten (siehe oben S. 268), so dass es eines Ausgleichs gar nicht bedarf. Es besteht weder eine Veranlassung, zusätzlich auch noch das Heimatgehalt der Abgeordneten auf hohem Niveau anzugleichen und damit das Gehaltsgefüge von Politikern innerhalb der meisten Mitgliedstaaten völlig durcheinander zu bringen (siehe oben S. 313), noch besteht Veranlassung für einen Ausgleich durch überzogene Spesen. Man kommt deshalb nicht darum herum, die Spesenreiterei als das zu bezeichnen, was sie ist: legalisierter Betrug, der unter keinem Aspekt zu rechtfertigen ist.

2. Keine Vorkehrungen gegen Lobbygelder

Zusatzverdienste und Interessentenzahlungen schränkt das Statut mit keinem Wort ein. Selbst Zahlungen von Lobbyisten, für die Abgeordnete ihre Unabhängigkeit verkaufen, unterwirft das Statut keiner Begrenzung, nicht einmal einer Veröffentlichung.[51] Die Bestimmungen der Geschäftsordnung des Parlaments sind unzureichend.

G.

DER POLITISCH-PUBLIZISTISCHE KAMPF UM DAS ABGEORDNETENSTATUT

I.

Briefwechsel mit dem Kanzler

Das seit längerem diskutierte Abgeordnetenstatut kam im Jahre 2003 in eine «heiße« Phase«. Das Europäische Parlament beschloss im Juni 2003 einen Statutstext. Das geschah mit den Stimmen von 90 der 99 deutschen Abgeordneten. Nur Hiltrud Breyer, eine Grüne alten Schlages, votierte dagegen. Die restlichen acht Deutschen enthielten sich der Stimme oder waren nicht anwesend. Insgesamt stimmten 323 EU-Abgeordnete mit Ja, 167 mit Nein, und 36 enthielten sich. Doch der Ministerrat zögerte mit der erforderlichen Zustimmung. Der damalige Vorsitzende des Rates, der griechische Außenminister Papandreou, teilte dem Parlament am 12. Juni 2003 mit, er könne den Entwurf nicht billigen. Er verwies dabei auf Fragen der Besteuerung, auf das Pensionsalter, auf die Höhe der Bezüge und die Auswirkungen auf den Haushalt. Der ab Jahresmitte amtierende italienische Ratsvorsitzende wolle den Rat auch im zweiten Halbjahr 2003 nicht noch einmal mit dem Abgeordnetenstatut befassen. So stand es jedenfalls in einem an mich gerichteten Brief des Bundeskanzleramts vom 28. Oktober 2003. Dieser Brief war eine Antwort auf mein Schreiben vom 23. September 2003 an Bundeskanzler Gerhard Schröder. Darin hatte ich – unter Hinweis auf einen Aufsatz, den ich zusammen mit einem Mitarbeiter gerade in einer Fachzeitschrift veröffentlicht hatte[1] – davor gewarnt, dem Statut zuzustimmen. Das Statut würde, falls es in Kraft träte, der europäischen Idee schweren Schaden zufügen.

Zugleich wies ich darauf hin, dass die Sache dem Gesetzentwurf ähnele, den der Deutsche Bundestag 1995 beschlossen hatte und der ebenfalls eine Ankoppelung von Abgeordnetendiäten an die Bezüge von Richtern vorgesehen hatte. Genau wie der Bundesrat damals, so könne diesmal der Ministerrat das unmögliche Vorhaben noch stoppen. Schröder, seinerzeit Ministerpräsident des Landes Niedersachsen, hatte, nachdem ich ihm und seinen Kollegen eine kritische Analyse des Vorhabens geschickt hatte, direkt zum Telefonhörer gegriffen und mir nach einem kurzen Gespräch seinen Widerstand gegen das Gesetz angekündigt. Er verweigerte dann, zusammen mit der Mehrheit der anderen Ministerpräsidenten, dem Gesetz im Bundesrat die Zustimmung und brachte es so zu Fall.[2]

II.

Einseitige Ermittlung:
Unbequeme Daten werden ausgeblendet

Zur Vorbereitung hatten wir im Rahmen eines Speyerer Forschungs-projekts relevante Vergleichszahlen aus den 15 damaligen und den 10 zukünftigen Mitgliedstaaten der EU erhoben und die Gehälter von Abgeordneten, von Ministern und Regierungchefs sowie von Durch-schnittsbürgern aller 25 Länder ermittelt. Das Europäische Parlament hatte diese Daten nicht oder nur bruchstückhaft ermittelt, obwohl sie zur Beurteilung des Status unerlässlich sind. Zusätzlich stellten wir steuerliche Musterrechnungen an, um die genauen Auswirkungen des geplanten Statuts abschätzen zu können. Auch das hatte das Parlament versäumt − wohlweislich offenbar. Denn der internationale Vergleich offenbarte die riesigen Kaufkraft- und Einkommensdifferenzen zwi-schen den verschiedenen Ländern. Diese mussten zwangsläufig dazu führen, dass EU-Abgeordnete nach dem Statutsentwurf in der Mehr-zahl der 25 Mitgliedstaaten ein höheres Einkommen beziehen würden als ihre nationalen Regierungchefs. Und unsere Musterrechnungen belegten klipp und klar, dass sich die Nettoeinkommen zum Beispiel von deutschen Europaabgeordneten beträchtlich erhöht hätten, falls das Statut in der damaligen Fassung zustande gekommen wäre. Beide Feststellungen passten den Betreibern des Statuts offenbar so wenig ins Konzept, dass sie die nötigen Erhebungen einfach unterließen.

III.

Die Medien greifen das Thema auf

Zunächst war es etwas mühsam, der Öffentlichkeit das fatale Projekt zu vermitteln. Wenn es schließlich gelang, dann doch nur in einzelnen Ländern, was einmal mehr belegt, dass es eine gesamteuropäische Öffentlichkeit eben nicht gibt. Den Anfang machte das Fernsehmagazin »Monitor«, das unser Material exklusiv erhielt und am 24. Juli 2003 bundesweit eine kritische Sendung ausstrahlte, in der auch ich zu Wort kam. Bezeichnenderweise konnte der Berichterstatter für das Abgeordnetenstatut im Europäischen Parlament, der deutsche Abgeordnete Willy Rothley (SPD), der für die Sendung um Stellung gebeten worden war, unsere Zahlen nicht bestreiten, und das Steuerrecht sei ohnehin so kompliziert, dass, wer sich damit beschäftige, wie »in den Untiefen des Meeres versinken« müsse. Schließlich sah sich Rothley derart in die Enge getrieben, dass er bereits die Diskussion über das Statut als ungehörig bezeichnete: »Wer nur über das Geld redet, bringt nur seine tiefe Verachtung für dieses Parlament zum Ausdruck. Das hier ist keine Bande von Abzockern, denen das Handwerk gelegt werden muss. Das nicht.« Viel mehr wusste der für das Statut zuständige Mann des Europäischen Parlaments offenbar nicht zu sagen. Dr. Ingo Friedrich (CSU), Vizepräsident des Europäischen Parlaments, der auch in der Sendung Stellung nahm, musste ebenfalls einräumen, dass er zwar für das Statut gestimmt hatte, von den steuerlichen Folgen aber gleichfalls keine Ahnung hatte. Immerhin erkannte Friedrich, nachdem ihm die steuerlichen Auswirkungen vorgehalten worden waren, Überprüfungsbedarf: »Wenn dies auf breiter Front so sein sollte, müssen wir dies noch mal an der Stelle überprüfen, bevor es wirklich Realität wird.«

Hiltrud Breyer, die ebenfalls um ihre Einschätzung gebeten wurde und mit ihrer Kritik am Statut nicht hinterm Berge hielt, spielte unser Manuskript, das der Reporter von »Monitor« bei ihr liegengelassen hatte, der Stuttgarter Zeitung zu. Die machte am 30. Juli 2003 den

Aufmacher mit dem Thema »Kritik an Diätenexplosion in der EU«. Einen Tag später folgte der »Münchner Merkur« (»Europas Politiker ›harmonisieren‹ – mit höchsten Gehältern«). Im August platzierte ich dann einen Namensartikel in mehreren Zeitungen, darunter in der *Welt* vom 26. August 2003.

IV.

Rothleys missglückte Verteidigung

Der Artikel in der *Welt* veranlasste Willy Rothley zu einer umfassenden Erwiderung. Nachdem er von *Monitor* noch auf dem falschen Fuß erwischt worden war, hatte er sich inzwischen offenbar bemüht, Argumente zu sammeln, auch wenn diese einer Überprüfung letztlich nicht standhielten. In einer fünfseitigen Presseerklärung vom 9. September 2003, die er an die Brüsseler Journalisten verteilen ließ, suchte er die Kritikpunkte zu entkräften:

Die steuerliche Privilegierung räumte Rothley zwar ein, meinte aber, sie würde »durch die Reform der Reisekostenerstattung vollkommen ausgeglichen«, womit er nichts anderes meinte als das durch Spesenreiterei erschlichene Zusatzgehalt. Das kann die Erhöhung der normalen Entschädigung (und erst recht der Altersversorgung) aber schon gar nicht rechtfertigen. Spesenreiterei muss ersatzlos beseitigt werden. Ihr Wegfall kann keineswegs als Argument für Einführung eines neuen Privilegs, dieses Mal bei der Steuer, dienen.

Die niedrige EU-Steuer sei im Übrigen unvermeidbar, fuhr Rothley fort, wenn die Entschädigung vereinheitlicht und »künftig nicht mehr aus dem Haushalt der Mitgliedstaaten, sondern von der EU gezahlt« werde. Dass es auch aus diesem Grunde vielleicht besser wäre, gleich ganz auf die Vereinheitlichung zu verzichten, dieser Gedanke kam dem Mann, der im Abgeordnetenstatut sein parlamentarisches Lebenswerk sah, nicht in den Sinn.

Zudem sei es »schwer vorstellbar«, dass die Beitrittsländer die Einheitsentschädigung, die das Statut vorsehe, übernehmen würden, meinte Rothley weiter. »Denn das würde wegen der wirtschaftlichen und finanziellen Disparitäten auf massiven politischen Widerstand stoßen.« Das Parlament habe »dieses Problem, auf das Professor von Arnim« glaube »aufmerksam machen zu müssen, sehr wohl erkannt und gelöst,« indem er jedem neuen Mitgliedstaat erlaube, seine Europaabgeordneten für eine Übergangszeit niedriger zu bezahlen. Die ent-

sprechende Vorschrift des Statutsentwurfs von 2003 (Art. 37 Abs. 1)
zitierte Rothley sogar in vollem Wortlaut. Unerwähnt blieb allerdings
Absatz 3 desselben Artikels, der bestimmt, dass dann der Mitgliedstaat
die Entschädigung seiner EU-Abgeordneten ausnahmsweise selbst bezahlen muss. Diese Vorschrift hat Rothley, offenbar ganz gezielt, verschwiegen. Denn sie macht es in Wahrheit ganz unwahrscheinlich, dass
die neuen Mitgliedstaaten von der Option Gebrauch machen (oben
S. 314). Es blieb deshalb dabei, dass der Statutsentwurf dazu führen
musste, dass viele EU-Abgeordnete sehr viel mehr als ihre Ministerpräsidenten verdienen.

Auf den Einwand, die Vereinheitlichung der Ruhegehälter auf hohem Niveau sei erst recht unangemessen, weil ehemalige Parlamentarier in ihren jeweiligen Heimatländern lebten und ihre Versorgung
in Ländern mit niedrigem Lebensstandard einem Lottogewinn gleich-
komme, konnte Rothley nichts erwidern. Er beantwortete ihn mit nur
einem einzigen und zudem ziemlich törichten Wort: »Hiergeblieben!«
Spätestens hier muss etlichen Journalisten, aber auch manchen Abgeordneten aufgegangen sein, was für ein Monstrum ihnen da von einigen überaus unbedarften Machern untergejubelt werden sollte. Vermutlich begann hier auch der Weg Rothleys in die parlamentsinterne
Isolation.

Zunächst aber nahm Rothley nach der bekannten Politikermetho-
de seine Zuflucht zu Beschimpfungen: Aus meinem *Welt*-Artikel spre-
che nicht ein Wissenschaftler, »sondern ein Eiferer, der nur mit Mühe
seine antiparlamentarischen und antieuropäischen Ressentiments unterdrücken« könne. Und auch gleich die ganze Hochschule bekam ihr
Fett ab: »Das Europarecht scheint in Speyer eine fröhliche Wissenschaft
zu sein.«

V.

Publizistische Breitseite der *Bild*-Zeitung

Am 10. Oktober 2003 erschien dann, ebenfalls von mir angeregt, ein größerer Artikel in der *Financial Times Deutschland* (»EU-Diätenerhöhung steht vor dem Scheitern. Kritik an höheren Bezügen und niedrigeren Steuern für Brüsseler Parlamentarier wächst. Zustimmung im EU-Rat unwahrscheinlich«), also in einer Zeitung, die auch Chefredakteure von Boulevardzeitungen lesen. Darin wurde u. a. betont, dass deutsche EU-Abgeordnete bei der geplanten Anwendung des europäischen Regelwerks »nur noch etwa die Hälfte der Steuern« zahlen würden, die nach deutschem Recht fällig wären. Dagegen würden sich vor allem Skandinavier und Briten zur Wehr setzen. Sie »fürchten den öffentlichen Druck, wenn die EU-Leute weniger Abgaben zahlen müssen als die nationalen Abgeordneten«, wurde wiederum Willy Rothley zitiert. Warum aber eigentlich nur die Skandinavier und Briten und nicht auch die Deutschen? Diese Frage muss sich auch Kai Diekmann, der Chefredakteur der *Bild*-Zeitung, gestellt haben. Damit kam hinter unseren schon lange bei Redakteuren der *Bild*-Zeitung liegenden Text endlich der nötige publizistische Druck.

Am 14. Oktober 2003 machte die *Bild*-Zeitung auf Seite eins mit der Schlagzeile auf: »Politiker wollen Steuern halbieren. Aber nur für sich selbst!« Einen Tag später legte die Zeitung nach und stellte sämtliche 90 deutschen Abgeordneten, die im Juni dem Statut zugestimmt hatten, mit Name, Bild, Partei und Wohnort an den Pranger. Überschrieben war die Seite mit »Diese 90 Politiker wollen für sich selbst Steuern halbieren«. Auch am 16. Oktober blieb die Zeitung dem Thema treu, berichtete aber zugleich von einer gemeinsamen Erklärung von EU-Abgeordneten der Union und SPD, wonach das Statut »vermutlich nicht vom Rat verabschiedet« werde, »da es noch eine ganze Reihe offener Fragen« gebe, »nicht nur über die Besteuerung …« Auch der bayerische Ministerpräsident Edmund Stoiber wurde zitiert. Er trat dafür ein, dass die EU-Abgeordneten »finanziell genauso gestellt« bleiben »wie die Abgeordneten in den nationalen Parlamenten« und weiterhin »dem gleichen Steuerrecht und den gleichen Steuersätzen unterliegen wie die Bürger in ihren Heimatländern. Denn vom Volk gewählte Abgeordnete sollten auch bei der Steuer nicht anders behandelt werden als ihre Wähler.« Stoiber übernahm damit unsere Position.

Die dreifache Breitseite der *Bild*-Zeitung zeigte bei vielen deutschen Mitgliedern des EU-Parlaments Wirkung.[3] Ihre Wortführer sahen sich derart in die Enge getrieben, dass sie ihre Zuflucht zu abenteuerlichen Behauptungen nahmen. Da das Plus an Bruttoeinkommen – das im Statutsentwurf vorgesehene halbe Richtergehalt betrug im Herbst 2003 noch 8671 Euro, war also um 1662 Euro höher als die 7007 Euro, die deutsche Abgeordnete erhalten – offensichtlich war, versuchte man die EU-Nettoeinkommen herunterzurechnen, indem man übertrieben hohe Abzüge unterstellte. Damit suchte man die Behauptung zu unterlegen, das geplante Statut führe, beziehe man neben der EU-Steuer auch den neu einzuführenden Eigenbeitrag zur Altersversorgung in die Berechnung mit ein, in Wahrheit zu gar keiner Erhöhung der Nettoeinkommen deutscher Europaabgeordneter. Als Beispiel für solche Manipulateure sei nur der CDU-Abgeordnete Klaus-Heiner Lehne genannt:»Der Unterschied zwischen dem alten und dem neuen System«, so behauptete er in der Sendung des ARD-Fernsehmagazins *Panorama* am 23. Oktober 2003, mache »im Prinzip genau 23 Euro aus.« Und sein SPD-Kollege Martin Schulz ergänzte in einer Presseerklärung vom 15. Oktober 2003, »Behauptungen der BILD zur EU-Abgeordneten-Besteuerung werden durch Wiederholung nicht wahrer.«

VI.

Ein Fernsehmagazin auf Abwegen

Das Fernsehmagazin *Panorama* ist den geballt vorgebrachten Behauptungen einiger Wortführer des Europaparlaments denn auch selbst auf den Leim gegangen. In der erwähnten Sendung kamen zum scheinbaren Beweis dafür, dass das Statut keine Einkommenserhöhung für deutsche Abgeordnete bringe, weil die Abgabenlast insgesamt zunehme, drei EU-Parlamentarier und der frühere Präsident des Europäischen Rechnungshofs Bernhard Friedmann zu Wort. Alle waren jedoch befangen. Der Exchef des Rechnungshofs versteuert sein hohes Ruhegehalt schon längst nach EU-Steuerrecht, genießt also bereits das Privileg, das Europaabgeordnete sich erst noch verschaffen wollen. Ein außenstehender Experte wurde nicht gehört. Auch ein immerhin vier Tage vorher im *Focus* veröffentlichtes Interview mit mir, das den Steuervergleich betraf,[4] und die Sendung des ARD-Fernsehmagazins *Monitor* vom 24. 7. 2003 wurden nicht zur Kenntnis genommen. Damit tat *Panorama* selbst genau das, was das Magazin der *Bild*-Zeitung vorwarf: die einseitige Recherche zur Erzielung eines erwünschten, aber eben unrichtigen Ergebnisses. Dazu hatte *Panorama* auch den (inzwischen zu höheren Würden aufgestiegenen) evangelischen Bischof von Berlin-Brandenburg, Wolfgang Huber, aufgeboten und gegen die *Bild*-Zeitung mit dem Satz in Stellung gebracht: »Du sollst kein falsches Zeugnis reden wider deinen Nächsten.« Dieses Gebot gilt aber auch für *Panorama*.

Diese öffentlichen Beschimpfungen muten aber fast noch harmlos an gegen die Desinformationskampagne, die einige Abgeordnete dann Anfang 2004 unternahmen. Doch eins nach dem anderen.

VII.

Der neuerliche Anlauf des Parlaments:
Dilettantismus pur

Das Zögern des Rats und die kritischen Medienberichte trugen vermutlich dazu bei, dass das Europäische Parlament am 17.12.2003 gewisse Modifikationen des Abgeordnetenstatuts beschloss. Das Einverständnis des Rats sollte durch Zugeständnisse erkauft werden. Unter anderem sollte den Mitgliedstaaten die Option eingeräumt werden, auf die einheitliche Entschädigung zusätzlich zu der niedrigen europäischen Gemeinschaftssteuer noch eine nationale Ergänzungssteuer zu erheben, um Besteuerungsgleichheit mit den nationalen Bürgern herzustellen. Ferner wurde der Beginn der Pensionszahlung vom vollendeten 60. auf das 63. Lebensjahr hinausgeschoben. Dieser erneute Anlauf stieß zunächst auf allgemeine Zustimmung, scheiterte dann aber doch, nachdem eine weitere von mir erstellte Studie bekannt geworden war: Die Regierungen von Deutschland, Frankreich, Österreich und Schweden verhinderten am 26. Januar 2004 mit ihrem Nein die erforderliche qualifizierte Mehrheitsentscheidung im Rat. Im Einzelnen kam das so:

Als sich die Situation kurz vor Weihnachten 2003 zugespitzt hatte, erarbeitete ich über die Feiertage eine Studie, die die Problematik des geplanten Abgeordnetenstatuts kompakt darstellte und dabei gezielt auf die Änderungsvorschläge einging, die das Parlament in seiner Sitzung vom 17.12.2003 gemacht hatte. Diese Streitschrift unterstrich die fehlende Sinnhaftigkeit der geplanten Vereinheitlichung der Heimatgehälter der Abgeordneten, zeigte auf, wie sich das Statut auf deutsche EU-Abgeordnete auswirken würde, dass das Parlament gezielt mit unrichtigen Zahlen operierte, und legte dar, dass die beschlossenen Modifikationen zum Teil nur vordergründiger Natur waren. Sie wies auch nach, dass der Berichterstatter Willy Rothley die wahre Höhe des geplanten Einheitsgehalts für Europaparlamentarier nicht bekannt gegeben hatte, auch nicht in der Plenardebatte am 17. Dezember. Rothley hatte in der offiziellen Pressekonferenz vom 17. Dezember einen falschen Betrag genannt (»rund 8.600 Euro«). Das halbe Richtergehalt (und damit die geplante Höhe des Gehalts von EU-Abgeordneten) betrug auf Grund von Verordnungen, die vom Rat beschlossen und im Amtsblatt veröffentlicht worden waren, aber ab dem 1. Januar 2004 9053 Euro. Diese Zahlen waren am 17. Dezember längst vorhanden und ermittelbar. Die falschen Angaben Rothleys waren umso unverzeihlicher, als er selbst immer behauptet hatte, das halbe Gehalt eines Richters am Europäischen Gerichtshof sei leicht festzustellen.[5] Die richtigen Zahlen wurden erst am 11. Januar 2004 bekannt, als *Der Spiegel* und *Bild am Sonntag* über den Inhalt meiner Streitschrift berichteten. Für die öffentliche Wirkung war dies aus der Sicht des Parlaments fatal. Es ging zwar nur um eine Differenz von knapp 400 Euro, deren Kenntnis der Öffentlichkeit vorenthalten worden war. Doch der Vorgang machte mit einem Schlag den ganzen Dilettantismus, mit dem das Parlament in der Person seines Berichterstatters das Projekt behandelt hatte, deutlich. So berichtete *Der Spiegel* in seiner Ausgabe vom 12. Januar 2004, noch am 8. Januar 2004 habe Rothley gegenüber einem *Spiegel*-Redakteur behauptet, »die Hälfte eines Richtergehalts betrage 8600 Euro. Inzwischen gibt Rothley zu, dass er sich wohl geirrt habe: ›Vor den Weihnachtstagen ging alles so schnell, deshalb habe ich das nicht bemerkt.‹«

VIII.

Eine Erpressung und sieben Mogelpackungen

Meine Streitschrift trug die Überschrift »9053 EUR Gehalt für Europa-Abgeordnete? Eine Erpressung und sieben Mogelpackungen«.[6] Die Erpressung lag darin, dass das Parlament die Spesenreiterei bei den Flugkosten nur dann beseitigen wollte, wenn der Rat dem Abgeordnetenstatut zustimmt. Mit Mogelpackungen waren Argumente des Parlaments gemeint, die sich bei näherer Prüfung als vorgeschoben, als nur teilweise richtig oder gar als völlig falsch erwiesen. So taugte die offizielle Begründung für die Höhe der Entschädigung, dass nämlich Abgeordnete »auf eine private berufliche Laufbahn« verzichten müssten, in den vielen Fällen nicht oder nur mit Einschränkungen, in denen Abgeordnete ihren Beruf ganz oder teilweise neben dem Mandat fortführen. Im Falle von Lobbyisten wird die »private berufliche Laufbahn« oft umgekehrt durch das Abgeordnetenmandat erst ermöglicht (Mogelpackung Nr. 1). Bei der Bemessung der Einheitsentschädigung wurde immer wieder auf das riesige bisherige Gehalt italienischer Abgeordneter hingewiesen, gleichzeitig aber verschwiegen, dass Italien seinen EU-Abgeordneten keine Altersversorgung zubilligt und stattdessen die EU einspringt (Mogelpackung Nr. 2). Die Nichtnennung der wahren Größe der geplanten Einheitsentschädigung in Höhe von 9053 Euro nannte ich »Mogelpackung Nr. 3«. Auch die Behauptung, die Beitrittsländer würden ihren Abgeordneten eine geringere Entschädigung zahlen, erwies sich als ganz unwahrscheinlich. Denn dann hätten sie ihre EU-Vertreter aus ihren eigenen nationalen Haushalten finanzieren müssen. Die im Statut eingeräumte Option stand deshalb nur auf dem Papier (Mogelpackung Nr. 4). Genauso zynisch war der Passus im Statut, der es den Mitgliedstaaten ermöglichen sollte, zum Ausgleich für die niedrige EU-Steuer eine nationale Zusatzsteuer auf die Entschädigung zu erheben. Bei der Debatte im Europäischen Parlament am 17. Dezember 2003 war nämlich nachdrücklich bestritten worden, dass eine solche nationale Steuer überhaupt mit europäischem

Recht vereinbar sei (Mogelpackung Nr. 5). Bei der Frage der Finanzierung der Einheitsentschädigung aus dem europäischen Haushalt
hatten Parlamentarier wiederholt darauf hingewiesen, durch die an-
gebotene Neuregelung der Flugkostenerstattung würde viel Geld ein-
gespart. Durch die in diesem Fall vorgesehene volle Erstattung der
Kosten bis hin zum Business-Tarif wären aber eher mehr Kosten angefallen als vorher (Mogelpackung Nr. 6). Das geplante Statut sah vor,
dass die Ausgestaltung und die Höhe sämtlicher Kostenerstattungen
nach wie vor intern durch das Präsidium geregelt werden sollten, obwohl bei Entscheidungen des Parlaments in eigener Sache die Kontrolle durch die Öffentlichkeit, durch die Kommission und den Rat
eigentlich besonders wichtig und richtigerweise auch europarechtlich
geboten wäre (Mogelpackung Nr. 7).

IX.

Die Medien fangen richtig Feuer

Dieses »Diskussionspapier« übersandte ich am 5. Januar 2005 an Bundeskanzler Gerhard Schröder »zur fachlichen Unterstützung bei der Vorbereitung der Willensbildung im Rat«. Dabei bezog ich mich auf den früheren Briefwechsel mit dem Kanzleramt. Das Manuskript wurde auch der österreichischen Ratsvertretung in Brüssel und – in englischer Sprache – den Ratsvertretungen aller anderen 13 Mitgliedstaaten der Europäischen Union zugesandt. Darauf stellte ich den Text dem *Spiegel* zur Verfügung und – nach Absprache mit diesem – für Montag, den 12. Januar 2004, auch der *Bild*-Zeitung, dem *heute journal* des ZDF, der Londoner Zeitung *The Times* und der Hauszeitung des irischen Ratspräsidenten Ahern, der *Irish Times*. *Bild am Sonntag* preschte unter Verwendung des Materials von *Bild* schon am 11. Januar mit der Schlagzeile vor »EU-Politiker wollen die Diäten um 2000 Euro erhöhen«. Am Montag kamen *Spiegel* und *Bild* mit groß aufgemachten Artikeln heraus. Auch das ZDF und die genannten englischsprachigen Zeitungen berichteten ausführlich. Vorabmeldungen machten die europäischen Diäten bereits am Wochenende und am folgenden Montag praktisch in allen deutschen Medien zum Thema. *Spiegel* und *Bild* berichteten, dass das Statut einem ledigen deutschen Abgeordneten 1929 Euro und einem verheirateten mit zwei Kindern 1399 Euro monatlich mehr bringe, wobei der neu eingeführte Eigenbeitrag zur Altersversorgung bereits berücksichtigt war. Der *Spiegel* druckte auch unser Schaubild mit den Abgeordneten- und Ministergehältern der Mitgliedstaaten der EU ab, stellte meine Studie in deutscher und englischer Sprache ins Internet und wies im Heft auf diese Quelle hin, so dass jeder Interessierte den vollständigen Text nachlesen konnte. Der zweiseitige Bericht im *Spiegel*, der für die sorgfältige Überprüfung seiner Quellen bekannt ist, und die gleichzeitige Herausstellung des Themas in dem Vier-Millionen-Blatt *Bild* mussten fast zwangsläufig eine gewaltige publizistische Wirkung entfalten.

Noch am selben Montag, dem 12. Januar 2004, reagierte der EVP-Berichterstatter für das Abgeordnetenstatut, der deutsche CDU-Europaabgeordnete Klaus-Heiner Lehne, mit einer Pressemeldung »auf die wiederholt erhobenen Behauptungen des Parlamentskritikers von Arnim«: Die Angaben »von Herrn von Arnim sind falsch!«, schrieb Lehne. Ein verheirateter deutscher EU-Abgeordneter mit zwei Kindern erhalte nach dem geplanten neuen Recht netto nur 354 Euro mehr als bisher »und nicht weit mehr als 1000 Euro, wie Herr von Arnim behauptet.« Doch Lehnes Angaben waren grob fehlerhaft. Er hatte die EU-Steuer und den Eigenbeitrag für die Altersversorgung viel zu hoch angesetzt und so die geplante Nettoentschädigung künstlich heruntergerechnet. Dass er dabei auch noch überholte Steuertabellen verwendete, unterstrich einmal mehr die mangelnde Professionalität des parlamentarischen Skandalmanagements. Lehne suchte jedoch dadurch vor der Öffentlichkeit Punkte zu sammeln, dass er mich in seiner Presseerklärung nach Brüssel einlud: »Ich lade von Arnim ins EP ein, damit er hier öffentlich seine Zahlen erläutert. Dann werden wir sehen, wer die Wahrheit und wer die Unwahrheit sagt.« Die Annahme dieser Einladung hielt ich mir offen, sandte aber zunächst eine ausführliche Stellungnahme an Brüsseler Journalisten, in der die Basis meiner eigenen Berechnung und die Fehler der Berechnung Lehnes genau aufgeschlüsselt waren.

X.

Abgekartetes Spiel oder:
Wie der Parlamentsverwaltung falsche
Zahlen untergeschoben wurden

Aufhorchen ließ allerdings Lehnes Behauptung, er habe seine Angaben »mit der Parlamentsverwaltung abgestimmt«. Damit hoffte er, die Glaubwürdigkeit seiner Angaben zu untermauern. Doch dieser Versuch erwies sich am Ende als Eigentor. Meine sofort aufgenommene Recherche ergab nämlich, dass sich die Parlamentsverwaltung falsche Angaben hatte unterschieben lassen. Auf diese Weise wirkte die Parlamentsverwaltung − vorsätzlich oder fahrlässig − selbst an einem groß angelegten Betrugsmanöver mit. Das war ein Skandal im Skandal. Hinter den Kulissen war gezielt manipuliert worden. Und das kam so:

Anfang Oktober 2003 hatte Willy Rothley bei der Ermittlung der EU-Steuer noch richtig gerechnet.[7] Doch nachdem die *Bild*-Zeitung Mitte Oktober ihre »Breitseiten« gegen die drohende steuerliche Privilegierung von EU-Abgeordneten abgefeuert hatte, legte Rothley dem zuständigen Parlamentsausschuss Ende November eine mit dem Vermerk »vertraulich« gestempelte Mitteilung vor, die unvermittelt und ohne jede Begründung eine neue Rechnung aufmachte und eine sehr viel höhere Steuer auswies, weil sie einen nach dem damaligen Statutsentwurf zwingend vorgeschriebenen Pauschalabschlag für Werbungskosten und persönliche Aufwendungen einfach wegließ.[8] Auf dieser wundersam gewandelten Basis bat dann Klaus-Heiner Lehne die Generaldirektion Finanzen der Parlamentsverwaltung, eine Berechnung anzustellen. Die Parlamentsverwaltung ließ sich auf dieses Betrugsmanöver ein, so dass die von ihr vorgenommene Berechnung den Abschlag nun auch nicht mehr enthielt.[9] Lehne und später auch Martin Schulz, Vorsitzender der deutschen SPD-Abgeordneten im Europäischen Parlament und heute Chef der gesamten SPE-Fraktion, unterbreiteten diese von Roger Vanhaeren unterzeichnete Berechnung sodann der Presse als scheinbar offiziell-amtliche Bestätigung ihrer Berechnung durch die Parlamentsverwaltung.[10] In Wahrheit handelte es sich um eine bestellte, inhaltlich unrichtige Äußerung der General-direktion, für die der Berichterstatter Willy Rothley durch seine feh-lerhafte Neuberechnung und ihre Mitteilung an die Mitglieder des Ausschusses Recht und Binnenmarkt die Grundlage geliefert hatte – wohlgemerkt, ohne dass der für diese Frage maßgebliche Art. 18 Abs. 1 des Statutsentwurfs von 2003 geändert worden wäre.

Die Richtigkeit meiner Berechnungen wurde schließlich durch fol-gende Überlegung erhärtet: Wären die von *Spiegel, Bild am Sonntag* und *Bild* veröffentlichten Zahlen falsch, hätten die Abgeordneten da-gegen mit allen rechtlichen und gerichtlichen Mitteln vorgehen kön-nen. Weder die genannten Medien noch ich selbst genießen das Pri-vileg der parlamentarischen Unverantwortlichkeit, das Abgeordnete davor schützt, für unrichtige Behauptungen, die sie in Ausübung ihres Amtes machen, gerichtlich in Anspruch genommen zu werden. Tat-sächlich hat der Abgeordnete Martin Schulz auch versucht gegen mich vorzugehen, ist damit aber gescheitert: Auf mein Interview im *Focus* vom 9. 2. 2004 (»getrickst und vernebelt«), worin ich unter anderem den Abgeordneten Lehne und Schulz die manipulative Verwendung falscher Zahlen vorhielt, ließ Schulz mir mit Schreiben vom 12. 2. 2004 unter Androhung einer einstweiligen Verfügung eine Abmahnung zu-stellen, die ich durch Schreiben vom 16. 2. 2004 mit eingehender Be-gründung zurückwies. Darauf ließ Schulz davon ab, sein Anliegen weiter zu verfolgen. Dadurch gestand er indirekt ein, dass die von mir ermittelten Angaben, die vom *Spiegel*, von *Bild* und *Bild am Sonntag* übernommen worden waren, zutreffen.

Die *Bild*-Zeitung blieb auch in den folgenden Tagen am »Diäten-Skandal« dran. Am Dienstag, dem 13. Januar 2004, zitierte sie Stimmen deutscher Politiker, die alsbald auf den publizistischen Diäten-Zug auf-gesprungen waren, besonders der FDP, die keine Vertreter im Euro-päischen Parlament hatte und deshalb keinerlei Mitverantwortung für das Abgeordnetenstatut trug. Ihre Europa-Spitzenkandidatin Silvana Koch-Mehrin warf Europapolitikern »Realitätsverlust« vor, und die Exjustizministerin Sabine Leutheusser-Schnarrenberger nannte den Diätenplan »katastrophal«.

XI.

68 Prozent mehr Rente

Am Mittwoch, dem 15. Januar 2004, nahm die *Bild*-Zeitung dann die geplante Altersversorgung aufs Korn und titelte auf Seite eins »Unverschämter Abzocker-Plan. 68 Prozent mehr Rente für EU-Politiker!« Unter Hinweis auf meine Analyse rechnete die Zeitung vor, dass EU-Abgeordnete künftig schon nach drei Jahren rund 950 Euro Monatspension erhalten sollten – »etwa soviel, wie ein deutscher Durchschnittsrentner nach 45 Jahren bekommt«. Die Höchstpension von netto 5353 Euro werde nach 20 Parlamentsjahren erreicht. Das seien 68 Prozent mehr, als deutsche Abgeordnete bisher nach 20 Jahren bekommen. Auch die *Bild*-Zeitung verwies dabei auf die Internetadresse, unter der der volle Wortlaut meiner Studie zu finden war.

Berücksichtigt man, dass deutsche Abgeordnete jetzt schon als überversorgt gelten, so musste eine weitere Steigerung als unverschämt empfunden werden. Die Versorgung erwies sich denn auch als der angreifbarste Teil des Abgeordnetenstatuts, zumindest aus deutscher Sicht. Menschen, deren eigene Altersversorgung bedroht ist, reagieren auf maßlose Versorgungsprivilegien von Politikern naturgemäß besonders allergisch. Angesichts der Rentenkürzungen, die Normalverbraucher zu erwarten haben, sind solche Erhöhungen völlig inakzeptabel. Zudem greifen hier all die scheinbaren Kompensationsargumente, die die Abgeordneten zur Relativierung der Erhöhung der Aktiveneinkommen vorgebracht hatten, schon auf den ersten Blick nicht: Hier war – anders als bei der Berechnung der Aktivenbezüge – keine Saldierung der Erhöhung mit dem neu eingeführten eigenen Beitrag zur Altersversorgung möglich, was die Nettoerhöhung verringert hätte. Da die Abgeordneten diesen Eigenbeitrag natürlich nur während ihrer aktiven Zeit zahlen sollten, nicht auch im Ruhestand, fiel die geplante Erhöhung der Netto-Versorgung noch sehr viel gewaltiger aus als die der Aktivenbezüge.[11] Auch die zweifelhaften Einnahmen aus Spesenreiterei bei Abrechnung der Flugkosten, die viele aktive Abgeordnete bisher einstreichen und mit deren geplantem Wegfall man die Erhöhung des offiziellen Gehalts glaubte rechtfertigen zu können, sind natürlich nicht ruhegehaltfähig. Sie können folglich eine Erhöhung des Ruhegehalts auf keinen Fall rechtfertigen.

Im Einzelnen sollten zur gewaltigen Erhöhung der Altersversorgung für deutsche EU-Abgeordnete drei Komponenten beigetragen, die kumulativ zusammenwirkten:

- die höhere Bezugsgröße für die Bemessung der Versorgung (9053 Euro statt 7009 Euro),
- der höhere Versorgungssatz pro Jahr (3,5 statt 3 Prozent eben dieses Gehalts) und
- die – zumindest bei ledigen Versorgungsempfängern – niedrigere EU-Steuer.

Aufgrund dieser drei Faktoren hätte zum Beispiel ein lediger Abgeordneter nach zwei Legislaturperioden, also nach zehn Mandatsjahren, einen Versorgungsanspruch von monatlich 2908 Euro erworben. Nach bisherigem deutschen Recht erhielte er unter sonst gleichen Verhältnissen 1893 Euro (in beiden Fällen nach Vollendung des 63. Lebensjahres). Das Statut hätte ihm also ein Ruhegehaltsplus von 1015 Euro (= 53,65 Prozent) gebracht.[12] Nach vier Legislaturperioden (20 Mandatsjahre) hätte das Plus, wie von der *Bild*-Zeitung groß herausgestellt, bis zu 68 Prozent betragen.

XII.

Die Diffamierungskampagne
der Abgeordneten Lehne und Schulz

Auf diese massive Erhöhung der geplanten Altersversorgung und ihre
Veröffentlichung in den Medien reagierten die Wortführer deutscher
EU-Abgeordneter geradezu hysterisch. Der Grund war wohl, dass sie
sich hier erst recht außerstande sahen, die von mir errechneten Zahlen zu widerlegen. Die Abgeordneten Martin Schulz und Klaus-Heiner Lehne unternahmen deshalb, um die Auswirkungen des Statuts auf
die Altersversorgung zu vertuschen, – auch hier und hier erst recht –
eine regelrechte Verneblungskampagne, getreu der Devise: »Wenn
du nicht überzeugen kannst, musst du verwirren.« Zugleich richtete
sich »der Zorn der EU-Abgeordneten … nun gegen den Parteien-
kritiker Hans Herbert von Arnim« (*Financial Times Deutschland* vom
15.1.2004).

Martin Schulz und Klaus-Heiner Lehne gaben noch am selben Tag,
an dem die *Bild*-Zeitung erschienen war (15. Januar 2004), fast gleich-
lautende Presseerklärungen heraus, in denen sie alle Register der Pole-
mik zogen. Altbundespräsident Richard von Weizsäcker nennt Berufspolitiker »Generalisten mit dem Spezialwissen, wie man politische
Gegner bekämpft«. Am vorliegenden Streit wurde ganz deutlich, was
er damit meinte und auf was sich ein Wissenschaftler einlässt, wenn er
eine Regelung öffentlichkeitswirksam kritisiert, die beide Seiten, also
die Regierungs- und die Oppositionsparteien, zu verantworten haben.
Mögen die Gründe für die Kritik auch noch so gut sein, wer dies tut,
wird von beiden Seiten als politischer Gegner angesehen und mit allen
Mitteln diffamiert. Da die Presseerklärungen – außer Beschimpfungen – ausschließlich unrichtige Behauptungen enthielten, die den Abgeordneten schließlich sogar gerichtlich untersagt werden mussten,
sollen sie im Folgenden in vollem Wortlaut wiedergegeben werden,
zunächst die Erklärung von Lehne:

»Pressemeldung, 15. Januar 2003

Klaus-Heiner Lehne (CDU/EVP-ED): ABGEORDNETEN-STATUT Von Arnim und *Bild*-Zeitung sagen erneut die Unwahrheit. Seit 5 Tagen läuft eine beispiellose an Verhetzung grenzende Kampagne zur Diffamierung des europäischen Abgeordnetenstatuts in der *Bild*-Zeitung. Obwohl die Redaktion umfassend bereits am Sonntag über den tatsächlichen Inhalt des Statuts informiert ist, die Beschlüsse des Europaparlaments im Juni des letzten Jahres in einer Pressekonferenz vorgestellt und ins Internet eingestellt worden sind und somit für jedermann verfügbar sind, wird bewusst falsch berichtet. Dabei beruft sich die *Bild*-Zeitung auf Zahlen eines Fachhochschulprofessors aus Speyer, die ebenso falsch sind. Heute wird behauptet, EU-Abgeordnete bekämen nach dem neuen Recht 68% mehr Rente. Dies ist frei erfunden. Nach dem derzeitigen deutschen Recht haben deutsche Abgeordnete nach 8 Jahren Anspruch auf Versorgung in Höhe von 24% und nicht, wie die *Bild*-Zeitung behauptet, von 3%. Die theoretisch mögliche Höchstpension, die im übrigen nur eine geringe Zahl von Abgeordneten erreicht, nach deutschem Recht ist 69% der Diät und nach europäischem Recht 70%. Wiederholt unterlässt es die *Bild*-Zeitung darauf hinzuweisen, dass im europäischen Recht die Abgeordneten ihre Altersversorgung im Gegensatz zum nationalen Recht zu einem großen Teil selbst bezahlen.

Schon die Angaben von von Arnim zur Steuerbelastung und den Sozialbeiträgen waren falsch. Die Generaldirektion Finanzen des Europäischen Parlaments, welche für die Abgaben der Abgeordneten zuständig ist, hat nun in einem offiziellen Schreiben an mich bestätigt, dass die von mir gemachten Angaben zur Steuer- und Sozialabgabenberechnung korrekt sind. Diese entsprechen den offiziellen Mitteilungen, die die Verwaltung des Europaparlaments den Mitgliedern des Rechtsausschusses bei der Beschlussfassung des Statuts gemacht hat: Das Schreiben des Generaldirektors Vanhaeren wird in der Anlage zu diesem Dokument beigefügt. Herr Vanhaeren weist ausdrücklich darauf hin, dass die Sozialbeiträge bei 17% und nicht, wie von Arnim behauptet, bei

13% liegen. Außerdem, bestätigt er, dass die Aufwandspauschale und die Kinderzuschläge, die für die europäischen Beamten gelten und die von Arnim in seinen Berechnungen mitberücksichtigt hat, für die Abgeordneten gemäß Statut nicht gelten.«

Die Presseerklärung von Schulz lautete ganz ähnlich:

»Pressemitteilung des Abgeordneten Martin Schulz
vom 15. 1. 2004
Straßburg, 15. Januar 2004

Martin Schulz: ›BILD-Zeitung fährt Kampagne gegen das Europäische Parlament!‹
›Die Zitate des selbsternannten ‚Aufklärers‘ Hans-Herbert von Arnim werden durch ihre endlose Wiederholung nicht wahrer‹, so Martin Schulz, Vorsitzender der SPD-Abgeordneten im Europäischen Parlament. ›Seit vergangenem Herbst läuft eine beispiellose Hetzkampagne zur Diffamierung des europäischen Abgeordnetenstatuts, initiiert von diesem Fachhochschulprofessor aus Speyer und willfährig übernommen von Deutschlands ›buntestem‹ Boulevard-Blatt. Obwohl für die Öffentlichkeit bereits in vollem Umfang und Transparenz der tatsächliche Inhalt des Statutsentwurfs offen einsehbar ist, die Beschlüsse des Europaparlaments im Juni des letzten Jahres in einer Pressekonferenz vorgestellt worden sind, wird bewusst falsch berichtet‹; so das vernichtende Urteil von Schulz.
›Heute wird nun das nächste Lügenmärchen aufgetischt, um in einer reißerischen Aktion die Auflage in die Höhe zu treiben. BILD behauptet, EU-Abgeordneten bekämen nach dem neuen Recht 68% mehr Rente. Dies ist frei erfunden. Nach dem derzeitigen deutschen Recht haben deutsche Abgeordnete nach 8 Jahren Anspruch auf Versorgung in Höhe von 24% und nicht, wie behauptet, von 3%. Die theoretisch mögliche Höchstpension, die im übrigen nur eine geringe Zahl von Abgeordneten erreicht, ist nach deutschem Recht 69% der zuletzt erhaltenen Bezüge und nach europäischem Recht 70%. Wichtig ist dabei anzumerken, dass bewusst unterschlagen wird, darauf hinzuweisen, dass im

europäischen Recht die Abgeordneten für ihre Altersversorgung im Gegensatz zum nationalen Recht zu einem großen Teil selbst aufkommen‹, so Schulz.

›Schon die Angaben von Hans-Herbert von Arnim zur Steuerbelastung und den Sozialbeiträgen waren falsch. Die offiziellen Mitteilungen der Verwaltung des Europaparlaments belegen das Gegenteil zur Beschlussfassung des Statuts. Es ist mir unbegreiflich, wie ein streitbarer Wissenschaftler seit Jahren damit durchkommt, dermaßen hahnebüchenen Unsinn ohne Konsequenzen zu verbreiten‹, so das abschließende Fazit von Martin Schulz.«

So weit die wörtliche Wiedergabe auch der Presseerklärung von Schulz. Zu den Meldungen ist Folgendes zu bemerken. Abgesehen davon, dass ich zum »Fachhochschulprofessor« degradiert wurde, dessen Ausführungen man nach Auffassung der beiden Abgeordneten offenbar nicht ernst zu nehmen brauche, und Schulz mir »hahnebüchenen Unsinn« und das Initiieren einer nie dagewesenen »Hetzkampagne« vorwarf, wurden von beiden Abgeordneten in der Sache zwei Komplexe angesprochen: die Erhöhung der Aktivenbezüge und die Erhöhung der Altersversorgung. Hinsichtlich der Aktivenbezüge ergab sich inhaltlich nichts Neues gegenüber der bereits erwähnten Presseerklärung Lehnes vom 12. Januar 2004. Nur dass Schulz nun sogar den Vorwurf »bewusst falscher« Berichterstattung erhob und von einer »beispiellosen Hetzkampagne zur Diffamierung des Europäischen Abgeordnetenstatuts« sprach. Ganz ähnlich ließ Lehne sich ein und warf der *Bild*-Zeitung eine »beispiellose, an Verhetzung grenzende Kampagne« vor. Beide Abgeordnete beriefen sich wiederum auf das Schreiben der Generaldirektion Finanzen des Europäischen Parlaments, das aber, wie schon erwähnt, inhaltlich unrichtig war, weil die Abgeordneten der Verwaltung manipulativ in die Höhe gerechnete Steuern und andere Abgaben »untergejubelt« hatten. Bezeichnend war im übrigen, dass beide Abgeordnete nur gegen die *Bild*-Zeitung Front machten und geflissentlich unerwähnt ließen, dass *Der Spiegel* dieselben Zahlen veröffentlicht hatte. Anscheinend hielten sie es für erfolgversprechender, »Deutschlands ›buntestem‹ Boulevardblatt« die Verwendung falscher Angaben vorzuwerfen, als dem angesehenen Nachrichtenmagazin.

XIII.

Wer nicht überzeugen kann, stiftet Verwirrung

Neu an den Presseerklärungen war der Versuch, die geplante Altersversorgung zu verteidigen. Hierbei nannten die Abgeordneten aber wohlweislich keine Beträge, sondern hantierten mit Prozentsätzen, deren Relevanz für den Leser nicht nachvollziehbar war. Übereinstimmend äußerten beide Abgeordnete auch den Vorwurf, beim Vergleich der Altersversorgung nach altem und neuem Recht wäre auch der neu vorgesehene Eigenbeitrag der Abgeordneten zur Altersversorgung nicht berücksichtigt worden, obwohl Pensionäre ihn ja gar nicht mehr bezahlen müssen und der Beitrag bei Berechnung der Bezüge von *Aktiven* bereits herangezogen worden war. Im übrigen bezichtigten die Abgeordneten die *Bild*-Zeitung auch in Bezug auf die Altersversorgung der Lüge (»Lügenmärchen«), also der bewussten falschen Information der Öffentlichkeit. Dass deutsche EU-Abgeordnete nach neuem Recht bis zu 68 Prozent mehr Rente bekommen würden als bisher, sei, so beide Abgeordnete, »frei erfunden« (wobei die Wörter »bis zu« auch noch unterschlagen worden waren).

Zudem gaben die Abgeordneten, offenbar um Verwirrung zu stiften, vor, den Bericht der *Bild*-Zeitung falsch verstanden zu haben. *Bild* hatte berichtet:

> »Für jedes Jahr Parlamentszugehörigkeit soll jeder Abgeordnete einen Pensionsanspruch von 3,5 % einer Monatsdiät von künftig einheitlich 9053 Euro erhalten. Bisher gibt es für die 99 deutschen Abgeordneten nur drei Prozent von den deutschen Diäten (7009 Euro) und das erst nach mindestens acht Jahren Mitgliedschaft.«

Liest man diesen Satz im Zusammenhang, so ist klar, dass es auch bisher schon drei Prozent Rente *pro Jahr* gibt und diese beiden Wörter im Bild-Text nur zur Vermeidung einer Wiederholung weggelassen worden waren. (Genauso sah es später übrigens auch das Landgericht Hamburg.) Im Gegensatz dazu behaupteten beide Abgeordneten, *Bild* habe berichtet, bisher erhielten Abgeordnete nach acht Mandatsjahren *insgesamt* nur drei Prozent der Entschädigung als Altersversorgung. Dies wäre offensichtlich unrichtig gewesen – und zwar derart offensichtlich, dass ein normaler Leser es sofort erkannt hätte (wie übrigens auch das Landgericht später feststellte). Die schiefe Interpretation des Bild-Textes durch die beiden Abgeordneten hatte offensichtlich nur das eine Ziel: der Zeitung unwahre Berichterstattung vorwerfen zu können. Dass die Abgeordneten zu derart plumpen Mitteln griffen, um der Öffentlichkeit Sand in die Augen zu streuen, offenbarte ihre ganze Ratlosigkeit in der Sache.

Im Übrigen: Wenn die *Bild*-Zeitung wirklich »bewusst falsch« berichtet und in ihren Artikeln »frei erfundene« »Lügenmärchen« aufgetischt hätte, wäre es für alle betroffenen Abgeordneten ein Leichtes gewesen, dies sofort gerichtlich unterbinden zu lassen und so der Öffentlichkeit ein für allemal zu beweisen, wer Recht hat. Dass die Abgeordneten ein gerichtliches Vorgehen gegen die *Bild*-Zeitung und den viel gescholtenen Speyerer »Fachhochschulprofessor« nicht einmal androhten, offenbarte einmal mehr, dass sie das große öffentliche Geschrei nur veranstalteten, um die Unhaltbarkeit ihrer Position zu übertönen.

Zugleich wurde durch das publizistische Hochspielen des Streits um die Höhe der Entschädigung und Versorgung von deutschen Abgeordneten, der von Außenstehenden nur schwer zu entwirren war, und durch die gezielte Diffamierung der *Bild*-Zeitung und meiner Person von anderen noch problematischeren Auswirkungen des Statuts abgelenkt:

– Hier ist vor allem der eigentliche Geburtsfehler des Statutsentwurfs, die Einheitsentschädigung, zu nennen, die auch Abgeordnete aus Ländern mit niedrigem Einkommensniveau erhalten sollten: In Spanien und Finnland hätten Abgeordnete sehr viel mehr als ihre nationalen Minister verdient und wären deshalb völlig aus dem Rahmen gefallen. In den Beitrittsländern hätte ihr Einkommen das ihrer Ministerpräsidenten sogar um ein Mehrfaches überstiegen und deshalb erst recht die Politikergehälter durcheinandergebracht. Übergangsregelungen, die Beitrittsländern erlauben sollten, ihren EU-Abgeordneten vorübergehend weniger zu bezahlen, standen nur auf dem Papier, weil ihre Anwendung fiskalisch bestraft worden wäre.

– Zudem: Die behauptete Notwendigkeit, die Heimat-Einkommen der Abgeordneten auf einheitliche 9053 Euro monatlich anzugleichen, bestand in Wahrheit überhaupt nicht. Denn Europaabgeordnete erhalten, was meist unterschlagen wurde, schon jetzt in Brüssel und Straßburg einheitliche üppige Kostenerstattungen von insgesamt rund 20 000 Euro im Monat – die Erstattung der Flugkosten noch gar nicht mitgerechnet –, von denen ein großer Teil pauschal und ohne Nachweis gewährt wird.

XIV.

Die Bundesregierung dreht bei oder: Wie der Coup zunächst verhindert wurde

Die Diätenpläne der Europaabgeordneten lösten in Deutschland einen Sturm der Entrüstung aus, auf den die Politik sogleich reagierte. Noch am Montagabend, dem 12. Januar 2004, gab der SPD-Generalsekretär Olaf Scholz nach einer Sitzung des SPD-Parteipräsidiums in Berlin bekannt, die SPD lehne die geplante Neuregelung des Abgeordnetenstatuts für Europaparlamentarier ab. Diese Haltung teilten auch die Bundesregierung sowie die sozialdemokratischen Europaabgeordneten. Regierungssprecher Bela Anda bestätigte dies am Mittwoch ausdrücklich. Die Bundesregierung habe erhebliche Bedenken gegen den vorliegenden Parlamentsentwurf. Auch die Europaabgeordneten der CDU/CSU machten nunmehr einen Rückzieher. In einer Pressemeldung vom Mittwoch, dem 14. Januar 2004, erklärten ihre Sprecher Hartmut Nassauer und Markus Ferber, die Unionsabgeordneten würden dem Statut in der vorliegenden Fassung nicht zustimmen. Nassauer, Ferber und die meisten CDU/CSU-Abgeordneten im Europäischen Parlament hatten noch am 17. Dezember 2003 für das Statut gestimmt. Damit hatte sich quasi über Nacht die Auffassung der großen Mehrheit der deutschen Europaabgeordneten um 180 Grad gedreht. »Die Beschuldigung in deutschsprachigen Medien«, die Europaabgeordneten »wollten sich in dreister Weise Diätenerhöhungen zuschustern, zeigte Wirkung. ... Am Mittwochabend waren sich fast alle deutschen Abgeordneten einig, nicht gewollt zu haben, was sie zuvor so heftig verteidigten«, fasste die *Frankfurter Rundschau* am 16. Januar 2004 die Kehrtwende zusammen. Viele Sozial- und Christdemokraten »führen plötzlich den Chor der Kritiker an« (*Handelsblatt* vom 19.1.2004).

Nur Willy Rothley, der von Anfang an für das Statut eingetreten war und nun sein Lebenswerk gefährdet sah, hielt auch dann noch eisern an seiner Haltung fest, als praktisch alle anderen deutschen Abgeordneten schon vom Statutsentwurf Abstand genommen hatten. Als selbst der SPD-Spitzenkandidat, Rothleys Parteigenosse Martin Schulz, sich plötzlich ganz grundsätzlich gegen das Statut aussprach (und damit unsere Position übernahm) und gar öffentlich erklärte, er sei von Anfang an gegen das Statut gewesen, warf Rothley ihm Hinterhältigkeit vor und trat demonstrativ aus der SPD-Gruppe des Europäischen Parlaments aus. Schulz hatte am 26. Januar 2003 im *Morgenmagazin* von ARD und ZDF erklärt, es sei »praktisch nicht möglich, 15 verschiedene nationale Abgeordnetensysteme zu verschmelzen. Seit acht Jahren wird das versucht. Ich persönlich bin seit acht Jahren dagegen.«

Das war glatt gelogen. Bei der Abstimmung am 4. Juni 2003 hatte Schulz für das Statut votiert.

Selbst ein zorniges Schreiben, das der Präsident des Europäischen Parlaments in letzter Minute an den deutschen Bundeskanzler richtete (und sogleich öffentlich machte), konnte diesen nicht mehr umstimmen, zumal auch Pat Cox die gefälschten Zahlen von Rothley, Lehne und Schulz verwendete und dem Kanzler auf dieser Basis vorwarf, er habe sich »von einem Teil der populistischen deutschen Presse« unter Zugzwang setzen lassen (Katja Ridderbusch, in: *Die Welt* vom 24. 1. 2004).

Erstaunlich war im Übrigen, dass sich, soweit ersichtlich, kein einziger Journalist fand, der den unterschiedlichen Zahlenangaben nachging und exakt recherchierte, wessen Angaben denn nun richtig seien, die der Abgeordneten oder meine von *Spiegel*, *Bild* und vielen anderen Medien übernommenen Zahlen. Nicht einmal die Enthüllung, dass verantwortungslose Abgeordnete die Zahlen heimlich ausgetauscht und der Parlamentsverwaltung die falschen Zahlen untergeschoben hatten, spornte zu intensiverer journalistischer Nachprüfung an. Das Magazin *Focus* (vom 9. 2. 2004: »Getrickst und vernebelt. Der Jurist von Arnim wirft SPD-Europapolitiker Schulz die Täuschung der Öffentlichkeit vor«) und *Bild* (vom 28. 4. 2004: »Dieser Professor wirft EU-Abgeordneten Diäten-Schummel vor«) berichteten zwar über diese Enthüllung und ließen mich dabei ausführlich zu Wort kommen. Doch eine selbstständige Überprüfung durch andere Medien unterblieb. Vielfach wurde einfach unterstellt, der öffentliche Druck habe – unabhängig von der Richtigkeit der Berichterstattung – den Wandel der Politik in Deutschland bewirkt. »Seit sich in Deutschland die *Bild*-Zeitung, der

Spiegel und der Diätenkritiker Hans Herbert von Arnim auf das Projekt eingeschossen hatten, hat sich der Wind unter den deutschen Sozialdemokraten in Brüssel gedreht. ›Gegen diese heilige Dreifaltigkeit haben wir keine Chance‹«, habe einer von ihnen geseufzt, schrieb die *Süddeutsche Zeitung* am 26. 1. 2004. Und Klaus-Heiner Lehne fand einmal mehr den Schuldigen für das Diätendesaster in Speyer. »Es sei Professor von Arnim, der mit seiner ›Kampagne‹ die verfahrene Situation ausgelöst habe«, zitierte ihn das *Handelsblatt* am 19. 1. 2004 (»Der Diätenkritiker und der bizarre Statutenstreit. Von Arnim nimmt Europaparlamentarier ins Visier«). »Auf die Frage, warum die geplante Diätenanhebung für Europas Volksvertreter vor allem in Deutschland ein Thema sei, antwortete der CDU-Mann ohne Zögern: ›Die anderen haben eben keinen von Arnim‹«. Die Zeitung, hinter der angeblich immer ein kluger Kopf steckt, reduzierte die öffentliche Diskussion um das Abgeordnetenstatut sogar auf eine bloße »Neidorgie«. So komme es eben, »wenn sich der Boulevard mit Professoren verbündet« – und das sei »in Deutschland der Fall, wenn es um Geld in der Politik geht« (*Frankfurter Allgemeine Zeitung* vom 27. 1. 2004). Möglicherweise wurden hier aber nur die journalistischen Trauben als sauer bezeichnet, weil andere sie schon geerntet hatten. Jedenfalls hatte ich der *FAZ* am 13. Januar 2004 einen zusammenfassenden Namensartikel angeboten. Sie hatte eine Veröffentlichung aber mit der Begründung abgelehnt, die Enthüllung hätte ja bereits im *Spiegel* gestanden.

XV.

Kritische Diskussion auch in Österreich und Schweden

Die öffentliche Kritik beschränkte sich nicht auf Deutschland, sondern schwappte auch auf Österreich über. Dort nahm sie allerdings einen überraschenden Weg. Unser im *Spiegel* abgedrucktes Schaubild zeigte, dass die monatlichen Grundgehälter österreichischer Minister mit 17587 Euro sehr viel höher waren als die aller ihrer Kollegen in den anderen Mitgliedstaaten der Europäischen Union. Das stellte das österreichische Nachrichtenmagazin *Format* am 16. Januar 2004 groß heraus. Der Beitrag schlug wie eine Bombe ein und beherrschte auch die Diskussion in den folgenden Tagen. In einer Vorabmeldung hieß es:

>»Österreichs Minister sind Europas Spitzenverdiener. Das berichtet das Nachrichtenmagazin FORMAT in seiner am Freitag erscheinenden Ausgabe unter Berufung auf eine Studie des deutschen Wissenschaftlers Hans Herbert von Arnim von der Verwaltungshochschule Speyer. Speyer hat die Ministergehälter EU-weit untersucht. In seinem Ranking führen die österreichischen Ressortchefs klar vor den Belgiern, Italienern und Deutschen. Sie verdienen – das 13. und 14. Gehalt anteilig miteingerechnet – pro Monat staatliche 17587 Euro. Europaweit sind die österreichischen Minister damit Topverdiener. Zum Vergleich: Ein spanischer Minister verdient nicht einmal ein Drittel seines Wiener Kollegen, Skandinavier müssen mit der Hälfte der Gage der Österreicher auskommen.« (*APA-Online-Manager* vom 15.1. 2004)

Auch alle anderen österreichischen Medien griffen das Thema auf. Auf dem Höhepunkt der öffentlichen Diskussion bat uns die Wiener Staatskanzlei, ihr zur Relativierung der Kritik die Höhe der Diäten mitzuteilen, die deutsche Bundesminister, wenn sie gleichzeitig Abgeordnete sind, zusätzlich aus ihrem Mandat erhalten. Diese Angaben wurden von der Staatskanzlei zu ihrer Entlastung sogleich veröffentlicht. Die *Frankfurter Allgemeine Zeitung* kommentierte dies etwas säuerlich: In Österreich »fährt die ›Kronenzeitung‹ eine ähnliche Kampagne gegen die vermeintliche Selbstbedienung der Abgeordneten wie in Deutschland die Zeitung ›Bild‹. Und ebenso wie Schröder zollt Bundeskanzler Wolfgang Schüssel lieber dem Boulevard seinen Tribut, als der jahrelangen Forderung der Abgeordneten nach ›gleichem Lohn für gleiche Arbeit‹ nachzukommen« (*FAZ* vom 16. 1. 2004).

Auch nach Schweden strahlte der *Spiegel*-Artikel aus. Kurz nach seinem Erscheinen rief das schwedische Fernsehen an, mit dem Ziel, Fernsehbilder zum Thema zu bekommen. Ich wies auf das ZDF hin, das mehrere Statements von mir aufgenommen hatte. Kurz darauf erfuhr ich von einer schwedischen Freundin, ich sei dort »im Fernsehen gewesen.«

Die öffentliche Kritik führte dazu, dass der Rat ein vom Europäischen Parlament gestelltes Ultimatum, das zum 15. Januar 2004 befristet war, verstreichen ließ und auf die reguläre Ratssitzung am 26. Januar verwies. In dieser Sitzung kam dann der erforderliche Beschluss zum Abgeordnetenstatut nicht zustande, weil eine qualifizierte Minderheit ihre Zustimmung verweigerte. Deutschland, Österreich, Schweden und Frankreich votierten dagegen.

XVI.

Es gibt noch Richter in Hamburg

Der Diätenstreit hatte noch ein gerichtliches Nachspiel. Die *Bild*-Zeitung war nicht bereit, die grob verfälschenden und ehrenrührigen Beschuldigungen, die die Abgeordneten Karl-Heiner Lehne und Martin Schulz in ihren Presseerklärungen vom 12. und 15. Januar 2004 gegen die Zeitung und gegen meine Person erhoben hatten, auf sich beruhen zu lassen. Der Springer-Verlag (als Inhaber der *Bild*-Zeitung) beantragte deshalb beim Landgericht Hamburg einstweilige Verfügungen gegen beide Abgeordnete, mit denen ihnen die schlimmsten Anwürfe untersagt werden sollten. Diese Verfügungen ergingen denn auch, und das Gericht hielt sie auch auf Widerspruch der beiden Abgeordneten durch Urteile vom 16. April 2004 in vollem Umfang aufrecht. Dem Abgeordneten Martin Schulz wurde gerichtlich untersagt, weiterhin zu behaupten:

— »seit vergangenem Herbst läuft eine beispiellose Hetzkampagne zur Diffamierung des Europäischen Abgeordnetenstatuts, (…) willfährig übernommen von Deutschlands ›buntestem‹ Boulevardblatt«,
— die *Bild*-Zeitung habe »bewusst falsch berichtet«,
— »heute wird nun das nächste Lügenmärchen aufgetischt, um in einer reißerischen Aktion der Auflage in die Höhe zu treiben«,
— die Angabe, EU-Abgeordnete erhielten nach der geplanten Novellierung des Abgeordnetenstatuts bis zu 68 Prozent mehr Rente, sei »frei erfunden«.

Dem Abgeordneten Klaus-Heiner Lehne untersagte das Landgericht Hamburg, weiterhin zu behaupten:

— »seit 5 Tagen läuft eine beispiellose, an Verhetzung grenzende Kampagne zur Diffamierung des Europäischen Abgeordneten Statuts in der BILD-Zeitung«,
— die *Bild*-Zeitung habe »bewusst falsch berichtet«,

– es sei »frei erfunden«, dass EU-Abgeordnete nach dem neuen Recht bis zu 68 Prozent mehr Rente erhalten würden.

Martin Schulz gab darauf eine Erklärung ab, dass er die genannten Äußerungen in Zukunft unterlassen werde. Damit ist das Gerichtsverfahren gegen ihn in der Sache abgeschlossen. Gegen Lehne erging das Urteil in der Hauptsache am 25. April 2005. Dieses war erforderlich, weil einstweilige Verfügungen nur für begrenzte Zeit gelten und zudem noch offen war, wer die Kosten des Rechtsstreits zu tragen hat. Das Landgericht Hamburg bestätigte seine früheren Entscheidungen und auferlegte Lehne auch die Prozesskosten von rund 16 400 Euro. Schulz hat ebenfalls die Prozesskosten von rund 16 400 Euro zu tragen.[13]

Die Urteile des Landgerichts Hamburg sind auch deshalb von besonderem Interesse, weil sie den Abgeordneten den Schutz der sogenannten parlamentarischen Unverantwortlichkeit (»Indemnität«) verweigerten, auf den beide Abgeordnete sich berufen hatten. Dieses überkommene Schutzrecht besagt, dass z. B. Bundestagsabgeordnete für Abstimmungen oder Äußerungen, die sie »im Bundestag oder in einem seiner Ausschüsse« getan haben, zu keiner Zeit »gerichtlich oder dienstlich verfolgt oder sonst außerhalb des Bundestages zur Verantwortung gezogen werden« dürfen. »Dies gilt nicht für verleumderische Beleidigungen« (Art. 46 Abs. 1 Grundgesetz). Die entsprechende Vorschrift für Europaabgeordnete besagt:

»Wegen einer in Ausübung ihres Amtes erfolgenden Äußerung oder Abstimmung dürfen Mitglieder der Versammlung weder in ein Ermittlungsverfahren verwickelt noch festgenommen oder verfolgt werden« (Art. 9 des Protokolls über die Vorrechte und Befreiungen der Europäischen Gemeinschaften, kurz PVB).

Diese Vorschrift scheint, jedenfalls ihrem Wortlaut nach, möglicherweise sogar noch weiter zu gehen als das Grundgesetz. Denn die Äußerung muss zwar in Ausübung des Abgeordnetenamtes erfolgen. Die Vorschrift enthält aber keine ausdrückliche Beschränkung auf Äußerungen im Parlament oder einem seiner Ausschüsse; auch der Vorbehalt hinsichtlich verleumderischer Beleidigungen fehlt. Die Abgeordneten meinten, sich im Schutze dieser Vorschrift selbst nachweisbar unrichtige und schwer ehrkränkende Äußerungen gegenüber der *Bild-*

Zeitung und meiner Person leisten zu können, ohne gerichtlich zur Verantwortung gezogen zu werden. Mit dem Grundsatz der »Waffengleichheit« wäre es dann in öffentlichen Auseinandersetzungen zwischen EU-Abgeordneten einerseits und normalen Bürgern oder der Presse andererseits zu Ende gewesen. Während nämlich jeder Bürger und die Medien unwahre Behauptungen und Schmähkritik gegenüber jedermann, auch gegenüber Abgeordneten, unterlassen müssen, wenn sie gerichtliche Verurteilung vermeiden wollen, hätten Abgeordnete sich mit dieser Vorschrift einen Freibrief verschafft, die unverschämtesten Lügen über ihre politischen Gegner zu verbreiten, auch über normale Bürger und die Presse, und kübelweise Unrat über sie zu ergießen.

Einer solchen Interpretation der europarechtlichen Indemnitätsvorschrift zu folgen, war das Landgericht Hamburg nicht bereit. Zum Glück gibt es noch unabhängige Richter in Hamburg. Ihre Urteilsbegründung liest sich wie eine Anklage gegen die Abgehobenheit der Politik: »In einem demokratischen Rechtsstaat sind und bleiben die Parlamentsabgeordneten Mitglieder des Volkes und stehen nicht etwa über diesem.« Es »verstieße gegen elementare Grundsätze der Demokratie als Volksherrschaft«, wenn sich Abgeordnete im öffentlichen Meinungskampf »Privilegien« verschaffen wollten. Nicht zu den Äußerungen, die ein Abgeordneter in Ausübung seines Amtes macht, so entschied das Gericht, gehörten »Äußerungen, in denen der Abgeordnete – und sei es auch unter Berufung auf seine Stellung als Abgeordneter – sich außerhalb des Parlaments unmittelbar an die Öffentlichkeit wendet und damit auf eine Art und Weise tätig wird, wie es jedem Bürger, der sich zu einer die Öffentlichkeit berührenden Frage äußert, auch zusteht.« Sie seien deshalb auch nicht durch die Indemnität geschützt. Allein diese Auslegung des Art. 9 PVB entspreche »dem Sinn und Zweck des Rechtsinstituts der Indemnität.« Denn diese solle »den Abgeordneten nur schützen, soweit er seine Rechte als Abgeordneter ausübt, nicht aber, soweit er Rechte ausübt, die jedem Bürger zustehen. Das Privileg der Indemnität müsse deshalb restriktiv ausgelegt werden. Schon im Preußischen Allgemeinen Landrecht von 1794 komme ein entsprechender allgemeiner Rechtsgrundsatz zum Ausdruck, »der auch gegenwärtig noch Rechtsgeltung beanspruchen« könne: »Privilegien und verliehene Freiheiten müssen, in zweifelhaften Fällen, so erklärt werden, wie sie am wenigsten zum Nachtheile des Dritten gereichen.«

Danach können, so fährt das Gericht fort, sich die Abgeordneten »auch nach der Regelung in Art. 9 PVB für die angegriffenen Äußerungen nicht auf die Indemnität berufen.« Denn die in den Pressemitteilungen getätigten Äußerungen hätten zwar in einem sachlichen Zusammenhang mit ihrer Tätigkeit als Mitglieder des Europäischen Parlaments gestanden, sie hätten jedoch keine amtliche Äußerung dargestellt, weil zwischen den Abgeordneten und den unmittelbaren Adressaten der Äußerungen – den um ihre Verbreitung ersuchten Medien und der Öffentlichkeit – kein spezifisches Rechtsverhältnis bestanden habe, aus dem die Abgeordneten Indemnität für ihre Äußerungen hätten ableiten können, und der Zweck der Indemnität – Schutz der Abgeordneten vor Beeinträchtigung ihrer spezifisch parlamentarischen Tätigkeit – habe einen solchen Schutz auch nicht erfordert.

XVII.

Gewaltenteilung in Gefahr

Von besonderer Pikanterie ist der Versuch des Europäischen Parlaments, massiv auf das Hamburger Landgericht Einfluss zu nehmen. In einem Beschluss wollte das Parlament das Gericht beeinflussen und ihm nahe legen, wie Art. 9 des Protokolls auszulegen sei. Doch davon ließen die Hamburger Richter sich ebenso wenig beeindrucken wie von einem Brief von Parlamentspräsident Pat Cox an die deutsche Justizministerin Brigitte Zypries, in dem er die Ministerin aufforderte, das Gericht »so schnell wie möglich« auf das nach Ansicht des Parlaments richtige Verständnis des Art. 9 »hinzuweisen«. Die Ministerin gab den Brief »zuständigkeitshalber« an das Gericht weiter. Hier wollte das Europäische Parlament also bestimmen, wie ein Gesetz auszulegen sei, und es mutete auch noch der deutschen Exekutive zu, in ihrem Sinn auf ein unabhängiges deutsches Gericht einzuwirken. Mit dem Grundsatz der Gewaltenteilung, der Legislative, Exekutive und Judikative streng trennt (Art. 6 Abs. 1 EU-Vertrag und Art. 20 Abs. 2 Grundgesetz), erscheint dieses Vorgehen unvereinbar. Die beiden Urteile des Landgerichts Hamburg vom 16. April 2004 und vom 25. April 2005 sind unseres Wissens die bisher einzigen Urteile deutscher Gerichte zur Frage der Indemnität von EU-Abgeordneten. Sie werden damit zu gerichtlichen Leitentscheidungen.

Bei Entscheidungen des Parlaments über seine Diäten sind sich die Abgeordneten meist einig. Deshalb ist Öffentlichkeit in solchen Fällen oft »die einzige wirksame Kontrolle«, wie das Bundesverfassungsgericht in seinem Diätenurteil von 1975 betont hat. Diese nun aber dadurch zu schwächen, dass Abgeordnete bei öffentlichen Auseinandersetzungen über ihre Diäten – unter Berufung auf den Grundsatz der Indemnität – einen Freibrief für Falschinformation und Irreführung der Öffentlichkeit und für die Diffamierung von Kritikern erhalten, kann nicht angehen. Erst recht darf es nicht Sache der Abgeordneten sein, den Gerichten, die allein zur Auslegung des Rechts berufen sind, die Reichweite der Indemnitätsvorschrift vorzuschreiben. So sah es offenbar auch das Landgericht (siehe S. 367 ff.).

XVIII.

Strafbarkeit wegen versuchten Prozessbetrugs und übler Nachrede, Schadensersatz

Rothley hat die Zahlen manipuliert, Lehne hat sie der Verwaltung untergeschoben, und Rothley, Lehne und Schulz haben die falschen Berechnungen bei den verschiedensten Gelegenheiten verwendet. Rothley machte in einer mit dem Vermerk »vertraulich« gestempelten Mitteilung an den Ausschuss für Recht und Binnenmarkt Ende November 2003 – in völliger Abweichung von seinen eigenen früheren Angaben – unvermittelt eine neue Rechnung auf und ließ nunmehr bestimmte steuerliche Abzüge einfach weg, so dass das zu erwartende Nettoeinkommen von EU-Abgeordneten beträchtlich geringer erschien (Mitteilung Nr. 23/2003). Diese neuen Zahlen sind unrichtig. Rothley hat die Abweichung von seinen eigenen früheren Musterrechnungen denn auch mit keinem Wort begründet, ja sie nicht einmal erwähnt. Auf dieser neuen, unrichtigen Basis bat Klaus-Heiner Lehne die Generaldirektion Finanzen, die zu erwartenden Nettoeinkommen von EU-Abgeordneten zu ermitteln, die nun natürlich die steuerlichen Abzugsbeträge auch nicht mehr enthielt und deshalb ein zu geringes Nettoeinkommen auswies. Rothley, vor allem aber Lehne und Schulz, unterbreiteten diese Fälschungen dann der Öffentlichkeit als scheinbar offiziell-amtliche Bestätigung ihrer eigenen Zahlen und erhoben in diesem Zusammenhang schwere Vorwürfe gegen die *Bild*-Zeitung und gegen mich. Dieselben Berechnungen legten Lehne und Schulz schließlich auch dem Hamburger Landgericht im Verfahren über die gegen sie erlassenen einstweiligen Verfügungen vor. Auf diese Weise versuchten sie, das Gericht zu einer für sie günstigen Entscheidung zu veranlassen. Das Gericht folgte dem Vortrag der Abgeordneten zwar nicht.

Aber auch der Versuch des Prozessbetrugs ist strafbar. Lehne dürfte die Unrichtigkeit von Anfang an gekannt haben. Das Auswechseln der richtigen gegen die falschen Zahlen war Lehne vermutlich schon zum damaligen Zeitpunkt bewusst. Lehne war Mitglied des Ausschusses für Recht und Binnenmarkt. Als solcher erhielt er Kenntnis sowohl von den früheren richtigen Angaben als auch von der Auswechselung. Er hat die ausgewechselten Zahlen der Finanzdirektion untergeschoben und dadurch eine unrichtige, aber amtliche Stellungnahme erwirkt. Es ist anzunehmen, dass auch Schulz das Auswechseln der Zahlen schon zur Zeit seiner Presseerklärung vom 15. Januar 2004 gekannt hat. Ihm dürfte dies aber schwerer nachzuweisen sein als Lehne, da er nicht Mitglied des Ausschusses Recht und Binnenmarkt war.

Rothley, Schulz und Lehne haben sich durch ihre ehrkränkenden Äußerungen gegenüber der *Bild*-Zeitung und gegenüber meiner Person auch aus einem anderen Grunde strafbar gemacht. Wer jemanden durch überzogene Wortwahl schmäht oder Unrichtiges über andere verbreitet, das deren Ehre verletzt und erwiesenermaßen falsch ist oder dessen Richtigkeit nicht belegt werden kann, macht sich wegen Beleidigung (§ 185 Strafgesetzbuch), übler Nachrede (§ 186 StGB) oder Verleumdung (§ 187 StGB) strafbar. Zusätzlich kann der Beleidigte nach zivilrechtlichen Vorschriften Schadensersatz verlangen.

Ich behalte mir daher eine Anzeige wegen Prozessbetrugs und übler Nachrede ausdrücklich vor. Der Grundsatz der parlamentarischen Unverantwortlichkeit (Indemnität) schützt die Abgeordneten vor solcher gerichtlichen Inanspruchnahme nicht. Das hat das Landgericht Hamburg in seinen Urteilen vom 16. April 2004 klargestellt. Was dort in Bezug auf Unterlassungsansprüche ausgeführt wurde, gilt auch im Hinblick auf strafrechtliche Verfolgung und zivilrechtlichen Schadensersatz.

XIX.

Eine politische »Dolchstoßlegende«

Viele deutsche EU-Abgeordnete versuchten, auch als das Scheitern des Statuts im Rat schon abzusehen war und sie selbst bereits ihre Zustimmung zurückgezogen hatten, immer noch den Eindruck zu vermitteln, das geplante Vorhaben sei im Prinzip richtig und angemessen gewesen,[14] bloß seien die deutsche Regierung vor der Wucht der »populistischen Kampagne« der *Bild*-Zeitung[15] und die österreichische Regierung vor der Wucht der *Kronenzeitung* in die Knie gegangen.[16] Diese Darstellung sollte es offenbar den Abgeordneten – besonders im Blick auf die bevorstehende Europawahl – erleichtern, ihr Gesicht gegenüber ihrer Partei- und Wählerbasis zu wahren. Um diese Sprachregelung öffentlich durchzusetzen, wurde eine Doppelstrategie gefahren. Einmal wurde die beträchtliche Gehaltssteigerung für deutsche EU-Abgeordnete, zu der der Statutsentwurf von 2003 geführt hätte, durch getürkte Rechnungen verschleiert.[17] Zugleich wurde durch Herausstreichen dieses Punktes und wüste Beschimpfungen der *Bild*-Zeitung und des Verfassers versucht, von den entscheidenden Mängeln des Statutsentwurfs abzulenken:

– der totalen Unverträglichkeit der 9053 Euro mit dem nationalen Gefüge von Politikergehältern in vielen EU-Staaten, besonders in den Beitrittsländern;
– dem Umstand, dass EU-Abgeordnete aus Brüssel schon jetzt üppige Leistungen erhalten, mit denen sie vor Ort gut leben und arbeiten können – und zwar alle Abgeordneten in gleicher Höhe, aus welchem Land auch immer sie kommen;
– dem gewaltigen Mehr bei den Pensionen, das der Statutsentwurf auch für deutsche EU-Abgeordnete bewirkt hätte.

Die Strategie ging zumindest zum Teil auf: Zeitungen wie die *Frankfurter Allgemeine Zeitung*[18] und die *Süddeutsche Zeitung*[19] saßen gemeinsam mit einigen Nachrichtenagenturen und Fernsehanstalten[20] der amtlichen Desinformations- und Diffamierungskampagne seitens des EU-Parlaments auf, anders aber *Der Spiegel*,[21] die *Bild-Zeitung*,[22] *Die Welt*,[23] das *Handelsblatt*[24] und die *Berliner Zeitung*.[25] Auch manche Regionalzeitung entzog sich dem Sog der in Brüssel fabrizierten *political correctness*.[26] Dass die Desinformationskampagne, zumindest teilweise, gelang, dürfte wieder mehrere Gründe haben:

— die enorme Kompliziertheit der Materie, die es den Abgeordneten erleichterte, Verwirrung zu verbreiten.
— Viele Brüsseler und Straßburger Korrespondenten der deutschen Medien (und wahrscheinlich auch der Medien anderer Länder) hatten die Brisanz der Diätenpläne nicht erkannt und wohlwollend berichtet. Da fiel es dann erst recht schwer, die große Linie der ganzen bisherigen Berichterstattung zu ändern. Zudem dürfte die Nähe der Brüsseler und Straßburger Medienvertreter zu den dortigen Politikern im Laufe der Jahre zu einer gewissen Symbiose geführt haben, wie dies die Brüsseler Korrespondenten des Magazins *Stern* und der *Süddeutschen Zeitung*, Hans-Martin Tillack und Andreas Oldag, in ihrem Buch *Raumschiff Brüssel* eindrucksvoll beschrieben haben.
— Mehrere EU-Abgeordnete glaubten sich zudem unter der rechtlichen Schutzglocke der parlamentarischen Unverantwortlichkeit (Indemnität) derart sicher, dass sie mit Diffamierungen der *Bild*-Zeitung und meiner Person nur so um sich warfen, offenbar mit dem Ziel, die Kritiker unglaubwürdig zu machen. Das dürfte manchen Journalisten zusätzlich verunsichert haben.

Hinzu kommt ein Weiteres: Vermutlich haben einige den Statutsentwurf auch deshalb mit Kritik verschont, weil sie – wahrscheinlich zu Recht – erwarteten, vom Statut werde, wenn es erst in Kraft sei, eine Tendenz zu einer allgemeinen Steigerung der Politikergehälter in Deutschland und in anderen EU-Staaten ausgehen. Manche Medien treten jedenfalls schon lange für höhere Gehälter von Politikern ein.[27] Natürlich mögen auch viele Politiker auf eine solche »Vorlage« aus der EU, gehofft haben, selbst wenn sie diesen Hintergedanken nicht offen aussprechen konnten.

XX.

Öffentliche Aufklärung über
das Spesenunwesen

Nach dem Scheitern des Abgeordnetenstatuts war es nun an der Zeit, auch die grotesken Spesenregelungen, die das Präsidium des Europäischen Parlaments im Laufe der Jahre für die Volksvertreter aufgehäuft hatte, an die Öffentlichkeit zu bringen. Hier machte der österreichische EU-Abgeordnete Hans-Peter Martin den Vorreiter. Der frühere Redakteur des Nachrichtenmagazins *Der Spiegel* hatte als eine Art Undercover-Agent seine Kollegen jahrelang heimlich dabei gefilmt und abgehört, wie sie – in Ausnutzung des missbräuchlichen Spesenregimes – viel zu hohe Reisekosten und Tagegelder abrechnen. So etwa, wenn sie sich an sitzungsfreien Freitagen frühmorgens noch rasch in die Anwesenheitsliste eintragen, um das Tagegeld zu kassieren, und dann sogleich nach Hause flogen. So etwa wenn sie Tagegeld für Fraktionssitzungen in Bologna oder Berlin kassierten, selbst wenn die Sitzung abgesagt worden war. So etwa, wenn sie mit Billigflügen in Baden-Baden oder Hahn landeten, um sich vom parlamentsinternen Fahrdienst zum Sitz des Parlaments bringen zu lassen, und stolz darüber berichteten, wie viel tausend Euro an steuerfreiem Zusatzsalär ihnen das wieder einmal gebracht habe.

Martin rechnete auf seiner Homepage vor, dass Europaparlamentarier durch Ausnutzen aller üppigen Spesenregelungen 100 000 EUR im Jahr als zusätzliches steuerfreies »Nebeneinkommen« einsacken können. Viele seiner Videos wurden von dem Fernsehmagazin *stern tv* Mittwoch abends bundesweit gesendet und von dessen Moderator Günther Jauch kritisch-ironisch kommentiert. Ein Reporter dieses Senders, Boris Weber, brachte die Abgeordneten immer wieder in Verlegenheit, indem er sie mit den mitgeschnittenen Video- und Tonbandaufnahmen konfrontierte und um eine Stellungnahme bat. Die Bilder der vor dem Fernsehteam panisch durch die Parlamentshallen flüchtenden Abgeordneten stehen noch heute Millionen Zuschauern

vor Augen. Das bildgewordene schlechte Gewissen sprach für sich
selbst und ließ in Zukunft erst recht alle Volksvertreter verstummen,
obwohl diese sonst keinem Mikrofon und keiner Kamera aus dem
Wege gehen und jede Möglichkeit ausnutzen, sich öffentlichkeitswirksam in Szene zu setzen. Weber wurde so geradezu zum Schrecken des
Parlaments. Wenn er um Drehgenehmigung in den Hallen des Hohen
Hauses ersucht hatte, schickte die Leitung des Parlaments unverzüglich
Rundmeldungen an alle Abgeordneten, um sie vor unerhofften Be-
gegnungen mit dem Reporter zu warnen. Auch viele Zeitungen griffen das Thema auf, in Österreich vor allem das Magazin *News* und die
auflagenstarke *Kronenzeitung*. Martins Kampagne und die *stern tv*-Be-
richte hatten alsbald den messbaren Erfolg, dass die Zahl der Freitag
früh geleisteten Unterschriften radikal zurückging.

Die von Hans-Peter Martin in Wort und Bild an den Pranger gestellten Abgeordneten beriefen sich ihrerseits auf das Regelwerk und verteidigten sich damit, sie hätten keinerlei Verstoß begangen. Zu demselben Ergebnis – alles regelkonform – führte auch eine parlamentsinterne
»Untersuchung«, die der Präsident des Europäischen Parlaments, Pat
Cox, als Reaktion auf Martins angebliche Nestbeschmutzung vor-
nahm. Dass die vom Präsidium in eigener Sache erlassene »Kostener-
stattungs- und Vergütungsregelung« das eigentliche Problem darstellt,
kam dabei gezielt zu kurz. Immerhin lenkten Martins Aktionen den
Blick auch auf dieses unsägliche Konstrukt.

In dieser Situation kam meine kritische Analyse des komplizierten,
auf 64 Seiten angeschwollenen Regelwerks (»Diätenwildwuchs im
Europäischen Parlament«) gerade recht. Sie stellte die gemeinschafts-
rechtliche Zulässigkeit der ganzen Regelung allein durch das Parlamentspräsidium infrage. Nach Art. 190 Abs. 5 EG muss der finanzielle
Status von Abgeordneten, falls EU-Organe einschlägige Regelungen
erlassen, vom Plenum des Parlaments unter Anhörung der Kommission und mit Zustimmung des Rats geregelt werden. Darüber hinaus
verstößt die Regelung, nach der oft sehr viel höhere Erträge erstattet
werden, als die tatsächlichen Kosten ausmachen, meiner Meinung nach
gegen weitere Vorschriften des EG-Vertrages wie etwa den Grundsatz
der Wirtschaftlichkeit (siehe S. 301). Hoch problematisch sind auch
die Pensionssysteme, die vielfach zur Doppelversorgung führen (siehe
S. 288). Die Analyse wurde in angesehenen Fachzeitschriften in deut-

scher, englischer und spanischer Sprache veröffentlicht. Ein Magazin
brachte vorab einen Bericht darüber und stellte meine ganze Untersuchung, für jedermann nachlesbar, ins Internet.[28] Ergänzend verfasste
ich einige Namensartikel in deutschen und österreichischen Zeitungen und Magazinen. Die Reaktion des Europäischen Parlaments ließ
nicht lange auf sich warten. In einem mit dem Juristischen Dienst des
Parlaments abgestimmten »Aide memoire« vom 7. 4. 2004 versuchte
der Generaldirektor für Finanzen die Regelungen zu rechtfertigen. Im
weiteren Verlauf der öffentlichen Diskussion ragt besonders der große Aufmacherartikel in der *International Harald Tribune* vom 24. Mai
2004 (Martin Gottlieb und Doreen Carvajal, »Perks at EU Parliament:
A system out of control?«) und ein gleichzeitig erschienener Beitrag
derselben Autoren in der *New York Times International* hervor, in denen
neben Hans-Peter Martin auch ich zu Wort kam.

Infolge der öffentlichen Kritik forderten verschiedene Gruppen von
Abgeordneten eine grundlegende Reform der Kostenerstattungs- und
Vergütungsregelung. Die deutschen EU-Abgeordneten verpflichteten
sich in einer politischen Erklärung von Ende April 2004, bestimmte
Formen der Spesenreiterei, die die Regelung zulässt, nicht mehr in
Anspruch zu nehmen. Dasselbe taten auch österreichische Abgeord-
nete. Inwieweit sie sich daran wirklich halten, ist kaum zu kontrol-
lieren.

XXI.

Ein neuer Anlauf

»Nach dem Statut ist vor dem Statut«. Mit diesen Worten brachte Karl-Heiner Lehne unmittelbar nach dem Scheitern des Abgeordnetenstatuts im Januar 2004 die fortbestehende Absicht großer Teile des Europäischen Parlaments zum Ausdruck, nach der Europawahl im Juni 2004 einen neuerlichen Anlauf zu unternehmen, den finanziellen Status von Europaabgeordneten neu zu regeln. Frühere Ankündigungen, gleich nach der Wahl Auswüchse bei den Spesen zu beseitigen, blieben unerfüllt. Die Europaabgeordneten hatten seinerzeit die aufbrandenden medialen Wogen mit dem Versprechen zu glätten versucht, nach der Wahl werde alles besser und transparenter. Seitdem ist außer Wohlverhaltens-Selbstverpflichtungen zu Spesen nicht viel gewesen. Ob und inwieweit die Selbstverpflichtungen, die deutsche und österreichische EU-Abgeordnete eingegangen waren), überhaupt eingehalten werden, ist unklar. Einmal mehr setzte sich die trotzige Auffassung durch, ohne Inkrafttreten des Statuts gebe es auch keine Reform der missbräuchlichen Spesenregelung.

Im April 2005 wagte sich der amtierende EU-Ratspräsident, der Luxemburger Regierungschef Jean-Claude Juncker, erneut an das Thema heran und kündigte an, er wolle das umstrittene Diäten- und Spesenregime bis zum Ende seiner Präsidentschaft im Juni 2005 reformieren. (Sein Vorgänger im Ratsvorsitz, der niederländische Ministerpräsident Jan Peter Balkenende, hatte es noch abgelehnt, das Thema wieder aufzugreifen.) Der offenbar mit den Fraktionsspitzen des Europäischen Parlaments abgesprochene Plan Junckers sah zwei Modelle vor: entweder eine einheitliche Entschädigung von 7800 Euro, wovon die Abgeordneten 800 Euro für die Altersvorsorge abführen müssten, oder eine Einheitsentschädigung von 7000 Euro, wobei dann die Altersvorsorge vollständig vom Parlament finanziert würde. Mit beiden Modellen wollte man besonders der Kritik in Deutschland gerecht werden, die sich gegen die Anfang 2004 geplante Erhöhung auf

9053 Euro vor allem mit dem Argument gewandt hatte, diese bedeute
eine beträchtliche Steigerung der Bezüge deutscher EU-Abgeordne-
ter. Denn beide Modelle scheinen für deutsche Abgeordnete, die der-
zeit 7009 Euro erhalten, keine Änderung zu bedeuten. Vor allem an
Deutschlands Veto im Rat war das Statut damals gescheitert. Die Auf-
stockung der Gehälter der großen Masse der EU-Abgeordneten bei
Einführung der geplanten Einheitsentschädigung wurde bei beiden
Modellen allerdings ausgeblendet, es sei denn, man betrachtete sie als
Kompensat für die ebenfalls geplante Beseitigung des Reibachs bei den
Flugspesen, was aber unzulässig wäre (siehe S. 300).

Das schlechte Gewissen blieb allerdings bestehen. Denn die Politik
versuchte den Plan vor der Wahl in Großbritannien (5. Mai), der Landtagswahl in Nordrhein-Westfalen (22. Mai) und dem Referendum über
die europäische Verfassung in Frankreich (29. Mai) möglichst aus der
öffentlichen Diskussion herauszuhalten. Das gelang allerdings nicht
ganz. So rechnete die *Bild*-Zeitung am 20. April 2005 vor, welche
»Luxus-Pension« auch dieser Plan den Abgeordneten brächte. Aufgrund der höheren Prozentsätze (Versorgungsanspruch von 3,5 Prozent der Entschädigung pro Jahr statt bisher 3 Prozent), des europäischen Steuerprivilegs und des Wegfalls der Wartezeit (Rentenanspruch
schon nach einem Jahr Mandatszeit) ist die EU-Altersversorgung sehr
viel günstiger als die bisherige Versorgung von deutschen Abgeordneten, obwohl diese schon jetzt als überversorgt gelten. Das geplante
Statut bringt EU-Abgeordneten bereits nach einer fünfjährigen Legislaturperiode in Brüssel eine Pension von monatlich 1225 Euro –
mehr als eine deutsche Durchschnittsrente nach 45 Arbeitsjahren. Diese Rechnung geht von einem Einheitsgehalt von 7000 Euro aus (7000
mal 0,175 = 1225). Auch die haushaltsmäßigen Bedenken, die die Bundesregierung Anfang 2004 bei Ablehnung des Statuts angeführt hatte,
greifen nach wie vor durch: Für die Mehrbelastungen des EU-Haushalts, die im Übrigen vor allem Nettozahler wie Deutschland belasten
werden, fehlen die Mittel im Haushalt des Europäischen Parlaments,
und der Wegfall der pauschalen Flugkosten wird voraussichtlich zu keiner Einsparung führen (oben S. 271). Bei einem Treffen der für Europa zuständigen Regierungsmitglieder der 25 EU-Staaten am 26. April
appellierte der Präsident des Europäischen Parlaments, Josep Borrell,
gleichwohl unverdrossen an die Minister, sich der »Dringlichkeit« der

Diätenreform bewusst zu sein. Die Minister hielten sich allerdings zunächst bedeckt. Vermutlich werde man sich aber noch vor der Sommerpause erneut mit dem Problem befassen, hieß es laut einer dpa-Meldung vom 27. April 2004. Und so kam es denn auch.

Das Europäische Parlament beschloss am 24. Juni 2005 mit großer Mehrheit das Abgeordnetenstatut in einer etwas abgespeckten Fassung, und der Rat stimmte dem kurz darauf zu. Dies geschah im publizistischen Windschatten zweier europäischer Großereignisse, die die Öffentlichkeit in Atem hielten: der Absage der Franzosen und Niederländer an die europäische Verfassung und des Scheiterns der Verhandlungen über den mittelfristigen Finanzrahmen der EU für die Jahre 2007 bis 2013. Mit beidem war die Öffentlichkeit so sehr beschäftigt, dass für das Abgeordnetenstatut kaum noch Raum blieb, zumal es erst zu Beginn der nächsten Wahlperiode, also 2009, in Kraft tritt. Das Statut sieht nunmehr eine Entschädigung in Höhe von 38,5 Prozent der Grundbezüge eines Richters am Europäischen Gerichtshof vor (derzeit ca. 7000 Euro), also nicht mehr 50 Prozent (über 9000 Euro) wie noch der Statutsentwurf von 2003. Der Unterschied verringert sich aber erheblich, weil kein Eigenbeitrag zur Altersversorgung mehr anfällt und die Sonderabgaben von Abgeordneten an ihre Partei (»Parteisteuern«) illegalisiert werden. Auch die Steuerregelung wird zum Teil entschärft, weil das Statut nunmehr die hohen Freibeträge, die Beamte genießen und die nach dem Statutsentwurf von 2003 auch Abgeordneten zugute gekommen wären, ausschließt. Doch die unangemessene Vereinheitlichung der Entschädigung bleibt bestehen. Während die meisten Redner in der Plenarsitzung des Europäischen Parlaments vom 23. Juni 2005 das Statut erwartungsgemäß begrüßten, blieb es der Abgeordneten Hélène Goudin von der Fraktion der unabhängigen Demokraten vorbehalten, die von der Mehrheit verschwiegenen Probleme beim Namen zu nennen. Sie sagte:

> »Herr Präsident, die schwedische Juni-Liste ist der Auffassung, dass die Mitglieder des Europäischen Parlaments ihr Gehalt von den jeweiligen nationalen Parlamenten beziehen und eine einheitliche Kostenerstattung vom Europäischen Parlament erhalten sollten. Richtschnur muss für uns das Prinzip der Subsidiarität sein. Es obliegt den einzelnen Mitgliedstaaten, über die ihren

Parlamentariern zu zahlenden Gehälter zu entscheiden. Die den Mitgliedern des Europäischen Parlaments gezahlten nationalen Gehälter müssen den in den jeweiligen Mitgliedstaaten üblichen tatsächlichen Gehältern und Kosten angepasst bleiben. Die Abgeordneten sollten sich ihre Gehälter von ihren eigenen Ländern zahlen lassen und auch dort ihre Steuern abführen. Prinzipiell sind wir der Auffassung, dass die Gehälter der von den Menschen in den jeweiligen EU-Mitgliedstaaten gewählten Europaabgeordneten nicht von der EU festgesetzt werden sollten. Es wäre ungerecht, wenn ein Mitglied des Europäischen Parlaments aus einem Land mit niedrigen Gehältern ein Gehalt bezöge, das um ein Mehrfaches höher ist als das einer Person, die in seinem Heimatland eine ähnliche oder höher gestellte Position innehat. Eine Folge des gemeinschaftlichen Statuts für Mitglieder des Europäischen Parlaments könnte zum Beispiel sein, dass die Europaabgeordneten eines Landes Gehälter beziehen, die das ihres eigenen Staatsoberhaupts oder Regierungschefs um ein Mehrfaches übersteigen. Es darf nicht sein, dass Mitglieder des Europäischen Parlaments von den Wählern ihres Heimatlandes als eine privilegierte Elite angesehen werden, sondern die Gehaltsbedingungen müssen in vernünftiger Weise der nationalen Gehaltssituation für gleich geartete Funktionen entsprechen.«[29]

Der Abgeordnete Hans-Peter Martin sprach in derselben Plenardebatte von einem »die Demokratie unterhöhlenden Privilegienpaket«, dessen Verabschiedung als »entscheidender Sargnagel der Europäischen Union« in die Geschichte eingehen werde. Es symbolisiere »die Abgehobenheit einer Volksvertretung«, die es so schwer mache, »die wirklichen Probleme, um die es in Europa geht«, in den Blick zu bekommen.[30]

XXII.

Ein von Grund auf verkehrter Ansatz

Das Hauptproblem einer einheitlichen Entschädigung für alle besteht nur vordergründig in der Frage, ob die Diäten deutscher EU-Abgeordneter erhöht werden. In Wahrheit ist der ganze Vereinheitlichungsansatz von Grund auf verkehrt. Angesichts der völlig unterschiedlichen Verhältnisse in den 25 Mitgliedstaaten ist es falsch, allen Abgeordneten dasselbe Heimatgehalt zu geben, auch wenn dieses nicht 9053, sondern 7000 Euro beträgt. Das zu verstehen scheint allerdings gewisse ökonomische Grundkenntnisse zu verlangen, die offenbar nicht überall vorausgesetzt werden können. Der Gleichheitssatz steht der Beibehaltung unterschiedlicher Heimatgehälter keinesfalls entgegen; vielmehr gebietet er sie geradezu. Denn der Gleichheitssatz verlangt nicht nur, Gleiches gleich, sondern auch Ungleiches verschieden zu behandeln. Genau zum selben Ergebnis führt auch der Grundsatz »Gleicher Lohn für gleiche Arbeit«, wenn man ihn nur richtig interpretiert. Denn in Wahrheit liegt bei einer Vereinheitlichung der Heimatgehälter gar kein »gleicher Lohn« vor: Ein Euro ist in einem Land mit niedrigen Einkommen, niedrigem Lebensstandard und niedrigen Preisen *real*, also seiner effektiven Kaufkraft nach, sehr viel mehr wert als in einem Land mit hohen Einkommen und hohem Lebensstandard. Das alles wurde oben bereits ausführlich dargelegt (siehe S. 312). Der Großkommentar zum Recht der Europäischen Union, herausgegeben von Eberhard Grabitz und Meinhard Hilf, hat sich inzwischen meiner Auffassung ausdrücklich angeschlossen. In diesem juristischen Standardkommentar schreibt der Bearbeiter Sven Hölscheidt in der jüngsten Auflage vom Januar 2004 wörtlich:

> »Das Ziel der Gleichbehandlung der Europaabgeordneten auch bei ihrer Bezahlung … führte … bei seiner Verwirklichung zu groben Ungleichheiten im Verhältnis zu den Entschädigungen der nationalen Parlamentarier; Europaabgeordnete aus Staaten

mit niedrigem Lebensstandard und geringem Einkommensniveau würden künftig ein Vielfaches ihrer Kollegen in den nationalen Parlamenten verdienen, obwohl sie ähnliche Arbeit errichten (im einzelnen vgl. von Arnim/Schurig, Deutsches Verwaltungsblatt 2003, Seiten 1176ff.). Richtiger Referenzrahmen für die Abgeordnetenentschädigung der Europaparlamentarier ist das nationale Einkommensniveau, da die Abgeordneten ihren Lebensmittelpunkt größtenteils in ihren jeweiligen Heimatstaaten haben. Die Gleichheit bei der Erstattung der Kosten für das Leben am Sitzungsort Brüssel, Straßburg oder Luxemburg ist ohnehin bereits realisiert … Hinzu käme, dass die meisten Abgeordneten nicht nur relativ im Vergleich zu den nationalen Abgeordneten besser gestellt würden, sondern auch absolut betrachtet von einer Anhebung ihrer Diäten um zum Teil ein Vielfaches profitieren würden. … Aus den gleichen Gründen ist eine Besteuerung allein nach der Gemeinschaftssteuer abzulehnen.«

In der Politik sind es vor allem der bayerische Ministerpräsident Edmund Stoiber und die soeben genannten Europaabgeordneten, die die Sinnwidrigkeit einheitlicher Gehälter erkannt haben. Selbst Martin Schulz, der jetzige Vorsitzende der SPE-Fraktion des Europäischen Parlaments, hat dies in einer Art lichtem Moment eingeräumt (siehe S. 363). Dennoch hält sich die gegenteilige Meinung, die sich das Europäische Parlament seit langem in eigener Sache gebildet hat und die mancher Hofjournalist in Brüssel oder auch im eigenen Land, ohne viel nachzudenken, nachplappert, zäh am Leben. Um dies zu illustrieren, sollen im Folgenden einige Meinungsmacher zitiert werden. Dabei soll der Anschaulichkeit zuliebe auch eine Reihe weiterer fadenscheiniger Argumente vorgeführt werden, die man sich ausgedacht hat, um dennoch die Vereinheitlichung scheinbar begründen zu können, wobei die bestimmten Journalisten zugeschriebenen Zitate letztlich meist von EU-Abgeordneten herrühren dürften.

»Eine einheitliche Bezahlung aller wäre nicht nur eine Frage der Fairness. … Man stelle sich vor, die gegenwärtig in Brüssel praktizierte unterschiedliche Bezahlung gäbe es auch im Deutschen Bundestag. Dann würden die Bayern und Baden-Württemberger besser bezahlt als Brandenburger und Abgeordnete aus Sachsen-Anhalt, weil ihre Landtagsabgeordneten auch weniger erhalten. Der Aufschrei wäre unüberhörbar« (*Lausitzer Rundschau* vom 26. 1. 2004). Hier beschwört der Kommentator einmal mehr den Grundsatz »Gleicher Lohn für gleiche Arbeit«, obwohl dieser Satz, richtig interpretiert, zur Beibehaltung des Status quo führt. Die Abgeordneten des Bundestages werden alle von demselben Volk und nach demselben Wahlrecht gewählt, und die Unterschiede im Lebensstandard halten sich in den verschiedenen Bundesländern in Grenzen.

Ein anderer Originalton lautet so: »Viele sachliche Gründe dafür, dass die Diäten, je nach Herkunft der Parlamentarier … schwanken, gibt es in der Tat nicht, zumal wenn die Unterschiede nach der Ost-Erweiterung in absurde Relationen steigen«. Wer das anders sehe, betreibe eine »Neidkampagne«. Dies schrieb Günter Nonnenmacher, einer der Herausgeber der *Frankfurter Allgemeinen Zeitung* am 27. 1. 2004 in seinem Blatt, eine Aussage, die sich in ihrer ökonomischen Ahnungslosigkeit selbst richtet, ebenso wie der folgende Kommentar von Heribert Prantl, dem Leiter des Ressorts Innenpolitik der *Süddeutschen Zeitung*: »Der organisierte Neid ist eine beachtliche Macht in Deutschland: Aus Angst vor diesem Neid hat die deutsche Bundesregierung soeben eine vernünftige und gerechte, nämlich einheitliche Bezahlung aller Europa-Parlamentarier verhindert.« Die »verschiedene Entlohnung … widerspricht dem Satz vom ›gleichen Lohn für gleiche Arbeit‹« (*Süddeutsche Zeitung* vom 27. 1. 2004). Auch Prantl meint offenbar, sich durch die Diffamierung der Kritiker eine saubere Begründung sparen zu können. Genauso ist die pauschale Behauptung zu bewerten, hinter der Kritik stecke in Deutschland »einfach nur Politikerhass« (*Europa-Digital* vom 28. 1. 2004).

Andere meinen, der EG-Vertrag schreibe verbindlich vor, dass alle Abgeordneten das gleiche Gehalt bekommen (*Stuttgarter Zeitung* vom 16. 1. 2004). Auch dies trifft nicht zu. Erstens enthält Art. 190 Abs. 5 EG nur eine Ermächtigung, keine Verpflichtung zum Erlass eines Abgeordnetenstatuts. Zweitens kann keine Rede davon sein, dass diese Vorschrift gleiche Heimatgehälter für alle Abgeordneten vorschreibe (siehe S. 317). Dennoch wird dieses Argument immer wieder aufgewärmt: »Haben die Euro-Mächtigen vergessen, dass sie selbst ein solches Statut gefordert haben? Im EU-Vertrag von Amsterdam (damals noch mit Helmut Kohl) wurde die Order dafür gegeben, und im Dokument von

Nizza (mit der Unterschrift Gerhard Schröders) ist sie bekräftigt worden« (Gisbert Kuhn in: *Mannheimer Morgen* vom 27. 1. 2004).

Viele versuchen es auch mit Argumenten höchst nebulöser Art: »Einheitliche Diäten … sollten künftig für ein besseres europäisches Arbeitsklima sorgen« und dem Parlament »ein eigenes Gewicht geben« (Cornelia Bolesch in: *Süddeutsche Zeitung* vom 16. 1. 2004). »Einheitliche Diäten sollen die Identität des Europaparlaments stärken« (Cornelia Bolesch in *Süddeutsche Zeitung* vom 26. 1. 2004). Einheitliche Diäten seien geeignet, die »nach wie vor schwache ›europäische Identität‹ zu stärken« (Ralf Joas in: *Die Rheinpfalz* von 27. 1. 2004), als ob Arbeitsklima, Gewicht und Identität des Europäischen Parlaments von der Vereinheitlichung der Gehälter abhingen. »Das Prinzip der Europäischen Solidarität und des Teilens zwischen Groß und Klein, Reich und Arm in Europas Volksvertretung« verlange gleiche Gehälter (Katja Ridderbusch in: *Die Welt* vom 24. 1. 2004). Überzeugend ist das alles nicht. Sollte das Statut zustande kommen, wäre es mit der Identität Europas und der Solidarität unter den Abgeordneten des Europäischen Parlaments spätestens dann vorbei, wenn allen Betroffenen klar wird, dass Abgeordnete mit ihren formal gleichen Heimatgehältern sich völlig Unterschiedliches leisten können: Der polnische Volksvertreter kann zu Hause wie ein Fürst leben und sich sozusagen ein Schloss samt Bediensteten leisten, der deutsche Abgeordnete allenfalls ein Reihenhaus mit schwarz arbeitender Putzfrau.

XXIII.

Eine Sackgasse und eine Zwickmühle

Das europäische Parlament hat sich unter der Hand eine Fülle von Spesenregelungen bewilligt, die zum Missbrauch geradezu einladen. Wenn Bürger Gleiches täten, wäre das kriminelles Unrecht. Die üppige Ausstattung, die Europaabgeordnete seit langem genießen, machte es ihnen schwer, einer Reform zuzustimmen, die den Spesenmissbrauch wirklich umfassend abstellt, ohne dass sie ihnen gleichzeitig einen Ersatz in Form von Riesengehältern gibt. Sonst würden sie, zählt man diese illegitimen Einnahmen mit, viel Geld verlieren. Und die Überlegung, dass ein ersatzloser Verzicht auf unlautere Einnahmen einen steten Stein des Anstoßes beseitigen und dem Ansehen des Parlaments dienen würde, scheint in den Augen der Mehrheit des Parlaments kein ausreichendes Gewicht zu besitzen. Im Kampf zwischen Anstand und Eigeninteresse der Abgeordneten scheint auch hier das Letztere stets die Oberhand zu behalten. Warum sollen die Abgeordneten, so fragt Katja Ridderbusch in *Die Welt* vom 16. 9. 2004, »einer Abrechnung streng nach Einzelvorlage zustimmen, wenn das bestehende Gesetz ihnen üppige Pauschalen bietet, mit denen sie ihre mageren Diäten aufbessern können? Unanständig mag man die Taktik dieser Abgeordneten schelten, ein politisches Junktim herzustellen. Doch Taktik ist ein Stück europäischer Realität.« Andererseits wissen die Abgeordneten selbst sehr wohl, wie unlauter die Speseneinkommen aufzurechnen und so die illegitimen Einnahmen nachträglich zu legitimieren sind. Es ist kein Zufall, dass Lehne und Schulz sich gegen den Vorwurf, ein einheitliches Einkommen von 9053 Euro brächte deutschen Abgeordneten eine gewaltige Erhöhung ihrer Bezüge, nicht mit dem Argument verteidigten, dann fielen ja auch ihre Speseneinkommen weg. Denn sonst hätten sie ja einräumen müssen, dass sie solche illegitime Zahlungen in der Vergangenheit bezogen hätten.

Machtpolitisch hatten sich die Abgeordneten mit ihren missbräuchlichen Spesenregelungen allerdings ein Faustpfand verschafft, mit dem sie glaubten, den Rat erpressen zu können. Sie erklären sich zur (zumindest teilweisen) Beseitigung der unmöglichen Bestimmungen nur unter der Bedingung bereit, dass der Rat einem Statut mit hohen einheitlichen Gehältern zustimmt. Der Rat sah sich auf diese Weise in einer Art Zwickmühle: Entweder er belässt es bei der verrückten steuerfreien Spesenreiterei, die dem Ansehen des Parlaments und auch der Europäischen Union insgesamt schwer schadet, oder er stimmt der Einführung eines hohen einheitlichen Gehalts (einschließlich einer üppigen Versorgung und den Steuerprivilegien) für alle Abgeordneten zu, was in vielen Staaten – angesichts des dort sehr niedrigen Einkommensniveaus – aber ebenfalls als grob ungehörig empfunden würde. Das frühzeitige Erschleichen illegitimer Schatteneinkommen durch das Parlament ließ dem Rat also anscheinend nur die Wahl zwischen Scylla und Charybdis.

Nun, nach der Verabschiedung des neuen Statuts Mitte 2005, bekommen wir allerdings beides: eine hohe einheitliche Entschädigung, wenn auch erst ab 2009, und den Fortbestand großer Teile der überzogenen Spesen. Nur bei den Reisekosten soll die Spesenreiterei beseitigt werden, allerdings auch erst ab 2009.

Hinzu kommt noch ein Weiteres: Eine vernünftige Reform wurde dadurch zusätzlich erschwert, dass besondere Funktionsträger wie der Präsident und die Fraktionsvorsitzenden des Europäischen Parlaments bisher keine Zuschläge zu ihren Diäten bekommen, wie dies etwa im Bundestag und in den deutschen Landesparlamenten der Fall ist. Dies soll nach den vorliegenden Plänen auch in Zukunft so bleiben. Darüber beklagte sich der CDU-Spitzenkandidat bei der Europawahl 2004, Hans-Gert Pöttering: In der öffentlichen Diskussion bleibe die Tatsache ausgespart, »dass Fraktionsvorsitzende und vergleichbare Funktionsträger im Europäischen Parlament kein doppeltes Gehalt beziehen wie beispielsweise Kollegen, die auf National- und Länderebene vergleichbare Aufgaben wahrnehmen« (*Frankfurter Allgemeine Zeitung* vom 24. 5. 2004). Da auch Funktionsträger mit den normalen Diäten auskommen müssen, obwohl sie besonders in Anspruch genommen sind, dürften sie ein gesteigertes Eigeninteresse an hohen Diäten haben. Zugleich haben diese Funktionäre Schlüsselstellungen im Parlament inne, so dass ohne ihre Unterstützung praktisch nichts zustande kommt. Die Einführung von Funktionszuschlägen (die durchaus auch auf nationaler Rechtsgrundlage denkbar wäre) wäre deshalb geeignet, die genannten Widerstände gegen einen ersatzlosen Abbau des Spesen-unwesens zu beseitigen.

SCHLUSS

Vieles, was in Deutschland verboten ist, weil es dem Demokratie- und dem Rechtsstaatsprinzip widerspricht, wird auf EU-Ebene ungeniert praktiziert. Das wurde in diesem Buch vielfach dargelegt. Die Grenzmoral, das heißt das niedrigste Moralniveau der verschiedenen Mitgliedstaaten, setzt sich am Ende durch. Selbst dieses Mindestniveau wird in der EU – aufgrund von Verantwortungsdiffusion und mangelnder Kontrolle – oft noch unterschritten. Auf diese Weise werden die – auch in den Mitgliedstaaten nicht gerade makellosen – öffentlichen Sitten von Brüssel her systematisch weiter verdorben. Das zeigt sich am Beispiel der Politikfinanzierung besonders plastisch. Diese erweist sich damit als Pars pro toto für die Demokratie- und Kontrolldefizite der EU insgesamt, die am Anfang dieses Buches dargelegt wurden. Hier zeigt sich die tiefe Wahrheit der alten Erkenntnis: Die Eigenheiten von Institutionen treten nirgendwo so deutlich zutage wie im Fluss des Geldes. Was wir an Europa kritisieren, spiegelt sich in der Politikfinanzierung wider.

In Deutschland können die Diäten nur durch Gesetz festgelegt werden, um wenigstens ein Mindestmaß an öffentlicher Kontrolle zu sichern. Eine solche Kontrolle ist bei Entscheidungen des Parlaments in eigener Sache absolut unverzichtbar. Der Gesetzesvorbehalt gilt für alle Teile der Entschädigung, auch für die Erstattung von Spesen und natürlich erst recht für Versorgungsregelungen. In Brüssel dagegen wird selbst diese Mindestvoraussetzung nicht eingehalten. Die üppigen Spesen und die gewaltigen Versorgungen werden allein vom Parlaments*präsidium* in nichtöffentlicher Sitzung festgelegt – an allen Kontrollen vorbei. Das normale Gesetzgebungsverfahren, an dem die Kommission, der Rat und die Öffentlichkeit beteiligt sind, wird dabei schlicht übergangen. Und auch bei der Bewilligung der entsprechenden Gelder im EU-Haushalt übt der Rat – aufgrund eines fatalen Gentlemen's Agreement mit dem Parlament – keine Kontrolle aus, sondern winkt den Haushalt des Parlaments nur durch. Infolge der gezielten Vernebelungstaktik und des Aushebelns sämtlicher Kontrollen hat das Präsidium im Laufe der Jahre ein ganzes Bündel von grotesk missbräuchlichen Regelungen fabriziert, die inzwischen mehr als 60 Seiten füllen. So konnten die Abgeordneten sich maßlose Versorgungsregelungen für Alter, Krankheit und Invalidität erschleichen und völlig überzogene Spesen selbst bewilligen. Einem deutschen EU-Abgeordneten stehen praktisch die ganze Unkostenpauschale und das Tagegeld als zusätzliches Einkommen zur Verfügung, weil die übrigen Spesen so großzügig bemessen sind. Das wurde sogar gerichtlich festgestellt. Unkostenpauschale und Tagegeld machen nach derzeitigem Stand rund 7400 Euro monatlich aus – steuerfrei –, so dass die steuerpflichtige Entschädigung deutscher EU-Abgeordneter sich, netto gerechnet, fast verdreifacht. Alle diese Regelungen bestehen weiterhin fort. Das im Jahr 2005 verabschiedete Abgeordnetenstatut tritt erst 2009 in Kraft und lässt zudem die meisten Spesen auch in Zukunft völlig unberührt, die weiterhin allein vom Präsidium geregelt werden sollen.

Die Anbindung der Diäten an die Beamtenbezüge ist in Deutschland verfassungsrechtlich untersagt, weil sie – an der Öffentlichkeit vorbei – zu stillschweigenden Diätenerhöhungen führt und das Parlament voreingenommen macht, wenn es über die Erhöhung der Beamtengehälter beschließt. Der Versuch, das Verbot im Wege einer Änderung des Grundgesetzes zu überspielen und die Diäten der Bundestagsabgeordneten an die Gehälter von Bundesrichtern anzukoppeln, scheiterte 1995 am öffentlichen Protest. Auf Europaebene soll dies nicht gelten. Die Koppelung der Versorgung von Europaabgeordneten an die Bezüge von Beamten ist in Brüssel längst beschlossene Sache. Auch die monatliche Entschädigung soll ab 2009 an die Beamtengehälter angebunden werden.

Dabei ist die Bezahlung von EU-Beamten selbst privilegiengespickt. Es besteht ein eigenes vorteilhaftes Zulagen- und Steuersystem. Die Regelungen gelten – auf höherem Niveau – auch für die Mitglieder der Kommission, der Gerichte und des Rechnungshofes, deren Gehälter ebenfalls prozentual mit denen der Spitzenbeamten verknüpft sind. Damit ist die Kommission als zentraler Motor der Beamtenregelungen eingebunden und bei Erhöhungen der Beamtengehälter nicht mehr neutral. Dasselbe gilt – neben dem Europäischen Parlament – für mögliche Kontrolleure wie den Europäischen Gerichtshof und den Europäischen Rechnungshof. So haben wichtige EU-Organe alle ein eigenes Interesse an großzügiger Bezahlung der Beamten. Dieses gewaltenteilungswidrige Netzwerk, das die Privilegien ausbrütet, ist typisch für die EU. Wer soll da noch eine wirksame Kontrolle ausüben?

In Deutschland dürfen Abgeordnete selbstverständlich keine Ehegatten und Verwandten auf Staatskosten beschäftigen. Die Gefahr, dass das Ansehen des Parlaments durch solche Vetternwirtschaft beschädigt wird und Abgeordnete durch Scheinverträge mit Ehegatten oder Kindern das Familieneinkommen aufbessern, ist zu groß. Wer gegen das Verbot verstößt, riskiert einen öffentlichen Skandal und den Verlust seines Mandats. In Brüssel dagegen gilt die Beschäftigung von Verwandten als ganz normal. Dafür haben EU-Abgeordnete monatlich 14 865 Euro zur Verfügung. Einem Parlament, das in eigener Sache derart lax ist und ungestraft Spesenreiterei und Vetternwirtschaft ermöglicht und auch noch »legalisiert«, fehlt zwangsläufig die nötige Autorität und Bereitschaft, Missstände in anderen Organen oder in der EU-Verwaltung mit dem nötigen Nachdruck aufzuklären und zu unterbinden, obwohl dies eigentlich die zentrale Aufgabe des Europäischen Parlaments wäre.

Angesichts der Verwilderung der Sitten in der EU überrascht es nicht, dass viele Abgeordnete sich gleichzeitig als hochbezahlte Lobbyisten von Unternehmen oder Verbänden verdingen und ihre Unabhängigkeit quasi verkaufen. Ein solcher »Diener zweier Herren« ist der einflussreiche EU-Abgeordnete Elmar Brok, der neben seinem Mandat noch als Cheflobbyist für die Bertelsmann AG fungiert und ein üppiges Zweitsalär einstreicht. Das ist in Wahrheit Korruption, auch wenn es nicht unter Strafe steht, weil die Parlamente die nötigen Gesetze selbst beschließen müssten. Dass Brok bisher alle öffentliche Kritik ungerührt ausgesessen hat, zeigt einmal mehr die Kontrollresistenz der EU. Dazu beigetragen haben aber auch die exzellenten Beziehungen Broks in die Chefetagen der Medien, die er rücksichtslos ausspielt, wenn Journalisten beabsichtigen, über sein Doppelleben zu berichten. Hier wird die Verbandelung von Politik, Wirtschaft und Medien, die eine demokratische Kontrolle so sehr erschwert, einmal mehr deutlich.

Auch die EU-Parteienfinanzierung beachtet keine der verfassungsrechtlichen Schranken, die in Deutschland geschaffen wurden, um ein Übermaß zu verhindern und die Bürgernähe der Parteien und ihre

Chancengleichheit im politischen Wettbewerb wenigstens einigermaßen zu sichern. Parteienbünde wurden zu EU-Parteien erklärt, nur um
ihnen Subventionen aus der EU-Kasse zuwenden zu können. Dabei
sind sie reine Kunstprodukte, die weder natürliche Personen zu Mitgliedern haben noch sich an Parlamentswahlen beteiligen. Eine »absolute Obergrenze«, die die Staatsmittel verfassungsrechtlich nach oben
begrenzt, wie sie in Deutschland besteht, fehlt. Die »relative Obergrenze« liegt nicht bei 50 Prozent Eigenmitteln wie bei uns, sondern
nur bei 25 Prozent, das heißt, die Subvention darf bis zu 75 Prozent
des Haushalts der sogenannten Partei ausmachen. Die Finanzierung
ist auf die etablierten Parteibünde zugeschnitten. Für andere werden
kaum überwindbare Hürden errichtet – ganz im Gegensatz zum deutschen Verfassungsrecht, das die Voraussetzungen für die Beteiligung
kleinerer Parteien an der Staatsfinanzierung gering hält, um wenigstens für ein Minimum von Offenheit im politischen Wettbewerb zu
sorgen. Mit der öffentlichen Finanzierung wurde für EU-Parteibünde
das nachgeholt, was für die EU-Institutionen schon lange gilt: die Unabhängigkeit vom Bürgerwillen. Damit verkehrt sich die demokratische Willensbildung, die eigentlich von unten nach oben verlaufen
sollte, in ihr Gegenteil.

Selbst das Wahlrecht zum Europäischen Parlament, also das wichtigste demokratische Recht der Bürger, genügt nicht den demokratischen
Mindestanforderungen. Es besteht keine Gleichheit des aktiven und
passiven Wahlrechts. Die Unmittelbarkeit der Wahl der EU-Abgeordneten ist in Deutschland und anderen Ländern nicht gewahrt. Allein
die Parteien bestimmen, wer ins Parlament kommt. Da der Wähler jeden Einfluss darauf verliert, kann er die Abgeordneten auch nicht für
Missstände zur Verantwortung ziehen und bei der nächsten Wahl abwählen. Selbst Abgeordnete, die im Diätenstreit 2003/04 die Zahlen
manipuliert und die Öffentlichkeit betrogen hatten, wurden bei der
Europawahl im Juni 2004 wiedergewählt, weil sie auf sicheren Listenplätzen ihrer Partei saßen. Nicht einmal die Parteien können verantwortlich gemacht werden, weil die beiden großen Fraktionen des Europäischen Parlaments ohnehin meist gemeinsame Sache machen und
die Bürger auch gar nicht wissen, wofür die Parteien europapolitisch
stehen. Es fehlt am demokratischen Minimum. Die Verhältniswahl,
die den Einfluss der Wähler minimiert und den der Parteien maxi-

miert, wurde vor wenigen Jahren auf EU-Ebene obligatorisch gemacht. Selbst Großbritannien hat sein Mehrheitswahlrecht bei Europawahlen aufgegeben. Sperrklauseln, die bei Europawahlen keinen
Sinn machen, wurden bis zur Höhe von fünf Prozent europarechtlich
abgesegnet.

Auch der Ministerrat ist mit der Kontrolle oft überfordert. Schließlich handelt es sich nicht unmittelbar um das Geld der jeweiligen Staaten und ihrer Bürger. Der Rat kann von den EU-Bürgern für sein
Verhalten – ebenso wenig wie Abgeordnete und Parteien – zur Verantwortung gezogen werden. Wenn das demokratische Minimum darin besteht, schlechte Herrscher ohne Blutvergießen wieder loszuwer-
den, wie Karl Raimund Popper einmal formuliert hat, haben wir in
der EU keine Demokratie, weil die Wähler ihre Repräsentanten weder wählen noch abwählen können. Oft werden deshalb unliebsame
Entscheidungen geradezu der EU zugeschoben, wie die anfechtbare
Agrar- und Strukturfinanzierung zeigt, die den größten Teil des EU-
Haushalts verschlingt. Das verschwenderische Umgehen mit dem Geld
anderer, das die mangelnde demokratische Kontrolle geradezu provo-
ziert, wird wiederum in der Politik- und Beamtenfinanzierung besonders manifest. Es zeigt sich aber auch im unverdrossenen Aufblähen
aller EU-Organe: vom Parlament über die Kommission und den Europäischen Gerichtshof bis hin zum Rechnungshof, obwohl die Übergröße ihre Arbeitsfähigkeit schwer beeinträchtigt. Die Aufblähung zeigt
einmal mehr die Neigung der EU, öffentliche Mittel zu verschwenden
und ihre Handlungsfähigkeit auf dem Altar nationaler Interessen zu
opfern.

Das alles illustriert die Kontrolleschwäche und die Demokratiedefizite, die für die EU typisch sind. Innerhalb der Mitgliedstaaten spielen
Gewaltenteilung und öffentliche Kontrolle nach wie vor eine erhebliche Rolle und verhindern immer wieder allzu schlimme Auswüchse,
obwohl auch dort natürlich nicht alles vorbildlich ist. In der EU fehlt
es daran weitgehend, was selbst offensichtlichen Missständen den Weg
bereitet. Das, was die EU von ihren Mitgliedern verlangt, leidet bei ihr
selbst am meisten Not. Wäre ein Staat so organisiert wie die EU, hätte
er aufgrund der fundamentalen demokratischen Mängel nicht die geringste Chance, in die EU aufgenommen zu werden.

Würden dagegen die in diesem Buch vorgeschlagenen Reformen

zur Beseitigung des Demokratiedefizits in der EU durchgeführt, würde die Abgehobenheit der politischen Klasse beseitigt und ihr Agieren auf den Boden der Moralvorstellungen der Bürger heruntergebracht. Dann ginge es zwangsläufig auch den Auswüchsen der Politikfinanzierung an den Kragen. Wenn der Wähler Einfluss auf die Auswahl des politischen Führungspersonals der EU bekäme, könnte jeder Einzelne verantwortlich gemacht werden. Dann dürften es Abgeordnete, die die Öffentlichkeit belügen, schwer haben, wiedergewählt zu werden. Dasselbe gilt für Abgeordnete, die ihre Unabhängigkeit an Großunternehmen verkaufen. Und bei Einführung von direktdemokratischen Entscheidungen über Sachfragen würden steuerfreie Zweitgehälter aus missbräuchlichen Spesenregelungen ebenso rasch unterbunden wie eine privilegienbehaftete öffentliche Parteienfinanzierung. Das könnte der immer noch bestechenden Idee der Europäischen Union in den Augen der Bürger wieder ihren alten Glanz verleihen.

ANMERKUNGEN

Einführung

1 D. *Mitrany*, A Working Peace System, 1975; *Jürgen Bellers*, Der schöne Schein der EU, 2004, 165 ff.

A. Die europäische Pseudodemokratie

1 Unter »Europa« verstehen wir in diesem Buch die Europäische Union einschließlich der Europäischen Gemeinschaften, der Gemeinsamen Außen- und Sicherheitspolitik und der polizeilichen und justitiellen Zusammenarbeit in Strafsachen.

2 Sehr anschaulich beschrieben bei *Gerhard Brunn*, Die Europäische Einigung, 2002, S. 9 ff.

3 *Walter Hallstein*, Der unvollendete Bundesstaat. Europäische Erfahrungen und Erkenntnisse, 1969.

4 So *Hans Peter Ipsen*, Europäisches Gemeinschaftsrecht, 1972, 196 ff.

5 So *Nikolaos Gazeas*, Die Europäische Beweisanordnung – Ein weiterer Schritt in die falsche Richtung?, Zeitschrift für Rechtspolitik 2005, S. 18 (20).

6 So *Bangemann*, in: Bruckner (Hg.), Europa transparent. Informationen, Daten, Fakten, 1991, 5; *Delors*, Rede im Europäischen Parlament am 4.7.1988, Bulletin der EG 1988, 124.

7 *Graf Stauffenberg*, 59. Deutscher Juristentag, Band II, 1992, T 28.

8 *Sartori*, Demokratietheorie, 1992, S. 43 ff.

9 *Abraham Lincoln*, Gettysburger Address, übersetzt und kommentiert von Krippendorff, 1994.

10 Siehe auch *von Arnim*, Staat ohne Diener, 1993, S. 10 und durchgehend; *ders.*, Demokratie vor neuen Herausforderungen, Zeitschrift für Rechtspolitik 1995, S. 340 ff. (340 f. und durchgehend).

11 Siehe zum Beispiel das Aufgreifen der Lincolnschen Formel durch *Fritz W. Scharpf*, Regieren in Europa, 1999, S. 16 ff.; *ders.*, Föderale Politikverflechtung: Was muss man ertragen? Was kann man ändern?, in: Konrad Morath (Hg.), Reform des Föderalismus, 1999, S. 23 ff.

12 *Marcus Höreth*, Europäische Union im Legitimationstrilemma, 1999, S. 87 ff.

13 *Fritz W. Scharpf*, Demokratie zwischen Utopie und Anpassung, 1970; *Elmar Wiesendahl*, Moderne Demokratietheorie, 1981; *Manfred G. Schmidt*, Demokratietheorien, 1995.

14 So zum Beispiel *Heidrun Abromeit*, Democracy in Europe, 1998; *dies.*, Mögliche Antworten auf Demokratiedefizite in der Europäischen Union, in: Hans Herbert von Arnim (Hg.), Direkte Demokratie, 2000, S. 187 ff.; *dies.*, Wozu braucht man Demokratie?, 2002.

15 So zum Beispiel *Fritz Scharpf*, Regieren in Europa, 1999, S. 20 ff.

16 Dass das »Regieren *für* das Volk« in der Demokratie niemals der alleinige Grundwert sein kann, betont auch das Bundesverfassungsgericht (BVerfGE 5, 85 [204 f.]): »In der freiheitlichen Demokratie ist die Würde des Menschen der oberste Wert … Für den politisch-sozialen Bereich bedeutet das, dass es nicht genügt, wenn eine Obrigkeit sich bemüht, noch so gut für das Wohl von ›Untertanen‹ zu sorgen; der Einzelne soll vielmehr in möglichst weitem Umfange verantwortlich auch an Entscheidungen für die Gesamtheit mitwirken. Der Staat hat ihm dazu den Weg zu öffnen.«

17 Ebenso in der Präambel der Einheitlichen Europäischen Akte vom 28. 2. 1986; in der Charta von Paris vom 21. 11. 1990, Menschenrechte, Demokratie und Rechtsstaatlichkeit; im Vertrag von Amsterdam vom 9. 7. 1997. Siehe auch *Karl Doehring*, Repräsentative Demokratie im Zwielicht, in: Volkmar Götz / Peter Selmer / Rüdiger Wolfrum (Hg.), Liber amicorum Günther Jaenicke – Zum 85. Geburtstag, 1998, S. 917 (920).

18 BVerfGE 22, 293 (296): »Damit ist eine neue öffentliche Gewalt entstanden … selbstständig und unabhängig … Der EWG-Vertrag stellt gewissermaßen die Verfassung dieser Gemeinschaft dar.« EuGH Slg. 1986, 1339: Die Verträge stellen in gewissem Sinne die »Verfassungsurkunde einer Rechtsgemeinschaft« dar.

19 *Abromeit*, in: von Arnim, a. a. O., S. 189.

20 Die Mitglieder des Europäischen Gerichtshofs und des Direktoriums der Europäischen Zentralbank werden dagegen nicht vom Rat, sondern von den Regierungen der Mitgliedstaaten einvernehmlich ernannt.

21 Anhang 1 der Geschäftsordnung. Siehe auch *Jacque'*, in: von der Groeben, Art. 203 GG, Randnummern 17 ff.

22 Der Zugang eines jeden Unionsbürgers zu den Dokumenten des Rats (wie auch des Europäischen Parlaments und der Kommission) wird zwar grundsätzlich garantiert (Art. 255 EGV), erfolgt praktisch allerdings in einem sehr umständlichen (in Anlage II der Geschäftsordnung näher geregelten) Verfahren.

23 Zitiert nach *Wolfgang Kahl*, Das Transparenzdefizit im Rechtsetzungsprozeß der EU, Zeitschrift für Gesetzgebung 1996, S. 224 (227).

24 *Gertrude Lübbe-Wolf*, Europäisches und nationales Verfassungsrecht, Veröffentlichungen der Vereinigung der Deutschen Staatsrechtslehrer, Band 60 (2001), S. 246 (257).

25 *House of Commons*, European Scrutiny Committee, Democracy and Accountability in the EU and the Role of National Parliaments, 33rd Report, 2002, Randnummer 23.

26 Ähnlich *House of Commons*, a. a. O., Randnummer 25.

27 So auch *House of Commons*, a. a. O., Randnummer 25.

28 So z. B. auch *Herdegen*, a. a. O., Rn. 120.

29 Zum Beispiel Entscheidungen, die sich auf die Harmonisierung direkter Steuern

beziehen, nach Art. 93 EG. Einstimmigkeit ist auch dann erforderlich, wenn der Rat nach dem EG-Vertrag auf Vorschlag der Kommission tätig wird und eine Änderung dieses Vorschlags beschließt (Art. 250 Abs. 1 EG).

30 Dazu zum Beispiel *Rudolf Streinz*, 6. Aufl., 2003, Randnummern 264 ff.; *Matthias Herdegen*, Europarecht, 6. Aufl., 2004, Randnummer 122.

31 *Klaus Reeh*, Das gezähmte Veto, in: Gerd Grözinger/Stephan Panther (Hg.), Konstitutionelle Politische Ökonomie, 1998, 131 ff. – Ein ähnliches Vetorecht ergibt sich für die Bundesrepublik übrigens auch aus deutschem Verfassungsrecht. Siehe BVerfG 89, 155 (184): »Allerdings findet das Mehrheitsprinzip gemäß dem aus der Gemeinschaftstreue folgenden Gebot wechselseitiger Rücksichtnahme eine Grenze in den Verfassungsprinzipien und elementaren Interessen der Mitgliedstaaten.« Dazu *Reeh*, a. a. O., 138 ff.

32 Art. 11 Abs. 1 GO lautet: »Die Abstimmung im Rat erfolgt auf Veranlassung seines Präsidenten. Der Präsident ist ferner verpflichtet, auf Veranlassung eines Ratsmitglieds oder der Kommission ein Abstimmungsverfahren einzuleiten, sofern sich die Mehrheit der dem Rat angehörenden Mitglieder dafür ausspricht.«

33 *Graf Kielmansegg,* Integration und Demokratie, in: Markus Jachtenfuchs / Beate Kohler-Koch (Hg.), Europäische Integration, 1996, 47 (52).

34 *Doehring*, a. a. O., 923.

35 *Klaus Dieter Classen*, Europäische Integration und demokratische Legitimation, Archiv des öffentlichen Rechts 1994, 238 (252).

36 *Wolfgang Kahl*, Das Transparenzdefizit im Rechtsetzungsprozess der EU, Zeitschrift für Gesetzgebung 1996, 224.

37 *Michael Zürn,* Über den Staat und die Demokratie im europäischen Mehrebenensystem, Politische Vierteljahresschrift 1996, 27 (41 f.).

38 *Michael Zürn*, Über den Staat und die Demokratie im europäischen Mehrebenensystem, Politische Vierteljahresschrift 1996, 27 (36, 42).

39 Siehe zum Beispiel *Sverker Gustavsson,* Preserve or Abolish the Democratic Deficit?, in: Eivind Smith (ed.), National Parliaments as Cornerstones of European Integration, 1996, 100 (100, 122).

40 Zum Beispiel Entscheidungen, die sich auf die Harmonisierung direkter Steuern beziehen, nach Art. 93 EGV. Einstimmigkeit ist auch dann erforderlich, wenn der Rat nach dem EG-Vertrag auf Vorschlag der Kommission tätig wird und eine Änderung dieses Vorschlags beschließt (Art. 250 Abs. 1 EGV.).

41 *Rudolf Streinz*, Europarecht, 6. Aufl., 2003, Randnummer 262.

42 Siehe allgemein auch *Marcus Höreth*, Die Europäische Union im Legitimationstrilemma, 1999.

43 Gesetz über die Zusammenarbeit von Bund und Ländern in Angelegenheiten der Europäischen Union vom 12.3.1993, BGBl. I S. 313.

44 So auch *Fritz Ossenbühl*, Maastricht und das Grundgesetz – eine verfassungsrechtliche Wende?, Deutsches Verwaltungsblatt 1993, 629 (630).

45 So zum Beispiel *Rüdiger Breuer*, Die Sackgasse des neuen Europaartikels (Art. 23 GG), NVwZ 1994, 417 (428).

46 So auch *Matthias Herdegen*, Europarecht, 6. Aufl., 2004, Randnummer 131.

47 *Breuer*, a.a.O., 427.

48 *Reinhard Müller*, Nur eingeschränkt handlungsfähig, Frankfurter Allgemeine Zeitung vom 30. 4. 2005.

49 So zum Beispiel *Gustavsson*, a.a.O., 103.

50 *Ralf Dahrendorf*, Traurige Parlamente, Frankfurter Allgemeine Zeitung vom 8. 9. 1999.

51 Siehe auch unten S. 242.

52 *Hans-Gert Pöttering*, Vorwort in: Jan Scheffler, One man – one vote – one value?, Der schwierige Weg zu einem einheitlichen Wahlrecht für das Europäische Parlament, 2005, S. 1.

53 In den meisten anderen Mitgliedstaaten der EU hat der Wähler dagegen die Möglichkeit, auch die Personen auszuwählen (siehe S. 236).

54 Das wird auch durch Umfragen bestätigt. Im Herbst 2004 sagten bei einer Erhebung von Eurobarometer 48 Prozent der in allen 25 Mitgliedstaaten befragten Bürger, dass sie sich in naher Zukunft zuerst als Angehöriger ihrer Nationalität und dann als Europäer fühlten, 37 Prozent sagten, dass sie sich nur ihrer Nationalität zugehörig fühlten, 7 Prozent gaben an, sie fühlten sich genauso viel als Bürger ihres Landes wie als Europäer, 4 Prozent fühlten sich zuerst als Europäer und dann als Angehöriger ihrer Nationalität, und 3 Prozent fühlten sich ausschließlich als Europäer (Eurobarometer 62, Herbst 2004, S. 97).

55 *Dieter Grimm*, Der Mangel an europäischer Demokratie, Der Spiegel Nr. 43/1992, S. 57 f.; *ders.*, Braucht Europa eine Verfassung?, 1994; *Jürgen Habermas*, Does Europe need a Constitution?, European Law Journal 1995, S. 303 ff; *Peter Graf Kielmansegg*, Integration und Demokratie, a.a.O., S. 54 ff.; *Wolff-Dieter Narr*, Das demokratische Fiasko der Europäischen Union, in: Carsten Schlüter-Knauer (Hg.), Die Demokratie überdenken (FS für Wilfried Röhrich), 1997, S. 251 ff.; *Ernst-Wolfgang Böckenförde*, Wenn der europäische Stier vom goldenen Kalb überholt wird. Die Politik in der ökonomischen Falle: Wirtschaftliche Einigung schafft noch keine politische Solidarität, Frankfurter Allgemeine Zeitung vom 24. 7. 1997, S. 30. – *Fritz Scharpf* weist darauf hin, dass diejenigen, die diesen fundamentalen Gesichtspunkten kein Gewicht beimessen, dies nicht etwa nach sorgfältiger Auseinandersetzung mit ihnen tun, sondern indem sie sie ausblenden: *Scharpf*, Demokratische Politik in der internationalen Ökonomie, Referat auf dem Kongress der Deutschen Vereinigung für Politikwissenschaftler am 14. 10. 1997 (Typoskript), S. 4.

56 *Peter Graf Kielmansegg*, Frankfurter Allgemeine Zeitung vom 2. 12. 1992.

57 *Tilman Evers*, Supranationale Staatlichkeit am Beispiel der Europäischen Union: Civitas Civitatium oder Monstrum?, Leviathan 1994, S. 115 (127).

58 *Peter Graf Kielmansegg*, Integration und Demokratie, in: Jachtenfuchs / Kohler-Koch, Europäische Integration, 1996, S. 47 (54).

59 *Fritz Scharpf*, Europäischer Demokratiedefizit und deutscher Föderalismus, Staatswissenschaften und Staatspraxis 1992, S. 293 (296).

60 *Dieter Grimm*, Mit einer Aufwertung des Europa-Parlaments ist es nicht getan. Das Demokratiedefizit der EG hat strukturelle Ursachen, Jahrbuch der Staats- und Verwaltungswissenschaft Bd. 6, 1992/93, S. 13 (16).

61 BVerfGE 89, 155 (185).

62 BVerfGE 89, 155 (182 ff.).

63 Siehe auch BVerfGE 89, 155 (186): »Bereits in der gegenwärtigen Phase der Entwicklung kommt der Legitimation durch das Europäische Parlament eine stützende Funktion zu, die sich verstärken ließe, wenn es nach einem in allen Mitgliedstaaten übereinstimmenden Wahlrecht gemäß Art. 138 Abs. 3 EGV gewählt würde und sein Einfluss auf die Politik und Rechtsetzung der Europäischen Gemeinschaften wüchse. Entscheidend ist, dass die demokratischen Grundlagen der Union schritthaltend mit der Integration ausgebaut werden (…).«

64 Darauf weist *Tilman Evers* (Supranationale Staatlichkeit am Beispiel der Europäischen Union: Civitas Civitatum oder Monstrum?, Leviathan 1994, 115 [125]) hin.

65 *Zürn*, a. a. O.; *Scharpf*, Politische Optionen, a. a. O., 126.

66 *Zürn*, Über den Staat und die Demokratie, a. a. O., 32 ff.; *Scharpf*, Politische Optionen, a. a. O.

67 *Hans Herbert von Arnim*, Das System, 2001, S. 322 ff.

68 *Johnson/Libecap*, The Federal Civil Service and the Problem of Bureaucracy. The Economics and Politics of Institutional Change, 1994.

69 Zu den Reformen in der Zeit der »Progressive Era« insgesamt: *Richard Hofstatter*, The Age of Reform, 1955; *Lewis L. Gould*, Reform and Regulation. American Politics from Roosevelt to Wilson, 2nd ed., 1986; *David W. Noble*, in: Jack P. Green, Encyclopedia of American Political History, vol. III, 1984, S. 992-1004.

70 *Otmar Jung*, Siegeszug direktdemokratischer Institutionen als Ergänzung des repräsentativen Systems? Erfahrungen der 90er Jahre, in: Hans Herbert von Arnim (Hg.), Demokratie vor neuen Herausforderungen, 1999, S. 103 ff.

71 *Hans Herbert von Arnim*, Auf dem Weg zur optimalen Gemeindeverfassung, in: Klaus Lüder (Hg.), Staat und Verwaltung, 1997, S. 297 ff.; *ders.*, Die Durchsetzung der kommunalen Verfassungsreform, Die Öffentliche Verwaltung 2002, S. 585 ff.

72 Zum Beispiel *Richard von Weizsäcker* im Gespräch mit Gunter Hofmann und Werner A. Perger, 1992, S. 163 (»presidential commissions«); zustimmend *Peter Glotz*, in: Hofmann/Perger, Die Kontroverse. Weizsäckers Parteienkritik in der Diskussion, 1992, S. 170 ff.; *Leschke*, Ökonomische Verfassungstheorie und Demokratie, 1993, S. 191 ff.

73 *Herdegen*, a. a. O., Randnummer 150.

74 Näheres bei *von Arnim*, Volkswirtschaftspolitik, 6. Aufl., 1998, 231 ff.

75 Näheres bei *von Arnim*, Volkswirtschaftspolitik, 6. Aufl., 1998, S. 231 ff.

76 Dazu *von Arnim*, Gemeinwohl und Gruppeninteressen, 1977, S. 237 ff., 356 ff., 369 ff.

77 *Fritz Scharpf*, Legitimationskonzepte jenseits des Nationalstaats, Max-Planck-Institut für Gesellschaftsforschung, Working Paper 04/6, November 2004, S. 19 ff.

78 So auch *Roland Vaubel*, Reformen der europäischen Politikverflechtung, in: Michael Wohlgemuth (Hg.), Spielregeln für eine bessere Politik, 2005, S. 118 (132).

79 Siehe dazu die Studie von *Andreas Maurer*, Parlamentarische Demokratie in der Europäischen Union. Der Beitrag des Europäischen Parlaments und der nationalen Parlamente, 2002, S. 259 ff. und 272.

80 In Klammern: Vorschriften der Verfassungen der Mitgliedstaaten.

81 So auch *Zürn*, a.a.O., 50f.

82 So auch *Michael Zürn*, a.a.O., 49f.; *J. H. H. Weiler*, The European Union Belongs to its Citizens: Three Immodest Proposals, Eastern Law Review 1997, 150ff.; *J. H. H. Weiler, Alexander Ballmann, Ulrich Haltern, Herwig Hofmann, Franz Mayer, Sieglinde Schreiner-Linford*, Certain Rectangular Problems of European Integration (European Parliament, 1996).

83 *Vernon Bogdanor*, The Future of the European Community, Two Models of Democracy, Government and Opposition Band 21/1986, S. 161ff.; *Simon Hix*, Elections, Parties and Institutional Design. A Comparative Perspective on European Union Democracy, West European Politics 1998, S. 19ff.; *Frank Decker*, Parlamentarisch, präsidentiell oder semi-präsidentiell? Der Verfassungskonvent ringt um die künftige institutionelle Gestalt Europas, Aus Politik und Zeitgeschichte 51-52/ 2002, S. 20ff.; *ders.*, Institutionelle Entwicklungspfade im europäischen Integrationsprozess. Zugleich eine Antwort auf Katharina Holzinger und Christoph Knill, Zeitschrift für Politikwissenschaft 2002, S. 627ff. Andere schlagen eine indirekte Wahl des Kommissionspräsidenten vor, indem jede politische Gruppe des Europäischen Parlaments vor den Wahlen zum Europäischen Parlament je einen Präsidentschaftskandidaten benennt und öffentlich erklärt, dass sie ihr Vertrauensvotum einer Kommission geben werde, deren Präsident ihr Kandidat ist, wenn sie die Wahl gewinnt, das heißt wenn sie die größte Gruppe im neuen Parlament bildet. Dieses Verfahren hätte den Vorzug, dass es ohne Änderung der Verträge, also allein durch die Praxis eingeführt werden könnte. So z.B. *Janis A. Emmanouilidis / Claus Giering*, Schieflage im System, Centrum für angewandte Politikforschung, Working Paper, 2003, S. 3.

84 Ähnlich auch der Vorschlag von *Ludger Kühnhardt*, Quo vadis Europa?, Aus Politik und Zeitgeschichte 36/2005 vom 5.9.2005, S. 3 (7).

85 *Horst Köhler* (Deutschland) / *Taja Halonen* (Finnland) / *Carol Azeglo Ciampi* (Italien) / *Vaira Vike-Freiberga* (Lettland) / *Heinz Fischer* (Österreich) / *Alexander Kwasniewski* (Polen) / *Jorge Fernando Branco de Sampaio* (Portugal), Gemeinsam für Europa, Frankfurter Allgemeine Zeitung vom 15.7.2005, S. 10.

86 Frankfurter Allgemeine Zeitung vom 15.7.2005, S. 1.

87 Siehe die Beiträge in *Roland Erne / Andreas Gross / Bruno Kaufmann / Heinz Kleger* (Hg.), Transnationale Demokratie, 1995; *Andreas Auer / Jean-François Flauss* (Hg.), Le Referendum européen, 1997.

88 Siehe dazu insbesondere *Zürn*, a.a.O., 49f.; *Weiler*, a.a.O.; *Heidrun Abromeit*, Ein Vorschlag zur Demokratisierung des europäischen Entscheidungssystems, Politische Vierteljahresschrift 1998, 80ff.

89 *Pascal Jacobs*, Der Homo oeconomicus und die integrierende Wirkung eines europäischen Referendums, in: Erne u.a. (Hg.), Transnationale Demokratie, a.a.O., S. 246ff.

90 *Zürn*, a.a.O., 49f.

91 *Heidrun Abromeit*, Democracy in Europe, 1998, S. 100ff.; *dies.*, a.a.O. (Anm. 88).

92 *Weiler*, a.a.O., 152f.

93 *Heidrun Abromeit*, Volkssouveränität in komplexen Gesellschaften, in: *Hauke Brunk-horst / Peter Niesen* (Hg.), Das Recht der Republik, 1999, S. 20 f.

94 *Hans Herbert von Arnim*, Gemeinwohl und Gruppeninteressen, 1977, S. 303 ff.

95 So auch *Gertrude Lübbe-Wolff*, Europäisches und nationales Verfassungsrecht, Veröffentlichungen der Vereinigung der Deutschen Staatsrechtslehrer, Band 60 (2001), S. 246 (278 f.).

96 Der geplante Verfassungsvertrag geht in dieselbe Richtung (Art. 6 und 7 des 2. Protokolls zum Verfassungsvertrag). Er eröffnet den Nationalstaaten auch eine Klage wegen Verletzung des Subsidiaritätsprinzips durch ein europäisches Gesetz. Die Entscheidung soll aber wieder in der Hand des – insoweit nicht unbefangenen – Europäischen Gerichtshofs liegen (Art. 8).

97 In einigen Mitgliedstaaten verlangen oder erlauben Vertragsänderungen allerdings Volksabstimmungen. Siehe S. 85.

98 So wohl auch *Josef Isensee* zu verstehen, wenn er schreibt: Wenn die Europäische Union »die – sei es auch nur stillschweigende – Zustimmung der Völker fände, erreichte sie sogar demokratische Legitimität.« (Isensee, Europa als politische Idee und als rechtliche Form, 1993, S. 136).

99 So z. B. *Albert Bleckmann*, Europarechts, 6. Aufl., 1997, Randnummer 533.

100 Die Fragestellung und die vorgegebenen Antwortmöglichkeiten lauteten: »Ist allgemein gesehen die Mitgliedschaft Deutschlands [bzw. des jeweiligen Heimatlandes der Befragten] in der Europäischen Union Ihrer Meinung nach – eine gute Sache – eine schlechte Sache – weder gut noch schlecht? – Weiß nicht«.

101 Zugrunde gelegt werden repräsentative Stichproben der Bevölkerung der jeweiligen Mitgliedstaaten, zunächst 10, dann 12, dann 15 und schließlich 25.

102 Hinzu kommt, dass die vorgegebene Antwortmöglichkeit »weder gut noch schlecht« abschrecken dürfte, weil sie keinen Ausgleich der positiven und negativen Auswirkungen nahe legt, sondern nur den wenig wahrscheinlichen Fall, dass die EU überhaupt keine Auswirkungen hat. Eine neutralere Formulierung jener Antwortmöglichkeit würde zum Beispiel lauten: »Vor- und Nachteile« (siehe auch Fußnote 100).

103 Die genaue Fragestellung und die vorgegebenen Antwortmöglichkeiten lauteten: »Hat Ihrer Meinung nach Deutschland [bzw. das jeweilige Heimatland der Befragten] insgesamt gesehen durch die Mitgliedschaft in der Europäischen Union Vorteile, oder ist das nicht der Fall? – Vorteile – Keine Vorteile – Weiß nicht«.

104 Die Formulierung der Forschungsgruppe Wahlen lautet: »Die Mitgliedschaft in der Europäischen Union bringt alles in allem gesehen der deutschen Bevölkerung eher – Vorteile – Nachteile – Vor- und Nachteile – Weiß nicht.« Die seit 1992 mehrmals im Jahr erhobenen Daten wurden dem Verfasser freundlicherweise von der Forschungsgruppe Wahlen zur Verfügung gestellt.

105 *Elisabeth Nölle-Neumann / Renate Köcher*, Allensbacher Jahrbuch für Demoskopie 1998-2002, 2002, S. 916. Die genaue Fragestellung lautete: »Wenn Sie einmal an die Zukunft denken: Wird Deutschland durch seine Mitgliedschaft in der Europäischen Union in Zukunft mehr Vorteile oder mehr Nachteile haben, oder würden Sie sagen, Vorteile und Nachteile gleichen sich aus?«

106 Demgegenüber wies die Umfrage von Eurobarometer – ebenfalls für Deutschland etwa für die Jahre 2001 bis 2005 zwischen 45 und 50 Prozent aus.

107 Siehe Fußnote 103.

108 Siehe Fußnoten 104 und 105.

109 Das dürfte auch durch eine andere seit 1995 durchgeführte Befragung von Eurobarometer selbst bestätigt werden: Auf die Frage, wie man reagieren würde, wenn die Europäische Union scheitern würde, reagierte im Durchschnitt nur ein Drittel mit Bedauern. Die Fragestellung lautet: »Wenn man Ihnen morgen erzählen würde, dass die Europäische Union gescheitert ist, würden Sie es sehr bedauern, wäre es Ihnen gleichgültig oder würden sie sehr erleichtert sein?«

110 *Elisabeth Noelle-Neumann / Thomas Petersen*, Europa aus der Sicht der Bürger, in: Noelle-Neumann / Köcher (Hg.), Allensbach Jahrbuch der Demoskopie, a. a. O., S. 926 (936): »In den Jahren, die von der Euro-Diskussion beherrscht wurden, verdunkelte sich das Bild von Europa in den Augen der Bevölkerung.«

111 So z. B. im Länderbericht Deutschland, Frühling 2003, wo beim Thema »Einschätzung der deutschen Mitgliedschaft« nur diejenigen genannt und in Grafiken dargestellt werden, die die deutsche EU-Mitgliedschaft für eine gute Sache halten beziehungsweise Vorteile für Deutschland sehen.

112 BVerfGE 40, 296 (327). Der Satz bezieht sich auf die parlamentarische Demokratie der Bundesrepublik, er gilt aber sicher allgemein für Demokratien im westlichen Sinn.

113 BVerfG 89, 155 (185).

114 *Lübbe-Wolff*, Europäisches und nationales Verfassungsrecht, a. a. O., S. 276.

115 *Eurobarometer*, Bericht vom Herbst 2004, S. 37 ff.

116 BVerfGE 40, 296 (327).

117 *Leon Brittan*, Die europäische Herausforderung, 1995, S. 58.

118 *Jean-Paul Jacqué*, Le labyrinth décisionel, Pouvoirs, Nr. 69, 1994, S. 24.

119 Club von Florenz (Hg.), Europa: Der unmögliche Status quo, 1996, 103.

120 Club von Florenz (Hg.), a. a. O., 103.

121 BVerfGE 89, 155 (185). Hervorhebungen vom Verfasser.

122 *Roland Vaubel*, Reformen der europäischen Politikverflechtung, in: Michael Wohlgemuth (Hg.), Spielregeln für eine bessere Politik, 2005, S. 118 (128).

123 *Thomas König*, Unitarisierung durch Europäisierung, Aus Politik und Zeitgeschichte 36/2005 vom 5. 9. 2005, S. 28 (32).

124 *Andreas Maurer*, Parlamentarische Demokratie in der Europäischen Union, 2002, S. 259 ff.

125 *Maurer*, a. a. O., S. 249 f.

126 BGBl. I S. 1748.

127 Amtsblatt der Europäischen Gemeinschaften Nr. L 190 vom 18. 7. 2002, S. 1.

128 Rahmenbeschluss des Rates zur Terrorismusbekämpfung vom 13. 6. 2002, Amtsblatt der Europäischen Gemeinschaften Nr. L 164 vom 22. 6. 2002, S. 3.

129 Gesetz zur Umsetzung des Rahmenbeschlusses des Rates vom 13. Juni 2002 zur Terrorismusbekämpfung und zur Änderung anderer Gesetze, Bundesgesetzblatt I, S. 2836.

130 Siehe auch die Kritik der Minderheitenansicht der EU-Abgeordneten Ole Kra-
rup und Pernille Frahm, Bericht des Ausschusses für die Freiheiten und Rechte
der Bürger, Justiz und innere Angelegenheiten vom 14. 11. 2001, PE 310.960,
S. 57 f.

131 *Rheinhard Müller*, Ein naheliegendes Instrument?, Frankfurter Allgemeine Zeitung
vom 14. 4. 2005.

132 *Matthias Herdegen*, a. a. O., Rn 469.

133 *Bernd Schünemann*, Europäischer Haftbefehlt und EU-Verfassungsentwurf auf
schiefer Ebene, Zeitschrift für Rechtspolitik 2003, S. 185 (187 f.). Dazu auch *Mark
Deiters*, Gegenseitige Anerkennung von Strafgesetzen in Europa, Zeitschrift für
Rechtspolitik 2003, S. 359 ff., und *Schünemann*, Europäischer Haftbefehl und gegenseitige Anerkennung in Strafsachen, Zeitschrift für Rechtspolitik 2003, S. 472.
Auch *Matthias Herdegen*, a. a. O., Rn 469, äußert »rechtsstaatliche Bedenken …
auch im Lichte von Art. 16 Abs. 2 Satz 2 GG«.

134 Siehe die in Der Spiegel 23/2005, Seiten 118 f., angeführten Fälle.

135 Aktenzeichen 2 BvR 2236/04.

136 Europarechtlicher Sprengstoff steckt allerdings in der Aussage des Gerichts, der
deutsche Gesetzgeber müsse Rahmenbeschlüsse, falls sie dem Grundgesetz widersprechen, nicht unbedingt umsetzen (BVerfG, a. a. O., Randnummer 81). Siehe
auch unten zu Anmerkung 141. Vergleiche auch die abweichende Meinung der
Richterin Gertrud Lübbe-Wolf, a. a. O., Randnummer 177: »klar unionsrechts-
widrig«.

137 BVerfG, a. a. O., Randnummer 80 ff.

138 Bundestagsdrucksache 15/1718.

139 Beschlussempfehlung Bericht des Rechtsausschusses, Bundestagsdrucksache
15/2677 vom 10. 3. 2004.

140 Siehe die 2. und 3. Beratung im Bundestag am 11. 3. 2004, Protokoll S. 8747-
8749.

141 BVerfG, a. a. O., Randnummer 81.

142 BVerfG, a. a. O., Randnummer 98.

143 Bericht der Kommission auf der Grundlage von Artikel 34 des Rahmenbeschlusses des Rates vom 13. 6. 2002 über den europäischen Haftbefehl und die Über-
gabeverfahren zwischen den Mitgliedstaaten vom 23. 2. 2005, KOM (2005) 63
endgültig.

144 *Heinrich Amadeus Wolff*, Die Auslieferung Deutscher aufgrund des europäischen
Haftbefehls, Zeitschrift für Gesetzgebung 2004, S. 32 (33); *Robert Esser*, Rahmen-
bedingungen der Europäischen Union für das Strafverfahrensrecht in Europa,
Zeitschrift für Europäisches Strafrecht 2004, S. 289 (307).

145 Der Spiegel 16/2005, Seite 48 (49).

146 *Nikolaos Gazeas*, Die Europäische Beweisanordnung – Ein weiterer Schritt in die
falsche Richtung?, Zeitschrift für Rechtspolitik 2005, S. 18 (21).

147 Vorschlag der Kommission für einen Rahmenbeschluss des Rates über eine Beweisanordnung zur Erlangung von Sachen, Schriftstücken und Daten zur Verwendung in Strafverfahren vom 14. 11. 2003, KOM (2003) 688 endgültig.

148 Stellungnahme des Ausschusses für Recht und Binnenmarkt, enthalten im Bericht des Ausschusses für die Freiheiten und Rechte der Bürger, Justiz und innere Angelegenheiten vom 22. 3. 2004, A5-0214/2004, S. 13 (15).

149 Siehe aber die Minderheitenansicht des EU-Abgeordneten Maurizio Turco, Bericht des Ausschusses für die Freiheiten und Rechte der Bürger, Justiz und innere Angelegenheiten, vom 9. 1. 2002, PE 310.980, S. 8.

150 Protokoll des Bundestags vom 30. 9. 2004, S. 11 831.

151 Entschließungsantrag der Fraktionen CDU/CSU und FDP, Bundestagsdrucksache 15/3832 vom 29. 9. 2004.

152 Beschlussempfehlung und Bericht des Rechtsausschusses, Bundestagsdrucksache 15/3831 vom 29. 9. 2004.

153 Entschließungsantrag der Fraktionen CDU/CSU und FDP, a. a. O., S. 2.

154 Dazu oben S. 120.

155 An Agenda for a Growing Europe. Making the EU Economic System deliver (»Sapir-Report«), July 2003, S. 162.

156 Eurobarometer 62, 2004, S. 49.

157 *House of Lords*, European Union Committee, Future Financing of the European Union, 2005, Textziffer 17.

158 *House of Lords*, a. a. O., Textziffer 47.

159 Sapir-Bericht, a. a. O., S. 105.

160 Sachverständigenrat zur Begutachtung der gesamtwirtschaftlichen Entwicklung, Jahresgutachten 1980, Ziff. 417 ff.

161 Sachverständigenrat zur Begutachtung der gesamtwirtschaftlichen Entwicklung, Jahresgutachten 1994, Ziff. 396 ff.

162 Sachverständigenrat zur Begutachtung der gesamtwirtschaftlichen Entwicklung, Jahresgutachten 1997, Tabelle 67; 1999, Ziff. 86 f.

163 Verordnung Nr. 1782/2003 des Rates vom 29. 9. 2003, Amtsblatt der Europäischen Union L 270/1 ff.; Vorschlag der Kommission vom 21. 1. 2003, KOM (2003) 23 endg.

164 Gesetz vom 21. 7. 2004, BGBl I, S. 1763.

165 Hier ist inzwischen allerdings eine Änderung in Gang. Siehe Sachverständigenrat zur der gesamtwirtschaftlichen Entwicklung, Jahresgutachten 2004, Ziff. 187 ff.

166 *Jörg-Volker Schrader*, Zur Reform der EU-Agrarpolitik: Umbau statt Abbau von Subventionen, Zeitschrift für Wirtschaftspolitik 2005, S. 115 ff.

167 Sachverständigenrat zur Begutachtung der gesamtwirtschaftlichen Entwicklung, Jahresgutachten 2003, Ziff. 181 ff. (»Reformen der europäischen Agrarpolitik: zu kurz gesprungen«).

168 *Schrader*, a. a. O., S. 121.

169 *Jörg-Volker Schrader*, Agrarpolitische Irrwege zur Bewahrung von Bodenrenten?, Kieler Diskussionsbeiträge 325 (Institut für Weltwirtschaft), 1998, S. 118.

170 Siehe die Begründung des Gesetzentwurfs der Bundesregierung eines Gesetzes zur Umsetzung der Reform der Gemeinsamen Agrarpolitik, Bundestagsdrucks. 15/2553 vom 20. 2. 2004, S. 2 f.

171 *Rudolf Wendt / Michael Elicker*, Die Reform der Gemeinsamen Agrarpolitik und
     ihrer Umsetzung in der Bundesrepublik Deutschland, Deutsches Verwaltungsblatt
     2004, S. 665 (669ff.).

172 Sachverständigenrat zur Begutachtung der gesamtwirtschaftlichen Entwicklung,
     Jahresgutachten 2001, Ziff. 449.

173 *Wendt/Elicker*, a. a. O., S. 673.

174 Stellungnahme des Europäischen Wirtschafts- und Sozialausschuss vom 14. 5. 2003,
     2003/C 208/17.

175 *Wendt/Elicker*, a. a. O., S. 674.

176 Verordnung Nr. 1782/2003, Erwägungsgrund 4.

177 *Wendt/Elicker*, a. a. O., S. 670 f.

178 *Deutsche Bundesbank*, Die Finanzbeziehungen Deutschlands zum EU-Haushalt,
     Monatsbericht Oktober 2005, S. 17 (27).

179 *Deutsche Bundesbank*, a. a. O., S. 31.

180 *House of Lords*, a. a. O., Textziffer 63.

181 *Deutsche Bundesbank*, a. a. O., S. 28.

182 *Deutsche Bundesbank*, a. a. O., S. 28.

183 *Silvana Koch-Mehrin*, Worin liegen die Unterschiede des Lobbying zwischen Brüs-
     sel und Berlin?, Rubin Ritter / David Feldmann (Hg.), Lobbying zwischen Eigen-
     interesse und Verantwortung, 2005, S. 57 (64).

184 *Oldag/Tillack*, a. a. O., S. 126.

185 *Mancur Olson jr.*, Logik des kollektiven Handelns,1967; *Hans Herbert von Arnim*,
     Gemeinwohl und Gruppeninteressen. Von der Durchsetzungsschwäche allgemei-
     ner Interessen in der pluralistischen Demokratie,1977.

186 Weitere Beispiele bei *Hans Herbert von Arnim*, Herrschaft der Lobby? – Zur Not-
     wendigkeit und zum Missbrauch des Einflusses der Wirtschaft auf die Politik, in:
     Ritter/Feldmann (Hg.), a. a. O., S. 17 (24ff.).

187 *Andreas Oldag / Hans-Martin Tillack*, Raumschiff Brüssel, 2003, S. 199.

188 *Eurobarometer*, The European Constitution: Post-referendum survey in France,
     June 2005, S. 2; *Eurobarometer*, The European Constitution: Post-referendum sur-
     vey in The Netherlands, June 2005, S. 2.

189 Frankfurter Allgemeine Zeitung vom 15.7.2005.

190 *Rousseau*, Contrat social, Buch III, Kap. 15 (2): »un mot d'esclave«.

191 *Josef Isensee*, Steuerstaat als Staatsform, in: Festschrift für Hans-Peter Ipsen, 1977,
     409 (412).

192 Die symptomatische, aber auch die ursächliche Bedeutung der Finanzen für das
     politische Geschehen hat *Joseph A. Schumpeter* immer wieder betont. Z. B. in: Die
     Krise des Steuerstaates, in: Goldscheid/Schumpeter (Hg.), Die Finanzkrise des
     Steuerstaates, 1917, wieder herausgeg. von R. Hickel, 1976, 329 (332).

193 Vgl. auch *Klaus Vogel*, Grundzüge des Finanzrechts des Grundgesetzes, in: Isen-
     see/Kirchhof (Hg.), Handbuch des Staatsrechts, Gd. 4, 1990, 3 (4).

194 »Wer der Spur des Geldes folgt, wird auf die Wahrheit stoßen.« – *R. L. Cope*,
     Legislative Studies vol. 9 No. 2 (Autumn 1995), 80 (81).

195 *Michael Stolleis*, Pecunia nervus rerum, 1983.

196 So auch *Hood/Peters* (eds.), Rewards at the Top. A Comparative Study of High Public Office, 1994, die die Bezahlung politischer Führungsgruppen in neuen europäischen Ländern, der Europäischen Union und den USA untersuchen.

B. Selbstbedienung auf Europäisch:
Parteien und ihre Hilfstruppen

1 Die Abstimmung erfolgte mit 345 Ja-, 102 Nein-Stimmen und 34 Enthaltungen. 145 Abgeordnete nahmen an der Abstimmung nicht teil. Die Abgeordneten der SPE- und der EVP-Fraktionen stimmten ganz überwiegend dafür. Die englischen Konservativen, die zur EVP-Fraktion gehören, stimmten allerdings dagegen. Von den bei der Abstimmung anwesenden 83 (der insgesamt 99) deutschen EU-Abgeordneten stimmten 79 dafür, 2 dagegen (Karl Heinz Florenz [EVP] und Rolf Linkohr [SPE]), und 2 Abgeordnete enthielten sich der Stimme (Hiltrud Breyer [EFGP]) und Konrad Schwaiger [EVP]).

2 Die Entscheidung wurde mit qualifizierter Mehrheit getroffen. Die Vertreter Dänemarks, Italiens und Österreichs stimmten dagegen. – Nach Art. 191 Abs. 2 EGV legt der Rat »gemäß dem Verfahren des Art. 251 die Regelung für die politischen Parteien auf europäischer Ebene und insbesondere die Vorschriften über ihre Finanzierung fest.« Art. 191 Abs. 2 wurde durch den Vertrag von Nizza in den EG-Vertrag eingefügt. Dieser ist nach der Ratifizierung auch durch Irland seit dem 1. 2. 2003 in Kraft. Art. 251 EGV betrifft das sogenannte Mitentscheidungsverfahren, nach welchem ein Rechtsakt zwar die Übereinstimmung von Rat und Parlament verlangt, dabei aber qualifizierte Mehrheitsentscheidungen im Rat ausreichen. Vor Einfügung des Art. 191 Abs. 2 in den EG-Vertrag hätte eine Parteien(finanzierungs)verordnung allenfalls nach Art. 308 in Verbindung mit Art. 191 EGV – und damit nur durch einstimmigen Beschluss des Rats – erlassen werden können. An dem Erfordernis der Einstimmigkeit im Rat war ein erster Versuch, eine entsprechende Verordnung zu erlassen, zwei Jahre zuvor gescheitert.

3 Bereits im Vorfeld der Abstimmung im Europäischen Parlament hatten sich der Rat und das Europäische Parlament auf einen Kompromissvorschlag geeinigt, der dann am 19. Juni 2003 vom Parlament abgesegnet wurde. Im Rat hatten am 16. Juni 2003 ebenfalls nur Dänemark, Italien und Österreich dagegen gestimmt. Diese drei Mitglieder wollten die für eine Anerkennung als politische Partei auf europäischer Ebene notwendige Mindestanzahl an Ländern von einem Viertel der Mitgliedstaaten auf drei Länder senken. Die (informellen) Verhandlungen mit dem Rat hatten auf Seiten des Parlaments der Berichterstatter Jo Leinen (SPE), die frühere Berichterstatterin Ursula Schleicher (EVP) und Andrew Duff (LIBE) geführt.

4 Die Verordnung ist im Amtsblatt der Europäischen Union vom 15. 11. 2003 veröffentlicht (L 297/1 ff.), ihre ersten drei Artikel sind also am 16. 2. 2004 in Kraft getreten. Diese Verordnung ist gemeint, wenn wir im Folgenden von »Verordnung« sprechen, sofern nichts anderes vermerkt ist.

5 Deutsche Parteien erhalten eine staatliche Teilfinanzierung, deren Höhe sich unter anderem nach den bei Europawahlen erlangten Stimmen bemisst: Für jede gültige Stimme erhält die Partei 70 Cent im Wahljahr und in jedem folgenden Jahr der fünfjährigen Wahlperiode (§ 18 Abs. 1 und Abs. 3 Satz 1 Nr. 1 Parteiengesetz). Für die ersten vier Millionen gültigen Stimmen erhält jede Partei sogar 85 Cent pro Stimme (§ 18 Abs. 3 Satz 2 Parteiengesetz).

6 Für das bei Inkrafttreten der Finanzierungsregeln nur noch verbleibende halbe Jahr 2004 war schließlich sogar der volle Betrag von 6,5 Millionen Euro vorgesehen (Bericht über den Entwurf des Gesamthaushaltsplans der Europäischen Union für das Haushaltsjahr 2004 vom 10. 10. 2003, A5-0350/2003, S. 8) – im Gegensatz zum früheren Ansatz, der für 2004 noch 4,2 Millionen Euro vorgesehen hatte (Entwurf eines Berichts über den Entwurf des Gesamthaushaltsplans der Europäischen Union für das Haushaltsjahr 2004 vom 25. 9. 2003, PE 331.948, S. 8).

7 Unten S. 164.

8 Art. 113 Abs. 2 EU-Haushaltsordnung, Abl. Nr. L248 vom 16. 9. 2002, S. 1.

9 Zur Rolle der Fraktionen bei der bisherigen Finanzierung der europäischen Parteibünde siehe auch Europäisches Parlament (Hg.), Statut et financement des partis politiques européens, Document de travail, Luxemburg 2003, S. 49 ff.

10 EuGH, Rs. C 294/83, Les Verts / Europäisches Parlament, Slg. 1986, 1339 ff. In Auszügen abgedruckt in Deutsches Verwaltungsblatt 1986, S. 995.

11 Europäischer Rechnungshof, Jahresbericht 1989, zusammen mit den Antworten der Organe, Abl. C 313, vom 12. 12. 1990, S. 1.

12 Europäischer Rechnungshof, Sonderbericht über die Ausgaben der Fraktionen des Europäischen Parlaments, zusammen mit den Antworten des Europäischen Parlaments, Abl. C 181, vom 28. 6. 2000, S. 1.

13 Europäischer Rechnungshof, Sonderbericht (Anm. 12), S. 9.

14 Beschluss des Präsidiums über die Unterstützung europäischer politischer Parteien durch das Europäische Parlament, PE 293.437/BUR/end.

15 Das bestätigt auch der Rechnungshof (Europäischer Rechnungshof, a. a. O., S. 9): »Allerdings ist der Hof der Auffassung, dass die Beihilfen zur Finanzierung der europäischen politischen Parteien sowie anderer gleichgesinnter Parteigliederungen nicht aus Mitteln finanziert werden durften, die für die Tätigkeiten der Fraktionen vorgesehen sind.«

16 Regelung des Präsidiums für die Verwendung des Haushaltspostens 3701 vom 10. 9. 2003, PE 335.475/BUR.

17 Wir sprechen im Folgenden statt von »Parteibündnissen«, wie es in der Verordnung heißt, – kürzer – von »Parteibünden«.

18 Ausführlich zur Geschichte der SPE *Hix*, A History of the PES 1957–1994, 1994, S. 27 (auch abzurufen auf den Internetseiten der SPE: http://www.eurosocialists. org); *Jasmut*, Die politischen Parteien und die europäische Integration, 1995, S. 187 ff.

19 Ausführlich zu EVP *Grabitz/Läufer*, Das Europäische Parlament, 1980, S. 299 ff.; *Jasmut* (Anm. 12), S. 196 ff.; *Jansen*, in: Gabriel (Hg.), Festschrift für Hans Buchheim zum 70. Geburtstag, 1992, S. 241 (245 ff.).

20 Ausführlich zur LIBE *Jasmut* (Anm. 12), S. 205 ff.

21 Die frühere EFGP ist 1993 aus der 1983 gegründeten »European Green Coordination« hervorgegangen. Dazu *Jasmut* (Anm. 12), S. 214 ff.; *Thomas M. Dietz*, Similar but Different? The European Greens Compared to other Transnational Party Federations in Europe, Party Politics 2000, S. 190 ff. – Anfang 2004 wurde daraus die EGP. Der Gründungskongress fand am 21. Februar 2004 in Rom statt.

22 Der Gründungsaufruf der Partei der Europäischen Linken wurde am 11. 1. 2004 von elf Parteien mit dem Ziel unterzeichnet, noch vor den Europawahlen eine neue Partei auf europäischer Ebene zu gründen.

23 § 18 PartG.

24 So im ARD-Fernsehmagazin »Report« am 27. 10. 2003. Damals war Schulz noch stellvertretender Vorsitzender der SPE-Fraktion.

25 So (laut einer Mitteilung des EU-Abgeordneten *Hans-Peter Martin* vom 10. 5. 2004) die EU-Abgeordneten *Richard Corbett* und *Jo Leinen* in der Arbeitsgruppe der Sozialistischen Fraktion zum Konstitutionellen Ausschuss.

26 Stern vom 7. 10. 2004, S. 220.

27 BVerfGE 85, 264 (290-292) – 1992. Die absolute Obergrenze findet ihren konkreten Niederschlag in § 18 Abs. 2 PartG: »Das jährliche Gesamtvolumen staatlicher Mittel, das allen Parteien höchstens ausgezahlt werden darf, beträgt 133 Millionen Euro (absolute Obergrenze)«.

28 BVerfGE 85, 264 (290).

29 *von Arnim*, Die Partei, der Abgeordnete und das Geld, 2. Aufl., 1996, S. 77 f.

30 BVerfGE 20, 56.

31 Näheres bei *von Arnim/Schurig*, Die EU-Verordnung über die Parteienfinanzierung, 2004, S. 22 mit weiteren Nachweisen.

32 Näheres bei *von Arnim/Schurig* (Anm. 31), S. 33.

33 So zum Beispiel auch *Roland Bieber*, in: Hans von der Groeben / Jochen Thiesing / Claus Dieter Ehlermann (Hg.), Kommentar zum EU-/EG-Vertrag, 5. Aufl., 1997, Art. 138a, Rn 8.

34 BVerfGE 20, 56 (102); 85, 264 (289 ff.). Die relative Obergrenze findet ihren gesetzlichen Niederschlag in § 18 Abs. 5 PartG: »Die Höhe der staatlichen Teilfinanzierung darf bei einer Partei die Summe ihrer jährlichen selbst erwirtschafteten Einnahmen … nicht überschreiten (relative Obergrenze).«

35 So auch *Christian Lange / Charlotte Schütz*, Grundstrukturen des Rechts der europäischen politischen Parteien im Sinne des Art. 138a EGV, Europäische Grundrechtszeitschrift 1996, 299 (300). Ebenso *Martin Morlok*, Constitutional Framework, in: Karl Magnus Johnson / Peter Zervakis (eds.), European Political Parties between Cooperation and Integration, Baden-Baden 2002, 29 (38).

36 BVerfGE 41, 399 – 1976. Seitdem werden Bundestagskandidaten, die mindestens 10 Prozent der Wahlkreisstimmen erlangt haben, an der Staatsfinanzierung beteiligt (§ 49b BWahlG).

37 Näheres bei *von Arnim/Schurig* (Anm. 31), S. 77 f.

38 Darüber hinaus reicht es für die Beteiligung an der Staatsfinanzierung in Deutschland aus, wenn eine Partei in einem der 16 Bundesländer mindestens ein Prozent

erreicht. Diese Grenze hat das Bundesverfassungsgericht in seinem Urteil vom
26. 10. 2004 (Aktenzeichen 2 BvE 1/02 und 2/02) bestätigt und die Anhebung der
Schwelle auf ein Prozent in drei Ländern oder fünf Prozent in einem Land, die der
Gesetzgeber mit Wirkung ab dem 1. 1. 2005 beschlossen hatte (§ 18 Abs. 4 Abs. 3
PartG n. F.), für verfassungswidrig erklärt. Dieses Gesetz hätte kleinen Parteien fast
ihre gesamte bisherige Staatsfinanzierung genommen. In seinem Urteil hat das Gericht die Bedeutung auch von kleinen Parteien für eine funktionierende Demokratie nachdrücklich hervorgehoben.

39 Art. 1 Abs. 3 des sogenannten Direktwahlakts (Akt zur Einführung allgemeiner unmittelbarer Wahlen der Abgeordneten des Europäischen Parlaments) in der Fassung
des Beschlusses des Rats vom 25. 6. 2002 und 23. 9. 2002, Amtsblatt der Europäischen Gemeinschaften L 283/1 (vom 21. 10. 2002) lautet: »Die Wahl erfolgt allgemein, unmittelbar, frei und geheim.« In der Begründung dazu heißt es: »In Absatz 3 werden mit Ausnahme der Gleichheit der Wahl die auch in Artikel 28 Abs. 2
Satz 2 und Artikel 38 Abs. 1 Satz 1 GG genannten Wahlgrundsätze aufgestellt. Der
Grundsatz der gleichen Wahl fehlt, da die Zuweisung der Sitze im Europäischen
Parlament an die einzelnen Mitgliedstaaten nach Artikel 190 Abs. 2 EG-Vertrag
nicht deren Bevölkerungsanteilen entspricht und daher das Stimmgewicht der
Wähler sehr unterschiedlich ist.«

40 Art. 190 Abs. 1 EG: »Die Abgeordneten der Völker der in der Gemeinschaft vereinigten Staaten im Europäischen Parlament werden in allgemeiner, unmittelbarer
Wahl gewählt.«

41 Näheres bei *von Arnim/Schurig* (Anm. 31), 69 ff.

42 *von Arnim/Schurig* (Anm. 31), S. 112 f.

43 Zu diesem Vorschlag im Einzelnen *von Arnim/Schurig* (Anm. 31).

44 Um umgekehrt eine Benachteiligung von in kleinen Staaten antretenden Parteien
zu vermeiden, weil die für die Beteiligung an der Finanzierung erforderliche Zahl
von Stimmen in kleinen Staaten zu einem sehr hohen Prozentsatz führt, könnte die
Stimmenzahl durch einen Höchstprozentsatz begrenzt werden.

45 *von Arnim/Schurig* (Anm. 31), S. 84.

46 *von Arnim/Schurig* (Anm. 31), S. 58.

47 Auch *Lange/Schütz,* Europäische Grundrechtszeitschrift 1996, 299, verlangen, dass
die Anerkennung als Europapartei »durch ein unabhängiges, interinstitutionelles
Gremium oder den Gerichtshof der Europäischen Gemeinschaften« erfolgt. Ebenso *Jansen,* Integration 1995, 157 (163).

48 *von Arnim/Schurig,* (Anm. 31), S. 27 f.

49 *von Arnim/Schurig,* (Anm. 31), S. 28 f.

50 Siehe auch die Besprechung von *Richard Burchill* in European Public Law, volu-
me 11 (2005), S. 470 f.

C. Europabeamte im Schlaraffenland

1 Dieser Zuordnung nahm auch die Bundesregierung bei Beantwortung einer Kleinen Anfrage im Jahre 1997 vor (Bundestags-Drucks. 13/7624, Seite 3).

2 Angaben für das Jahr 2004.

3 Verordnung Nr. 2182/2003 vom 8.12.2003, Amtsblatt Nr. L 327 vom 16.12.2003, S. 3 ff.

4 Die Höhe der Sonderabgabe wird bis zu ihrem vorgesehenen Auslaufen am 31.12.2012 jährlich erhöht. Ab 1.1.2005 wird sie 2,93 Prozent, ab 1.1.2006 3,36 Prozent, ab 1.1.2007 3,79 Prozent, ab 1.1.2008 4,21 Prozent, ab 1.1.2009 4,64 Prozent, und ab 1.1.2010 5,07 Prozent betragen. Ab dem 1.1.2011 sind dann 5,50 Prozent zu zahlen, bevor sie Ende 2012 ganz entfällt (Art. 66a Abs. 2).

5 Gemäß Art. 66a Abs. 3 des Statuts ist für die Berechnung der Bemessungsgrundlage für die Sonderabgabe die Steuer in Abzug zu bringen, die ein Beamter der gleichen Besoldungsgruppe und Dienstaltersstufe ohne unterhaltsberechtigte Person zu zahlen hätte.

6 Nach der Rechtsprechung des Europäischen Gerichtshofs untersagt das Protokoll über die Vorrechte und Befreiungen »alle Maßnahmen eines Staates, aufgrund deren von einem Beamten der Gemeinschaft irgendeine direkte oder indirekte Steuer erhoben wird, die ganz oder teilweise auf der Zahlung der Gehälter und Bezüge beruht, welche die Gemeinschaft diesem Beamten schuldet. Es ist infolgedessen unzulässig, diese Dienstbezüge bei der Ermittlung des auf andere Einkünfte desselben Betroffenen anwendbaren Steuersatzes in Ansatz zu bringen. Es ist gleichfalls unzulässig, diese Dienstbezüge bei der Ermittlung des auf die Einkünfte der Ehefrau eines Beamten [...] anwendbaren Steuersatzes in Ansatz zu bringen [...].« EuGH, Rs. 6/60, Humblet/Belgischen Staat, Slg. 1960, S. 1165.

7 EuGH, Rs. 7/74, Van Nidek / Inspecteur der Registratie en Successie, Slg. 1974, S. 757.

8 Die Regelungen für das Gericht erster Instanz wurden nach seiner Einrichtung 1988 in die Verordnung 422/67 eingegliedert. Dazu Verordnung Nr. 4045/88 vom 19.12.1988, Abl. Nr. L356 vom 24.12.1988, S. 1.

9 Bericht zum »Abbau unverhältnismäßiger Begünstigungen der bei internationalen Organisationen tätigen Bediensteten und Versorgungsempfänger«, Anlage zur BMF-Vorlage Nr. 39/97, Brief des Bundesministeriums der Finanzen an den Vorsitzenden des Haushaltsausschusses des Deutschen Bundestags vom 10.3.1997, S. 12.

10 A.a.O.

11 A.a.O., S. 11.

D. Europäische Grossverdiener:
Wer kontrolliert die Kontrolleure?

1 Grundlegend »Vorschläge für eine Reform der Kommission der Europäischen Gemeinschaften und ihrer Dienststellen« (sogenannter Spierenburg-Bericht), 1979, Textziffern 37 ff.

2 *Schmitt von Sydow*, in: von der Groeben (Hg.), a.a.O., Art. 213 EG, Randnummer 10.

3 An Agenda for a Growing Europe, Report of an Independent High-Level Study Group established on the Initiative of the President of the European Commission, July 2003, S. 158.

4 *Hummer*, in: Eberhard Grabitz / Meinhard Hilf (Hg.), Das Recht der Europäischen Union, Kommentar, Art. 157 EGV, Randnummer 7 (1999) mit weiteren Nachweisen.

5 *Emile Noël*, Auf dem Wege zu einem neuen Gleichgewicht, in: The Philip Morris Institute for Public Policy Research, Wie sieht die Zukunft der Europäischen Kommission aus? 1995, S. 63 (66).

6 *Schmitt von Sydow*, a.a.O., Art. 219 EG, Randnummer 24 ff.

7 So der Vorschlag von *Leon Brittan*, Die europäische Herausforderung, 1994, S. 335 f.

8 *Karl Lamers*, Politische und institutionelle Vertiefung notwendig, The Philip Morris Institute for Public Policy Research (Hg.), Wie sieht die Zukunft der Europäischen Kommission aus?, S. 35 (43): Die Größe der Kommission darf sich nicht nach der Anzahl der Mitgliedstaaten richten, sondern nach der Anzahl der ihr zugewiesenen Aufgaben, »was eine Größenordnung von 10 bis maximal 12 Geschäftsbereichen bedeuten würde.« Ebenso *Emile Noël*, a.a.O., S. 66: »Deswegen ist es … lebenswichtig, die Regel aus den Anfangsjahren außer Kraft zu setzen und statt dessen eine Obergrenze für die Zahl der Kommissare zu bestimmen, die die gleiche bleiben müsste – ungeachtet der Zahl der Mitgliedstaaten. Von Beginn an läge diese Zahl – sagen wir zwölf – unter der Zahl der Mitgliedstaaten.«

9 Club von Florenz (Hg.), Europa: Der unmögliche Status quo, 1996, S. 30. – Die Verteilung der Ressorts unter den damals 20 Kommissaren nennt *Schmitt von Sydow*, in: von der Groeben, a.a.O., Art. 217 EGV, Randnummer 11.

10 *Schmitt von Sydow*, a.a.O., Art. 213 EG, Randnummer 14.

11 Dazu *Schmitt von Sydow*, a.a.O., Art. 218 EG, Randnummer 11 ff.

12 *Schmitt von Sydow*, a.a.O., Art. 213 EG, Randnummer 14.

13 Club von Florenz (Hg.), a.a.O., S. 30: »Diese Zerstückelung droht, Aktivismus zu ermuntern: Um ihre Präsenz unter den Kollegen hervorzuheben, werden Leiter kleiner Ressorts unvermeidlich versucht sein, ihren Namen an ein Aktionsprogramm in ihrem Verantwortungsbereich zu heften, ohne sich wirklich Rechenschaft über die Berechtigung eines Tätigwerdens der Gemeinschaft zu geben.«

14 Die Kommission muss stets mit Mehrheit entscheiden (Art. 8 Abs. 3 Satz 2 Geschäftsordnung), und zwar mit der Mehrheit der in Art. 213 EG vorgesehenen Gesamtzahl der Mitglieder (*Schmitt von Sydow*, a.a.O., Art. 219 EG, Randnummer 18).

15 *Schmitt von Sydow*, a.a.O., Art. 219 EG, Randnummer 18: Die Prodi-Kommission traf 2002 98 Prozent der in mündlicher Verhandlung gefassten Beschlüsse einstimmig. Das waren 2 Prozent aller Beschlüsse. Da alle anderen einstimmig gefasst wurden, ergibt sich sogar ein Prozentsatz von 99,92 Prozent.

16 *Schmitt von Sydow*, a.a.O., Rn 15.

17 *Jörg Monar*, Die Kommission nach dem Vertrag von Nizza: ein gestärkter Präsident und ein geschwächtes Organ?, Integration 2001, S. 114 (116).

18 Spierenburg-Kommission, a.a.O., Textziffer 42.

19 Art. 9 Geschäftsordnung der Kommission. Dazu *Schmitt von Sydow*, a.a.O., Art. 219 EG, Randnummer 10.

20 *John Temple Lang/Eamonn Gallagher*, The Role of the Commission and Qualified Majority Voting, Dublin 1995, S. 34f.; *Justus Lipsius*, The 1996 Intergovernmental Conference, European Law Review 1995, S. 235 (251).

21 Ähnlich auch *Schmitt von Sydow*, a.a.O., Art. 213, Randnummer 14.

22 Zitiert nach *Jochen A. Frowein*, Die Verfassung der Europäischen Union aus der Sicht der Mitgliedstaaten, Europarecht 1995, 315 (328).

23 *Klemens H. Fischer*, Der Vertrag von Nizza, 2001, S. 195f.

24 *Fischer*, a.a.O., S. 196.

25 Genauso wurde ein Hierarchisierung der Kommission abgelehnt. Danach sollte der Kommissionspräsident eine bestimmte Anzahl von Vizepräsidenten ernennen, denen die übrigen Kommissionsmitglieder zugeteilt würden. Die kleineren Mitgliedstaaten fürchteten, eine solche Hierarchisierung würde zu ihren Lasten gehen. Dazu *Fischer*, a.a.O., S. 196.

26 *Jean-Louis Boulanges*, Il ne faut pas ratifier Nice, Le Monde vom 13.12.2000.

27 *Schmitt von Sydow*, a.a.O., Art. 213 EG, Randnummer 25.

28 *Schmitt von Sydow*, a.a.O., Art. 217 EG, Randnummer 18.

29 *Schmitt von Sydow*, a.a.O., Art. 217 EG, Randnummer 12.

30 *Justus Lipsius*, The 1996 Intergovernmental Conference, European Law Review 1995, p. 235 (252).

31 Bericht des Gerichtshofes über bestimmte Aspekte der Anwendung des Vertrages über die Europäische Union, Tätigkeiten Nr. 15/1995, S. 3 ff., Nr. 16. Vgl. auch das Reflexionspapier des Europäischen Gerichtshofs »Zur Zukunft des Gerichtssystems der Europäischen Union« von 1999, abrufbar auf der Internetseite des Gerichtshofs http://www.curia.eu.int unter »Texte und Dokumente«, »Verschiedenes«.

32 Das steht im Gegensatz zur Regelung des Internationalen Gerichtshofs und des Europäischen Gerichtshofs für Menschenrechte (Art. 31 IGH-Statut; Art. 27 Abs. 2 EMRK). Dort ist die Einsetzung eines ad hoc-Richters für den Fall, dass ein Richter dieser Staatsangehörigkeit im Spruchkörper nicht vorhanden ist, vorgesehen.

33 United Kingdom Parliament, Twelfth Report of the Select Comittee on European Union of the House of Lords, The European Court of Auditors: the Case for Reform, 3 April 2001 (www.publications.parliament.uk).

34 United Kingdom Parliament, a.a.O.

35 House of Lords, Select Committee on The European Union, Is the European Central Bank Working?, 2003, S. 37.

36 Grundlegend *Martin Kriele*, Theorie der Rechtsgewinnung. Entwickelt am Problem der Verfassungsinterpretation, 1967.

37 *Torsten Stein*, Richterrecht wie anderswo auch? Der Gerichtshof der Europäischen Gemeinschaften als Integrationsmotor, in: Richterliche Rechtsfortbildung, 1986, S. 619.

38 Hervorhebung vom Verfasser.

39 *Hjalte Rasmussen*, Between Self-Restraint and Activism: A Judicial Policy for the European Court, European Law Review 1988, S. 28.

40 EuGH Slg. 1963, S. 1 – van Gent.

41 EuGH, aaO, S. 12 ff.

42 *Spiros Simitis*, Sozialdumping durch Europa?, Deutsche Richterzeitung 1996, S. 393.

43 *Günter Hirsch*, Die Rolle des Europäischen Gerichthofs bei der europäischen Integration, Jahrbuch des öffentlichen Rechts 2001, S. 70 (80).

44 *J. H. H. Weiler*, Comp. Pol. St. 1994, S. 511.

45 *Simitis*, a. a. O.

46 *J. H. H. Weiler*, The Constitution of Europe, 1999, S. 21; siehe auch *Abromeit*, Democracy in Europe, 1998, S. 43 f.

47 *Hirsch*, a. a. O., S. 80.

48 *Hirsch*, a. a. O., S. 84.

49 EuGH Slg. I-5357 (5405).

50 Zusammenfassend *Wolfgang Dänzer-Vanotti*, Der Europäische Gerichtshof zwischen Rechtsprechung und Rechtsetzung, Festschrift Everling, 1995, S. 205 (215).

51 *Stein*, a. a. O.

52 *Jean-Pierre Colin*, Le Gouvernement des Juges, 1966; *Robert Lecourt*, L'Europe des Juges, 1976.

53 Das Bundesverfassungsgericht spricht ausdrücklich von einer vom Europäischen Gerichtshof gepflegten »dynamischen Erweiterung der bestehenden Verträge«, die sich auf eine »Vertragsabrundungskompetenz«, auf den Gedanken der »inhärenten Zuständigkeiten der Europäischen Gemeinschaften (›implied powers‹) und auf eine Vertragsauslegung im Sinne einer größtmöglichen Ausschöpfung der Gemeinschaftsbefugnisse (›effet utile‹) gestützt« habe (BVerfGE 89, 155 (210).

54 BVerfG, a. a. O.

55 BVerfGE 75, 223 (240 ff.).

56 BVerfGE 89, 155 (209).

57 *Derk Siebert*, Die Auswahl der Richter am Gerichtshof der Europäischen Gemeinschaften, 1997, S. 101.

58 *Siebert*, a. a. O., S. 100.

59 *Siebert*, a. a. O., S. 98 f.

60 *Reinhard Müller*, Nur eingeschränkt handlungsfähig, Frankfurter Allgemeine Zeitung vom 30.4.2005.

61 *Siebert*, a. a. O., S. 97, 111. Das war jedenfalls der Stand bei Erscheinen des Buchs von Siebert (1997).

62 So auch *Siebert*, a. a. O., S. 261 ff.

63 *Dänzer-Vanotti*, a.a.O., 213f.

64 Verordnung Nr. 1416/81 vom 19.5.1981, Abl. Nr. L142 vom 28.5.1981, S.1.

65 Angaben, soweit vorhanden, für das Jahr 2003. Quelle: Presse-Information des EP vom 8.1.2003; Erhebung bei deutschen Botschaften in den Mitgliedstaaten der EU. Siehe im Einzelnen *Hans Herbert von Arnim / Martin Schurig*, The Statute for Members of the European Parliament, FÖV Discussion Paper Nr. 4 (2003).

66 Angaben für das Jahr 2003.

67 Bei einem Eintritt in den Ruhestand mit 60 Jahren erhält das ehemalige Mitglied 70 Prozent des Ruhegehaltsanspruchs, bei einem Ruhegehaltsantritt mit 61 erhält es 75 Prozent, mit 62 Jahre 80 Prozent, mit 63 Jahre 87 Prozent und mit 64 Jahre 95 Prozent.

68 Verordnung Nr. 2163/70 vom 27.10.1970, Abl. Nr. L238 vom 29.10.1970, S.1.

69 Zu den Einzelheiten vgl. Anhang XI des Beamtenstatuts.

70 Verordnung 2181/2003 vom 8.12.2003, Abl. Nr. L 327 vom 16.12.2003, S. 3ff.; Verordnung 64/2004 vom 9.1.2004, Abl. Nr. L 10 vom 16.1.2004, S.1.

71 Bericht über die Entlastung für die Ausführung des Gesamthaushaltsplans der Europäischen Union für das Haushaltsjahr 2002, Einzelplan IV – Gerichtshof (I5-0034/2003 – C5-0088/2004 – 2003/2213 (DEC)), Einzelplan V – Rechnungshof (I5-0034/2003 – C5-0088/2004 – 2003/2214 (DEC), vom 2.4.2004, A5-228/2004.

72 Europäischer Rechnungshof, Jahresbericht zum Haushaltsjahr 2001, Abl. Nr. C 295 vom 28.11.2002, S.1ff., Ziffer 7.18.

73 Ebd.

74 Antworten auf den Fragenkatalog zur Entlastung 2002: andere Organe vom 9.1.2004, PE 338.138/endg., S.47. Legt man das Grundgehalt eines ledigen Rechnungshofsmitglieds zugrunde, so beträgt die maximale Erhöhung seiner Bezüge, die durch die Überweisung von 16% seines Grundgehalts in ein anderes Land entstehen kann im Monat 1155 Euro.

75 Europäischer Rechnungshof, Jahresbericht zum Haushaltsjahr 2001, Abl. Nr. C 286 vom 28.11.2002, S.222.

76 Entschließung des Europäischen Parlaments mit den Bemerkungen zu dem Beschluss betreffend die Entlastung für die Ausführung des Gesamthaushaltsplans für die Europäische Union für das Haushaltsjahr 2001 – Einzelplan IV – Gerichtshof, Abl. Nr. L148 vom 16.6.2003, S. 46.

77 Verordnung Nr. 260/68 vom 29.2.1968, Abl. Nr. L56 vom 4.3.1968, S. 8.

78 Verordnung Nr. 3821/81 vom 15.12.1981, Abl. Nr. L386 vom 31.12.1981, S.1.

79 Art. 66a Abs. 2 des Beamtenstatuts. Siehe dazu oben S.181.

E. Die Als-ob-Volksvertreter

1 *Wolfgang Schreiber*, Wahlkampf, Wahlrecht und Wahlverfahren, in: Hans-Peter Schneider / Wolfgang Zeh (Hg.), Parlamentsrecht und Parlamentspraxis, 1989, S. 401 (Randnummer 1).

2 *Schmitt-Beck*, Zeitschrift für Parlamentsfragen 1993, 393. Das gilt für Europawahlen ebenso wie für Bundes- und Landtagswahlen.

3 Zu Letzterem unten S. 288.

4 Art. 138 EWGV, Art. 21 EGKS, Art. 108 EAGV.

5 *Rolf Spitzhüttl / Ulrich Lüke*, Das Europäische Parlament zwischen Chaos und Courage, 1983, S. 13.

6 A4-0212/1998.

7 Vgl. Annex B des Ratsbeschlusses Nr. 8964/2002 vom 21. 5. 2002 und Dok.-Nr. 6151/02 des Rates, S. 11.

8 Bericht Gil-Robbes Gil-Delgado, A 5-0212/2002.

9 *Haag/Bieber*, in: van der Groeben und andere, 1997, 4/71.

10 *Haag/Bieber*, in: von der Groeben u. a. (Hg.), a. a. O., Art 190 EG, Randnummer 18.

11 Dass auch 700 Sitze zu viel sind, betont auch *Roland Bieber* mit Recht (Reformen der Institutionen und Verfahren – Amsterdam kein Meisterstück, Integration 1997, S. 236 [239]):»An der Arbeitsfähigkeit eines so großen Parlaments bestehen erhebliche Zweifel. Die dieser Zahl zugrundeliegenden funktionalen Erwägungen sind nicht zu erkennen.« Ähnlich *Rudolf Streinz*, Der Vertrag von Amsterdam, Jura 1998, S. 57 (62).

12 So der Gesetzentwurf der Bundesregierung zum Vertrag von Amsterdam, Bundestags Drucks. 13/9339 vom 3. 12. 1997, S. 157.

13 *Klemens H. Fischer*, Der Vertrag von Nizza, 2001, S. 187.

14 So auch *Elmar Brok*, Die Ergebnisse von Nizza, Integration 2001, S. 86 (88).

15 *Fischer*, a. a. O., S. 187.

16 So auch Scheffler, a. a. O., 75 f.

17 Näheres bei *Christofer Lenz*, Einheitliches Wahlverfahren, a. a. O., S. 36 ff.

18 So auch schon *Eberhard Grabitz / Thomas Läufer*, Das Europäische Parlament, 1980, S. 32 f.:»Auf längere Sicht erscheint die Durchbrechung des Gleichheitsgrundsatzes bei der parlamentarischen Repräsentation allerdings wegen ihrer Rückwirkungen auf das politische Meinungsbild und die Motivationslage in den durch die Ponderierung benachteiligten Mitgliedstaaten problematisch. Solche Rückwirkungen werden vor allem dann zu erwarten sein, wenn sich das Europäische Parlament nach der Direktwahl auf neue Tätigkeitsfelder der Gemeinschaft begibt und stärker noch als bisher die Erweiterung seiner Befugnisse angeht.«

19 *Hans Herbert von Arnim*, Der formale und der strenge Gleichheitssatz, Die Öffentliche Verwaltung 1984, S. 85 ff.

20 *Christofer Lenz*, a. a. O.

21 Sogenannte Kopenhagener Kriterien: Europäischer Rat von Kopenhagen, Schlussfolgerungen des Vorsitzes, Bulletin EG 6-1993, Punkt I. 13, S. 13.

22 So nachdrücklich *Christofer Lenz*, Ein einheitliches Verfahren für die Wahl des Europäischen Parlaments. Unverwirklichte Vorgabe der Gemeinschaftsverträge, 1995.

23 So jedenfalls *Lenz*, a. a. O.; *ders.*, in: Jan Bergmann / Christofer Lenz (Hg.), Der Amsterdamer Vertrag, 1998, 277 (279, 283).

24 *Robert Fleuter*, Mandat und Status der Abgeordneten im Europäischen Parlament, 1991, S. 15.; *Valentin Saalfrank*, Funktionen und Befugnisse des Europäischen Parla-

ments: ihre Bedeutung für das Demokratieprinzip des Grundgesetzes, 1995, S. 121; *Scheffler*, a. a. O., S. 57.

25 Andeutungen bei *Scheffler*, a. a. O., S. 60.

26 Siehe *Christofer Lenz*, Das Europäische Parlament, Organisation, in: ders./Jan Bergmann (Hg.), Der Amsterdamer Vertrag, 277 (283): »vertragswidriges Vertragsrecht«.

27 BVerfGE 51, 222 (233 ff.) – 22. 5. 1979.

28 Zusammenfassend *Dirk Ehlers*, Sperrklauseln im Wahlrecht, Jura 1999, S. 660 (665); Jan Schettler, a. a. O., S. 88 ff.

29 Siehe oben S. 245.

30 *Hans Herbert von Arnim*, Möglichkeiten unmittelbarer Demokratie auf Gemeindeebene, Die Öffentliche Verwaltung 1990, S. 85 (91, 96).

31 *Hans-Georg Wehling*, Politische Partizipation in der Kommunalpolitik, Archiv für Kommunalwissenschaften 1989, S. 110 (115).

32 *Hans Herbert von Arnim*, Wahl ohne Auswahl, Zeitschrift für Rechtspolitik 2004, S. 115 ff.

33 So zum Beispiel *Günther Nonnenmacher*, Frankfurter Allgemeine vom 8. 1. 1997; *Peter Glotz*, Die Zeit vom 18. 7. 2002; *Mishra*, Rheinischer Merkur vom 25. 7. 2002. Dazu *von Arnim*, Fetter Bauch regiert nicht gern, 1997, S. 162 f.; *ders.*, Die Besoldung von Politikern, Zeitschrift für Rechtspolitik 2003, 235 (240).

34 Siehe *Simon Hix*, Parliamentary Behaviour with Two Principals: Legislator Preferences, Euro Parties, National Parties and Voting in the European Parliament, 2003, S. 25 f. Zwar scheint sich das Abstimmungsverhalten der Europaabgeordneten inzwischen häufiger auch nach dem klassischen Rechts-Links-Schema auszurichten. Die nationale Herkunft bleibt jedoch nach wie vor bedeutsam.

35 *Simon Hix / Amie Kreppel / Abdul Noury*, The Party System in the European Parliament: Collusive or Competitive?, Journal of Common Market Studies 2003, S. 309 (318 ff., 326 ff.); *Amie Kreppel*, The European Parliament and Supranational Party System, 2002, S. 216 f.

36 *Andreas Oldag / Hans-Martin Tillack*, Raumschiff Brüssel. Wie die Demokratie in Europa scheitert, 2003.

37 Statt vieler *Ingo von Münch*, in: von Münch/Kunig (Hg.), Grundgesetz Kommentar, Band 2, 3. Aufl., 1995, Art. 38, Rnrn. 23 ff.; *Konrad Hesse*, Grundzüge des Verfassungsrechts der Bundesrepublik Deutschland, 20. Aufl., 1995 Rn. 146.

38 Mannheimer Morgen vom 15. 11. 2001.

39 Reichstagsdrucksache 1924, Nr. 445, S. 32.

40 *Hans Delbrück*, Regierung und Volkswille, 1913, S. 142.

41 *Carl Mierendorff*, Die Gründe gegen die Verhältniswahl und das bestehende Listenwahlverfahren, in: Johannes Schauff (Hg.), Neues Wahlrecht, 1929, S. 14 (19).

42 Ähnlich zum Beispiel auch *Hans Heinrich Schächlin*, Die Auswirkungen des Proportionalverfahrens auf Wählerschaft und Parlament, Züricher Beiträge zur Rechtswissenschaft, Neue Folge, Heft 121, 1946, S. 50: »Die Gefahr, dass die Wahl – im Widerspruch zum Prinzip der Unmittelbarkeit – gewissermaßen zu einer indirekten wird, indem sich die Partei zwischen Wähler und Vertreter einschiebt, wächst

entschieden: bereits in der Parteivorstandssitzung wird die eigentliche Kreation vorgenommen, und dem Bürger bleibt noch übrig, durch seine Stimmabgabe die schon erfolgte Bestellung zu bestätigen.«

43 *Gerhard Leibholz*, Parteien und Wahlrecht in der modernen Demokratie, in: Parteien, Wahlrecht, Demokratie, Vorträge und Diskussionen einer Arbeitstagung der Friedrich-Naumann-Stiftung und der Deutschen Gruppe der Liberalen Weltunion vom 17.-19. 3. 1967 im Kurhaus Baden-Baden, 1967, 40 (47 f.). Diese Sätze wiederholen frühere Äußerungen von Leibholz aus Weimarer Zeit fast wörtlich: *Gerhard Leibholz*, Die Wahlrechtsreform und ihre Grundlagen, Veröffentlichungen der Vereinigung Deutscher Staatsrechtslehrer, Band 7 (1932), 159 (167 f.). Vgl. auch schon *ders.*, Das Wesen der Repräsentation und der Gestaltwandel der Demokratie im 19. Jahrhundert, 1929, 114: »Das beim Mehrheitswahlsystem noch relativ gewährleistete unmittelbare Verhältnis zwischen Wählern und Abgeordneten wird durch das Verhältniswahlsystem endgültig gesprengt.«

44 *Leibholz*, Die Wahlrechtsreform, a. a. O., S. 168.

45 *Leibholz*, Parteien und Wahlrecht, a. a. O.

46 BVerfGE 7, 63 – 1957.

47 *Hans Herbert von Arnim*, Wählen wir unsere Abgeordneten unmittelbar?, Juristen-Zeitung 2002, S. 578 ff.

48 *Michael Borchmann*, Das Europäische Parlament – »Scheinparlament« ohne ausreichende demokratische Legitimation?, Europäische Zeitschrift für Wirtschaftsrecht 1992, S. 97.

49 *Oldag / Tillack*, a. a. O., S. 115.

50 Süddeutsche Zeitung vom 22. 4. 2005, S. 8.

51 Siehe zum Beispiel stern tv, Sendung vom 28. 4. 2004, 22.15 Uhr.

52 Siehe z. B. »Focus« vom 4. 8. 2003, S. 156.

53 Sehr deutlich auch die Stellungnahme des englischen Europaministers *Denis McShane* zur Spesenreiterei bei den Reisenkosten: »I don't think that you can sustain something that is fraudulent and unacceptable. You cannot use that as simply a way of solving what MEPs are paid within a national context. The reform can be implemented tomorrow and I urge MEPs to send out a clear signal to European voters that the European Parliament is the cleanest parliament in the world and to end their unacceptable and indefensible abuse of travel expenses.« Zitiert nach *Nicola Smith*, MEP statute fails at financial hurdle, EUPolitix vom 26. 1. 2004.

54 Ergänzung des Verfassers.

55 Urteil des Oberverwaltungsgerichts des Landes Sachsen-Anhalt vom 3. 12. 1997 (Aktenzeichen: A3 S 6/96), S. 28 des Umdrucks.

56 Einzelheiten in den »Ausführungsbestimmungen des Ältestenrats zu § 12 Abs. 4 Satz 1 Nr. 4 AbgG für die Bereitstellung und Nutzung des gemeinsamen Informations- und Kommunikationssystems des Bundestags.«

57 Siehe Erwägungsgrund 19 des neuen Abgeordnetenstatuts, worin die Mitgliedstaaten ausdrücklich aufgefordert warden, die nationalen Regelungen zugunsten der EU-Abgeordneten aufrechtzuerhalten.

58 The Times vom 27. 1. 2004, S. 16.

59 Ebenda.

60 Empfehlung der Gruppe hochrangiger Persönlichkeiten zum Statut der Mitglieder vom ((PE 290.755/Bur.), S. 15.

61 Bericht des Europäischen Rechnungshofs 10/98, S. 5.

62 Siehe zum Beispiel BVerfGE 40, 296 (318, 328) – 1975; 49, 1 (1 f.) – 1978.

63 2003: Haushaltsansatz.

64 Europäischer Rechnungshof, Sonderbericht 10/98, S. 5.

65 Art. 14 Abs. 2 der Kostenerstattungs- und Vergütungsregelung.

66 Art. 14 Abs. 7 Unterabsatz 5 der Kostenerstattungs- und Vergütungsregelung.

67 Art. 14 Abs. 5 Unterabsatz 2 der Kostenerstattungs- und Vergütungsregelung.

68 Art. 14 Abs. 5 Unterabsatz 4 der Kostenerstattungs- und Vergütungsregelung.

69 Ausführungsbestimmungen des Ältestenrats zu § 12 Abs. 3 Abgeordnetengesetz für den Ersatz von Aufwendungen, die den Mitgliedern des Deutschen Bundestags durch die Beschäftigung von Mitarbeiterinnen und Mitarbeitern erwachsen. – Kündigungsschutz genießen allerdings auch Mitarbeiter von Bundestagsabgeordneten nicht. Auch können die Abgeordneten bei Beginn einer neuen Legislaturperiode frei entscheiden, ob sie die Mitarbeiter behalten wollen oder nicht. Siehe *Alexander Neubacher*, Heuern und Feuern, Der Spiegel vom 27. 12. 2003.

70 Siehe Vorschlag der Kommission (KOM[98] 0312) vom 18. 5. 1998, Bericht des Ausschusses für Recht und Bürgerrechte vom 25. 2. 1999 (PE 228.031/endg.); Vorschlag der Kommission (KOM [2001] 344 endg.) vom 25. 6. 2001; Bericht des Ausschusses für Beschäftigung und soziale Angelegenheiten vom 28. 5. 2002 (PE 305.729).

71 *Andrew Osborn*, Riding Second Class on the EU-Gravy Train, Guardian vom 3. 5. 2003.

72 *Osborn*, a. a. O.

73 *Osborn*, a. a. O.

74 *Osborn*, a. a. O.: »MEPs will happily get to their feet and vote for better conditions for Europe's workforce – be it shorter working hours for certain professions or more stringent safety standards – but seem unwilling to extend the same protection to their own staff.«

75 So hatte der Abgeordnete Klaus-Heiner Lehne in seinem Berichtsentwurf vom 25. 2. 1999 für den Ausschuss für Recht und Bürgerrechte (PE228.031/endg., S. 17) vorgeschlagen, die Assistenten von nationalen Einkommensteuern zu befreien und durch die Gemeinschaft zu besteuern.

76 Finanzgericht Bremen, Urteil vom 22. 6. 1990, Sammlung finanzgerichtlicher Entscheidungen (EFG), 1991, 519 f.; *Bergkemper*, in: Herrmann / Heuer / Raupach, Einkommensteuer – und Körperschaftsteuergesetz. Kommentar, § 3 EStG ABC.

77 Siehe §§ 1, 49 Einkommensteuergesetz. Ein gewöhnlicher Aufenthalt in Deutschland wird nach § 9 Satz 2 Abgabenordnung dann begründet, wenn der Betroffene sich mehr als sechs Monate im Zusammenhang im Inland aufhält.

78 Siehe auch den Sachverhalt, der dem Urteil des Finanzgerichts Bremen, a. a. O., zugrunde lag.

79 Siehe zum Beispiel *Andrew Osborn*, a. a. O.: Assistants »are often paid in cash on the black«.

80 § 12 Abs. 3 Satz 1 Abgeordnetengesetz.

81 Siehe zum Beispiel den Bericht des Abgeordneten *Lehne*, a. a. O., S. 4.

82 Der Forderung des Rechnungshofs, die bei »den Sekretariatszulagen zu berücksichtigenden Kostenelemente sollten eindeutig definiert und quantifiziert werden« (Rechnungshof, Bericht 10/98, S. 6), ist das Parlament nicht nachgekommen.

83 Ein Teil der Steigerung in Wahljahren beruht allerdings darauf, dass bei einem personellen Wechsel die Zulage grundsätzlich noch drei Monate länger gezahlt wird (Art. 15 Abs. 3 der Kostenerstattungs- und Vergütungsregelung).

84 Eine Indexierung der »Sekretariatszulage« etwa dahin, dass bei Assistenten, die in einem Mitgliedstaat mit niedrigem Einkommensniveau beschäftigt werden, die Zulage entsprechend gesenkt wird, ist nicht vorgesehen. Auch die in den Erläuterungen früherer Haushaltspläne noch vorgesehene Beschränkung auf zwei Assistenten (oder überhaupt eine Beschränkung) existiert nicht mehr. Im Haushaltsplan etwa von 1993 hieß es: »In diesem Jahr darf jedes Mitglied des Parlaments zwei Assistenten beschäftigen, den einen in Brüssel und den anderen in dem Mitgliedstaat.« Seit 1995 fehlen entsprechende Bestimmungen.

85 Siehe *Hans Herbert von Arnim*, 9053 Euro Gehalt für Europaabgeordnete?, 2004, Anlage 1 im Anhang.

86 Verordnung des Europäischen Parlaments und des Rates über die Regelungen für die politischen Parteien auf europäischer Ebene und ihre Finanzierung vom 4. 11. 2003, Amtsblatt der Europäischen Union vom 15. 11. 2003, L 297/1 ff.

87 Siehe Art. 7 der genannten Verordnung: »Finanzierungen, die politische Parteien auf europäischer Ebene aus dem Gesamthaushaltsplan der Europäischen Union oder aus anderen Quellen erhalten, dürfen nicht der unmittelbaren oder mittelbaren Finanzierung anderer politischer Parteien und insbesondere nationaler politischer Parteien dienen.«

88 Im Bericht des Ausschusses für Recht und Bürgerrechte vom 25. 2. 1999, S. 17, »war vorgeschlagen worden, das Parlament solle keine Kosten übernehmen für die Beschäftigung von Mitarbeitern, die mit dem Abgeordneten im ersten Grad verwandt, verschwägert oder verheiratet sind.« Das wäre ein großer Fortschritt gewesen. Die Beschäftigung zum Beispiel von Neffen (und damit auch der »Nepotismus«) wäre aber auch dann zulässig geblieben.

89 Erfährt allerdings die Öffentlichkeit ausnahmsweise davon, dass der Abgeordnete seine Ehefrau beschäftigt, kann dies gravierende Folgen haben. Siehe zum Beispiel den Fall des CDU-Europa-Abgeordneten Karsten Hoppenstedt, der seine Frau für 2500 Mark monatlich als Mitarbeiterin im Wahlkreisbüro beschäftigt hatte. Parteichef Christian Wulff bescheinigte dem Abgeordneten, dies »sei zwar nach dem Recht des Europaparlaments gedeckt, es müsse aber der ›falsche Anschein‹ vermieden werden« (Hannoversche Allgemeine Zeitung vom 13. 7. 1998, S. 3.: »Hoppenstedts Fall entzweit die niedersächsische CDU. Europaparlamentarier fällt über Vertrag mit Ehefrau«). Hoppenstedt, dem auch noch ein angeblicher Medienberatervertrag vorgeworfen wurde, wurde für die Europawahl 1999 nicht mehr aufge-

stellt. Seinen Platz auf der niedersächsischen Landesliste nahm stattdessen Hans Peter Mayer ein.

90 *Daniel Hannan*, Wir sind die Absahner des EU-Parlaments, Welt am Sonntag vom 18. 6. 2002.

91 *Nicola Smith*, MEP expenses under scrutiny, EUpolitix vom 17. 11. 2003.

92 *Daniel Hannan*, Europa-Abgeordneter der Konservativen Partei für Südost England, zitiert von Kamal Ahmed, The Oberserver vom 5. 5. 2002.

93 Art. 14 Abs. 9 der Kostenerstattungs- und Vergütungsregelung.

94 Siehe dazu Art. 2 der Anlage IX der Geschäftsordnung des Europäischen Parlaments.

95 Protokoll der Sitzung des Präsidiums vom 10. 2. 2003 (PE 324.928/BUR), S. 12.

96 Siehe den Entwurf einer Stellungnahme des Ausschusses für Recht und Binnenmarkt durch die Abgeordneten *Heidi Anneli Hautala* vom 23. 4. 2002 (PE 316.190).

97 A. a. O.

98 Protokoll der Sitzung des Präsidiums vom 10. 2. 2003 (PE 324.928/BUR), S. 11.

99 Protokoll der Sitzung des Ausschusses für Recht und Binnenmarkt vom 27. 11. 2002 (PE 324.174.Or.it), S. 4.

100 § 11 Europaabgeordnetengesetz i. V. m. § 27 Bundestagsabgeordnetengesetz.

101 Die Leistungen werden miteinander verrechnet.

102 Siehe auch Erwägungsgrund 16 des Statuts.

103 In den Ländern, in denen es mehr als 12 Gehälter pro Jahr gibt, ist das 13. und gegebenenfalls auch das 14. Monatsgehalt auf die anderen zwölf Gehälter umgelegt, um den Vergleich zu ermöglichen.

104 Beschluss des Erweiterten Präsidiums von 4. 11. 1981, zuletzt geändert am 13. 9. 1995.

105 Versorgungsregelungen wurden mehrfach geändert. Die im Text angegebene Regelung gilt für italienische EU-Abgeordnete, die im Juni 2004 erstmals ins Europäische Parlament kamen. »Alt-Abgeordnete« genießen noch sehr viel günstigere Regelungen.

106 Anlage IX der Kostenerstattungs- und Vergütungsregelung.

107 Dies geht hervor aus einer Mitteilung des Haushaltsausschusses an die Mitglieder vom 19. 11. 2003 (PE 331.996, S. 17).

108 Das sind 3,5 Prozent von 40 Prozent des Grundgehalts eines Richters am EuGH, das 2004 18 106 Euro monatlich betrug. Der Richter bekommt seinerseits 112,5 Prozent des Grundgehalts des höchsten EU-Beamten in der obersten Dienstaltersstufe.

109 942 Euro = 13 Prozent von 40 Prozent des Grundgehalts eines EuGH-Richters.

110 Zuletzt geändert durch Beschluss des Präsidiums vom 13. 5. 2002.

111 Quelle für die vorstehenden Angaben: Stellungnahme Nr. 5/99 des Rechnungshofes der Europäischen Gemeinschaften zum zusätzlichen freiwilligen Altersversorgungssystem und im Pensionsfonds für Mitglieder des Europäischen Parlaments vom 20. 5. 1999.

112 Quelle: Jahresbericht des Europäischen Rechnungshofs zum Haushaltsjahr 2002, Textziffer 9.19.

113 Anlage II der Kostenerstattungs- und Vergütungsregelung.

114 Nach Art. 15 des Statuts erhalten Abgeordnete bei Invalidität das erdiente Ruhegehalt von maximal 70 Prozent der Entschädigung, die 38,5 Prozent des Grundgehalts eines EuGH-Richters beträgt (Art. 10), mindestens aber 35 Prozent der Entschädigung. Damit ergibt sich folgende Rechnung: 35 · 38,5 = 3475, dividiert durch 100 ergibt 13,475 Prozent. 70 · 38,5 = 2695, dividiert durch 100 ergibt 26,95 Prozent.

115 Nach Art. 17 Abs. 3 des Statuts erhält der hinterbliebene Ehegatte 60 Prozent des Ruhegehalts des Abgeordneten, mindestens aber 30 Prozent der Entschädigung. Daraus ergibt sich folgende Rechnung: 0,30 · 0,385 = 0,1155 und 0,7 · 0,385 · 0,6 = 0,1617.

116 Dies werden die Interpreten wohl daraus ableiten, dass das Ersatzruhegehalt bis zur Einführung eines endgültigen gemeinschaftlichen Altersversorgungssystems für *alle* Mitglieder des Parlaments gilt (Art. 1 der Anlage III der Kostenerstattungs- und Vergütungsregelung), und daraus, dass (nach Erwägungsgrund 20 des Statuts, Art. 25 des Statuts), der Altabgeordneten die Option belässt, weiterhin nach bisherigem Recht behandelt zu werden, »die Beeinträchtigung von Rechten oder wirtschaftlichen Nachteilen« ausschließen soll.

117 BVerfGE 40, 296 (327) – 1995: »Es ist verfassungsrechtlich zu beanstanden, dass … die Festsetzung der Höhe der ›sonstigen Entschädigungen‹, die Abgeordneten gewährt werden, dem Präsidium des Landtages (zugewiesen wird). Damit werden für den Abgeordneten wesentliche Teile seiner finanziellen Ausstattung in einem Verfahren festgesetzt, das sich der Kontrolle der Öffentlichkeit entzieht. In einer parlamentarischen Demokratie lässt es sich nicht vermeiden, dass das Parlament in eigener Sache entscheidet, wenn es um die Festsetzung der Höhe und um die nähere Ausgestaltung der mit dem Abgeordnetenstatus verbundenen finanziellen Regelungen geht. Gerade in einem solchen Fall verlangt aber das demokratische und rechtsstaatliche Prinzip (Art. 20 GG), dass der gesamte Willensbildungsprozess für den Bürger durchschaubar ist und das Ergebnis vor den Augen der Öffentlichkeit beschlossen wird. Denn dies ist die einzige wirksame Kontrolle. Die parlamentarische Demokratie basiert auf dem Vertrauen des Volkes; Vertrauen ohne Transparenz, die erlaubt zu verfolgen, was politisch geschieht, ist nicht möglich.« Siehe zum Ganzen auch *Hans Herbert von Arnim*, Die Partei, der Abgeordnete und das Geld, 1996, S. 25, 376 ff.

118 Stellungnahme Nr. 5/99 des Europäischen Rechnungshofs, Tz. 21 ff., insbes. 26.

119 Textziffern 9.16 ff.

120 Antwort des Europäischen Parlaments, Bericht des Europäischen Rechnungshofs für das Jahr 2002, Textziffer 9.18.

121 Europäischer Gerichtshof, Urteil vom 15. 9. 1981 (Rs. 208/80 [Lord Bruce of Donington / Eric Gordon Aspen], Slg. 1981, 2205, Randnummer 17: »Es ist Sache des Parlaments, darüber zu entscheiden, welche Tätigkeit und Reisen eines Parlamentsmitglieds für die Ausübung seines Amtes notwendig oder zweckmäßig sind und welches die hierfür notwendigen oder zweckmäßigen Kosten sind. Die dem Parlament hierbei im Interesse seiner Funktionsfähigkeit eingeräumte Unabhän-

gigkeit umfasst auch die Befugnis, seinen Mitgliedern die Reise- und Aufenthaltskosten nicht gegen Vorlage der einzelnen Kostenbelege, sondern aufgrund einer pauschalen Regelung zu erstatten.«

122 EuGH, Slg. 1981, 2205 Rdnr. 21 – Lord Bruce of Donington / Eric Gordon As-
pen.

123 BVerfGE 89, 155 (182ff.) – 1993.

124 BVerfGE 89, 155 (184f.). Siehe dazu auch *Rudolf Streinz*, Europarecht, 5. Aufl.,
2001, Randnummer 283a; *Peter M. Huber*, Staatswissenschaft und Staatspraxis 1992,
349 (373); *ders.*, Veröffentlichung der Vereinigung deutscher Staatsrechtslehrer,
Band 60 (2001), 194 (236ff.).

125 Europäischer Rechnungshof, Jahresbericht zum Haushaltsjahr 2002 vom 18.11.
2003, Textziffer 9.17 und 9.18.

126 Ermessensmissbrauch im Sinne des Art. 230 Abs. 2 EG liegt vor, wenn auf Grund
objektiver, schlüssiger und übereinstimmender Indizien anzunehmen ist, dass die
Handlung eines EU-Organs zumindest vorwiegend zu anderen als den in ihr
angegebenen Zwecken getroffen wurde. So die ständige Rechtsprechung des
Europäischen Gerichtshofs, zum Beispiel Slg. 1984, 2447 (2465) – Lux. Die Verwendung von Kostenerstattungsregelungen zur Aufstockung des Gehalts von Abgeordneten erfüllt meines Erachtens diesen Tatbestand.

127 Art. 272 Abs. 10 in Verbindung mit Art. 248 Abs. 1 und Art. 274 Abs. 1 EG.
Dazu *Siegfried Magiera*, in: von Arnim (Hg.), Finanzkontrolle im Wandel, 1989,
S. 221 (233); *Georg Lienbacher*, in Schwarze (Hg.), EU-Kommission, 2000, Art 248
Rdnr. 13; *Christian Waldhoff*, in: Callies / Ruffert (Hg.), EUV/EGV, 2. Aufl., (2002),
Art. 274 EGV, Rdnr. 1; Generell zum Grundsatz der Wirtschaftlichkeit *Hans Her-
bert von Arnim*, Wirtschaftlichkeit als Rechtsprinzip, 1988.

128 EuGH, Slg. 1981, 2205 Rdnr. 21 – Lord Bruce of Donington / Eric Gordon As-
pen.

129 Randnummer 21.

130 Für Deutschland etwa BVerfGE 40, 296 (328).

131 Der Spiegel Nr. 39/1997, S. 46.

132 So Der Spiegel, a.a.O.

133 So ausdrücklich Art. 48 Abs. 3 Grundgesetz für Bundestagsabgeordnete.

134 *Mark Hollingsworth*, MPs For Hire. The Secret World of Lobbying, 1991; *Richard
W. Stevenson*, Outside Income for British MPs is Questioned, The New York
Times International, August 24, 1994.

135 Resolution of the House relating to the conduct of Members, Resolution of 6th
November 1995 – Employment Agreements – in Verbindung mit Resolution of
17th December 1985 – Register of Members' Interest.

136 Art. 2 Abs. 1 der Anlage I der Geschäftsordnung des Europäischen Parlaments.

137 Art. 3 der genannten Anlage I.

138 *Lutz Mücke*, Der Parlaments-Broker, Message 4-2005, S. 34 (36).

139 *Hans Leyendecker*, Süddeutsche Zeitung vom 28.1.2005; *Lutz Mücke*, a.a.O.

140 *Lutz Mücke*, a.a.O.

F. Reformversuche zum Schlechteren:
Das europäische Abgeordnetenstatut

1 Vgl. z. B. die Entschließung des Parlaments vom 3. 12. 1998, in deren Anhang sich der Entwurf eines Statuts findet. Entschließung zu dem Entwurf eines Statuts für die Abgeordneten des Europäischen Parlaments vom 3. 12. 1998, A 4-0426/98.

2 Entwurf des Rates für einen Beschluss des Europäischen Parlaments über das Statut für die Abgeordneten des Europäischen Parlaments vom 26. 4. 1999, PE 278.414/BUR.

3 Bericht über den Entwurf eines Statuts für die Abgeordneten des Europäischen Parlaments vom 3. 5. 1999, PE 230.783/end.

4 Entwurf eines Beschlusses des Europäischen Parlaments zur Annahme des Abgeordnetenstatuts des Europäischen Parlaments vom 3. 6. 2003. Die Abstimmung erfolgte mit 294 Ja-, 171 Nein-Stimmen und 59 Enthaltungen. Dafür stimmten die meisten Mitglieder der beiden größten Fraktionen, also der PPE-DE (Fraktion der Europäischen Volkspartei [Christdemokraten] und europäischen Demokraten) und der PSE (Fraktion der Sozialdemokratischen Parteien Europas). Dagegen stimmten oder enthielten sich der Stimme die meisten Mitglieder der drei kleineren Fraktionen ELDR (Fraktion der Liberalen und Demokratischen Partei Europas), Verts/ALE (Fraktion der Grünen/Freie Europäische Allianz) und GUE/NGL (Konföderale Fraktion der Vereinigten Europäischen Linken/Nordische Grüne Linke). Auch die britischen Abgeordneten stimmten dagegen.

5 Entschließung des Europäischen Parlaments zur Annahme des Abgeordnetenstatuts vom 4. 6. 2003. Die Abstimmung erfolgte – nach einem Appell des Parlamentspräsidenten Cox, die Position des Parlaments gegenüber dem Rat durch eine möglichst große Geschlossenheit zu stärken (Cox, Protokoll der Parlamentssitzung vom 3. 6. 2003) – mit 323 Ja-, 167 Nein-Stimmen und 36 Enthaltungen.

6 Im Schlussartikel des Statutsentwurfs ist vorgesehen, dass das Statut nach Zustimmung des Rats »gleichzeitig mit den Änderungen der Verträge in Kraft« tritt, »die auf Grund der Arbeiten des Europäischen Konvents beschlossen werden« (Art. 38 Abs. 1).

7 Siehe auch die Warnung des Ratspräsidenten *Haarder* in der Sitzung des Europäischen Parlaments vom 4. 12. 2002: Die Diskussion um das Abgeordnetenstatut könne »Anlass für sehr schädliche Debatten sein, nicht zuletzt in den neuen Mitgliedstaaten. Es ist schlimm, wenn die Wähler dieses Parlament mit Gleichgültigkeit strafen. Leider tun dies allzu viele von ihnen. Dies zeigt sich daran, dass sie sich nicht an den Wahlen beteiligen. Noch schlimmer ist es, wenn die Wähler in den neuen Mitgliedstaaten, wenn sie das erste Mal ihre Stimme abgeben, gleichzeitig eine Debatte über das Abgeordnetenstatut auf den Titelseiten ihrer Zeitungen sehen. Dann nämlich besteht die Gefahr, dass eine Vielzahl von Wählern das Parlament nicht nur mit Gleichgültigkeit, sondern mit Verachtung strafen wird, und dies ist das Schlimmste, was geschehen kann.«

8 Erwägungsgrund 12.

9 Der Pole *Andrzej Galazewski*, im Zweiten Deutschen Fernsehen (ZDF, »heute jour-

nal« vom 12.1.2004, 21.45 Uhr) angesprochen darauf, dass polnische EU-Abgeordnete in Zukunft dreimal so viel wie ihre Ministerpräsidenten verdienen sollten, zeigte wenig Verständnis für die Kritik: Banker verdienten manchmal noch mehr, und außerdem müssten EU-Abgeordnete in Brüssel leben. Dass es dafür ein gut bemessenes Tagegeld von 268 Euro pro Tag gibt und dass polnische Abgeordnete von ihrer monatlichen Kostenpauschale von 3785 Euro – angesichts des sehr viel niedrigeren heimischen Preisniveaus (und der zusätzlichen Erstattung von Mitarbeiterkosten) – einen großen Teil zur persönlichen Verfügung übrig behalten werden, sagte er nicht, ebenso wenig, dass die Familien der Abgeordneten zu Hause leben und der Abgeordnete selbst einen großen Teil des Jahres ebenfalls zu Hause lebt und arbeitet. *Galazewski* war polnischer Beobachter beim Europäischen Parlament. Er wurde bei den Europawahlen am 13. Juni 2004 allerdings nicht ins Europäische Parlament gewählt.

10 PE 302.639/BUR.

11 So z. B. Presseerklärung der CDU/CSU-Abgeordneten Nassauer und Ferber vom 14.1.2004; ebenso der Fraktionschef der Grünen im Europäischen Parlament, *Daniel Cohn-Bendit.* Neue Presse vom 12.1.2004 (Interview); ZDF heute online vom 14.1.2004.

12 Zudem dürfte von der steuerfreien allgemeinen Kostenpauschale von 3785 Euro monatlich gerade in Ländern mit niedrigem Preisniveau, insbesondere also in den Beitrittsländern, ein großer Teil übrig bleiben und für die persönliche Lebensführung des Abgeordneten zur Verfügung stehen.

13 Von diesem allgemein anerkannten Grundsatz geht auch das Bundesverfassungsgericht in ständiger Rechtsprechung aus. Siehe zum Beispiel BVerfGE 3, 58 (135): »Das Gebot des Gleichheitssatzes ... bedeutet für den Gesetzgeber die allgemeine Weisung bei steter Orientierung am Gerechtigkeitsgedanken ›Gleiches gleich, Ungleiches seiner Eigenart entsprechend verschieden‹ zu behandeln.« Das gilt auch für das Diskriminierungsverbot des Art. 12 EGV, das einen Unterfall des allgemeinen Gleichheitssatzes darstellt. Siehe zum Beispiel *Michael Holoubek*, in: Jürgen Schwarz (Hg.), EU-Kommentar, 2000, Art. 12 EG, Rdnr. 6.

14 Sehr klar auch der Kommentar von *Gerold Büchner* in der Berliner Zeitung vom 24./25.1.2004.

15 Auch Art. 190 EG spricht von den Völkern der in der Gemeinschaft zusammengeschlossenen Staaten, nicht etwa von einem europäischen Volk.

16 Insofern missverständlich, wenn es im Erwägungsgrund 3 des Statutsentwurfs von 2003 hieß, der Rat hätte ein einheitliches Wahlverfahren beschlossen.

17 Vgl. hierzu Beschluss und Akt zur Einführung allgemeiner unmittelbarer Wahlen der Abgeordneten der Versammlung vom 20.9.1976, Amtsblatt Nr. L 278 vom 8.10.1976, S.15 sowie Beschluss des Rates vom 25.6.2002 und 23.9.2002 zur Änderung des Akts zur Einführung allgemeiner unmittelbarer Wahlen der Abgeordneten des Europäischen Parlaments, Amtsblatt Nr. L 283 vom 21.10.2002, S.1.

18 Siehe dazu die einschlägigen Kommentierungen.

19 Siehe schon Entschließung des Europäischen Parlaments zum Statuts seiner Mit-

glieder (Amtsblatt der Europäischen Gemeinschaften Nr. C277/134f. vom 17.10. 1983): »Das Europäische Parlament ... stellt fest, dass ein gemeinsames Statut für die Mitglieder des Europäischen Parlaments insbesondere Regeln über die soziale und finanzielle Gleichstellung der Mitglieder ... enthalten muss.«

20 Fernsehmagazin »Monitor«, Sendung vom 24.7.2003.

21 Bericht über den Entwurf eines Statuts für die Abgeordneten des Europäischen Parlaments vom 18.11.1998, PE 228.308/end., S. 13.

22 Empfehlung der Gruppe hochrangiger Persönlichkeiten zum Statut der Mitglieder vom 6.6.2000, PE 290.755/BUR, S. 25.

23 Empfehlung der Gruppe hochrangiger Persönlichkeiten zum Statut der Mitglieder vom 6.6.2000, PE 290.744/BUR, S. 26.

24 Art. 8 des Entwurfs eines Statuts für die Abgeordneten des Europäischen Parlaments vom 26.10.2000, PE 296.525/BUR.

25 Art. 16 des Beschlusses des Europäischen Parlaments zur Annahme des Abgeordnetenstatuts des Europäischen Parlaments vom 3.6.2003.

26 Das Europäische Parlament hatte die Berechnung der Entschädigung auf der Basis des Durchschnitts in seinem ersten Entwurf noch ausdrücklich als »den gerechtesten« Ansatz bezeichnet (Bericht über den Entwurf eines Statuts für die Abgeordneten des Europäischen Parlaments vom 18.11.1998, PE 228.308/end., S. 19.).

27 Bericht über den Entwurf eines Statuts für die Abgeordneten des Europäischen Parlaments vom 18.11.1998 (PE 228.308/end.), S. 19.

28 Das Europäische Parlament hilft italienischen EU-Abgeordneten mit einem »provisorischen Altersruhegeld« aus. (Kostenerstattungs- und Vergütungsregelung für die Mitglieder des Europäischen Parlaments, Anlage III, siehe auch S. 290 ff.).

29 Auch hier springt das Europäische Parlament ersatzweise ein.

30 Siehe Erwägungsgrund 5 des Statutsentwurfs von 2003.

31 Zum Scheitern trug wesentlich bei ein Appell von 86 deutschen Staatsrechtslehrern an den Bundesrat, der geplanten Grundgesetzänderung seine Zustimmung zu verweigern (siehe Tagespresse vom 29.9. und 11.10.1995). Der Appell war dem Bundesrat vom Senior der Staatsrechtslehrer, dem Heidelberger Ordinarius *Hans Schneider*, übermittelt worden. Ausgangspunkt der Kritik waren die Veröffentlichungen des Verfassers. Siehe *Hans Herbert von Arnim*, »Der Staat sind wir!« Politische Klasse ohne Kontrolle? Das neue Diätengesetz, 1995, sowie *ders.*, Das neue Abgeordnetengesetz – Inhalt, Verfahren, Kritik und Irreführung der Öffentlichkeit, Speyerer Forschungsbericht Nr. 169, Speyer 1997.

32 Nach deutschem Recht wäre das verfassungswidrig: BVerfGE 40, 296 (316f.).

33 Siehe Erwägungsgrund 38 zum Statutsentwurf von 2003.

34 Art. 11 des Entwurfs des Rates für einen Beschluss des Europäischen Parlaments über das Statut für die Abgeordneten des Europäischen Parlaments vom 26.4.1999, PE 278.414/BUR; Empfehlungen der Gruppe hochrangiger Persönlichkeiten, a.a.O., S. 19.

35 Empfehlungen der Gruppe hochrangiger Persönlichkeiten, a.a.O., S. 19.

36 Empfehlungen der Gruppe hochrangiger Persönlichkeiten, a.a.O., S. 20: »An-

dere Einkünfte der Hinterbliebenen müssten darauf natürlich angerechnet werden.«

37 Art. 6, Bericht über den Entwurf eines Statuts für die Abgeordneten des Europäischen Parlaments vom 18. 11. 1998, PE 228.308/end.

38 Erwägungsgrund 40 des Statutsentwurfs von 2003.

39 Verordnung (EWG, Euratom, EGKS) Nr. 260/68 des Rates vom 29. Februar 1968 zur Festlegung der Bestimmungen und des Verfahrens für die Erhebung der Steuer zugunsten der Europäischen Gemeinschaften, Amtsblatt Nr. L 056 vom 4. 3. 1968, S. 8.

40 Dies ergibt sich für die Bundesrepublik aus § 3 Nr. 12 Einkommensteuergesetz. Der Europäische Gerichtshof hat die Steuerfreiheit von Kostenerstattungen des Europäischen Parlaments ebenfalls bestätigt. Dazu: EuGH, Urteil vom 15. 9. 1981, Rs. 208/80, Slg. 1981, S. 2205.

41 Ausschuss für Recht und Binnenmarkt, Mitteilung an die Mitglieder Nr. 25/2000, PE 298.370, S. 3.

42 So zum Beispiel der Abgeordnete *Klaus-Heiner Lehne* (CDU): »Dabei wissen wir – wir haben die Auskunft aller drei Juristischen Dienste, sowohl des Parlaments, des Rates, als auch der Kommission –, dass das, was hier konkret vorgeschlagen worden ist, rechtswidrig ist. Jetzt lassen wir uns als Parlament trotzdem darauf ein. Aber ich kann hier schon ankündigen: Sollte es dazu kommen, dass dieser Beschluss kommt und dass irgendein Mitgliedstaat von dieser Option Gebrauch macht, wird die Sache sicher vor Gericht kommen und am Ende beim Europäischen Gerichtshof landen und dort entschieden.« Siehe ferner den österreichischen Abgeordneten *Othmar Karas* (ÖVP): »Obwohl viele von uns den Steuervorschlag für EU-rechtswidrig, ungerecht und in der Sache für falsch halten, legen wir ihn als Zeichen guten Willens und als Zuhörende zu den Problemen im Rat vor.«

43 Unser Antrag, uns die von Lehne erwähnten Stellungnahmen der juristischen Dienste zugänglich zu machen, wurde vom Dokumentenregister des Europäischen Parlaments mit Schreiben vom 18. 12. 2003 abgelehnt.

44 Zur europarechtlichen Problematik derartiger Regelungen für Beamte siehe EuGH, Urteil vom 16. 12. 1960 – Rs. 6/60 (Jean E. Humblet / Belgischer Senat) –, Slg. 1960, S. 1163.

45 Minister- oder Beamtenpensionen, die deutsche EU-Abgeordnete beziehen, müssen seit dem 21. Gesetz zur Änderung des Abgeordnetengesetzes und dem 18. Gesetz zur Änderung des Europaabgeordnetengesetzes vom 20. 7. 2000 (BGBl. S. 1037) grundsätzlich zu 80 Prozent (bisher 50 Prozent) angerechnet werden. Die entsprechend geänderten Bestimmungen (§ 29 Abs. 2 Abgeordnetengesetz in Verbindung mit § 13 Abs. 2 Europaabgeordnetengesetz) traten gemäß Art. 4 Abs. 3 des Änderungsgesetzes ausnahmsweise aber erst am »Tag der ersten Sitzung des 6. Europäischen Parlaments«, also erst im Juli 2004, in Kraft. Die eigentlich längst fällige Anrechnung in dieser Höhe erfolgt also erst seit Beginn der laufenden Wahlperiode. Die Anrechnung wird allerdings durchkreuzt, sobald das Statut in Kraft tritt. Die Erklärung von deutschen EU-Abgeordneten, der Deutsche Bundestag werde

»die Weitergeltung der relevanten Regeln des dritten Abschnitts des Europaabgeordnetengesetzes…vor dem Inkrafttreten des Statuts« beschließen (»10 Argumente
zum Abgeordnetenstatut«, ohne Angabe von Datum und Verfasser, S. 3), stößt hinsichtlich Landesministerpensionen von vornherein ins Leere. Denn für die Festlegung ihrer Anrechnung fehlt dem Bund, wenn die Entschädigung nicht mehr aus
dem deutschen Europaabgeordnetengesetz, sondern aus dem EU-Statut fließt, die
Gesetzgebungskompetenz. Und ob die betreffenden Länder Derartiges beschließen, steht in den Sternen.

46 Art. 11 Abs. 4 Entwurf des Rates (Anm. 2).

47 So MdEP Lehne, Protokoll der Plenartagung des Europäischen Parlaments
vom 4. 5. 1999 zum Statut für die Abgeordneten des Europäischen Parlaments,
S. 79.

48 Art. 22 Abs. 2 der Geschäftsordnung weist die Entscheidung in finanziellen
Angelegenheiten der Mitglieder des Europäischen Parlaments dem Präsidium
zu.

49 Art. 9 des Entwurfs des Rates (Anm. 2).

50 Siehe auch Erwägungsgrund 18.

51 Der Rat hatte eine solche Pflicht zur Veröffentlichung in Art. 20 seines Gegenent-
wurfs ausdrücklich vorgesehen.

G. Der politisch-publizistische Kampf
um das Abgeordnetenstatut

1 *Hans Herbert von Arnim / Martin Schurig*, Das Abgeordneten-Statut des Europäischen
Parlaments, Deutsches Verwaltungsblatt 2003, S. 1176 ff.

2 *Hans Herbert von Arnim*, Das neue Abgeordnetengesetz. Inhalt, Verfahren, Kritik
und Irreführung der Öffentlichkeit, 2. Aufl., 1997 (Speyerer Forschungsberichte
169).

3 Siehe zum Beispiel *Helmut Bünder*, »Deutsche Parlamentarier wollen sich nur Spesen sichern«, Frankfurter Allgemeine Zeitung vom 9. 12. 2003; »Vielen deutschen
Abgeordneten steckt noch eine Kampagne der Zeitung ›Bild‹ in den Knochen. Das
Blatt hatte sie im Sommer beschuldigt, durch das Statut der deutschen Einkommensteuer entgehen zu wollen«.

4 Siehe *Focus* vom 20. 10. 2003, S. 243 (»Mit gezinkten Karten«).

5 So zum Beispiel in seiner Presseerklärung vom 9. 9. 2003.

6 Später in überarbeiteter Form als Buch veröffentlicht: *von Arnim*, 9.053 Euro Gehalt für EU-Abgeordnete? Der Streit um das europäische Abgeordnetenstatut,
2004.

7 Mitteilung Nr. 18/2003 an den Ausschuss für Recht und Binnenmarkt.

8 PE 338.452/rev. Dem Ausschuss vorgelegt am 26. 11. 2003 (Auskunft des Aus-
schusssekretariats).

9 Schreiben der Generaldirektion Finanzen des Europäischen Parlaments vom
14. 1. 2004 an Lehne.

10 Presseerklärungen von Lehne vom 12. 1. 2004 und von Schulz vom 15. 1. 2004.

11 Der Eigenbeitrag, den der aktive Abgeordnete nach dem Statutsentwuf von 2003 für die Finanzierung seiner Altersversorgung beisteuern sollte, hätte bei Ermittlung des Versorgungs-Mehrs gegenüber dem bisherigen Recht deshalb außer Betracht bleiben müssen. Er wäre nun nicht mehr angefallen. Er war ja auch bereits beim Vergleich der Aktiveneinkommen berücksichtigt worden und hatte das dort berechnete Mehr entsprechend verringert. Ihn zweimal heranzuziehen, wie das gewisse Parlamentarier taten, war unzulässig.

12 Für einen Verheirateten beträgt das Ruhegehaltsplus nach 10 Mandatsjahren 805 Euro (= 38,30 Prozent). Vor Steuer ist das Mehr noch größer: 1066 Euro (= 50,69 Prozent).

13 Bild-Zeitung vom 2. 8. 2005.

14 Siehe schon Frankfurter Rundschau vom 16. 1. 2004: »Unter vier Augen heißt es … in Straßburg, das angestrebte Statut sei vernünftig gewesen, nur angesichts der Europawahl am 13. Juni nicht mehr durchsetzbar.«

15 News Report des Europäischen Parlaments vom 27. 1. 2004.

16 Siehe Frankfurter Allgemeine Zeitung vom 16. 1. 2004 (»Zwei Kanzler getrieben vom Boulevard«).

17 Auch wurde gezielt der Eindruck vermittelt, als würden, wenn das Statut zustande käme, alle Ungereimtheiten bei den Spesenregelungen beseitigt, was bis auf die Erstattung der Flugkosten aber gar nicht vorgesehen war (oben S. 300). Auch nach Inkrafttreten des Statuts bestehen die anderen Kostenerstattungsauswüchse fort, ja sie scheinen durch das Statut auch noch abgesegnet zu werden: die überzogene Kostenpauschale, das Reibachmachen beim Tagegeld, die Unzuträglichkeiten bei der Kostenerstattung für Mitarbeiter.

18 Frankfurter Allgemeine Zeitung vom 16. 1. 2004 sowie vom 27. 1. 2004, S. 10.

19 Süddeutsche Zeitung vom 16. 1. 2004, S. 4 sowie vom 27. 1. 2004, S. 4.

20 So z. B. Reuters vom 26. 1. 2004; »Bericht aus Brüssel« (WDR, Fernsehen, 3. Programm) vom 9. 3. 2004; »Europamagazin« (WDR, Fernsehen, 1. Programm) vom 13. 3. 2004.

21 Der Spiegel vom 12. 1. 2004, S. 28 und 29.

22 Bild-Zeitung vom 12. und 15. Januar 2004 und Bild am Sonntag vom 11. 1. 2004.

23 Die Welt vom 24. 1. 2004, S. 8 sowie vom 27. 1. 2004, S. 6 und 8.

24 Handelsblatt vom 19. 1. 2004.

25 Berliner Zeitung vom 24./25. 1. 2004.

26 Zum Beispiel Mannheimer Morgen vom 27. 1. 2004, S. 1 und 2; Rhein-Neckar-Zeitung vom 24./25. 1. 2004, S. 2.

27 Zum Beispiel *Gunther Nonnenmacher*, »Eine Lanze für die Politik«, Frankfurter Allgemeine Zeitung vom 8. 1. 1997; *Peter Glotz*, »Dein Abgeordneter, der arme Schlucker. Die Politiker müssen viel besser bezahlt werden«, Die Zeit vom 18. 7. 2002, *Robin Mishra*, »Abgeordnete makellos? Berufspolitiker in Deutschland müssen besser bezahlt werden«, Rheinischer Merkur vom 25. 7. 2002. Dazu *Hans Herbert von Arnim*, Fetter Bauch regiert nicht gern, 1997, 162 f.; *ders.*, Die Besoldung von Politikern, Zeitschrift für Rechtspolitik 2003, 235 (240).

28 Stern Nr. 16 vom 7. 4. 2004, S. 60 bis 62 mit Vorabmeldung vom 6. April an die
    Agenturen.
29 Plenardebatte des Europäischen Parlaments am 23. 6. 2005.
30 Plenardebatte des Europäischen Parlaments am 23. 6. 2005.

REGISTER

Martin Hüfner
Europa
Die Macht von morgen
2006. 300 Seiten

Politisch kommt Europa nicht voran, so scheint es: Die Verfassung ist gescheitert. Doch das ist nur die eine Seite der Medaille. Die Unternehmen haben das enorme Potenzial Europas längst erkannt – und sie geben den Schritt vor.

Denn Europa hat wichtige wirtschaftliche Trümpfe in der Hand: Mit 450 Millionen Einwohnern hat es mehr potenzielle Konsumenten als die Vereinigten Staaten und Japan zusammen. Es steht bei der Bevölkerungsgröße nach China und Indien an Nummer drei in der Welt und hat den größten Binnenmarkt für Güter und Dienstleistungen.

Hinzu kommt: Europa hat eine attraktive Idee – es zeigt, wie man aus jahrhundertelanger Feindschaft und blutigen Kriegen Versöhnung und dauerhaften Frieden machen kann. Europäer denken langfristiger, sie geben der Nachhaltigkeit und dem Umweltschutz ein größeres Gewicht. Sie sind stabilitätsbewußter, toleranter und vor allem internationaler orientiert als Amerikaner und Asiaten.

Hüfners Analyse ist klar: Europa, nicht die USA oder China, wird die prägende wirtschaftliche und politische Macht des kommenden Jahrzehnts.

Martin Hüfner hat viele Jahre als Chefvolkswirt bzw. senior economist bei der HypoVereinsbank und bei der Deutschen Bank gearbeitet. Er schreibt für die *New York Times*, das *Wallstreet Journal*, die *Financial Times* und alle großen Zeitungen in Deutschland.

Wolfgang Münchau
Das Ende der Sozialen Marktwirtschaft
2006. 250 Seiten

»Was glauben Sie, wer den wirklichen Reformen in Deutschland im Weg stand? Linke, Gewerkschafter, Sozialdemokraten? Zum Teil sicherlich auch. Aber vor allem waren es Arbeitgeberverbände, Industrieverbände, die deutsche Autoindustrie und die Mehrheit der deutschen Banken. Die wahren Reformverhinderer in Deutschland tragen keine Latzhosen, sondern Nadelstreifen.«   Wolfgang Münchau

In der wirtschaftspolitischen Debatte in Deutschland gibt es einen Konsens: Die Soziale Marktwirtschaft ist gut. Wolfgang Münchau bricht den Konsens: Die Soziale Marktwirtschaft ist gescheitert.

In der Nachkriegszeit war sie ein leistungsfähiges System, das breiten Schichten zu großem Wohlstand verhalf. Aber in den Zeiten der Globalisierung versagt diese Marktordnung: Sie gaukelt den Menschen eine trügerische Sicherheit vor, die es so nicht mehr gibt.

Ist es mit einer behutsamen Reform der Sozialen Marktwirtschaft getan? Die meisten sagen ja. Doch das wird unsere Probleme nicht lösen. Die Reformpolitik ist politisch und ökonomisch gescheitert.

Was wir brauchen, ist ein neues Wirtschaftssystem, das den Deutschen die Angst vor dem Markt nimmt. Denn mehr Markt bedeutet mehr Dynamik, mehr Markt ist sozial, mehr Markt bietet die Möglichkeit einer aktiven Wirtschaftspolitik. So wird die lähmende Stagnation beendet, so können Krisen besser überwunden werden, die Menschen finden schneller Arbeit.

Wolfgang Münchau ist Europa-Kolumnist und Associate Editor der *Financial Times* Limited mit Sitz in Brüssel. Münchau war einer der Gründer der *Financial Times Deutschland* und deren Chefredakteur von 2001 bis 2003. Zuvor war Münchau über mehrere Jahre hinweg Korrespondent der *Financial Times* und der Londoner *Times* in Washington, Brüssel und Frankfurt.

Klaus Jungfer
Die Stadt in der Krise

Ein Manifest für starke Kommunen
2005. 240 Seiten (mit Diagrammen)

Einst waren die Städte der Motor von Wachstum und Innovation. Heute werden sie zwischen Bund und Ländern zerrieben. Dieses Buch erklärt die Ursachen eines politischen Skandals und zeigt Wege aus der Krise.

Die Städte bluten aus: Hier wird ein Schwimmbad geschlossen, dort eine Straße nicht mehr repariert - und die Hoffnung auf einen Platz im Kindergarten haben viele Eltern schon aufgegeben. Sparen allein hilft schon längst nicht mehr, denn Bund und Länder kürzen den Kommunen die Steuereinnahmen und übertragen ihnen gleichzeitig immer neue, teure Aufgaben. Klaus Jungfer, viele Jahre Stadtkämmerer von München, schlägt mit diesem Buch Alarm. Die Politik muß endlich begreifen, dass unser Land starke Städte als Zentren der Politik, der Wirtschaft und der Kultur braucht. Städte müssen ihre finanzielle Unabhängigkeit zurückgewinnen und von Bevormundung, überflüssigen Gesetzen und Verordnungen befreit werden. Die Städte selbst müssen lernen, kaufmännisch zu rechnen und ihre Ressourcen wirklich zu nutzen. Gerade jetzt ist die Zeit gekommen, für eine Renaissance der Städte zu kämpfen, denn sie waren schon immer die Motoren des Wachstums. Klaus Jungfer macht mit seinem Manifest den Anfang: Engagiert, kompetent – und manchmal auch polemisch.

Klaus Jungfer, 1940 in Breslau geboren, zunächst Staatsanwalt, war lange Jahre Stadtrat und von 1993 bis 2004 Stadtkämmerer von München. Als Experte für kommunale Finanzen gehörte er wichtigen Gremien des Bayerischen und Deutschen Städtetags an.